★從針對入門者的指南到最新資訊一網打盡★

# 東京晴空塔城®

最新指南

東京晴空塔城® 最新指南 世界第一高塔的實用情報應有盡有！

欣賞新登場的影像表演

從世界第一高塔飽覽絕美景致

在絕景餐廳享用午餐

## CONTENTS

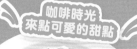

咖啡時光
來點可愛的甜點

想登頂就趁現在!!
最新樂趣
多到數不清

在熱門水族館與
海洋生物相見歡

U0076946

# 晴空塔城<sup>®</sup> 快樂遊

以「東京晴空塔」為中心，有商業設施「東京晴空街道」和娛樂景點等許多遊樂設施聚集。

## 東京晴空塔<sup>®</sup>

聳立於東京晴空塔城中心，高634m的尖塔。從觀景台望出去的絕景令人感動，盡情感受世界第一高塔的魅力。

→ P.4

### 拍照景點 📷 觀天坡

從押上站前往觀景台的道路，可以連同高塔頂端一起入鏡。

### 千葉工業大學東京晴空塔城<sup>®</sup>校區 東庭院8F

可接觸機器人科技和宇宙開發等尖端科學技術的設施，能免費入場玩樂。

→ P.16

### 郵政博物館 東庭院9F

透過展示與體驗，學習郵政的歷史。約33萬種的郵票收藏也不可錯過。

→ P.16

巴士站②
巴士站③
東庭院

### 🚉 押上（晴空塔前）站

- ◎京成押上線
- ◎都營淺草線
- ◎東武晴空塔線
- ◎東武Metro半藏門線

## 交通方式

### 電車 🚃

| 成田機場站 | 品川站 | 上野站 | 國際機場羽田航站樓 | 新宿站 | 東京站 |
|---|---|---|---|---|---|
| 約75分 980日圓 | 約26分 410日圓 | 約15分 280日圓 | 約50分 660日圓 | 約30分 350日圓 | 約22分 200日圓 |
| 京成本線 | 京急線 都營淺草線 銀座線 東京Metro | 淺草線 都營 東京Metro | 京急線 泉岳寺站 淺草線 都營 | JR總武線 淺草橋站 淺草線 都營 | 丸之內線 東京Metro 大手町站 半藏門線 東京Metro |
| ↓ 青砥站 京成 押上線 | ↓ | ↓ | ↓ | ↓ | ↓ |

### 押上（晴空塔前）站

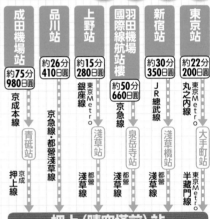

### 淺草站

約3分 150日圓

東武晴空塔線
↓
東京晴空塔站

## 巴士 🚌 東京晴空塔穿梭巴士<sup>®</sup>

將東京站、羽田機場、主要觀光景點與東京晴空塔城直接串連起來的穿梭巴士。各路線的時刻表和詳情請上官網查詢。

### 東京站線 所需時間：約30~40分 ￥520日圓

- ☎03-3899-0801（東武巴士中央株式會社 足立營業事務所）
- ☎03-3844-1950（JR巴士關東株式會社 服務中心）
- 搭乘地點 巴士站②
- ※有直達車與途經江戶東京博物館、東武飯店萊特特東京的車班

### 羽田機場線 所需時間：約50~70分 ￥920日圓

- ☎03-3899-0801（東武巴士中央株式會社 足立營業事務所）
- ☎03-3790-2631（京濱急行巴士株式會社 京濱島營業所）
- 搭乘地點 巴士站③

### 東京迪士尼度假區線<sup>®</sup> 所需時間：約35~55分 ￥720日圓

- ☎03-3899-0801（東武巴士中央株式會社 足立營業事務所）
- ☎03-3691-0935（京成巴士株式會社 奧戶營業所）
- 搭乘地點 巴士站③

### 上野淺草線 所要時間：約30分 ￥220日圓

- ☎03-3898-1331（東武巴士中央株式會社 西新井營業所）
- 搭乘地點 巴士站①

---

通常有2種

雅　粹

與金箔閃耀輝身優雅質的形

以隅田川為參考概念的淡藍色點亮主幹，展現氣勢

### 拍照景點 📷 晴空街道廣場 TO THE SKY

若從紀念碑的中間拍照，晴空塔就好像穿上了盔甲一樣。

### 柯尼卡美能達天文館"天空"in 東京晴空塔城<sup>®</sup> 東庭院7F

可藉由逼真的影像欣賞星際的天文館。需留意期間限定的多元節目。

→ P.16

# 東京

## 東京晴空塔城®

來客數超過1.5億人!
高度與樂趣都高人一籌!!

### 基本資訊check!

首先想知道這些!

即使是初次造訪的人,只要先了解這些即可的4大重點。

#### 最近車站有2站

有地下鐵、京成線等路線相連的押上站、東武晴空塔線東京晴空塔站為最近車站。

→東京晴空塔站入口

→地下也有直通的押上站

#### 除了觀景台外還有多元設施

能享受美食與逛街樂趣的「東京晴空街道」和水族館、天文館等多彩多姿的設施雲集。

→無論情侶或家庭都能玩得開心「墨田水族館」

#### 觀光的所需時間為7~8小時

想盡情玩遍觀景台、娛樂設施和用餐、逛街的話需要7~8小時。觀景台建議預留1~2小時。

→美味餐飲也是一大魅力

#### 各個季節的活動不容錯過

晴空塔會搭配季節舉辦賞花、啤酒庭園、萬聖節、聖誕節等活動,樂趣加倍!

→欣賞當季限定的風景和特別活動

### 標準行程

1日盡情玩樂

能夠一絲不漏逛遍所有景點的1日行程在這裡。

**10:30 天望甲板&天望回廊飽覽絕景**

首先前往觀景台!若想避開人潮,建議盡可能早點到
→P.6

**12:00 在晴空塔景觀餐廳享用午餐**

坐在晴空街道的絕景餐廳,在晴空塔美景的陪襯下享用餐點。

→P.10

**13:30 在墨田水族館與海洋生物相見歡**

來到人氣水族館,讓可愛的企鵝與海狗療癒你的心♪
→P.16

**15:30 午茶時間就吃可愛的甜點**

用香甜可愛的甜點稍稍休息,也別漏看限定餐點!

→P.12

**16:30 在東京晴空街道尋找伴手禮**

最後是伴手禮的採買時間。食品和雜貨都十分多樣化,可盡情挑選!
→P.14

©TOKYO-SKYTREE
©TOKYO-SKYTREETOWN

### 東京晴空塔官方吉祥物

**晴空塔妹妹**
誕生於「尖尖星球」,頭呈星星狀的女孩子,寶物是爺爺送給她的望遠鏡

**Teppenpen**
以長睫毛自豪、喜愛打扮的女孩子。口頭禪是「來去天際看看嘛!」

**Sukoburuburu**
生於下町的狗狗大叔,熟悉下町文化的他就像一本活字典。興趣是俳句和雙關語

**何時能遇見晴空塔吉祥物呢?**
能在觀景台等地遇見晴空塔妹妹的時間,可在官方網站的「ソラカラ☆ニュース」查詢。

### 東京晴空街道®

廣布在東京晴空塔下的商業設施,有多間餐廳、網羅限定伴手禮的商店等,不分年齡層都能在此玩上一整天。
→P.9

634m

天望回廊 450m

巴士站①

天望甲板 350m

西庭院　　高塔庭院

🚃 **東京晴空塔站**
●東武晴空塔線

**西庭院5·6F**

### 墨田水族館

可欣賞約260種、5000隻生物的水族館,內有日本最大規模的泳池型水槽等眾多看點。
→P.16

### 東京晴空塔的夜間點燈每日都不一樣

**特別版本如下**

**香檳樹**
以聖誕樹為意象的香檳金,限定於冬季現身

**明花**
主題為光明的未來,由當地小學生所設計,象徵5種花卉

**咖啡色巧克力**
在西洋情人節時期登場,塔身會染上一片巧克力色

藉由白色煙火,表現花瓣飛舞之美。遠(咲)

# 東京晴空塔 ®

由世界第一高塔望出去的驚艷美景、在兩個觀景台上等待遊客的有趣呈現等，以下徹底整理出所有看點！

## Topics

**運氣好還能看見這般景色!?**

在雲海出現時，還能看見宛如置身於空中般的夢幻光景。多發生在春季和秋季的早晨。

## 鉅細靡遺 Q&A

精選出需在出發前事先了解的晴空塔基本資訊！

**Q 人潮狀況大概如何？**

A 天望甲板的當日券平均來說假日為1小時以上，平日也要等上30〜40分鐘。建議活用指定日期時間券。

**Q 天候不佳時也能一樣盡興嗎？**

A 觀景台在視野不良時會有特別的螢幕投影服務，會投射出晴天時的景色等。當天的觀景台營運狀況請上官網查詢。

→投射出晴天等景色的「全景螢幕」

**Q 可以在觀景台用餐嗎？**

A 在「天望甲板」設有餐廳「Sky Restaurant 634（musashi）」和咖啡廳，可以邊欣賞絕景邊享用餐點。餐廳必須訂位。

→景觀超群的餐廳很受歡迎

**Q 伴手禮在哪裡可以買到？**

A 官方商品在設於天望甲板等3處的「THE SKYTREE SHOP」販售。還有只能在觀景台的商店才買得到的限定商品。

→晴空塔妹妹的商品要在官方商店購買

## 634m

### 東京晴空塔 ®

● とうきょうスカイツリー

高634m的世界最高獨立式電波塔，以朝天空伸展的大樹為設計意象而建。在離地350m和450m的兩處設有觀景台，可欣賞到不同的景色。

☎ 0570-55-0634（東京晴空塔客服中心 9:00〜20:00）

🏠 墨田区押上1-1-2 無休 ⏰8:00〜21:00（關場為22:00）

Mapple code 1302-2513 MAP 附錄③ P.4 F-3

**小知識① 天線塔**

身兼天線功能長約140m的柱子，傳送關東地區的陸地數位播放等電波。

天望回廊 450m

天望甲板 350m

**小知識② 晴空塔白**

效仿日本傳統的藍染技法，以宛如白瓷帶有一絲藍色的「藍白」為基調。

**小知識③ 抗風力更強的全新電梯**

為了減少強風帶來的影響，2015年3月開始著手進行電梯的整修工程。

**小知識④ 心柱**

守護晴空塔不受強風和地震等影響，高約375m的圓筒柱，將五重塔的建築手法運用於現代。

**小知識⑤ 凹弧、凸弧**

從頂端到塔底一路以圓滑的曲線變化，是傳統式的建築技法。

Zoom In!

## 入場券的種類與費用

**天望甲板與天望回廊的入場券是分開的。天望回廊的入場券會在當天於天望甲板內販售**

天望甲板的入場券可事先購買。天望回廊則是進入天望甲板後才能購買當日券。

**若決定好參觀日期的話，有指定日期時間券較方便**

可指定時間訂票，以30分鐘為間隔。如果是網路購票，只要在指定日起30天內，都可以改日期並從當日券排隊入場。取消需在5天前辦理，1張票將收500日圓的取消費用。

**一併參考旅行團含住宿的套裝行程**

各家旅行社會推出住宿加觀光旅行團、含東京晴空街道餐飲和入場券等優惠的套裝行程，詳情請見東京晴空塔的官網。

| 票種 | | 內容 | 購買方式 | 成人<br>(18歲以上) | 國高中生<br>(12〜17歲) | 小學生<br>(6〜11歲) | 幼兒<br>(4〜5歲) |
|---|---|---|---|---|---|---|---|
| 天望甲板 | 當日券 | 當日購買的門票，不可指定時間 | 東京晴空塔售票櫃檯（4F）每日8時開始售票。可能會視當日的人潮狀況發放號碼牌 | 2060日圓 | 1540日圓 | 930日圓 | 620日圓 |
| | 指定日期時間券 | 事先指定好日期與時間所購買的門票 | 在官方網站（東京晴空塔網路票券http://ticket.tokyo-skytree.jp/）、7-11的多功能影印機販售 | 2570日圓 | 2060日圓 | 1440日圓 | 1130日圓 |
| | 指定日期券 | 僅指定日期的門票 | 各旅行社的「附東京晴空塔天望甲板入場券兌換券」行程，或預約東京晴空塔的官方&合作飯店的套裝行程 | 依行程而異 | | | |
| 天望回廊 | 當日券 | 當日購買的門票，不可指定時間 | 僅限當天在天望甲板內的售票櫃檯販售 | 1030日圓 | 820日圓 | 510日圓 | 310日圓 |

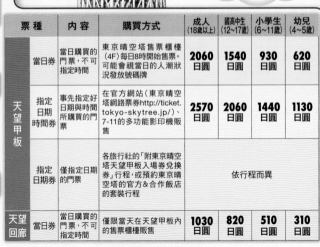

# 絕景和效果一個都不想錯過

# 登塔方式＆重點導覽

設有2處觀景台，可以欣賞絕景和五花八門效果的晴空塔觀景台。從抵達後購買入場券到遊覽塔內看點，不妨先來徹底模擬一下！

接下來 一起來看看吧！

## START
### 押上站 直通 地下3樓

### 出發旅遊前check！

**事先買好入場券能順利入場**
若已決定好參觀日期，事先購買天望甲板的指定日期時間券，較能減少排隊的時間。

**瞄準平日的早上前往**
如果想避開人潮，建議在平日早上8～9時左右前往，不過需留意星期一早上常會因觀光客而人潮洶湧。

**當天的營運狀況請上官網確認**
在東京晴空塔的官網可以查詢前往觀景台的電梯營運狀況、當日券的銷售狀況、不同日期時間的觀景台人潮預測資訊等。

## 1 爬上觀天坡 前往4樓晴空廣場

從押上站直通的入口爬上1樓，在爬上戶外的觀天坡前往4樓。從東京晴空塔站可以穿過晴空街道前往4樓。

※團體參觀在1樓受理

↑4樓是門票販售處和入場的窗口

## 2 依不同入場券 前往入場口

請留意當日券和指定券的入口不同。若當日券窗口大排長龍，有時也會發放號碼牌。

## 3 在售票櫃檯 換取入場券

無論是當日券或指定券，都必須在售票櫃檯換成入場券。指定券則是可以縮短截至此步驟的等候時間。

**Check**
### 生日當月 提供慶生服務
若在生日當月入場，可以向售票櫃檯索取貼紙，在觀景台的咖啡廳等處可獲得令人開心的服務。

→吸睛的生日貼紙（不需出示身分證件等）

當日券／北入口處
↑依循指示排隊，等候時間也有明確標示

指定券／正門入口處
↑如果是指定日期時間券，請在預約時間至入口處

↑售票櫃檯必須同行者全部到齊後一起前往

↑入場券共有6種，會拿到哪種在當下才會知道

### 發現隱藏晴空塔妹妹！
→別錯過售票櫃檯後方的木頭工藝！

## 5 搭乘天望穿梭電梯 出發登上天望甲板

搭乘能承載40人前往天望甲板的電梯「天望穿梭電梯」，每分鐘爬升600m的速度十分驚人。

約50秒長

## 4 穿過出發口

檢查完包包後，將入場券刷過剪票口入場。走過有著美麗裝飾的大廳，終於要上「天望甲板」了！

↑出發口就在售票櫃檯的旁邊

**Check**
### 以四季為意象的藝術飾板
電梯有4座，分別裝飾上以「晴空塔和四種天空」為設計主題的春夏秋冬藝術飾板。

這次搭的是這個
秋（慶景之空）
↑金色鳳凰令人印象深刻

春（櫻花之空）
→以隅田川的櫻花為設計意象，花瓣如同蝴蝶般飛舞

夏（隅田川之空）
→以煙火為象徵，色彩繽紛的江戶玻璃閃爍動人

冬（都鳥之空）
→參考蠣鷸飛過隅田川的冬季風情畫

終於向觀景台前進！
↑飾板裡還藏著「TOBU」文字等

**Check**
### 12座藝術作品 SUPER CRAFT TREE
運用日本自古以來的素材，以晴空塔為主題所創作的12座藝術作品一字排開。以「凹弧」、「凸弧」等的設計概念，藉由木頭和江戶玻璃等來呈現。

西南　富士山　西

國會議事堂　皇居　都廳

隅田川　東京巨蛋

# 抵達天望甲板

看到東京鐵塔了!!

## 350樓
**6 從離地350m盡情欣賞全景景致**

大片落地窗外有一望無際絕景的天望甲板。由於可以繞上一圈看遍東西南北，不妨來找找東京的地標。晴天時有時還能看見富士山。

### 天望甲板是這樣的地方

由高度340m、345m、350m三個樓層所構成的巨大觀景台。由高度約5m的大型玻璃所團團包圍，可欣賞多元的景觀效果。

**Check**

### 抵達後確認天望回廊門票的等候時間!

參考天望回廊的等候時間安排行程。由於買票後就必須立刻搭電梯前往，無法預先買票。

↑售票櫃檯上會顯示等候時間
→也會顯示天望回廊當天能看見的景觀

## 350樓
**7 以美景做背景拍紀念照**

在「天望甲板350樓拍攝服務」設有彷彿晴空塔從白雲探出頭來的長椅，附裱紙的紀念照1300日圓。

↑還有季節性裝飾（照片為春季版本）

## 350樓
**8 在江戶一目圖屏風比較今昔景色**

江戶時代的畫家鍬形蕙齋所畫的作品，為文化6（1809）年繪製的江戶鳥瞰圖，從天望甲板望出去的景致幾乎同一個構圖。

長約1.8m×寬約3.5m，精巧的筆觸令人看了入迷

↑擁有日夜2種風貌的組合式相框

也提供特別的生日紀念相框

HAPPY BIRTHDAY!

↑生日當月前來即有特別相框

**N E W** ★夜間限定的現場表演不可不看!

## 350樓　2016年3月開始
# SKYTREE ROUND THEATER™

●スカイツリーラウンドシアター

將環繞天望甲板約110m的玻璃窗做為螢幕，投影出的影像搭配氣勢十足的音樂，打造出新型態的表演空間。

→本書P.15也一併check!

↑以"歌舞伎"為主題的企畫「東京晴空塔®天望歌舞伎」

淺草

過去（江戶時期）
→繪有身為江戶名勝而備受尊崇的淺草寺

現在
↑200年後的現在依舊熱鬧的淺草寺一帶

兩國橋

過去（江戶時期）
→在江戶時代以數一數二的鬧區而著稱

現在
↑橫跨隅田川的兩國橋清晰可見

東京鐵塔　六本木

國技館

江戶東京博物館

# 東京晴空塔® 登塔方式＆重點導覽

景有如珠寶盒 由天望甲板俯瞰東京夜景，也有色彩變化 搭配晴空塔內的點燈，塔內也有色彩變化

## 夜景也很迷人！

夜晚在天望甲板內也有夜間點燈

粹　雅

象徵「雅」的江戶紫光線，營造幻想氣氛

Check

---

### 350樓
### 10 SKYTREE CAFÉ 小憩一下

採站著吃的形式，能享用甜點和飲品的咖啡廳。一面眺望絕美景致，在此休息一下。

⏰8:00〜21:15（關店為21:45）

Mapple Code 1302-3973

北角　位在天望甲板的東

↗「晴空霜淇淋」430日圓，威化餅乾很可愛

↖「甜點醋飲」（藍莓醋×汽水）480日圓

### 咖啡廳設有2間！340樓還有內用空間

在340樓的咖啡廳，可以坐在椅子上自在休息。還供應正餐菜色，午餐來吃也OK。

↙飯呈星型很可愛的蔬菜多多「咖哩」950日圓

↗「晴空塔妹妹聖代」750日圓

### 天望甲板 樓層MAP

東京晴空塔天望回廊售票櫃檯

9 東京時空導航儀

★　9

天望穿梭電梯

8 江戶一目圖屏風

10 SKYTREE CAFÉ

350樓　WC

WC　天望穿梭電梯　9

9

全景螢幕

7 天望甲板350樓拍攝服務

THE SKYTREE SHOP

天望穿梭電梯

345樓

Sky Restaurant 634(musashi)

WC

340樓

天望穿梭電梯

16 玻璃地板

SKYTREE CAFÉ

比較會更加有趣

---

### 350樓
### 11 購買前往天望回廊的入場券

前往另一個觀景台「天望回廊」的入場券，需在當天於售票櫃檯購買。來去看看從更高處俯瞰的景色吧！

↑拿到入場券後搭乘天望穿梭電梯

入場券有3種

↑用優美照片所設計的入場券

東京スカイツリー天望回廊 2012.05.22

15:00〜15:30

---

### 12 搭乘天望穿梭電梯 前往天望回廊

約30秒長

連接天望甲板與天望回廊的電梯，一口氣爬升約100m的高度。由於是透明電梯，氣勢驚人的景色讓人心跳加快！

↖電梯設有2座

↗從天花板的窗戶可清楚看見塔身的構造

↗從窗戶看見的景色十分刺激！

---

### 350樓
### 9 用東京時空導航儀 尋找名勝

透過觸碰式螢幕，介紹能從天望甲板看見的建築物名稱和歷史，設置於東西南北四個方位。還會顯示出夜景等效果。

↙採觸碰便會擴大的構造

↗隅田川的煙火藉由影像重現！

---

### 能一併享受絕景的奢華美食在這裡

### 345樓 Sky Restaurant 634 (musashi)
●スカイレストランムサシ

佔據345樓一半面積的大型餐廳，供應以法國菜為基礎再融入日式風味的「東京美饌」。

☎03-3623-0634　⏰11:00〜16:00（最後入店為14:00）、17:30〜20:30（最後入店為20:00，關店為23:00）Mapple Code 1302-3972

預算　午:5500日圓〜　晚:15000日圓〜

力頂級的景致　夜景也細細品味最

### 不用排隊就能上去！建議訂位
若餐廳有事先訂位，即可使用專用券入場，不需排隊。※需支付天望甲板的入場費

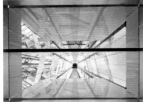

↑「午膳」主菜一例　↑網羅一流食材的晚餐
※照片僅供參考。菜色有更動的可能。

↑就好像在雲端上漫步一般

↑入夜在點燈的陪襯下更有氣氛

## 13 在約110m的回廊來趟空中散步

可以在突出於晴空塔外圈長約110m的回廊，以繞上一圈的方式漫步。晴天時甚至能望見房總半島等，飽覽這個高度特有的景色。

### 天望回廊是這樣的地方

比天望甲板高出100m，離地450m的觀景台，晴天時約可眺望到75km遠的景致。回廊特有的設計也不容錯過！

# 抵達天望回廊

**晴空塔妹妹與夥伴為你導覽！**

**Check**

請留意窗戶下方的插圖，他們會告訴你距離最高抵達點還有多遠。

←表情和姿勢五花八門十分可愛

↑從終點的窗戶可清楚看見起點

### 天望回廊 樓層MAP

15 天望穿梭電梯 晴空佳境 450樓 WC
天望回廊 445樓 拍攝服務 14
天望穿梭電梯 445樓

445樓

## 14 在拍攝服務拍張有趣的相片

藉由從天望回廊的終點俯瞰起點的獨特構圖，可以拍下彷彿在空中漂浮般的不可思議照片。1張1300日圓。

↑將照片貼上裱紙，做為參觀紀念吧

［340樓］

## 16 玻璃地板好嚇人！

天望甲板340樓的最大看點，體驗一下透過玻璃俯瞰340m下方的刺激感受。參觀完天望回廊再來這裡較為流暢。

**回到天望甲板**

往天望穿梭電梯

←驚人的景觀令人不禁腿軟

還有拍攝服務
1300日圓 紀念照1張

往天望穿梭電梯

**GOAL**

5樓出口樓層

**Check 來蓋紀念章吧！**

在天望穿梭電梯抵達的5樓設有2種紀念章，可以蓋在筆記本和明信片上帶回家。

→還有晴空塔妹妹的剪影 好可愛

↑在晴空塔妹妹塗鴉的柱子前拍照留念

［450樓］

## 15 來到最高抵達點晴空佳境

終點是位在451.2m高的最高抵達點。地板和天花板裝設有LED燈與音響效果，可以體驗奇妙的漂浮感。

↑若站在中央，兩旁會出現自己的倒映

↑窗戶上浮現出晴空佳境的日文

**晴空塔妹妹和晴空塔造型商品琳琅滿目**

# 盡情採買伴手禮

晴空塔妹妹的商品等伴手禮除了可在天望甲板內購買之外，在低樓層也買得到。

**東京晴空塔™晴空塔水晶球**
**950日圓**
→晴空塔在水晶球內閃閃發亮

**臉用毛巾 晴空塔**
**各1200日圓**
→印有晴空塔妹妹圖案的今治製毛巾

**晴空塔妹妹12星座娃娃**
**各1296日圓**
※雙子座為1728日圓
→穿戴上各個星座服裝的附吊鍊娃娃

**晴空塔妹妹機關筆**
**各790日圓**
→按壓後晴空塔妹妹就會拿起望遠鏡看的構造

**東京晴空塔&SNOOPY漫畫系列栗果巧克力罐**
**各1050日圓**
→有牛奶和草莓兩種，罐子也很可愛

**官方吉祥物娃娃**
**各1026日圓**
→有晴空塔妹妹、Sukoburuburu、Teppenpen共3種

**本高砂屋晴空塔妹妹Ecorce（12片裝）**
**660日圓**
→照片為草莓口味，還有牛奶口味

### THE SKYTREE SHOP
（ザ スカイツリーショップ）

| 高塔庭院 1F | 高塔庭院 5F | 天望甲板 345樓 |
|---|---|---|
| 官方商店中規模最大，款式也最為豐富。 | 位在出口樓層的商店，不妨在參觀完觀景台後順道逛逛。 | 是天望甲板內唯一的商店，限定商品十分齊全。 |
| 8:00〜21:45 Mapple(code) 1302-6784 | 8:00〜21:45 Mapple(code) 1302-6783 | 8:00〜21:30 Mapple(code) 1302-3971 |

# 在最新的"下町風"設施盡享美食&購物樂趣

# 東京晴空街道®

## Zoom In！

熱門餐廳加上可品嘗可愛甜點的咖啡廳、伴手禮商店等，徹底預習晴空街道的魅力！

↑以裝置藝術為地標的東庭院1樓「晴空街道廣場」

## 能舒適逛街的 知道賺到小筆記

為了能在面積廣大、店數多的晴空街道有效率地逛街，事先了解這幾點會更方便。

### 區域移動以2樓、3樓較方便

東庭院與西庭院在建築物內相連的部分只有2樓和3樓，其他地方需經由戶外。

### 逛累的話就利用免費休憩處

設施內各處都設有成排長椅等休憩空間。好天氣時也建議坐在戶外廣場休息。

### 行李寄放在投幣式置物櫃或是利用手提行李寄放服務

設有大型置物櫃的地方是地下3樓和1、4樓。1樓有1件500日圓的「手提行李暫時寄放處」。

---

**西庭院4F**

## 電視卡通人物／餐廳

### 熟悉的卡通人物商品五花八門

電視台的直營店和咖啡廳雲集的區域，到處都是卡通人物和節目的相關商品。

→可吃到海螺小姐造型的美食

---

**西庭院3F**

## 晴空街道 美食平台

### 限定美食也很多元的美食街

可輕鬆享用章魚燒、拉麵等10家店美食的區域，還設有兒童專用區。

↑座位超過500席，帶小孩來也很方便

---

**西庭院2F／高塔庭院2F**

## Food Marche

擺滿糕點與熟食晴空街道的廚房

設有和菓子、西點區和熟食區的食品區域。想找分送用的伴手禮就來這裡。

---

**西庭院1F**

## 站台街道

### 話題店家櫛比鱗比鄰接車站的拱廊街

有重現嚕嚕米世界觀的「Moomin House Café」和東京伴手禮的人氣商店等必逛店家雲集。

↑以嚕嚕米為主題的咖啡廳
©Moomin Characters™

---

**東庭院30F・31F**

## 晴空街道餐廳 晴空塔景觀

### 離地約150m的景觀餐廳街

位在高樓層的景觀超群美食區，有義大利菜、法國菜、和食等11家一流餐廳齊聚一堂。

←可一面眺望晴空塔享用餐點

---

## 東京晴空街道®

●とうきょうソラマチ

主題為「新式下町」的商業設施。分為東庭院、高塔庭院、西庭院三個區塊內有超過300家店林立，每個樓層和區域都有不同的概念。

☎0570-55-0102(東京晴空街道客服中心)
🏠墨田区押上1-1-2　休不定休　🕙全館10:00〜21:00(6・7樓、30・31樓的餐廳樓層為11:00〜23:00)※部分店家有異

Mapple 1302-3482　MAP 附錄③P.4 F-3

---

**東庭院6・7F**

## 晴空街道餐廳

### 名店聚集的主要用餐區

從全日本網羅拉麵、壽司、親子丼等各式各樣的餐飲店在此聚集，是美食的一級戰區。

↑大排長龍的人氣美食雲集

---

**東庭院5F**

## Japan Experience Zone

### 聚集企業與地方資訊的區域

傳遞企業等單位的資訊。2016年7月有「Pokémon Center SKYTREE TOWN」新登場。

---

**東庭院4F**

## 日本紀念品區

### 能感受日本風味的雜貨與商品一應俱全

以「日本的現在」為主題，販賣伴手禮的區域。有和風雜貨、飾品、食品等，以及豐富的限定商品。

→散發和風味的飾品很受歡迎

---

**東庭院2・3F／高塔庭院3F／西庭院3F**

## 流行服飾／雜貨

### 縱跨兩個樓層的流行時尚區域

集結成衣和雜貨等約80家店的區域。知名品牌與晴空塔的聯名商品也是亮點。

→將可愛的餅乾做為伴手禮

---

**東庭院1F**

## 晴空街道商店街

### 下町風情洋溢的熱門區域

兼具懷舊與新穎感的全長約120m商店街，販賣雜貨、流行服飾、餐飲等35間店林立。

→散發出現代和風的氣息，總是充滿活力

---

### 樓層導覽圖

| | | |
|---|---|---|
| | | 晴空街道餐廳 晴空塔景觀 31F EV |
| | | 晴空街道餐廳 晴空塔景觀 30F EV |
| | | 辦公室 29F |
| | | 1.1F |
| | | 生活&文化 10F |
| | | 郵政博物館 9F |
| | | 生活&文化 8F |
| | Dome Garden | 天文館"天空" 晴空街道餐廳 7F |
| | | 晴空街道餐廳 6F EV |
| | | Japan Experience Zone 5F |
| 6F 墨田水族館 | 東京晴空塔出口樓層 | 日本紀念品區 4F |
| 5F 墨田水族館 | | 流行時尚／雜貨 3F |
| 餐廳 電視卡通人物 | 東京晴空塔入口樓層 | 女性流行時尚／雜貨 2F |
| 4F | | 晴空街道商店街 i EV 1F |
| 晴空街道美食平台 3F P | | |
| Food Marche 2F | 東京晴空塔團體樓層 | 晴空街道商店街 |
| 站台街道 1F | | 地下1F |
| 地下1F | | 地下3F |

●標示
ⓘ 服務台
EV 30・31F 直達電梯
🍼 育嬰室

西庭院　高塔庭院　東庭院

東京晴空塔站　　押上(晴空塔前)站

東京晴空塔®

---

©TOKYO-SKYTREE

# 絕景、限定、排隊…！魅力多多

依關鍵字 **推薦 午餐**

以特別美食點綴午餐時間，是東京晴空街道特有的樂趣。令你好奇的關鍵字是哪個呢？

欣賞絕美的高塔景觀 從悠閒的酒廊

東庭院31F　晴空街道餐廳 晴空塔景觀

## 天空Lounge TOP of TREE

●てんくうラウンジトップオブツリー

以義大利菜為基底的菜色，能藉由單點到全餐的形式輕鬆品嘗的咖啡酒廊。一定要點晴空塔造型的「Amuse Tower」。

☎03-5809-7377
🕚11:00～22:00
（午餐至15:00止，關店為23:00）
Mapple Code 1302-3975

預算 午餐 1728日圓～
晚餐 4860日圓～

**夜景也很迷人**

↑眺望燈火輝煌的街景，沉浸在奢華氛圍中

**推薦午餐**
TOPLUNCH 2700日圓
附盛滿前菜的Amuse Tower加上主菜（魚或肉）等菜餚
※照片為2人份

**絕景重點**
無論從店內哪個角度都能看見晴空塔，能並肩坐在一起的靠窗座也是約會的搶手位

**絕景重點**
座位區是開放式空間，能近距離欣賞晴空塔的塔身

向道地精釀啤酒乾杯 用美景

關鍵字是… 魄力十足的晴空塔景觀

## 絕景

東庭院30F
晴空街道餐廳 晴空塔景觀

## BEER&SPICE SUPER "DRY"

●ビアアンドスパイススーパードライ

由朝日啤酒直營的啤酒吧，可用合理的價格享用鮮度一流的木桶生啤酒、與啤酒十分對味的餐點。氣氛休閒，即使是家庭客也能放心用餐。

☎03-5637-9031　🕚11:00～22:00（飲品至22:30止，關店為23:00）
Mapple Code 1302-3975

**推薦午餐**
特級午間盤餐 1706日圓
吃得到多種食材的週末限定飽享餐點（照片僅供參考）

預算 午餐 900日圓～
晚餐 2500日圓～

**推薦午餐**
lunch A 2800日圓
附有多樣前菜、義大利麵、當令蔬菜的沙拉吧和甜點

東庭院31F　晴空街道餐廳 晴空塔景觀

## LA SORA SEED FOOD RELATION RESTAURANT

●ラソラシドフードリレーションレストラン

由山形的名店「Al ché-cciano」的奧田主廚所操刀的義大利餐廳。採用日本各地契約農場的蔬菜，提供發揮食材風味的菜餚。午間為吃到飽，晚間則以全餐品嘗。

☎03-5809-7284　🕚11:00～21:00（午餐至14:00止，關店為23:00）
Mapple Code 1302-3974

預算 午餐 2800日圓～
晚餐 7500日圓～

**絕景重點**
從大片窗戶不但能看見晴空塔，還能將隅田川等附近的街景盡收眼底

**絕景重點**
可從正下方欣賞晴空塔景觀的露天座，即使在晴空街道也十分稀奇

東庭院1F　晴空街道商店街

## TOP TABLES

●トップテーブル

由活躍於國際的山下春幸主廚推出以洋食為主軸的餐廳。供應多種價位平實的餐點，蛋糕等咖啡餐點也很豐富。

☎03-5610-5152　🕚9:00～22:30（關店為23:00）
Mapple Code 1302-5833

預算 午餐 1000日圓～
晚餐 3000日圓～

**推薦午餐**
下町洋食濃稠多蜜醬蛋包飯 1380日圓
賣點為使用紅味噌的醬汁

從露天座仰望晴空塔

自然派義大利菜搭配壯觀全景一同享用

視覺效果一流！驚人的高塔丼

特製超天丼（高塔丼）
4212日圓

豪邁放上特大炸蝦2條、炸星鰻1條、炸綜合海鮮等，1日限量20份

---

東庭院7F 晴空街道餐廳

**たまひで いちの**

位在日本橋人形町的門雞料理老店「玉ひで」的姐妹店。由玉ひで第8代老闆與女兒いちの所研發的晴空街道店原創親子丼，是以獨特的湯頭做為味道的關鍵。

✆03-5809-7228 ⏰11:00～15:00(L.O.)，週六日、假日為10:30～，17:00～21:30(關店為23:00)

Mapple Code 1302-3981

預算 午餐 1400日圓～／晚餐 1700日圓～

24席 僅有吧檯座共

這道是限定

老字號打造的原創親子丼

推薦午餐
むさし親子丼
1900日圓

使用有彈性的門雞雞腿肉和雞胸肉，再打上烏骨雞蛋，數量有限

---

品嘗晴空塔限定的餐點
**關鍵字是…限定**

---

這道是限定

東庭院7F 晴空街道餐廳

**江戸 東京 寿し常**
●えどとうきょうすしつね

由正統江戶前壽司的老字號所開的餐廳，提供握壽司、海鮮蓋飯、天麩羅、和風御膳等五花八門的餐點，午餐還有附湯品、茶碗蒸的套餐。名菜是豪邁的超大碗蓋飯。

✆03-5809-7083 ⏰11:00～22:30(關店為23:00)

Mapple Code 1302-4485

↑除了吧檯座、桌椅座外，還有立食區

---

這道是限定

以沾麵式品嘗新形態的炒麵

西庭院4F

**東京焼きそば**
●とうきょうやきそば

將裹上醬汁的炒麵沾取熱騰騰的高湯享用的新型態美食。炒麵有醬汁搭配黑芝麻醬的「黑」、辣味噌與泡菜的「赤」、酸桔與醬油的「白」共□種。

✆03-5637-8177 ⏰10:00～21:30(關店為22:00)

Mapple Code 1302-7044

推薦午餐
黑炒麵 780日圓

熟成桶底醬汁與高湯很對味。半熟蛋、青蔥各別+150日圓

預算 午餐 700日圓～／晚餐 1000日圓～

↑炒麵會在眼前的鐵板現炒上菜

---

東庭院6F 晴空街道餐廳

**六厘舎 TOKYO**
●ろくりんしゃトウキョウ

沾麵界的代表性名店，將彈牙的粗麵裹上濃醇的海鮮高湯品嘗。配料有將叉燒肉撕成碎肉的「豚ほぐし」（150日圓）和半熟蛋「味玉」（100日圓）最暢銷。

✆03-5809-7368 ⏰10:30～22:00(關店為23:00)

Mapple Code 1302-4069

預算 午餐 1000日圓～／晚餐 1000日圓～

排隊DATA
瞄準時間
15時左右
翻桌率快，即使有排隊人潮也想挑戰看看

推薦午餐
得製麵 1080日圓

超濃醇湯頭抓住饕客的心（照片為加點碎豬肉和半熟蛋）

吃一次就會上癮的濃醇沾麵

---

北海道大受歡迎的新鮮迴轉壽司

推薦午餐
壽司 1盤141～681日圓

網羅扇貝、海膽、螃蟹等當季海鮮

敬請品嘗北海道直送的美味海產

---

即使排隊也想吃的人氣風味
**關鍵字是…排隊**

---

東庭院6F 晴空街道餐廳

**牛たん炭焼 利久**
●ぎゅうたんすみやきりきゅう

來自仙台的名店，僅採用牛舌中心的嚴選部分，藉由炭火一口氣烘烤出軟嫩的口感。也有許多用牛舌入菜的洋食餐點。

✆03-5610-2855 ⏰11:00～22:30(關店為23:00)，週六日、假日為10:30～

Mapple Code 1302-4651

預算 午餐 1350日圓～／晚餐 1350日圓～

排隊DATA
瞄準時間
15～17時左右
在人潮較少的時間吃稍晚的午餐

多汁的品味厚切牛舌
盡情品味

---

東庭院6F 晴空街道餐廳

**回転寿し トリトン**
●かいてんずしトリトン

北海道的人氣迴轉壽司店。將在鄂霍次克海捕撈的新鮮海產每早以飛機直送，供應與當地同樣的新鮮滋味。放上大塊配料而讓人倍感划算的壽司，用平實價格就能吃到。

✆03-5637-7716 ⏰11:00～22:00(關店為23:00)

Mapple Code 1302-3982

預算 午餐 2000日圓～／晚餐 3000日圓～

排隊DATA
瞄準時間
15～16時
開店後不久也較容易早點入店

牛舌定食 1674日圓
附上麥飯和牛尾湯的超飽足定食

↑除了熱門的吧檯座外，還有桌椅座、榻榻米座共約60席

# or 外帶快速品嚐？
# 甜點

## Moomin House Café
西庭院1F 站台街道

以童話『嚕嚕米』的世界觀為主題的咖啡廳，共應附紀念品的鬆餅、可將杯子帶回去的拿鐵等，有許多附伴手禮的餐點令人開心，也別漏看可愛的室內裝潢。

📞03-5610-3063
⏰8:00～22:00（關店為22:30）
Mapple Code 1302-4010

### 人氣餐點是這道♥
### Moomin House Pancake
1944日圓

鬆餅加上放入烤布蕾等甜點的三層疊小鍋的套餐，還會附上1個陶瓷人偶

嚕嚕米的世界觀
療癒人心♪

說不定會有嚕嚕米的玩偶坐在你身旁喔

©Moomin Characters™

## COCONOHA
西庭院4F 電視卡通人物／餐廳

是供重視當令食材料理的咖啡廳。使用米粉的鬆餅等個性派甜點也種類多元。

📞03-5809-7162 ⏰8:00～22:00（關店為23:00）
Mapple Code 1302-4087

### 人氣餐點是這道♥
### 抹茶和蕨餅的鬆餅 788日圓

麵糊使用米粉製成，有著軟Q口感的鬆餅。和蕨餅、抹茶冰淇淋也很對味

外觀配色鮮豔
令人愉悅

### 限定餐點也齊聚一堂
### 咖啡廳

## Salon de Sweets
東庭院6F 晴空街道餐廳

サロンドスイーツ

能以吃到飽形式享用現做甜點的餐廳，除了有當季的水果塔和熱甜點等約30種甜食外，也供應豐富的正餐菜色，兼做午餐吃也可以。

📞03-5610-3186 Mapple Code 1302-4408
⏰11:00～22:00（入店至21:30止，關店為23:00）

晴空街道限定

### 人氣餐點是這道♥
### 甜點吃到飽
午餐 平日1944日圓／假日2149日圓
晚餐 平日、假日2592日圓

吃得到當令的水果塔和熱甜點等約30種甜食。午餐70分鐘、晚餐90分鐘

很甜美♪

光等室內設計也

馬卡龍風的燈

打動少女情懷的誘人甜點吃到飽

## Afternoon Tea TEAROOM
東庭院3F 流行時尚／雜貨

能品味獨創特調和季節口味等形形色色紅茶的咖啡廳。有晴空街道限定的聖代等與紅茶很搭的甜點和鹹食，選擇豐富。

📞03-6658-5332 ⏰10:00～20:30（關店為21:00）
Mapple Code 1302-4419

正品質茶講與究甜的點的

### 人氣餐點是這道♥
### 莓果晴空塔聖代 1100日圓

吃得到象徵晴空塔3種莓果的限定聖代

空街道限定

↑以木質素材為基調而散發溫暖的店內

## MAX BRENNER CHOCOLATE BAR
東庭院1F 晴空街道商店街

マックスブレナーチョコレートバー

在紐約等世界各地備受歡迎，起源自以色列的巧克力品牌。使用巧克力製作的嶄新甜點和飲料琳琅滿目，是間常常排滿人龍的人氣店家。

📞03-5610-6400
⏰10:00～21:30（關店為22:00）
Mapple Code 1302-5841

↓以巧克力工廠為設計概念的時髦店

### 人氣餐點是這道♥
### 巧克力碎塊披薩 450日圓

在披薩餅皮上鋪滿牛奶巧克力和白巧克力塊、烤過的棉花糖

滿滿巧克力的主題樂園

人氣餐點是這道♥
辻利晴空塔霜淇淋（抹茶）670日圓
抹茶的霜淇淋再加上白湯圓等，晴空塔形狀的湯匙也是亮點

晴空街道限定

香醇霜淇淋的香醇霜淇淋

在咖啡廳悠閒度過？

限定餐點齊聚一堂

# 人氣

味道和外觀都深具魅力的晴空街道甜點，
在咖啡廳吃或外帶，就搭配行程好好享受吧！

東庭院6F
晴空街道餐廳
## 祇園辻利
● ぎおんつじり
萬延元（1860）年於京都創業，在當地也深受歡迎的宇治茶專賣店，可品嘗大量使用香醇的抹茶和焙茶製作的甜點和飲料。

☎ 03-6658-5656　⏰ 11:00～21:45
（霜淇淋L.O.，關店為23:00）
Mapple Code 1302-4070

↑外帶甜點的選項很豐富

高塔庭院2F　Food Marche
## おいもさんのお店らぽっぽ
おいもさんのおみせらぽっぽ
以「現烤甜薯蘋果派」聞名，對食材很講究的番薯甜點店，方便品嘗的小包裝也很適合做為伴手禮。從店內飄散出的番薯香甜氣味刺激食慾。

☎ 03-5610-5275　⏰ 10:00～21:00
Mapple Code 1302-7299

↑伴手禮用的點心也種類眾多

大口咬下熱騰騰的番薯甜點！

晴空街道限定

人氣餐點是這道♥
番薯塔鬆餅
480日圓

100%使用自家農園的日本產番薯，麵粉
還加入了晴空塔金時番薯片

東庭院4F
日本紀念品區
## 東毛酪農63℃
● とうもうらくのうろくじゅうさんど
使用群馬縣牧場牛乳的淇淋專賣店。用63℃進行30分低溫殺菌的新鮮牛乳製作，可品嘗到自然的濃醇和甘甜中的順喉感。

☎ 03-5809-7134　⏰ 10:00～21:00
Mapple Code 1302-4080

人氣餐點是這道♥
牧場牛乳(左)、草莓牛乳(右) 各380日圓
甜筒有竹炭芝麻甜筒、海鹽甜筒、餅乾甜筒（+30日圓）3種選擇

逛街途中來休息一下
# 外帶美食

可愛的甜甜圈讓人一見鍾情

晴空街道限定

人氣餐點是這道♥
波提獅甜甜圈
194日圓
甜甜圈正中央的臉龐部分是包奶油的圓形甜甜圈

↑店內還有大型的波提獅

西庭院1F
## PON DE LION PARK by mister Donut
● ポンデライオンパークバイミスタードーナツ
供應以mister Donut的人氣角色「波提獅」為主題的限定餐點，也附設咖啡廳，推薦在此歇歇腳。晴空街道限定的商品也是重點。

☎ 03-5610-3172　⏰ 8:00～22:00
Mapple Code 1302-4111

新鮮牛乳的頂級霜淇淋

↑3個並排的牛奶桶很顯眼

高塔庭院2F　Food Marche
## FUJIYA Sweetoven
● フジヤスイートオーブン
西點老字號不二家所開設的伴手禮甜點店，受歡迎的是剛出爐的奶油泡芙、在不二家中是限定店鋪才有販賣並包有鄉村餅乾的「烤起司塔」。

☎ 03-5809-7129
⏰ 10:00～21:00
Mapple Code 1302-4385

人氣餐點是這道♥
黃金芝麻酥脆泡芙 216日圓
豪邁使用香氣濃郁的黃金芝麻製作外皮，再擠入大量的濃醇卡士達奶油

從基本款到個性派都有的實力派甜點

人氣餐點是這道♥
烤起司塔（包鄉村餅乾）220日圓
塔皮加上使用鄉村餅乾製成酥脆又香濃的甜塔

東庭院1F　晴空街道商店街
## Samantha Thavasa Anniversary
陳列以「禮品」為主題的商品，從時尚品點到包包一應俱全，也售有晴空街道的限定商品。

☎ 03-5610-2711　⏰ 9:00～22:00（內用空間L.O.為21:30）
Mapple Code 1302-4008

流行時尚甜點

人氣餐點是這道♥
晴空街道限定口味閃電泡芙 各450日圓
上頭有Samantha的吉祥物「艾咪熊」與晴空塔城的圖案

晴空街道限定

人氣餐點是這道♥
海螺小姐燒 各210日圓
有卡士達奶油口味和包起司的文字燒口味等，共有6種口味

獨造特型甜點海螺小姐

西庭院4F　電視卡通人物／餐廳
## 電視台官方商店~Tree Village~ 海螺小姐茶屋
● テレビきょくこうしきショップツリービレッジサザエさんちゃや
在販賣人氣電視卡通人物、節目相關商品的商店一隅所設置的咖啡空間，供應海螺小姐造型的甜點等餐點。

☎ 03-5610-3181　⏰ 10:00～21:00
Mapple Code 1302-6897

↑店內也設有內用空間

©TOKYO-SKYTREETOWN

## 晴空街道伴手禮

---

**一人500日圓以內簡單解決** 分送用

### 空の小町

東庭院4F 日本紀念品區

・そらのこまち

想找獨創伴手禮就來這裡

販售多種東京名點與東京晴空塔城、東京晴空街道合作的原創限定商品。

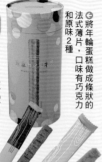

←將年輪蛋糕做成條狀的法式薄片，口味有巧克力和原味2種

📞03-5809-7058
🕙10:00～21:00
Mapple Code 1302-3989

東京晴空戀巧晴空塔棒
東京晴空街道®
12條裝 **1080日圓**
1條 約90日圓

©TOKYO-SKYTREETOWN

東京晴空塔芝麻蛋
「ごまたまご」
12顆裝 **1080日圓**
1個 約90日圓

→東京伴手禮的基本款「ごまた

©TOKYO-SKYTREE

---

東京晴空塔®
酥脆巧克力
8個裝 **540日圓**
1個 約68日圓

↗將口感酥脆的麥片以白巧克力包裹住

©TOKYO-SKYTREE

---

### Morozoff

高塔庭院2F
Food Marche

別錯過暢銷品牌的限定巧克力

來自神戶的西點店。模仿晴空塔形狀的熱賣商品「酥脆巧克力」以蔓越莓恰到好處的酸度為特色。

📞078-822-5533
(顧客服務中心)
🕙10:00～21:00
Mapple Code 1302-7300

---

### TOKYO BANANA TREE

西庭院1F 站台街道

●とうきょうばななツリー

必買品牌的限定口味一網打盡

集結「TOKYO BANANA TREE」、「シュガーバターの木」、「銀座まめはな」、「鎌倉五郎」東京伴手禮必買4大品牌的店家。

晴空街道限定

↗滿滿的巧克力香蕉卡士達奶油

📞03-5610-2847
🕙9:00～21:00
Mapple Code 1302-4011

東京ばな奈晴空塔巧克力
香蕉口味 8個裝 **1080日圓**
1個 約135日圓

---

**1500日圓以內的小禮品** 送朋友 & 家族

### ちいさなバームツリー
～ねんりん家より～

高塔庭院2F Food Marche

・ちいさなバームツリーねんりんやより

尺寸迷你的年輪蛋糕

由「ねんりん家」經營的迷你年輪蛋糕專賣店，附木製的1人用小份量便食用。

📞03-5610-2845
🕙10:00～21:00
Mapple Code 1302-4002

味的3條套組

↑原味、巧克力、當季口味

晴空街道限定

ちいさなバームツリー的東京年輪盒裝
3條裝 **972日圓**

---

### merrifactury

東庭院2F
女性流行時尚 / 雜貨

可送上留言的糖霜餅乾

販賣超過500種繪有留言的糖霜餅乾，可以依照設計自由組合出留言做為贈禮。

↗繪有晴空塔妹妹和晴空塔的色彩繽紛餅乾

📞03-5610-3142
🕙10:00～21:00
Mapple Code 1302-4473

糖霜餅乾
各315～648日圓

©TOKYO-SKYTREE

---

**超過1500日圓的紀念逸品** 犒賞自己

巧克力條
基本口味
5條裝 **2160日圓**

↑吃得到牛奶、伯爵茶等5種口味的綜合裝

卡薩布蘭加
咖啡凍
6個裝 **3240日圓**

↑→咖啡凍與白巧克力醬很對味

### JOHN KANAYA

高塔庭院2F Food Marche

以嚴選食材製作的精緻小點

從食材到設計、包裝都十分講究，販賣專為大人打造的巧克力高級品牌。

📞03-6658-4503
🕙10:00～21:00
Mapple Code 1302-7774

## 可愛商品多到數不清
# 流行飾品＆雜貨

**晴空街道限定**

**杯墊** 108日圓

←晴空塔城圖案的羊毛氈材質杯墊

©TOKYO-SKYTREETOWN

**晴空街道限定**

→晴空塔城的剪影是亮點

**毛巾手帕 各108日圓**

©TOKYO-SKYTREETOWN

**西庭院1F**
# NATURAL KITCHEN
●ナチュラルキッチン

### 價格平實的雜貨五花八門
以合理的價格販售自然風味的雜貨和廚房用品，晴空塔造型的商品是小禮品的最佳選擇。

☎03-5610-2746　🕙10:00～21:00
Mapple Code 1302-4914

---

拉拉熊櫻花條紋圖案寬底化妝包
**1200日圓**

→由工匠手工製作的綿綢材質化妝包

©2016 San-X CO.,Ltd. All Rights Reserved.

**晴空街道限定**

**西庭院1F　站台街道**
# 東京喜や楽多屋
●とうきょうきゃらくたや

### 日本製造的和風雜貨
將史努比、拉拉熊等人氣角色與和風品味的設計融合在一起，推出款式豐富的雜貨和飾品。

☎03-6284-1720　🕙9:00～21:00
Mapple Code 1302-7527

---

**東庭院1F　晴空街道商店街**
# watchelt 1492
●ウォッチェルトいちよんきゅーにー

### 提供客製化的手錶獲好評
手錶、擺飾鐘都有豐富選擇。晴空街道限定的款式可以挑選喜歡的錶帶來組裝。

☎03-3625-1492　🕙10:00～21:00　Mapple Code 1302-4667

| 東京晴空塔城®手錶 | 東京晴空塔城®4週年限定款 |
|---|---|
| 3780日圓+錶帶費 | 9720日圓+錶帶費 |

→紀念東京晴空塔城4週年的限定生產品

塔城的剪影 繽紛的設計很受歡迎，中央有晴空塔

**晴空街道限定**

**晴空街道限定**

©TOKYO-SKYTREETOWN

15 附錄②

---

## 感受下町風情
# 和風小物

**東庭院4F　日本紀念品區**
# まかないこすめ

### 溫柔呵護肌膚的和風美妝店
起源於在金澤老字號金箔店工作的女性所得出的保養智慧，選用天然素材的和風美妝店。護手霜和洗面用品等也很受歡迎。

☎03-6456-1552　🕙10:00～21:00
Mapple Code 1302-3991

←將泡湯水染上模擬晴空塔點燈的色彩

**634之湯（含閃耀夜景金箔）**
6包裝 **1728日圓**
1包 約288日圓

**暗藏玄機吸油面紙**
5包裝 **1940日圓**
1包 約388日圓

→使用後會浮現晴空塔城週邊的下町和兔子的圖案

©TOKYO-SKYTREETOWN

---

**東庭院4F　日本紀念品區**
# 銀座夏野
●ぎんざなつの

### 用專賣店的筷子點綴餐桌
本店設於銀座的筷子專賣店。從平價款式到漆器筷子的頂級品項應有盡有，也適合來此選購禮品。

☎03-5610-3184
🕙10:00～21:00
Mapple Code 1302-5829

←和晴空塔一樣形狀的三角形筷

**東京晴空塔®筷**
各**1080日圓**

©TOKYO-SKYTREE

---

**東庭院1F　晴空街道商店街**

糖果吊飾草莓糖檸檬糖
**1944日圓**

糖果的包包吊飾橘子切片
**2700日圓**

→看來可口的糖果可做為手機或包包的裝飾

→檸檬和西瓜款式也很熱門

**東庭院4F　日本紀念品區**
# にっぽんの飴プロジェクト
## by nanaco plus+
●にっぽんのあめプロジェクトバイナナコプラス

### 將真正的糖果做成飾品
將真正的糖果以特殊加工製作而成，讓人忍不住想咬一口的可愛飾品琳琅滿目。

☎03-5608-6868　🕙10:00～21:00
Mapple Code 1302-7263

---

## 特別留意特製包裝
# 食品、風味伴手禮

**晴空街道限定**

**TOKYO小紋花鳥葫蘆米果**
4種16片裝 **1080日圓**
1片 約67.5日圓

←蘆果、炸黑米、鳥、葫蘆等4種口味

©TOKYO-SKYTREETOWN

**炸黑米** 43g裝 **411日圓**、
**鹽味玄米米果** 50g裝 **390日圓**

「炸黑米」（左）、「鹽味玄米米果」（右）是經典暢銷系列

**高塔庭院2F　Food Marche**
# 富士見堂
●ふじみどう

### 一口大小十分可愛的煎餅
將精選的減農藥米在自家精米後手工烤製的煎餅店。從經典款到季節限定款，提供各式各樣風味的煎餅。

☎03-5809-7330　🕙10:00～21:00
Mapple Code 1302-4097

---

→將瓶子裝上特製瓶蓋後就變成了晴空塔

**青空彈珠汽水生薑糖漿**
**864日圓**
**東京晴空塔®瓶蓋** **540日圓**

**高塔庭院2F　Food Marche**
# 銀座のジンジャー
●ぎんざのジンジャー

### 對身體有益的薑
使用薑製作糖漿和甜點而深受歡迎的店家。招牌商品生薑糖漿還有晴空街道限定的彈珠汽水味。

☎03-5610-2694　🕙10:00～21:00　Mapple Code 1302-5830

**晴空街道限定**

©TOKYO-SKYTREETOWN

---

**東庭院1F　晴空街道商店街**
# LUPICIA 綠碧

原創茶品組
（限定茶與白桃烏龍 柤
50g罐裝）900日圓+1340

### 用喜愛的茶品度過喫茶時光
販售世界各國的茶品，晴空街道限定的「傑克與魔豆」包裝也很可愛。

☎03-5610-2795　🕙9:00～22:00
Mapple Code 1302-7753

**晴空街道限定**

→可將挑選好的限定茶與喜愛茶品裝在一起（盒子需加購）

©TOKYO-SKYTREETOWN

# 東京晴空塔城®
# 娛樂景點

東京晴空塔城內有許多吸引人的娛樂設施，不妨好好運用時間來大玩一場吧！

約能遇見260種生物

西庭院5・6F
## 墨田水族館

●すみだすいぞくかん
能欣賞約260種、5000隻生物的室內型水族館。採用完全人工海水系統，分成8個區域來展示。別錯過獨特的展示方式與特展。
☎03-5619-1821 休無休(有臨時休館) ▤9:00～20:00(閉館為21:00) ¥高中生1500日圓、國中小1000日圓、幼兒（3歲以上）600日圓 HP http://www.sumida-aquarium.com
Mapple Code 1302-3901

**景點小整理！**
入場費：2050日圓
所需時間：約2小時
家庭客必訪！

企鵝、海狗
可以從多種角度觀察企鵝與海狗的日本最大規模室內泳池型水槽。
↪2015年5月生的麥哲倫企鵝「Taiko」

水母萬花筒隧道
因點燈而氣氛夢幻的水槽、鑲嵌在牆壁和天花板的鏡子，營造出彷彿走在萬花筒中的感受。

↪特色為體型渾圓的馬賽克水母

東京大水槽
主題是「東京諸島之海」的挑高大型水槽，有鯊魚和魟魚等約55種生物悠游其中。

↪棲息於小笠原海域的大型鯊魚「錐齒鯊」

↪據說是金魚祖先的草金魚，特徵是美麗的紅色

江戶水族館
以江戶為主題，由"粹"和"雅"兩區構成，將種類多樣的金魚以輝煌豔麗的方式做展示。

---

浪漫的星空令人陶醉

東庭院7F
## 柯尼卡美能達天文館 "天空" in 東京晴空塔城®

●コニカミノルタプラネタリウムてんくう インとうきょうスカイツリータウン
將約40萬顆星星閃耀的擬真星空加以重現，還會推出使用香氛的療癒天象儀活動，或放映和藝人合作的作品。
☎03-5610-3043 休不定休(作品更換期間會休館) ▤11:00的場次～21:00的場次(各場次在每個整點開始) ¥4歲～小學生500日圓 HP http://www.planetarium.konicami.nolta.jp/
Mapple Code 1302-3902

**景點小整理！**
入場費：1200日圓～
所需時間：1小時
約會的最佳聖地

東庭院8F
## 千葉工業大學 東京晴空塔城® 校區

欣喜體驗最尖端科學

●ちばこうぎょうだいがくとうきょうスカイツリータウンキャンパス
由千葉工業大學所營運的體驗型遊樂設施區。有許多打造成遊戲形式的設施，小孩到大人都能盡情玩耍。
☎03-6658-5888 休不定休(有檢修日) ▤10:30～18:00 HP http://www.it-chiba.ac.jp/skytree/
Mapple Code 1302-6182

**景點小整理！**
入場費：免費 所需時間：約1小時
免費體驗科幻世界！

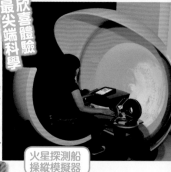
火星探測船操縱模擬器
可以操作和實物雷同的火星探測船，還會播放NASA拍攝的影像，臨場感一流。

### 最新節目照過來

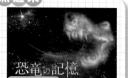
銀河 星星與香氛的傍晚
～2016年9月12日
藉由美麗的銀河與音樂、薰衣草香氣來度過療癒片刻

恐龍的記憶
～2016年11月7日
以電腦動畫忠實重現魄力十足的恐龍與星空的同台演出

開心學習郵政的歷史

「郵政」的世界
介紹橫跨超過140年的郵政歷史，以感應器操縱的投送郵件遊戲也很受歡迎。

西庭院9F
## 郵政博物館

●ゆうせいはくぶつかん
介紹郵政歷史的博物館，堪稱日本最大收藏量的約33萬種郵票等無數的珍貴資料不容錯過。
☎03-6240-4311 休不定休(有臨時休館) ▤10:00～17:00(閉館為17:30) ¥國中小、高中生150日圓 HP http://www.postalmuseum.jp/
Mapple Code 1302-5845

**景點小整理！**
入館費：300日圓
所需時間：30分
跨世代都能享樂！

「郵票」的世界
可參觀世界193國約33萬種的郵票，也備有能從關鍵字搜尋郵票的觸控式螢幕。

# 有了這一本就能來去自如！

# 東京 散步 MAP

EASY TIGER

NEWoMan

Cafe Kaila

地圖好清楚！
好好用！

地標
用插圖

地下鐵
出口
清楚好找

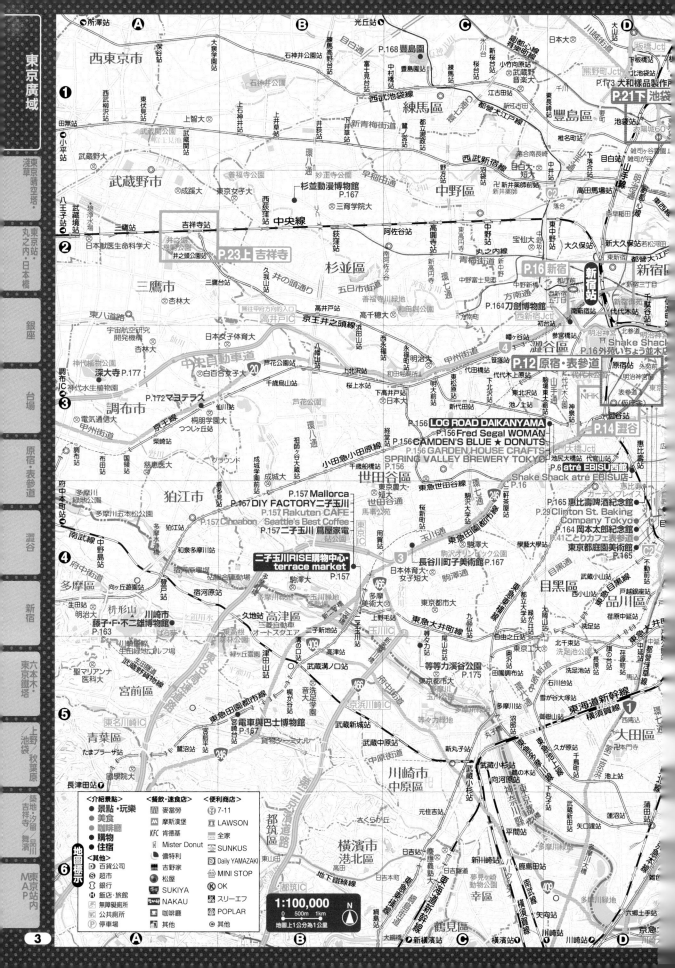

淺草 東京晴空塔®

世界最高塔聳立的下町地區

とうきょうスカイツリー・あさくさ

照著走絕不迷路！
**前往各景點的路線**

**東京晴空塔城®**
●とうきょうスカイツリータウン

東武晴空塔線東京晴空塔站正面口、東口出站即到。地下鐵半藏門線、都營淺草線等的押上站需從地下3樓前往或B3出口即到。

☎0570-55-0634
(東京晴空塔 客服專線)
☎0570-55-0102
(東京晴空塔街道 客服專線)
➡ P.14・特別附錄②P.2
MAP 附錄③P.4 F-3

**淺草寺**●せんそうじ

從地下鐵銀座線淺草站1號出口到地面層，再往前直走後，就可以看到右手邊的雷門。穿過雷門，就可以看到本堂等建築所在的寶藏門。

☎03-3842-0181
➡ P.90 MAP 附錄③P.5 C-2

**まるごとにっぽん**

筑波快線淺草站A1出口出站，往右走到五岔路口，就會看到目的地在面前。

☎03-3845-0510
➡ P.24 MAP 附錄③P.5 B-2

## 東京晴空塔城® MAP F-3

### 東京晴空塔街道®
**西庭院**

| | |
|---|---|
| 東京焼きそば | 附錄②P.11 |
| PON DE LION PARK BY Mister Donut | 附錄②P.13 |
| NATURAL KITCHEN | 附錄②P.15 |

**TV動漫人物/餐廳**

| | |
|---|---|
| 電視台官方商店～Tree Village～海螺小姐茶屋 | 附錄②P.13 |

**站台街道**

| | |
|---|---|
| moomin House Cafe | 附錄②P.12 |
| TOKYO BANANA TREE | 附錄②P.14 |
| 東京喜や楽多屋 | 附錄②P.15 |

**高塔庭院**

**Food Marche**

| | |
|---|---|
| 銀座のジンジャー | P.15・附錄②P.15 |
| おいもさんのお店 らぼっぽ | 附錄②P.13 |
| FUJIYA Sweetoven | 附錄②P.13 |
| JOHN KANAYA | 附錄②P.14 |
| ちいさなバームツリー～ねんりん家より～ | 附錄②P.14 |
| 摩洛索夫 | 附錄②P.14 |
| 富士見堂 | 附錄②P.15 |

**東庭院**

**晴空街道餐廳 晴空塔景**

| | |
|---|---|
| 天空LOUNGE TOP of TREE | 附錄②P.10 |
| BEER&SPICE SUPER "DRY" | 附錄②P.10 |
| LA SORA SEED FOOD RELATION RESTAURANT | 附錄②P.10 |

**晴空街道餐廳**

| | |
|---|---|
| 銀座天龍 | P.14 |
| 江戸 東京 寿し常 | 附錄②P.11 |
| 回転寿し トリトン | 附錄②P.11 |
| 牛たん炭焼 利久 | 附錄②P.11 |
| たまひで いちの | 附錄②P.11 |
| 六厘舎 TOKYO | 附錄②P.11 |
| Salon de Sweets | 附錄②P.12 |
| 祇園辻利 | 附錄②P.13 |

**日本紀念品區**

| | |
|---|---|
| Handkerchief Gallery | P.14 |
| clver leaf | P.15 |
| にっぽんの飴プロジェクト by nanaco plus+ | P.14・附錄②P.15 |
| 東毛酪農63℃ | 附錄②P.14 |
| 空の小町 | 附錄②P.14 |
| まかないこすめ | 附錄②P.15 |
| 銀座夏野 | 附錄②P.15 |

**流行時尚/雜貨**

| | |
|---|---|
| Quil fait bon | 附錄②P.12 |
| afternoon tea tearoom | 附錄②P.12 |
| merrifactury | 附錄②P.14 |
| La fée murmure | 附錄②P.14 |

**晴空街道商店街**

| | |
|---|---|
| TOP TABLES | 附錄②P.10 |
| Chouquettes | P.15 |
| MAX BRENNER CHOCOLATE BAR | 附錄②P.12 |
| Samantha Thavasa Anniversary | 附錄②P.13 |
| watchelt1492 | 附錄②P.15 |
| LUPICIA | 附錄②P.15 |

### 東京晴空塔®

| | |
|---|---|
| THE SKYTREE SHOP | 附錄②P.8 |

### 東京晴空塔® 天望甲板

| | |
|---|---|
| Sky Restaurant 634(musashi) | 附錄②P.7 |
| SKYTREE CAFE | 附錄②P.7 |

4

照著走絕不迷路！
**前往各景點的路線**

**皇宮** ●こうきょ

從地下鐵丸之內線、東西線、千代田線、半藏門線、三田線的大手町站C13a出口到地面層後再直走，過馬路後就可以看到皇居的入口大手門。

☎03-3213-1111 (宮內廳)

→P.68　MAP 附錄③ P.7 A-2

**JPTOWER「KITTE」** ●ジェイピータワーキッテ

從JR東京站丸之內南口出站，穿越馬路後就是目的地

☎03-3216-2811 (10:00～19:00)

→P.65　MAP 附錄③ P.7 C-4

**COREDO室町** ●コレドむろまち

地下鐵銀座線三越前站剪票口附近A6出口直通COREDO室町1・2的地下樓層。旁邊的A4出口直通COREDO室町3地下樓層。

→P.73　MAP 附錄③ P.6 F-1

**大丸東京店**
「大丸東京店」位於本頁E-3

東京廣域

淺草
晴空塔

東京站
丸之內
日本橋

銀座

台場

原宿
表參道

澀谷

新宿

東京鐵塔
六本木

上野
池袋
秋葉原

築地
吉祥寺
舞濱
品川

東京站內
MAP

1:6,500

0　50　100m
地圖上1公分為65公尺

● 景點·玩樂　● 購物
● 住宿　● 美食　● 咖啡廳

🚇 地下鐵環狀線
日本橋巴士站

清寧館

皇居東御苑

皇居警察⊗

皇居 P.68

富士見櫓

桔梗門

蛤濠

千代田區

皇居外苑

二重橋前

永田町站

P.69 楠公餐廳ハウス

祝田橋

六本木站

晴海通

日比谷站

日比谷濠

テニスコート

P.174
日比谷公園

公園管理所

小音樂堂

大噴水

宮內廳病院⊞

大手門

三之丸尚藏館 P.69

二之丸庭園

舊三之丸

九段下站

宮內庁

大手門ホトリア

大手門タワー・JX ビル

大手センタービル・SMBC 信託

大手町(1)

大手町ビル

ナチュラルローソン©

アーバンネット

御茶ノ水站

P.7 虹夕諾雅 東京

讀賣新聞東京本社
公司參訪 P.172
サンケイビル

大手町タワー
ŌOTEMORI

野村ビル

新大手町ビル

丸の内(2)

NTTデータ

大手町(2

三菱UFJ信託

Serafina NEW YORK 丸之內店 P.69

パレス東京

P.66 Maison Kayser Café 丸之內店
P.66 東京ビアホール + ビアテラス14
iiyo!!(イーヨ!!) P.66

銀行會館

丸之內oazo

P.201 Marunouchi Hotel

日本生命ビル

P.66 新丸之內大樓
P.66 HENRY GOOD SEVEN
P.66 ソバキチ

東京海上日動ビル

北口

東京站藝廊 P.55

P.67 丸之內大樓
P.55 小岩井Frminar
P.67 Sens & Saveurs
P.67 JUCHHEIM DIE MEISTER

三菱商事

中央口
Central Street

東京站丸之內站前廣場 P.7

東京站丸之內站舍 P.54

P.54 東京站

P.65 築地ちとせ
P.65 味噌汁專門店 美噌元
KITTE GRANCHÉ
P.65 洋食Bistro domPierre Heart
P.65 Mary's café
P.55 神戶·六甲道 ぎゅんた
KITTE

ℝ CAFE GARB

PAGLIACCIOR.67

P.70 SKY BUSTOKYO

P.65 JP TOWER「KITTE」

東京中央郵局
P.65

南口

東京站大飯店 P.55

ecute東京

京葉Street

東京拉麵街
諸國ご当地プラザ

哈多巴士(丸之內南口乘車
P.71

丸之內 MY PLAZA P.67

明治生命館

丸之內BRICK SQUARE P.67
A16 TOKYO P.59

東京大樓TOKIA P.67
COTTON CLUB P.67

GRANTOKYO
SOUTH TOWER

P.63 GranAge

丸之內中通

三菱一號館美術館
P.67 Café1894

國際フォーラム前

PACIFIC CENTURY
PLACE丸の内
丸之內四季酒店

P.6 星巴克咖啡
丸之內新東京大樓

相田Mitsuo美術館 P.165

La Mère Poulard
P.67

東京站

丸之內出口

楠正成像

帝國劇場

出光美術館

新石石ル

三菱東京UFJ

丸の内(3)

横須賀貿易線

RIMOWA store 東京 丸之內
新國際ビル

西銀座Jct

KIRARITO GIN

DNタワー21

有樂町(1)

新有樂町ビル

有樂町站

ビックカメラ

有樂橋

西銀座入口

銀座(1)

The Peninsula
Boutique & Café P.111

東京半島酒店

東京交通会館

電氣ビル

有樂町(2)

ma couleur P.107
La Maison ensoleille table pâtisserie P.107
有樂町ITOCiA P.107
la petite mercerie P.107
café & books bibliotheque P.107

LUMINE有樂町 P.107

ベルビア館

銀座(2)

フェリーチェガーデン

日比谷茶廊

P.111 銀座かずや
TOHO
シネマズ

往P.9
銀座MAP▶

阪急MEN'S
TOKYO

MEN'S
TOKYO

新橋站

マリオン

銀座站

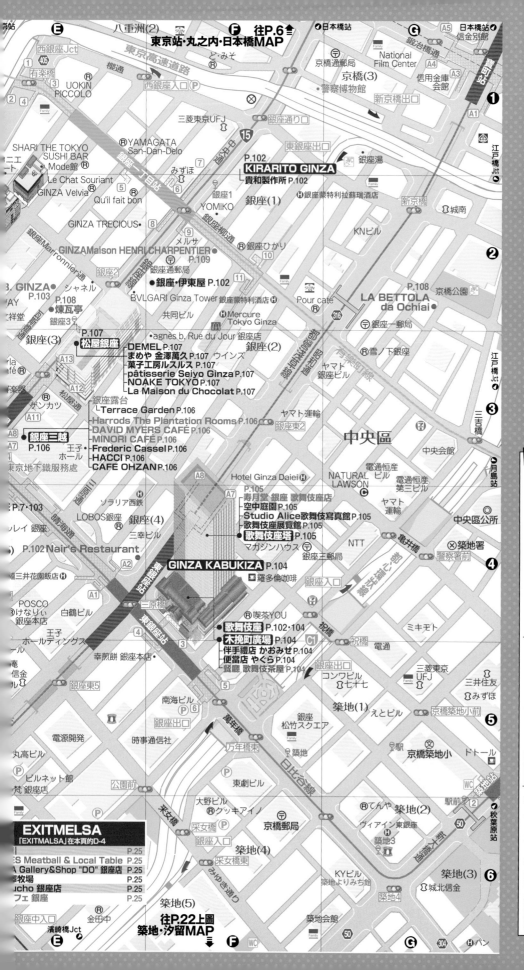

**銀座**（ぎんざ）

於傳統街區陸續誕生的新景點

---

### 照著走絕不迷路！
### 前往各景點的路線

**歌舞伎座** ●かぶきざ
直通地下鐵日比谷線·都營淺草線東銀座站3號出口。從地下鐵銀座線、丸之內線、銀座站A6出口走到地面上，背對銀座4丁目交叉路口往前直走。位於過大馬路(昭和通)後的左手邊。
☎03-3545-6800
➡P.102·104　MAP 附錄③ P.8 F-4

**東急PLAZA銀座** ●とうきゅうプラザぎんざ
從地下鐵銀座線、丸之內線、日比谷線銀座站C2出口即到。
☎03-3571-0109
➡P.6·18·103　MAP 附錄③ P.9 C-3

**銀座三越** ●ぎんざみつこし
從地下鐵銀座線、丸之內線、日比谷線銀座站A7出口可直通三越地下1樓的賣場。
☎03-3562-1111（代表號）
➡P.106　MAP 附錄③ P.8 E-3

**8**

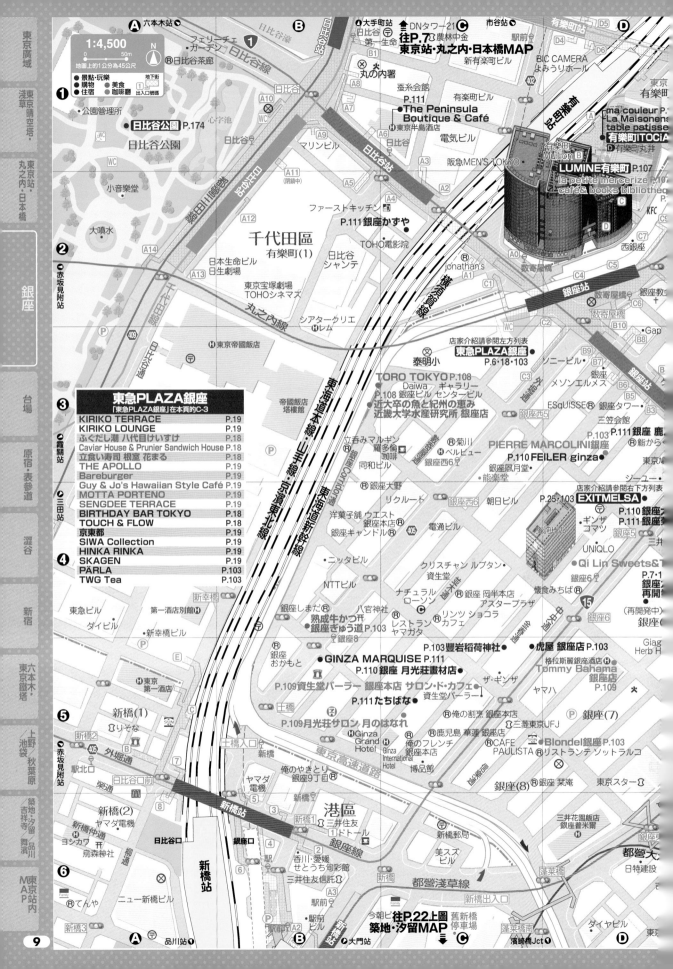

娛樂性滿點可盡情暢遊的海濱度假區

# 台場
おだいば

**Map labels:**

E　F　G

青海南埠頭公園　WC

遠程通信中心

大江戶溫泉物語 P.87

テレコムセンター前　テレコム駅前

遠程通信中心

青海(3)

青海埠頭公園

百合海鷗號

深布廣場

東京港灣合同廳舍

合同廳舍前

產業技術研究中心

フジテレビ湾岸スタジオ

青海フロンティアビル

タイム24ビル

西長廊

青海(2)

P.84
**維納斯城堡**
Venus FAMILY
├ 橡子共和國 P.84
Venus GRAND
├ earth music&ecology premium store P.84
Venus OUTLET
├ Francfranc BAZAR P.84
├ George's FACTORY OUTLET P.84
├ NOLLEY'S OUTLET P.84
└ URBAN RESEARCH wear house 維納斯城堡店 P.84
Cobara-Hetta P.84
pinkberry維納斯城堡店 P.84

P.86
**日本科學未來館**

富士電視台湾岸攝影棚 P.84

國際大學村

日本科學未來館

東京灣岸署

日本科學未來館前

警察署前

青海客輪碼頭

シンボルプロムナード公園前

東京国際交流館

BMW(建設中)(2016年夏麗幕)

船の科學館入口

宗谷

東八潮線道公園

別館展示場

東八潮

青海隧道

青海1

パレットタウン(ヴィーナスフォート)

MEGA WEB HISTORY GARAGE

周色盤城 P.85

出會い橋

Symbol Promenade公園

水と緑のプロムナード

噴水廣場

青海臨時駐車場

船之科學館

駅前

しおかぜ丸

テレポート駅前

レポート駅 青海(1)

丸港站

13号地換氣口

お台場中央

副都心入口

日だまり廣場

13号地換氣口

潮風公園南

P.78
**DiverCity Tokyo 購物中心**
活舖內介紹項目請參照右下方列表

灣岸線 357

品川區

東京台場日航大酒店 P.200

レストハウス　サニーテラス北

潮風公園北

大井Jct

東京港隧道

臨海道路 357

フロンティアビル

トレードピア台場(2)

台場1

フジテレビ前

台場

台場駅

グランドニッコー東京 台場

太陽の廣場

街と海のプロムナード

東京御台場希爾頓飯店 P.200

ヒルトン東京お台場

大井町站

台場(1)

海上巴士等候站

M BIANCO P.88

TOKYO CRUISE

AQUA CITY ODAIBA

女神廣場

望廣場

御台場海濱公園 P.174

海に向う公園

視藝術館 P.82

JOYPOLIS P.83

高樂園探索中心 P.83

莎夫人蠟像館 P.83

丁目商街 P.82

燒博物館 P.82

台場 P.88

ID VINTAGE COFFEE P.88

mediage
**Sony ExploraScience**
索尼探險科學館 P.80

鳥の島

● **AQUA CITY ODAIBA** P.80
├ Flying Tiger Copenhagen
├ AQUA CITY ODAIBA STORE P.80
├ PYLONES by petit coquin! AQUA CITY ODAIBA P.80
├ ノイタミナショップ&カフェシアター P.80
├ TOMMY HILFIGER P.80
├ KuKuRuZa Popcorn AQUA CITY ODAIBA店 P.81
├ Eggs 'n THings 台場店 P.81
├ KING OF THE PIRATES P.81
├ KUA'AINA P.81
├ 東京拉麺國技館 舞 P.81
├ AQUA Dining ATU190 P.88
└ THE OVEN P.88

● **富士電視台** P.76
├ GLITTER8~閃亮亮富士電視台~ P.76
├ 球形瞭望室「HACHI TAMA」 P.76
├ 富士電視台 美妙街道 P.77
├ Sazae-san商店 P.77
├ 富士電視台商店 F-island P.77
├ FUJI TV Drama&Movie Plaza P.77
└ 小丸子cafe P.77

砲台跡 第三台場 台場公園 史蹟記念碑

インボーブロムナード

第六台場

E　F　G

新橋站

新虹大橋

斯海濱 P.82

---

**DiverCity Tokyo 購物中心**
「DiverCity Tokyo 購物中心」位於本頁F-3

---

照著走絕不迷路!
**前往各景點的路線**

**富士電視台**
出百合海鷗號台場站剪票口往右邊(南口)直走。富士電視台就在左邊。
☎ 03-5531-1111
(9:30~21:00)
→ P.76　MAP 附錄③.10 E-4

**DiverCity Tokyo 購物中心**
●ダイバーシティとうきょうプラザ
從臨海線東京電訊城B出口出站直走目的地就在馬路對面。
☎ 03-6380-7800
→ P.78　MAP 附錄③.10 F-3

**日本科學未來館**
●にっぽんかがくみらいかん
從百合海鷗號遠程通信中心站北口出站沿左邊西長廊的公園直走,目的地就在左手邊。
☎ 03-3570-9151
→ P.86　MAP 附錄③.10 F-2

A B C D

明治神宮文化館
新宿站
新宿三丁目站

原宿外苑中西
ジブラルタ生命ビル
WC

① 南池
南參道
ナポレ
神宮前(1)
中央圖書館・
パークコート
神宮前1
障害者福祉セ
San Fran Peaks P.

明治神宮 P.176
原宿站前舞台 P.171
原宿駅竹下口
原宿アッシュ FANCY POCKET
PARIS KID'S
DOUTOR
ほっぺちゃんショップ 原宿
原宿署⊗
東郷神社 東郷記念館
はぁとぴあ 渋谷

P.33 DISNEY STORE
Choco Choco by SWIMMER P.33
原宿ルボンテ MOMO原宿店
P.33 原宿ALTA
MARION CREPES 原宿竹下通店 P.32
竹下通 P.32
SECOM
東郷神社
学童館

P.32 TOTTI CANDY FACTORY
P.32 Calbee+原宿竹下通店
Monarch Cupcake & Co.
Design Festa Cafe & Bar

② P.33 CUTE CUBE HARAJUKU
P.32 CROQUANTCHOU ZAKUZAKU 原宿店
P.33 Spinns
THANKYOUMART 原宿竹下通店
The World Connection
もしもしBOX 原宿観光服務處
P.33

原宿站
原宿駅前
店鋪內介紹景點請參考下方列表
CASCADE HARAJUKU P.23
現烤半熟起司塔專賣店
PABLO 表參道店 P.31
Garrett Popcorn Shops® 原宿店 P.30
DOUTOR HARAJUKU QUEST
東京中央教會
SoLaDo竹下通
P.33 PINK-latte
G2？ P.39

代代木公園 P.174
明治神宮(原宿駅)
明治神宮前
DOUTOR
五輪橋
明治神宮前駅
明治神宮前(原宿)站
店鋪內介紹景點請參考下方列表
Laforet原宿 P.35
八幡通
Forever 21
RAINBOW PANCAKE
CHARLES & KEITH
LINE FRIENDS STORE
BUBBLES P.38
H&M
Princess one Spoon TOKYO P.31

③ 代代木上原站
明治神宮(原宿駅)
原宿駅入口
CANDY SHOW TIME 表參道本店・
colombin 原宿本店沙龍
浮世繪太田記念美術館
東京中央教會
表參道
KAWAII MONSTER CAFE P.49
東急PLAZA表參道原宿 P.36
6%DOKIDOKI P.39
Eggs 'n Things 原宿店 P.28
BURN SIDE ST CAFE P.29
Nicholas HOUSE P.41
Candy Stripper HARAJ
MAX BRENNER CHOCOLATE BAR 表
HUGO & VICTOR P.3
森の図書室 P.37
37 Roast Beef P.37
Spätzle CAFE&WIN
The Organic Pharma
Y-3 P.37

山手線 埼京線
澀谷區 神宮前(6) P.31
Alice on Wednesday Tokyo
P.34 ALOHA TABLE hawaiian sweets & tapas
P.34 GOOD MORNING CAFE & GRILL キュウリ
P.34 SMITH
THE Original PANCAKE HOUSE
P.29・34
P.34 CANTERA
P.34 Q Plaza HARAJUKU
区民会館
Jonathan's
神宮前
ICE MONSTER 表參道 P.30
EATME 原宿本店
PANCAKE DAYS 原宿店
kiki harajuku
niko and... TOKYO
神宮前小学校
(神宮前交番)
神宮前小学校
(神宮前交番)
ラルフローレン
神宮前小
千代田線 表參道
FLAMINGO 表參道店 P.38
GYRE®
LUKE'S 表參道店 P.30
Café Kaila P.28
BEN&JERRY'S
KuKuRuZa Popco
表參道Hills P.37
表參道ビル

第一体育館
國立代々木競技場
P.29・34

④ 国立代々木競技場
岸記念体育館
ファイア通り
P.41 RÉFECTOIRE
長泉寺
Audi
YODAKA珈琲 P.41
DOMINIQUE ANSEL BAKERY TOKYO
Cinnamon's®
SIX HARAJUKU TERRACE
ABBOT KINNEY JAPAN 神宮前店 P.39
BROWN RICE by NEAL'S YARD REMEDI
Reebok CLASSIC Store Harajuku P.39
光真ビル
科学者教会

岸記念体育館前
ポンプ所
Dormy Inn PREMIUM
メディアスクエア
GOOD TOWN DOUGHNUTS P.31
uzna omom
神宮前6
バティオ
コーシャハイム
神宮前(5)
グラッシェル

White atelier BY CONVERSE
穏田神社
CASSELINI
SCRAPBOOK (JEANASIS) P.39
Rainbow SPECTRUM
FRESHNESS BURGER
the Virgin Mary
VINO BUONO
野田歯科
クレスト

⑤ ハローワーク
高齢者ケアセンター
渋谷署⊗
渋谷高・中
服飾専門学校
三進ビル
ジュエリーカレッジ
Deux Anges®
コスモス青山
MERCER CAFE TERRA
THREE AO
REVIVE K
SABON

P.31 CORAZYs
ポルト
ラポルト オーバル

⑥ SHIDAX
宮下公園
DOUTOR
宮下公園
東電 電力館前
神南(1)
東電電力館前
渋谷(1)
P.52 347CAFE&LOUNGE
cocoti
澀谷區公所(暫定廳舍)
パークタワー
青山通郵局
国連大学本部ビル

E 新宿三丁目站
®Usagi pour toi
uzna omom
往P.13
原宿・表参道MAP
Reebok CLASSIC Store Harajuku P.39
科学者教会
BROWN RICE byNEAL'S YARD REMEDIES P.41
KAWAI
White atelier BY CONVERSE
パティオ
oak omotesando
コーシャハイム
港區 ❶
开穂田神社
・CASSELINI
SCRAPBOOK (JEANASIS) P.39
Rainbow SPECTRUM
®アボカド屋 madoshi cafe
P.48
Q-pot CAFE.本店・
VINO BUONO®
フォーレスト・
北青山(3)
・the Virgin Mary
谷高・中
門学校
神宮前(5)
クレスト
Ao
紀ノ国屋Ⓢ
三進ビル
Deux Anges®
SABON
カプリーズ
ジュエリーカレッジ
コスモス青山
MERCER CAFE TERRACE HOUSE
南青山5 ❷
表参道站
アインス
涩谷區
P.31 CORAZYs
Found MUJI・
涩谷(1)
La Porte
パークタワー
オーバルビル
®青山通郵局
国連大学本部ビル
記念館
◎涩谷區公所(暂定廳舎)
特養ホーム
美竹公園前
美竹の丘
バリオンビル
青山通
アライブ美竹ビル
246
青山学院前
FIRST KITCHEN
キユーピー
半蔵門線
SEMPOS
銀座線
青山学院前
TURAL LAWSON Ⓒ
きもの アカデミア
青山学院大 ❸
popbar
八千代
渋谷2
中村歯科
アルコープ
西門前
会館
SUNSHINE JUICE渋谷
涩谷(4)
涩谷郵局
朝日生命
宮益坂上
青山学院西門
宮益坂
図書館
d47食堂 P.42
THE THEATRE TABLE P.42
マニュライフ
Kailua Weekend P.42
CAPRICCI P.42
PIERRE MARCOLINI P.43
菱UFJ信託
P.203 Sakura Fleur Aoyama
桂新堂 P.43
涩谷(2)
pâtisserie Sadaharu AOKI paris P.43
mimimi P.43
Hikarie
シオノギ ビル
みずほ銀行 事務センター
JUICERY by Cosme Kitchen P.43
FRANCHE LIPPEE DANS SON POCHE P.43
青山学院高 ❹
AYANOKOJI P.43
CROSS TOWER
東建インターナショナル
渋谷出口
青山隧道
渋谷3
谷町 Jct
六本木通
渋谷2
実践女子大・短大部 渋谷キャンパス
渋谷署前
DOUTOR
ポッシュ
卍東福寺
ファーストタワー
渋谷署
第一生命ビル
城南
开 金王八幡宮
初等部前 ❺
帝都青山
実践女子学園 高・中
涩谷(3)
开稲荷神社
労金
金王神社前
モリモビル
イーストビル
®薩莉亞
実践女子学園 ❺
涩谷園書館・
てんや
渋谷南東急 ビル
ウインズ
東(1)
常盤松公園 WC
305
1:5,000
渋谷三郵局
0 50m
地圖上的1公分為50公尺
地下街
DOUTOR
CAFFÈ VELOCE
N
渋谷魚金
H METS
●景點・玩樂 ●購物 ●美食 ●住宿 ●咖啡館
●美食 地下鐵 出入口連络
ガーデン フロント
・投資育成ビル
八公巴士 巴士站
比壽站E
中目黑站F
G
氷川神社开

谷
成熟女性也離不開眼的年輕人最愛地區
しぶや

照著走絕不迷路！
前往各景點的路線

涩谷Hikarie ●しぶやヒカリエ
直通東急東横線、東急田園都市線、地下鐵半藏門線、副都心線涩谷站15號出口，也和JR、地下鐵銀座線、京王井之頭線涩谷站的2F連絡通道相連。
☎03-5468-5892
➜P.42
MAP附錄③ P.14 E-4

SHIBUYA109 ●シブヤいちまるきゅー
直通東急東横線、田園都市線、地下鐵銀座線、半藏門線、副都心線涩谷站3a出口。從JR涩谷站八公口則是往全向交叉路口的左前方前進即到。
☎03-3477-5111（綜合服務中心）
➜P.46
MAP附錄③ P.15 C-4

Shibuya MODI ●しぶやモディ
出JR涩谷站八公口後穿越全向交叉路口，朝「TSUTAYA」旁右手邊的路前進。繼續沿著井之頭通直走，就在正前方。
☎03-4336-0101
➜P.22
MAP附錄③ P.15 D-3

14

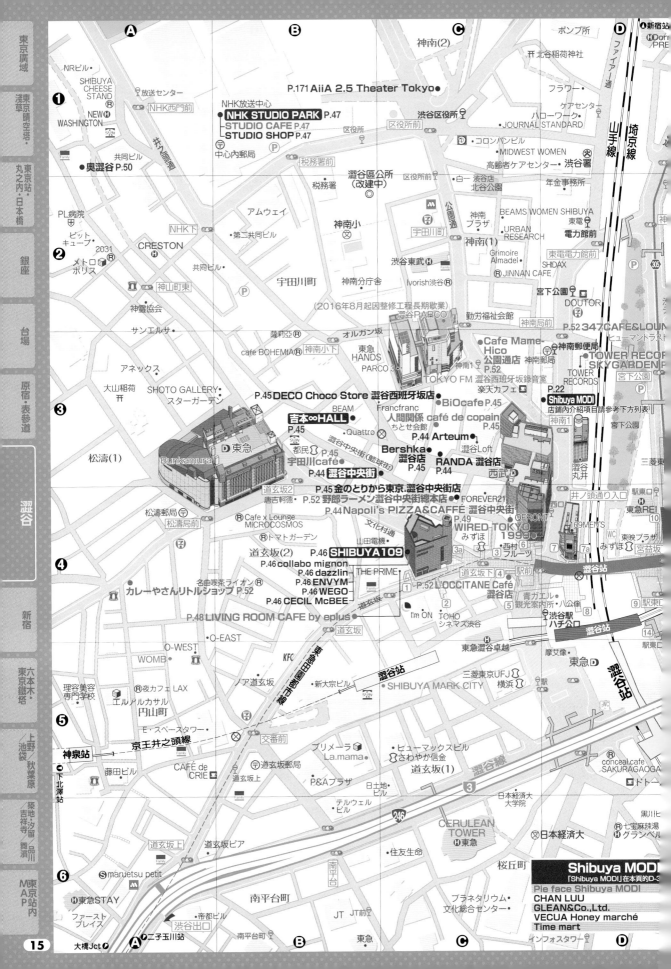

東京廣域

淺東草京・晴空塔・

東京站・丸之内・日本橋

銀座

台場

原宿・表参道

澀谷

新宿

東京鐵塔・六本木

上野／池袋／秋葉原

築地・汐留／品川／舞濱

吉祥寺・／品川

M東京P站MAP內

Ⓐ　Ⓑ　Ⓒ　Ⓓ

❶
NRビル・
SHIBUYA CHEESE STAND
NEW WASHINGTON
放送センター・
NHK西門前
P.171 AiiA 2.5 Theater Tokyo●
神南(2)
开北谷稲荷神社
ポンプ所
ファイア通
新宿口
PRE
Dori

NHK放送中心
NHK STUDIO PARK P.47
STUDIO CAFE P.47
STUDIO SHOP P.47
渋谷区役所●
区役所前
フラワー・
ケアセンター・
●JOURNAL STANDARD
ハロー標準

●奥澁谷 P.50
中心内郵局
税務署前
澁谷區公所
（改建中）
区役所前
白一 渋谷店
北谷公園
コロンバンビル
●MIDWEST WOMEN
高齢者ケアセンター・渋谷署
年金事務所

❷
PL病院
ビットキューブ・
2031
メトロポリス
CRESTON
NHK下
第二共同ビル
共同ビル
宇田川町
神南小
渋谷東武
渋谷PARCO
神南(1)
BEAMS WOMEN SHIBUYA
東電
URBAN RESEARCH
電力館前
東電電力館前
Grimoire Almadel
SHIDAX
JINNAN CAFE
宮下公園
DOUTOR
神南前

神山町東
アムウェイ
共同ビル
宇田川町
神南分庁舎
（2016年8月起因整修工程長期歇業）
勤労福祉会館
神南郵便局
ヒューマントラスト
P.52 347CAFE&LOUN

❸
神霊協会
サンエルサ
アネックス
大山稲荷
开
SHOTO GALLERY
スターガーデン
cafe BOHEMIA®
薩莉亜®
神南小下
オルガン坂
東急HANDS
PARCO③①
TOKYO FM 澁谷西班牙坂録音室
楽天カフェ
Cafe Mame-Hico
公園通
神南郵局
TOWER RECORD
SKYGARDEN
宮下公園
TOWER RECORDS
Shibuya MODI
店舗内介紹項目請参考下方列表

P.45 DECO Choco Store 澁谷西班牙坂店
BEAM
Francfranc
人間関係 café de copain
ちとせ会館
BiOcafe P.45
P.44 Arteum
神南①
P.45

吉本∞HALL
P.45
Quattro
澁谷中央街（籃球場）
Bershka 澁谷店
RANDA 澁谷店
澁谷Loft
西武
澁谷丸井
三菱東

都民
宇田川cafe
P.45
P.44
P.45 P.44

Bunkamura
東急
都民
P.44 澁谷中央街
P.45 金のとりから東京 澁谷中央街店
唐吉軻德 ● P.52 野郎ラーメン澁谷中央街総本店
FOREVER21
澁谷中央街
O FRONT
井ノ頭通り入口
東急REI

松濤(1)
松濤郵局
松濤局前
Cafe x Lounge MICROCOSMOS
P.44 Napoli's PIZZA&CAFFE
WIRED TOKYO 1999
P.49
みずほ
3a
西村フルーツ
109MEN'S
東映プラザ
宮益坂

❹
トマトガーデン
山田電機
P.46 SHIBUYA109
道玄坂(2)
文化村通
みずほ
7
駅東口
P.52 L'OCCITANE Café 澁谷店
澁谷站

名曲喫茶ライオン®
カレーやさんリトルショップ P.52
P.46 collabo mignon
P.46 dazzlin
P.46 ENVYM
P.46 WEGO
P.46 CECIL McBEE
THE PRIME
I'm ON
TOHO
シネマズ渋谷
青ガエル
観光案内所・ハチ公
澁谷站
渋谷駅
ハチ公口
駅東口
9

P.48 LIVING ROOM CAFE by eplus

❺
O-WEST
WOMB
Q-EAST
KFC
澁谷站
ノア道玄坂
新大宗ビル
東急澁谷卓越
SHIBUYA MARK CITY
三菱東京UFJ
横浜
摩艾像
東急
駅
澁谷站

理容美容専門学校
夜カフェ LAX
エルアルカサル
円山町
E・スペースタワー・
京王井之頭線
神泉站
交番前
プリメーラ
La.mama
ビューマックスビル
さわやか信金
conceal.cafe
SAKURAGAOKA
道玄坂(1)
澁谷線
ドトール

❻
藤田ビル
CAFÉ de CRIE
道玄坂上
道玄坂郵局
P&Aプラザ
日土地ビル
テルウェルビル
日本経済大
大学院
黒川ビ
七宝麻辣湯
グランベル

東急STAY
maruetsu petit
ファーストプレイス
渋谷出口
道玄坂上
道玄坂ピア
南平台
246
CERULEAN TOWER
東急
桜丘町
住友生命
日本経済大
プラネタリウム・
文化総合センター・
JT JT前
二子玉川站
南平台町
東急
インフォスタワー

大橋Jct

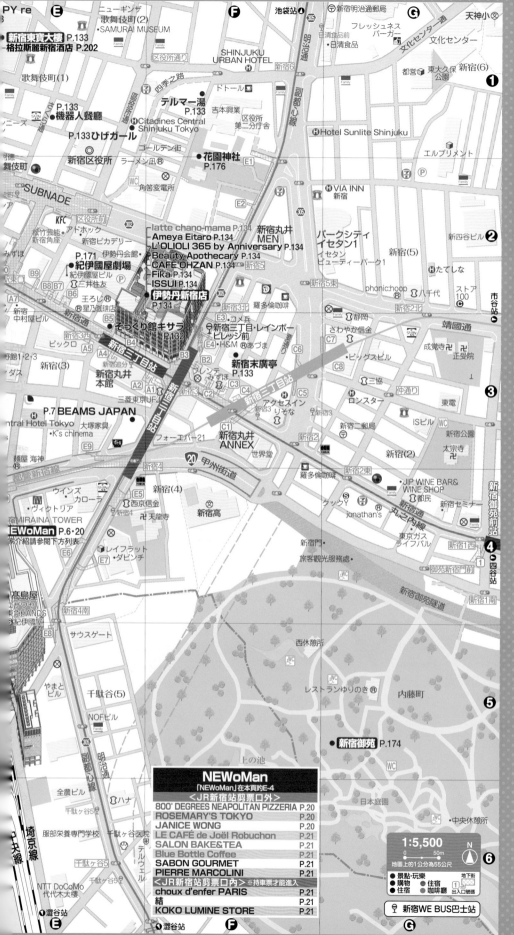

PY re

E

ニューギンザ
歌舞伎町(2)
●SAMURAI MUSEUM

F

池袋站

新宿明治通郵局

G

天神小

●新宿東寶大樓 P.133
一套拉斯麗新宿酒店 P.202

SHINJUKU
URBAN HOTEL

新宿6

フレッシュネス
バーガー

日清食品前

日清食品

文化センター通

文化センター

都営

東大久保
公園

新宿(6)

歌舞伎町(1)

區役所通り

四季之路

ドトール

テルマー湯 P.133

吉本興業

機器人餐廳 P.133

ひげガール P.133

Citadines Central
Shinjuku Tokyo

區役所通り
第二分舍

Hotel Sunlite Shinjuku

エルプリメント

新宿區役所

ゴールデン街

花園神社 P.176

ラーメン凪 R

角筈變電所

新宿(5)

VIA INN
新宿

新宿5

P.171 紀伊國屋劇場

latte chano-mama P.134

新宿丸井

新宿5東

新四谷ビル

新宿(5)

市谷站

SUBNADE

紀伊國屋ビル

三井住友

Ameya Eitaro P.134

MEN

L'OLIOLI 365 by Anniversary P.134

Beauty Apothecary P.134

CAFE OHZAN P.134

Fika P.134

ISSUI P.134

伊勢丹新宿店
P.134

パークシティ
イセタン1

イセタン
ビューティーパーク1

たてしな

phonic:hoop

ストア
100

KFC

區役所前

アドホック

松竹芸能
新宿角座

新宿ピカデリー

B9

B8 B7

B6

王ろじ

星乃珈琲店

新宿丸井
MEN

新宿5

羅多倫咖啡

新宿3北

さわやか信金

静岡

八千代

成覚寺

正受院

靖國通

新宿中村屋ビル

A7

新宿通

B5

そっくり館キサラ P.132

E3 コメ兵

●新宿三丁目・レインボー
ビレッジ前

新宿2北

ビッグスビル

C7

三協

C8

東電

P.7 BEAMS JAPAN

新宿三丁目站

B4

B3

E4 H&M

あづま

C6

中通り

ロンスター

Central Hotel Tokyo

大塚家具

K's cinema

新宿丸井
本館

A2 A1

新宿通

C2

C3

アクセスイン
新宿3

りそな

新宿公園

ISビル

WC

太宗寺

纐纈 海神

フォーエバー21

新宿丸井
ANNEX

C1

世堂界

新宿二郵局

新宿(2)

ウインズ

カローラ

甲州街道

20

新宿4

羅多倫咖啡

新宿2東

JIP WINE BAR&
WINE SHOP

新宿御苑前站

ヴィクトリア

西京信金

天龍寺

都民

新宿セミナー

P.6・20 NEWoMan

MIRAINA TOWER

E5

新宿高

クックY

jonathan's

丸ノ内線

新宿通

東京ガス
ライフバル

新宿1東

レイフラット
ダビンチ

E7

新宿門

旅客観光服務處

御苑新宿門前

新宿1南

四谷站

高島屋
エサゲワ
東急HANDS
紀伊国屋

新宿4南

新宿御苑隧道

西休憩所

E8

サウスゲート

レストランゆりのき R

内藤町

やまとビル

千駄ヶ谷(5)

NOFビル

新宿御苑 P.174

照著走絕不迷路！

前往各景點的路線

東京都廳 ●とうきょうとちょう

直通都営大江戸線都廳前站A4
出口。

03-5320-7890
（※平日10:00～17:00、
瞭望室専用導覽電話）

→ P.130

MAP 附錄③ P.17 A-4

伊勢丹新宿店
●いせたんしんじゅくてん

從地下鐵丸之內線新宿三丁目
站B3・B4出口即到。

03-3352-1111

→ P.134  MAP 附錄③ P.16 F-2

NEWoMan ●ニュウマン

從JR新宿站新南口的甲州街道
剪票口或MIRAINA TOWER剪票
口出來即到，新南口剪票口
內設有美食區FOOD HALL。

因店而異

→ P.6・20  MAP 附錄③ P.16 E-4

埼京線

NTT DoCoMo
代々木大樓

服部栄養専門学校

千駄ヶ谷医院

テルウェル

日本庭園

中央休憩所

WC

上の池

WC

NEWoMan
「NEWoMan」在本頁的E-4

<JR新宿站剪票口外>

| | |
|---|---|
| 800' DEGREES NEAPOLITAN PIZZERIA | P.20 |
| ROSEMARY'S TOKYO | P.20 |
| JANICE WONG | P.20 |
| LE CAFÉ de Joël Robuchon | P.21 |
| SALON BAKE&TEA | P.21 |
| Blue Bottle Coffee | P.21 |
| SABON GOURMET | P.21 |
| PIERRE MARCOLINI | P.21 |

<JR新宿站剪票口內>※持車票才能進入

| | |
|---|---|
| choux d'enfer PARIS | P.21 |
| 結 | P.21 |
| KOKO LUMINE STORE | P.21 |

1:5,500

地圖上的1公分為55公尺

50m

N

景點・玩樂

購物

住宿

住宿

景點・玩樂

咖啡館

地下街

出入口號

新宿WE BUS巴士站

E

F

G

**16**

## 充滿都會時尚品味的街區
# 六本木・東京鐵塔
### ろっぽんぎ・とうきょうタワー

**E**　センタービル　赤坂インターシティ　**F**　虎の門病院　**G**　銀座站　琴平ビル
溜池山王站　エクセルシオール　YHK
櫻坂　国立印刷局
巴林王國大使館　美國大使館　虎の門(1)
ルズ　P.201　虎の門2　消防会館　虎之門
タワー　● ANA INTERCONTINENTAL TOKYO　芝教会　+
ヒルズ前　澄泉寺　正福寺　虎の門2　発明会館　電気ビル　とらトピア　西松ビル　**①**
● アーク森ビル　陽泉寺　常国寺　15森ビル　11森ビル
アーク森ビル内郵局　美國大使公邸　虎門ツインビル　30森ビル　虎の門3
サブウェイ　赤坂(1)　密克羅西尼亞大使館　ミツヤビル
アークヒルズ　靈南坂教会　大倉集古館　虎之門丘 P.129
　　　　　　　　(休館中)　P.129 橢圓形廣場
サントリーホール　江戸見坂　第2電気ビル　P.129 above GRILL&BAR
朝日電視台　菊池寬実記念 智美術館　Toranomon Bar French cafe & wine
35興石ビル　ナイジェリア大使館　TORANOMON HILLS Café
アークタワーズ　東京大倉酒店別館　37森ビル　P.129 BeBu
道源寺　36MTビル　虎ノ門　P.129 Pastry Shop
ルズ　西班牙大使館　虎ノ門タワーズ　33森ビル　栄寿寺　東洋理
スタワー　田中山ビル　虎ノ門35森ビル　宝瑞院　真福寺
泉屋博古館分館　ニューシティビル　マルエツプチ　虎ノ門PFビル　301
デン　六本木(1)　トラストタワー　虎之門(4)　長谷川ビル　SVAXTTビル　東急REI**H**　**②**
Villa　瑞典大使館　住友ビル　栄立院　愛宕下
he　ホーマットガバナー　4丁目MTビル　虎ノ門三郵局　愛宕(1)
御組坂　トラストコート　羅多倫咖啡　ニッセイビル　大雄院
本ビル　テレビ東京　天徳寺ビル　愛宕下通
ヒューリックビル　45MTビル　藤田観光ビル　NHK放送博物館
アークヒルズ仙石山森タワー P.128 Honey Baked Ham　みずほ　長元院　愛宕神社前
MTビル　40MTビル　フォレストタワー
阿拉伯大使館　ファーストビル　MTコート　神谷町駅前　青松寺　慈恵会医大前　東京慈恵会医科大
アーク八木ヒルズ　ラフォーレミュージアム　虎ノ門(3)　ドトール　孝寿院　愛宕(2)　**③**
ビュータワーファーストプラザ　大養寺　神谷町ビル　俊朝寺　グリーンヒルズ
　　　　　　駅前　ブリヂストン　清岸院　慈恵看護専門学校
苞竹記念館　光明寺　秀和三丁目ビル　モリタワー
麻布台(1)　専光寺　学園下　NPビル
第二ビル　八幡神社　荷蘭大使館　青竜寺
省飯倉公館　三年坂　虎ノ門5　松蓮社
東京タワー入口　オランダヒルズ　御成門小
麻布郵局　第一ビル　春光会館　正則高　雲晴院　御成門小前
外務省別館　雁木坂　芝給水所公園　芝公園(3)
カザフスタン共和国大使館　プライム　瘉護神社　WC
務所　馬鍮地夫大使館　聖アンデレ教会　幸稲荷神社　芝高・中　**④**
スビル　319　ヴェーゼント　光宝寺　芝公園3
俄羅斯大使館　一乗寺　機械振興会館　芝公園3
麻布台(2)　ノアビル　会館内郵局
フィジー　メソニック39MTビル　飯倉　瑠璃光寺　**P.118**
真浄寺　メソニック38MTビル　32森ビル　●東京航海王鐵塔 P.119・120
アメリカンクラブ　熊野神社　FootTown　香吉士的俺家餐廳 P.121
農畜産業振興機構　東京鐵塔　Cafe Mugiwara P.121
阿富汗・伊斯伊斯蘭共和国大使館　●草帽商店 東京航海王鐵塔店 P.121
東麻布一丁目(東京タワー下)　瑠璃光寺　心光院　●TOKYO CURRY LAB P.119
グアダルベ宣教会　東京タワースタジオ　摩斯漢堡 P.119
東麻布(2)　パナソニック　マルエツプチ　徳川家霊廟　熊野神社　**⑤**
泉神谷町ビル　タワーイクラ　東京タワー前　三門　日比谷站
KOSARI®　櫻田通　トヨタ部品　東京タワー下　増上寺 P.176
東麻布(1)　芝公園(4)　都營三田線
SSビル　301
麻布イースト通り　麻布自動車　カローラ　伊能忠敬測量遺功表　芝公園 P.174
ヨー TTD台湾貿易センター　古巴大使館　コーエイビル　東京皇家王子大飯店花園塔　開東宮　**⑥**
中ノ橋　昭和冷蔵　赤羽橋站　**C1**　丸山随身稲荷　409
クコート　中之橋　赤羽橋　水道局　妙定院　芝公園ランプ出口　グランド前
シティタワー　三田(1)　保健サービスセンター前　赤羽橋駅前　智利大使館　**A4**
国際医療福祉大　三田病院　済生会中央病院　**F**　濱崎橋Jct　**G**　三田站　**18**

---

**照著走絕不迷路！**
### 前往各景點的路線

#### 六本木新城
● ろっぽんぎヒルズ

直通地下鐵日比谷線六本木站1C出口。從都營大江戶線六本木站3號出口到地面後左轉，直走一小段路就可以在左手邊看到。

☎ 03-6406-6000
(綜合服務中心)

➡ P.122
MAP 附錄③ P.19 B-4

#### 史努比博物館

出地下鐵六本木站3號出口朝東京鐵塔方向走，於六本木交叉路口右轉。右手邊會看到ROI大樓後在六本木5丁目右轉。直走左側會看到東洋英和女學院，博物館就在對面。

HP www.snoopymuseum.tokyo

➡ P.6・10・附錄①
MAP 附錄③P.19 C-4

© Peanuts Worldwide LLC

#### 東京航海王鐵塔
#### (東京鐵塔)
● とうきょうワンピースタワー

出都營大江戶線赤羽橋站赤羽橋口到達地面後，往五叉路口加油站的右側走。左邊有條通往東京鐵塔的坡道，往上走到頂即東京鐵塔。「東京航海王鐵塔」就設在東京鐵塔的Foot Town內。

☎ 03-5777-5308

➡ P.119・120　MAP 附錄③P.18 F-5

©O/S・F・T
©AqTT

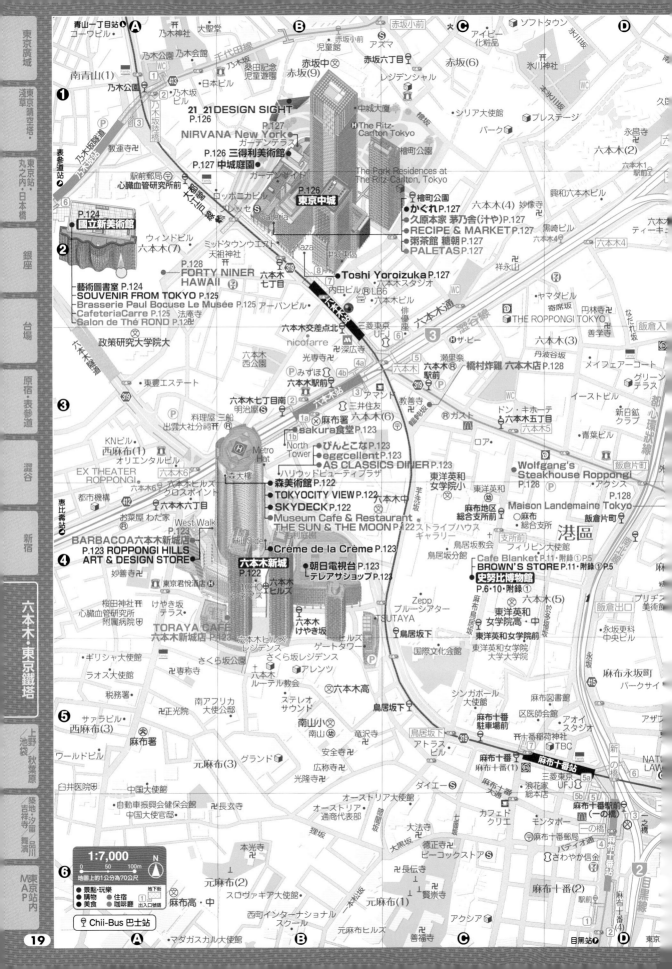

上野
うえの

與熊貓、藝術、超便宜商品邂逅的街道

**照著走絕不迷路！**
**前往各景點的路線**

**東京都恩賜上野動物園**
●とうきょうとおんしうえのどうぶつえん

從JR上野站公園口出站，過眼前的斑馬線進入公園。沿著國立西洋美術館前方的道路直走即可，正面即可看到動物園東園的大門。

☎03-3828-5171（代）
→ P.136 MAP 附錄③ P.20 A-3

**國立科學博物館**
●こくりつかがくはくぶつかん

從JR上野站公園口出站，過眼前的斑馬線進入公園。過國立西洋美術館後右轉直走，即可在右手邊看到。

☎03-5777-8600
（Hello Dial）
→ P.140 MAP 附錄③ P.20 C-3

**阿美橫丁**
●アメよこ

從JR上野站不忍口出站，沿著眼前的斑馬線直走。右邊的窄小巷弄，可看到阿美橫丁的招牌，就是入口。

☎03-3832-5053
（阿美橫丁聯合會）
→ P.142
MAP 附錄③
P.20 B-5

照著走絕不迷路！
前往各景點的路線

**東京都中央批發市場**
●とうきょうとちゅうおうおろしうりしじょう

從都營大江戶線築地市場站A1出口出站，往左邊走，左手邊即可看到進入市場的入口。

☎ 03-3547-7074
（東京都中央批發市場築地市場）

→ P.112

MAP 附錄③ P.22 C-2

---

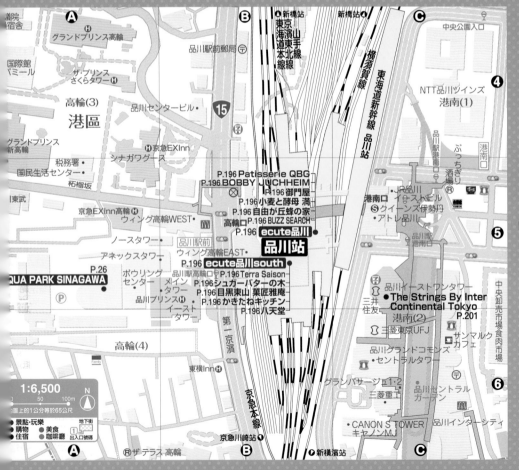

照著走絕不迷路！
前往各景點的路線

**AQUA PARK SINAGAWA**
●アクアパークしながわ

從JR品川站高輪口出站，過馬路，進入Wing高輪之中，往前走可看見品川王子大飯店，AQUA PARK SINAGAWA便在飯店之中。

☎ 03-5421-1111
（語音服務）

→ P.26

MAP 附錄③ P.22 A-5

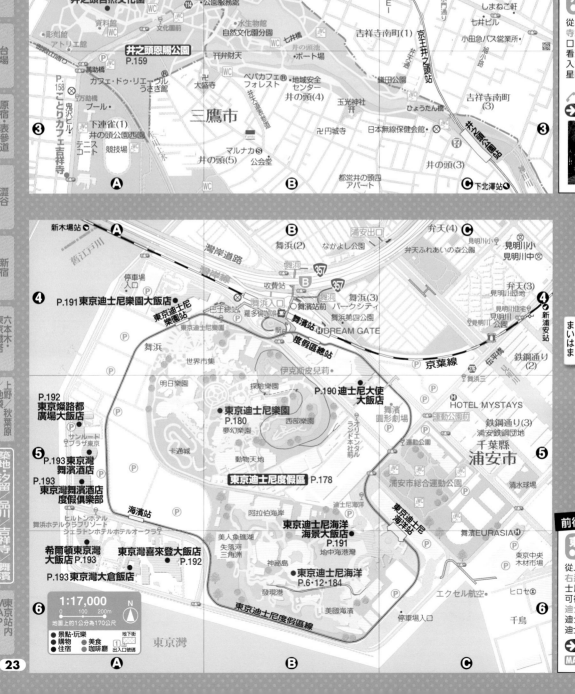

東京廣域
淺草晴空塔
丸之內·東京站·日本橋
銀座
台場
原宿·表參道
澀谷
新宿
六本木·東京鐵塔
上野/池袋/秋葉原
築地·汐留/品川/吉祥寺/舞濱
M東京站內AP

# 吉祥寺
きちじょうじ

1:11,000
0  100m
地圖上的1公分為110公尺

● 景點·玩樂
● 購物
● 美食
● 住宿
● 咖啡廳
地下鐵
出入口號碼

P.158「茶の愉」
P.159 SIGNA
P.159 36 Sublo
P.159 Gemütlich
Wickie AMT CAFE 吉祥寺店 P.158
P.159 Free Design
口琴橫丁
PARCO P.159
武蔵野市

吉祥寺本町(4)
吉祥寺本町(2)
吉祥寺本町(3)
桐原動物病院
二葉栄養専門学校
御殿山(2)
御殿山(1)
御殿山1
熱帯鳥温室
吉祥寺教会

井之頭自然文化園 P.170
自然文化園分園
井之頭恩賜公園 P.159
三鷹市
彫刻館 アトリエ館
カフェ・ドゥ・リエーヴル うさぎ館
ごとりカフェ吉祥寺 P.158
下連雀(1)
テニスコート 競技場
井の頭(5)
公会堂
都営井の頭四アパート

吉祥寺站 atre
中央線 駅前
HATTIFNATT 吉祥寺のおうち P.158
kirarina京王吉祥寺
ヤマダ電機
ヨドバシカメラ
吉祥寺本町(1)
吉祥寺シアター
新宿站
吉祥寺東町(1)
吉祥寺図書館 トヨペット
五日市街道
コミュニティーセンター
末日聖徒教会
開武蔵野八幡宮 安養院
八幡前 八幡宮前
NTT
吉祥寺第一H
蓮乗寺
吉祥寺南町(2)
un Week-End a Paris
しまねこ軒
七井ビル
小田急バス営業所
吉祥寺南町(1)
吉祥寺南町(3)
井の頭(4)
玉光神社
ひょうたん橋
日本無線保健会館
卍円城寺
井の頭(3)
下北澤站

弁財天
ボート場
鎌田公園
地域安全センター
ペパカフェフォレスト
大盛寺
井の頭池
七井橋
水生物館
公園服務處
武蔵野公会堂
フレッシュネス
ヨッコーズ 山梨中央
フレンチトースト
マルイ
ドン・キホーテ
牛角
un REI

前往各景點的路

井之頭恩賜公園
いのがしらおんしこう
從JR、京王井之頭線吉祥寺公園口出站、沿口正面的道路前進，看到道路對面的丸井入丸井右邊的小巷，星巴克即可抵達公園
☎ 0422-47-6900
→ P.159 MAP 附錄③

# 舞濱
まいはま

1:17,000
0  100  200m
地圖上的1公分為170公尺

● 景點·玩樂
● 購物
● 住宿
● 美食
● 咖啡廳
地下街
出入口號碼

東京灣
新木場站
舊江戸川
灣岸道路
灣岸線
浦安出口
弁天(4)
舞浜(2)
なかよし公園
弁天ふれあいの森公園
見明川小 見明川中
見明川小
弁天(3)
見明川団地
見明川宅配
見明川公園
新浦安站
鉄鋼通り(2)

東京迪士尼樂園大飯店 P.191
東京迪士尼樂園站
舞浜
舞浜入口
羅多倫咖啡
舞濱站
舞浜(3)
パークシティ
舞浜第四公園
DREAM GATE
度假區總站
京葉線
伝平線

迪士尼大使大飯店 P.190
舞濱圓形劇場
運動公園前
HOTEL MYSTAYS
鉄鋼通り(3)
浦安鉄鋼団地
千葉縣
浦安市
浦安市総合運動公園
清水球場

東京燦路都廣場大飯店 P.192
サンルートプラザ東京
東京灣舞濱酒店 P.193
東京灣舞濱酒店度假倶樂部 P.193
海濱站
世界市集
明日樂園
夢幻樂園
卡通城
動物天地
探險樂園
西部樂園
東京迪士尼樂園 P.180
東京迪士尼度假區 P.178
オリエンタルランド本社前
東京迪士尼海洋站

ヒルトンホテル
舞浜ホテルクラブリゾート
シェラトンホテル ホテルオークラ
希爾頓東京灣大飯店 P.193
東京灣喜來登大飯店 P.192
東京灣大倉飯店 P.193
美人魚礁湖
失落河三角洲
神秘島
阿拉伯海岸
地中海港灣
東京迪士尼海洋海景大飯店 P.191
東京迪士尼海洋 P.6·12·184
發現港
美國海濱
東京迪士尼度假區線
東京迪士尼海洋站
舞濱EURASIA
東京中央木材市場
エクセル航空
ヒロセ
千鳥
停車場入口

前往各景點的

東京迪士尼度
とうきょうディズニー
從JR舞濱站南口出站
右邊走即可抵達迪
士尼樂園。往左邊
可從度假區總站搭
迪士尼度假區線，
迪士尼海洋站下車
迪士尼海洋。
→ P.178
MAP 附錄③ P.23 B-5

# 2F

**北町Dining**
ごちそうプラザ
1 ⇨往1樓 1
THE OLD STATION
本家あべや P.59
占い

# 1F

**伴手禮和美食都教人目不暇給的巨大轉運站**

# 東京站站內 MAP
とうきょうえきこうないマップ

**照著走絕不迷路！ 前往各景點的路線**

### 大丸東京店 ●だいまるとうきょうてん
1樓的中央通道往新幹線中央轉乘口方向走，走到底的北通道右轉直走，到達八重洲北口剪票口。出剪票口後直走，就會抵達目的地。
☎ 03-3212-8011
➡ P.64·195
MAP 附錄③ P.24 B-2

### 東京零食樂園 ●とうきょうおかしランド
從1樓的中央通道往八重洲方向，由八重洲中央剪票口出站，往地下1樓(手扶梯)「東京車站一番街」裡的「希望廣場」走，就會看到右側的目的地。
☎ 03-3210-0077
(東京站一番街)
➡ P.57
MAP 附錄③ P.25 B-1

### GRANSTA
從JR各線月台下到1樓的中央通道，再搭手扶梯往地下1樓的GRANSTA。
☎ 03-6212-1740 (鐵道會館)
➡ P.61·194
MAP 附錄③ P.25 B-2

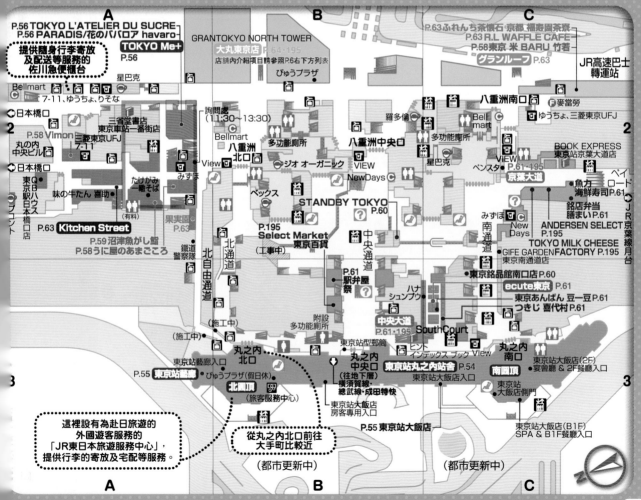

P.56 TOKYO L'ATELIER DU SUCRE
P.56 PARADIS/花のババロア havaro
TOKYO Me+ P.56
提供隨身行李寄放及配送等服務的佐川急便櫃台
星巴克
Bellmart
7-11、ゆうちょ、りそな
◇ 日本橋口
P.58 Vimon
三菱東京UFJ
7-11
丸の内中央ビル
◇ 日本橋口
東京Q
QBハウス
東京駅日本橋口店
味の牛たん 喜助
P.63 Kitchen Street
P.59 沼津魚がし鮨
P.58 うに屋のあまごころ
鐵道警察隊
（有料）
たけがみ 一鴻そば
みずほ

GRANTOKYO NORTH TOWER
大丸東京店 P.64·195
店舗内介紹項目請參照P.6右下方列表
びゅうプラザ
詢問處
(11:30～13:30)
Bellmart
三省堂書店
東京車站一番街
八重洲北口
View
ジオ オーガニック
ベックス
STANDBY TOKYO P.60
Select Market 東京百貨 (工事中)
果実園 P.63
北通道
北自由通道
（施工中）
（施工中）
多功能廁所
羅多倫
八重洲中央口
VIEW
NewDays
中央通道
P.61 駅弁屋 祭
ハナ シュンプウ
附設 多功能廁所
中央大道 P.61·195
東京站型郵筒
東京站藝廊入口
P.55 東京站藝廊
びゅうプラザ (假日休)
北圓頂
（旅客服務中心）
丸之內北口
丸之內中央口（往地下層）
橫須賀線·總武線·成田特快
東京站大飯店 房客專用入口
P.55 東京站大飯店

P.63 ふれんち茶懷石 京都 福壽園茶寮
P.63 R.L WAFFLE CAFE
P.58 東京 米 BARU 竹若
グランルーフ P.63
JR高速巴士轉運站
八重洲南口
麥當勞
ゆうちょ、三菱東京UFJ
Bellmart
VIEW
BOOK EXPRESS 東京站京葉大道店
ペンスタ P.61·195
京葉大道
魚力 海鮮寿司 P.61
ベイロード
銘店弁当 P.61
ANDERSEN SELECT P.195
みずほ
New Days
TOKYO MILK CHEESE FACTORY P.195
GIFE GARDEN 東京南通店
JR京葉月台
南通道
東京銘品館南口店 P.60
ecute東京 P.61
東京あんぱん 豆一豆 P.61
つきじ 喜代村 P.61
SouthCourt
ヒント インデックス ブック View
丸之內南口
南圓頂
東京站大飯店(2F) 宴會廳 & 2F餐廳入口
東京站大飯店入口
東京站大飯店側門
東京站大飯店(B1F) SPA & B1F餐廳入口

這裡設為赴日旅遊的外國遊客服務的「JR東日本旅遊服務中心」，提供行李的寄放及宅配等服務。

從丸之內北口前往大手町比較近

（都市更新中）

（都市更新中）

東京廣域

東京晴空塔・淺草

東京站・丸之內・日本橋

銀座

台場

原宿・表參道

澀谷

新宿

六本木・東京鐵塔

上野/池袋/秋葉原

築地/汐留/吉祥寺/舞濱/品川

東京站內MAP

# B1F

| 圖示 | 說明 | 圖示 | 說明 | 圖示 | 說明 | 圖示 | 說明 | 圖示 | 說明 |
|---|---|---|---|---|---|---|---|---|---|
| | 綠色窗口/JR全線票券售票處 | | 投幣式置物櫃 | | 便利商店 | | 樓梯(上樓) | | 剪票口內 |
| | 詢問處 | | ATM | | 速食店 | | 樓梯(下樓) | | 新幹線剪票口內 |
| | 廁所 | | 外幣兌換 | | 咖啡廳 | | 電梯(上樓) | | |
| | | | 電梯 | | 書店 | | 電梯(下樓) | | |

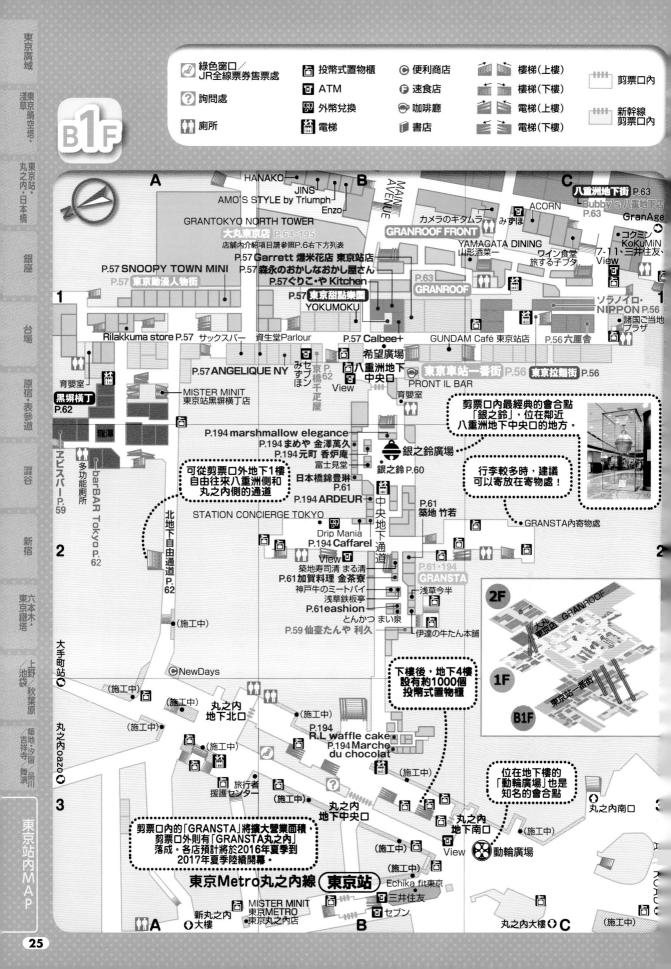

**A**

HANAKO
JINS
AMO'S STYLE by Triumph
Enzo

GRANTOKYO NORTH TOWER
大丸東京 P.64·195
店舖內介紹項目請參照P.6右下方列表

P.57 SNOOPY TOWN MINI
P.57 東京動漫人物街
P.57 Garrett 爆米花店 東京站店
P.57 森永のおかしなおかし屋さん
P.57 ぐりこ・や Kitchen
P.57 東京甜點樂園
YOKUMOKU

Rilakkuma store P.57　サックスバー
資生堂Parlour
P.57 Calbee+

P.57 ANGELIQUE NY

みずほ
セブン
イレブン
京橋千疋屋

希望廣場
八重洲地下
中央口
View

MISTER MINIT
東京站黑塀橫丁店

黑塀橫丁
P.62

エビスバー P.59

barBAR Tokyo P.62

多功能廁所

龍潭

育嬰室

P.194 marshmallow elegance
P.194 まめや 金澤萬久
P.194 元町 香炉庵
富士見堂
日本橋錦豐琳
P.61
P.194 ARDEUR

STATION CONCIERGE TOKYO

北地下自由通道 P.62

Drip Mania
P.194 Caffarel
View
築地寿司清 まる清
P.61 加賀料理 金茶寮
神戸牛のミートパイ
浅草鉄板亭
P.61 eashion
とんかつ まい泉
P.59 仙臺たんや 利久
伊達の牛たん本舗

(施工中)

NewDays

大手町站

(施工中)
(施工中)
(施工中)
(施工中)

丸之內oazo

(施工中)

丸之內地下北口

旅行者援護センター

(施工中)

P.194
R.L waffle cake
P.194 Marche du chocolat

(施工中)

(施工中)

丸之內地下中央口

丸之內oazo

丸之內地下南口

(施工中)

**剪票口內的「GRANSTA」將擴大營業面積，剪票口外則有「GRANSTA丸之內」落成。各店預計將於2016年夏季到2017年夏季陸續開幕。**

東京Metro丸之內線　東京站

(施工中)
Echika fit東京
三井住友
セブン

**A**

MISTER MINIT
東京METRO
東京丸之內店

新丸之內大樓

**B**

丸之內大樓

**C**

**B**

MAIN AVENUE

カメラのキタムラ
みずほ

GRANROOF FRONT

YAMAGATA DINING
山形酒菜一
ワイン食堂
旅する子ブタ

P.63
GRANROOF

GUNDAM Café 東京站店　P.56 六厘舍

八重洲地下
中央口

育嬰室

PRONT IL BAR
東京車站一番街　P.56 東京拉麵街 P.56

**剪票口內最經典的會合點「銀之鈴」，位在鄰近八重洲地下中央口的地方。**

**可從剪票口外地下1樓自由往來八重洲側和丸之內側的通道**

銀之鈴廣場
銀之鈴 P.60

**行李較多時，建議可以寄放在寄物處！**

P.61
築地 竹若

GRANSTA內寄物處

築地寿司清 まる清

GRANSTA P.61·194

浅草今半

**C**

八重洲地下街 P.63
Bubby's 八重洲地下店
P.63
GranAge

ACORN

コクミン
KoKuMiN
7-11・三井住友・View

ソラノイロ・NIPPON P.56
諸国ご当地
プラザ

**下樓後，地下4樓設有約1000個投幣式置物櫃**

**2F**

大丸東京店 GRANROOF

**1F**

東京站一番街

**B1F**

**位在地下樓的「動輪廣場」也是知名的會合點**

動輪廣場

丸之內南口
View

丸之內大樓

**C**

# 交通方式指南

## 電車 簡單

東京是個由日本各地，都可以搭乘巴士或電車、飛機直達的地方。主要都市出發的方法和各種折扣、特惠車票等，出發前先確認好就可以放心了。如果你人在日本念書或工作，參考這裡的資訊會很有幫助。

僅次於飛機速度的是新幹線。沒有新幹線停靠的都市，可以使用特急列車和新幹線的轉乘路線迅速移動。山陽新幹線的「のぞみ」「ひかり」「こだま」都會停靠品川站，可以配合觀光地區加以利用。中國、四國地方出發時也可以搭乘寢台列車，但只適合時間上充裕的人。部分地區會有非常特惠的車票，可以善加利用聰明地移動。

## 前往東京

### ★ 到東京的主要新幹線・特急 ★

| 出發地 | 出發站 | 方式・路線等 | 所需時間 | 價格(日圓) |
|---|---|---|---|---|
| 北海道 | 函館 | 函館站→JRはこだてライナー(1日16班)→新函館北斗站→JR東北・北海道新幹線「はやぶさ」(1日10班)→東京站 | 4小時30分~5小時15分 | 23,010 |
| 東北 | 青森 | 新青森站→JR東北新幹線「はやぶさ」(1小時1~2班)→東京站 | 3小時~3小時40分 | 17,350 |
| 東北 | 仙台 | 仙台駅→JR東北新幹線「はやぶさ」「はやて」(1小時1~2班)→東京站 | 1小時30分~40分 | 11,200 ※注1 |
| 信越・北陸 | 新潟 | 新潟站→JR上越新幹線「とき」(1小時1~2班)→東京站 | 1小時40分~2小時20分 | 10,570 |
| 信越・北陸 | 長野 | 長野站→JR北陸新幹線「かがやき」「はくたか」「あさま」(1小時2~3班)→東京站 | 1小時20分~50分 | 8,200 |
| 信越・北陸 | 金澤 | 金沢駅→JR北陸新幹線「かがやき」「はくたか」(1小時1~2班)→東京站 | 2小時30分~2小時20分 | 14,120 |
| 東海 | 名古屋 | 名古屋站→JR東海道新幹線「のぞみ」(1小時4~7班)→東京站 | 1小時40分 | 11,090 |
| 關西 | 新大阪 | 新大阪站→JR東海道新幹線「のぞみ」(1小時4~7班)→東京站 | 2小時35分 | 14,450 |
| 中國 | 廣島 | 廣島站→JR東海道・山陽新幹線「のぞみ」(1小時3~4班)→東京站 | 4小時 | 19,080 |
| 四國 | 高松 | 高松站→快速「マリンライナー」(自由席)(1小時1~2班)→岡山站→JR東海道・山陽新幹線「のぞみ」(1小時3~4班)→東京站 | 4小時40分 | 18,170 |
| 九州 | 博多 | 博多站→JR東海道・山陽新幹線「のぞみ」(1小時2~3班)→東京站 | 5小時10分 | 22,950 |
| 九州 | 鹿兒島中央 | 鹿兒島中央站→山陽・九州新幹線「さくら」「みずほ」(1小時1班)→新大阪站→JR東海道新幹線「のぞみ」(1小時4~7班)→東京站 | 7小時 | 30,170 ※注2 |

※注1：「はやて」便宜310日圓　※注2：「みずほ」加價310日圓

## 特惠的車票一大堆

### ➔東北・甲信越出發

| 自由搭乘 | 三連休東日本・函館通票　14,050日圓 |
|---|---|
| 連續3天有效 | JR東日本路線全線(含部分私鐵)和JR北海道線的新青森~新函館北斗、函館~森 |
| 可以利用的列車・設備 | 快速・普通列車□ ●事先指定的3連休或跳休可以利用 ●另行購買特急券後可以搭乘新幹線和特急等列車(東海道新幹線除外) ●搭乘的一日前購買完成 |

| 自由搭乘 | 週末通票　8,730日圓 |
|---|---|
| 連續2天有效 | 南東北以南的JR東日本指定路線(含部分私鐵) |
| 可以利用的列車・設備 | 快速・普通列車□ ●事先指定的週末或連休等可以利用(多客期除外) ●另行購買特急券後可以搭乘新幹線和特急等列車(東海道新幹線除外) ●搭乘的一日前購買完成 |

### ➔北陸出發

| 往返 | 東京去回折扣車票 |
|---|---|
| | 綠色車廂 32,300日圓　普通車 26,000日圓 |
| 7天有效 | 金澤➡東京都區內(往返皆經米原) |
| 可以利用的列車・設備 | 綠色車廂=東海道新幹線和北陸本線(「のぞみ」・特急「しらさぎ」除外)、普通車=東海道新幹線(「のぞみ」除外) ●也有小松・加賀溫泉・蘆原溫泉・福井・鯖江・武生・敦賀出發的票種 ●多客期停用 |

### ➔往東迪士尼度假區®

| 往返 | 東京迪士尼度假區®往返車票 34,840日圓(含1日護照費用) |
|---|---|
| 5日間有效 | 大阪市內➡舞濱(入場予約券套組) |
| 可以利用的列車・設備 | 東海道新幹線□、京葉線□ ●名屋~新山口間的「のぞみ」停靠站出發、西明石出發、「ひかり」「こだま」用的三島~岐阜羽島出發票種 ●多客期停用 |

### ➔九州出發

| 往復 | 東京往返折扣車票　44,020日圓 |
|---|---|
| 14天有效 | 長崎➡東京都區內 |
| 可以利用的列車・設備 | 東海道・山陽新幹線□、特急「かもめ」□ ●另有宮崎・都城・大分・佐世保・佐賀出發的票種 ●多客期停用 |

### 【電車的洽詢處】

JR東日本洽詢中心 ……………………… ☎050-2016-1600
JR東海電話中心 ………………………… ☎050-3772-3910
JR西日本顧客中心(京阪神地區) ……… ☎0570-00-2486
JR西日本北陸服務中心(北陸・糸魚川地區) … ☎076-265-5655
JR西日本廣島站南口服務處 …………… ☎0570-666-732
JR四國電話服務中心 …………………… ☎0570-00-4592
JR西日本新幹線博多站 ………………… ☎092-472-8424
JR九州服務中心 ………………………… ☎050-3786-1717
東京單軌電車顧客中心 ………………… ☎03-3374-4303
京急服務中心 …………………………… ☎03-5789-8686
東京Metro顧客中心 …………………… ☎0120-104106

## ●Suica (スイカ)

JR東日本提供

JR東日本系列的儲值卡。第一次購買時需支付500日圓的押金，退卡時會全額退還。儲值之後便可使用。※部分交通機構不可使用。

## ●PASMO (パスモ)

私鐵系列的儲值卡。發售金額為1000~1萬日圓(含押金)。押金退卡時會全額退還。可以在巴士上使用。可以增加餘額不足時發出聲音的功能。

※Suica和PASMO等交通IC卡全日本10種都可以互通利用！下述卡片有一張就可以搭乘大半的東京和周邊的電車。

### 全日本可以互通利用的交通系列IC卡

Kitaca (JR北海道)
PASMO (首都圈私鐵・地下鐵・巴士)
Suica (JR東日本等)
manaca (名古屋鐵道、豐橋鐵道、名鐵巴士、名古屋市營地下鐵、巴士)
TOICA (JR東海)
PiTaPa (關西圈・岡山圈私鐵・地下鐵等)

ICOCA (JR西日本)
はやかけん (福岡市營地下鐵・巴士)
nimoca (西鐵電車・巴士)
SUGOCA (JR九州)

※PiTaPa之外還可以互通為電子錢包。
※上述IC卡都不能跨界使用。例)名古屋(JR東海)到新宿(JR東日本)之間，就不可以用TOICA移動。

### ●有就方便！

## 交通系IC卡全攻略！

希望盡量減少時間上的浪費時，使用交通系IC卡就比車票好用多了。站內的販賣部、超商、自動販賣機等都可以使用！

# 目的地別特惠車票

| 地點 | 價格(日圓) | JR | 東京Metro | 都營地下鐵 | 都巴士 | 都電 | 其他 | 販售處 |
|---|---|---|---|---|---|---|---|---|
| 銀座、表參道、澀谷、淺草、六本木、新宿 | 東京Metro 24小時車票【推薦】 大人600日圓 小孩300日圓 | | ○ | | | | | ●預售票：東京Metro定期票售票處(中野站、西船橋站、澀谷站〈副都心線〉除外) ●當日券：東京Metro各站的自動售票機 |
| 台場、汐留、青海、豐洲 | 百合海鷗線一日票【推薦】 大人820日圓 小孩410日圓 | | | | | | 百合海鷗線 | ●百合海鷗線新橋站、豐洲站(預售票和當日票) ●百合海鷗線各站的自動售票機(當日票) ※車票圖案可能會有變更 |
| 新宿、巢鴨、六本木、芝公園 | 東京環遊通票 大人1590日圓 小孩800日圓 | ○ (限都區內區間) | ○ | ○ | ○ | ○ | 日暮里・舍人線 | ●JR都區內各站 ●東京Metro各站的自動售票機(部分除外) ●都營地下鐵各站的自動售票機(部分除外) ●日暮里・舍人線各站的自動售票機等 |
| 新宿、澀谷、上野、東京、品川 | 東京都市地區通票 大人750日圓 小孩370日圓 | ○ (限都區內區間) | | | | | | ●JR東日本自由區間內的綠色窗口、びゅうプラザ(部分除外) |
| 六本木、表參道、淺草、銀座、日本橋 | 東京Metro・都營地鐵通用的地鐵一日通票 大人1000日圓 小孩500日圓 | | ○ | ○ | | | | ●預售票：東京Metro定期票售票處(中野站、西船橋站、澀谷站〈副都心線〉除外)、都營地下鐵各站事務所(押上站、目黑站、白金台站、白金高輪站及新線新宿站除外) ●當日券：東京Metro各站的售票機、都營地下鐵各站的售票機 |
| 東急沿線到東京Metro各站 | 東急東京Metro通票 大人710～1020日圓 小孩360～510日圓 | | ○ | | | | 東急線出發站到東京Metro的下車站之間的去回(1次有效) | ●東急線各站(東橫線澀谷站、田園都市線澀谷站、中目黑站、目黑站、恩田站、こどもの國站和世田谷線各站除外) ※東京Metro不販售。 ※另有其他私鐵線版本。 |
| 兩國、淺草、日暮里 | 都營一日乘車券(都營通票) 大人700日圓 小孩350日圓 | | | ○ | ○ | ○ | 日暮里・舍人線 | 當日券 ●都營地下鐵、日暮里・舍人線各站的售票機；都電、都巴士(上午4時以後)的車內等販售當日券、預售票 ●都營地下鐵各站的窗口(部分除外)、都營地下鐵定期券售票處 ●荒川電車營業所、都巴士各營業所、支所、定期券售票處(部分除外)等 ●日暮里・舍人線定期券售票處 |
| 早稻田、大塚、町屋 | 都電一日乘車券 大人400日圓 小孩200日圓 | | | | | ○ | | ●都電車內(當日券) ●荒川電車營業所、大塚站前、王子站前都電都巴士定期券售票處 ※PASMO・Suica可以使用(告知司機員要當成一日乘車券使用) |
| 東京、六本木、澀谷、台場 | 都巴士一日乘車券 大人500日圓 小孩250日圓 | | | | ○ (限23區內) | | | ●都巴士各營業所、分所、都巴士定期券售票處(部分除外) ●JTB各分店(部分除外) ●都巴士車內(當日券) ※PASMO・Suica可以使用(告知乘務員要當成一日乘車券使用) |

※上述的車票均為2016年4月時的資訊　※部分車票會因為購買地點而有不同的圖案和...

---

## 一眼攻略山手線

行駛東京主要景點的山手線。3～6分1班車、班次極多。新大久保站和目白站之外，都有和其他路線交會。

池袋　巢鴨　田端　西日暮里　日暮里　鶯谷　上野　御徒町　秋葉原　神田　東京　有樂町　新橋　濱松町　田町　品川　大崎　五反田　目黑　惠比壽　澀谷　原宿　代代木　新宿　新大久保　高田馬場　目白　大塚

內環　外環　山手線　中央線　總武線

## 選擇車票的 3 大重點

### → 做好一天的計劃後再決定

都內的移動最好以一天的計劃進行。重點放在最想去的地方，再來確認目的地和下一個要去地方的交通方式。地下鐵的最近車站可能有好幾個，先找好最適合的車站。

### → 飯店和目的地確定之後就好辦了

由於路線多，因此規劃路線會有優缺點是東京的特色。從轉乘次數、時間、車資等多種規劃路線裡找出最適合的路線吧。因此，決定了出發點和目的地之後，就來活用轉乘服務了。

### → 可以中途下車

通票最大的優點就是可以自由上下車了，在利用範圍之內都是免費，因此有喜歡的車站就可以中途下車。這種會有新發現的自在旅行，是通票才有的特色。

# ※ 可使用 折扣機票的重點

各航空公司提供如55天前預約購買的「旅割55」（ANA）、「SUPER先得」（JAL）等的各種折扣。

※只提供代表性的折扣票價，以及折扣多的機票
※部分機票有不能使用的路線、時期

| 折扣名稱 | 預約期間 | 備註 |
|---|---|---|
| 旅割55（ANA） | 55天前為止 | 部分班次可折扣到80%，預約後不可變更。另有75天前需預約的「旅割75」、「ULTRA先得」；45天前需預約購買的「旅割45」、「先得割引TYPE B」等 |
| SUPER先得（JAL） | | |
| 旅割28（ANA） | 28天前為止 | |
| 先得割引TYPE A（JAL） | | |
| 特割（ANA） | 一日前為止（ANA大多為3日前為止） | 打對折以下的部分班次，預約後不可變更 |
| 特便割引1（JAL） | | |
| 往返割引 | 搭機前 | 約打9折左右。預約後可變更 |

# ② 羽田往東京都內

## 羽田機場

**東京站**

- 羽田機場第1大樓站或第2大樓站 → （東京單軌電車）（班次頻繁）→ **濱松町站** →（班次頻繁）JR山手線等 內環 → **東京站**　⏱35分　¥650日圓　🅸🅲637日圓
- 羽田機場站或航站樓站 →（京急機場線蒲田站轉乘）頻繁，部分車班在京急（班次）→ **品川站** →（班次頻繁）JR山手線 內環 等 → **東京站**　⏱40分　¥580日圓　🅸🅲572日圓
- 羽田機場第1候機樓或第2候機樓 → （每小時1~2班）東京機場交通巴士 → **八重洲北口**　⏱30~45分　¥930日圓

**新宿站**

- 羽田機場國內線航站樓站 →（京急機場線快特等蒲田站轉乘）頻繁，部分車班在京急（班次）→ **品川站** →（班次頻繁）JR山手線 外環 等 → **新宿站**　⏱50分　¥610日圓　🅸🅲601日圓
- 羽田機場第1候機樓或第2候機樓 → （每小時2~4班）東京機場交通巴士 → **新宿站西口或新宿巴士總站（新宿站新南口）** ※另有開往新宿地區飯店的班次　⏱30~50分　¥1230日圓

¥=一般車票的價格　🅸🅲=IC儲值卡的價格

---

# ① 搭直飛班機去羽田

### （那霸以外的離島除外）

票價內含旅客設施使用費。
ADO・SFJ・SKY・SNA會比下列價格便宜　※省略1天不滿3班的路線

| 出發地區 | 出發地（機場名） | 航空公司 | 班次 | 所需時間 | 普通票價（日圓） |
|---|---|---|---|---|---|
| 北海道 | 新千歳 | ANA/JAL/ADO/SKY | 每小時2~4班 | 1小時35分 | 37,790 |
| | 女滿別 | JAL/ADO | 1日5班 | 1小時55分 | 46,390 |
| | 釧路 | ANA/JAL/ADO | 1日7班 | 1小時45分 | 43,890 |
| | 帶廣 | JAL/ADO | 1日7班 | 1小時45分 | 43,390 |
| | 旭川 | JAL/ADO | 1日7班 | 1小時45分 | 44,590 |
| | 函館 | ANA/JAL/ADO | 1日8班 | 1小時30分 | 35,490 |
| 東北 | 青森 | JAL | 1日6班 | 1小時20分 | 34,090 |
| | 秋田 | ANA/JAL | 1日9班 | 1小時10分 | |
| | 庄內 | ANA | 1日4班 | 1小時5分 | 23,090 |
| 北陸 | 富山 | ANA | 1日4班 | 1小時5分 | 24,890 |
| | 小松 | ANA/JAL | 1日10班 | 1小時10分 | 24,890 |
| 關西 | 伊丹 | ANA/JAL | 每小時2班 | 1小時10分 | 25,490 |
| | 關西 | ANA/JAL/SFJ | 1日13班 | 1小時15分 | 25,490 |
| | 神戶 | ANA/SKY | 1日10班 | 1小時15分 | 25,490 |
| 中國 | 岡山 | ANA/JAL | 1日10班 | 1小時20分 | 33,990 |
| | 廣島 | ANA/JAL | 1日17班 | 1小時25分 | 34,890 |
| | 岩國 | ANA | 1日5班 | 1小時35分 | 34,890 |
| | 山口宇部 | ANA/JAL/SFJ | 1日10班 | 1小時35分 | 39,090 |
| | 鳥取 | ANA | 1日5班 | 1小時15分 | 31,090 |
| | 出雲 | JAL | 1日5班 | 1小時20分 | 32,590 |
| | 米子 | ANA | 1日7班 | 1小時25分 | 32,590 |
| 四國 | 高松 | ANA/JAL | 1日13班 | 1小時20分 | 33,390 |
| | 德島 | ANA/JAL | 1日11班 | 1小時15分 | 33,390 |
| | 高知 | ANA/JAL | 1日10班 | 1小時20分 | 35,490 |
| | 松山 | ANA/JAL | 1日12班 | 1小時25分 | 36,090 |
| 九州 | 福岡 | ANA/JAL/SKY/SFJ | 每小時2~4班 | 1小時40分 | 41,390 |
| | 北九州 | JAL/SFJ | 1日15班 | 1小時35分 | 41,390 |
| | 佐賀 | ANA | 1日5班 | 1小時40分 | 41,390 |
| | 長崎 | ANA/JAL/SNA | 1日14班 | 1小時40分 | 43,890 |
| | 熊本 | ANA/JAL/SNA/SKY | 1日18班 | 1小時40分 | 41,390 |
| | 大分 | ANA/JAL/SNA | 1日14班 | 1小時30分 | 40,190 |
| | 宮崎 | ANA/JAL/SNA | 1日19班 | 1小時35分 | 41,390 |
| | 鹿兒島 | ANA/JAL/SNA/SKY | 1日23班 | 1小時40分 | 43,890 |
| 沖繩 | 那霸 | ANA/JAL/SKY | 1日31班 | 2小時25分 | 46,090 |

**【航空公司的洽詢處】**
ANA（全日空）‥‥‥‥‥‥‥‥‥‥‥‥‥‥‥‥‥‥‥‥ ☎0570-029-222
JAL（日本航空）‥‥‥‥‥‥‥‥‥‥‥‥‥‥‥‥‥‥‥ ☎0570-025-071
ADO（AIR DO）‥‥‥‥‥‥‥‥‥‥‥‥‥‥‥‥‥‥‥ ☎0120-057-333
SKY（SKYMARK）‥‥‥‥‥‥‥‥‥‥‥‥‥‥‥‥‥ ☎0570-039-283
SFJ（STARFLYER）‥‥‥‥‥‥‥‥‥‥‥‥‥‥‥‥ ☎0570-07-3200
SNA（Solaseed Air）‥‥‥‥‥‥‥‥‥‥‥‥‥‥‥ ☎0570-037-283

**【機場巴士的洽詢處】**
東京空港交通（利木津巴士）‥‥‥‥‥‥‥‥‥‥ ☎03-3665-7220

---

# ✈ 飛機

## 快速

羽田機場是東京的空中門戶，日本的主要都市也都有羽田的直飛航班。北海道和沖繩等地往來東京時通常都是搭乘飛機，全可以搭乘ADO、SKY、SFJ、SNA等航班的出發地。ANA、JAL是主要航空公司，但也有購買機票時的折扣規則，就可以有低廉價格的旅程了。靈活運用在搭機日前購買機票時的折扣規則，就可以有個低廉價格的旅程了。

高速巴士便宜

## ●搭乘高速巴士由**主要都市**前往**東京**●

★記號為女性專用車或設有女性專用（優先）座位

| 出發區域 | | 出發 | 抵達 | 巴士名稱 | 班次頻率 | 巴士公司 | 所需時間 | 價格（日圓） | 洽詢處 |
|---|---|---|---|---|---|---|---|---|---|
| 東北 | 青森 | 青森站前 | 東京站日本橋 | ラ・フォーレ号 | 夜班1日1班 | JR巴士東北 | 9小時35分 | 7,500~10,500 | 017-773-5722 |
| | | 青森站前 | 上野站前 | パンダ号 | 夜班1日2班 | 弘南巴士 | 10小時20~45分 | 5,000~6,500 | 0172-37-0022 |
| | 仙台 | 仙台站東口 | バスタ新宿（新宿駅新南口） | 仙台・新宿号／ドリーム政宗号 | 日班1日4~5班★夜班1日1~2班★ | JR巴士東北 | 5小時55分 | 3,500~6,500 | 022-256-6646 |
| | | 仙台營業所 | 東京站八重洲通 | ニュースター号ホリデースター号 | 日班1日2~4班夜班1日1班 | 東北急行巴士 | 5小時~5小時35分 | 3,100~5,500 | 022-262-7031 |
| | | 宮交仙台高速巴士中心 | 新宿站南口（新宿駅新南口） | （無） | 日班・夜班各1日1班 | 宮城交通巴士等 | 5小時10分~6小時15分 | 3,900~7,900 | 022-261-5333 |
| 信越・北陸 | 新潟 | 萬代city巴士中心 | 池袋站東口 | （無） | 日班每時1班夜班1日1班★ | 新潟交通巴士等 | 5小時15~35分 | 3,100~6,200 | 025-241-9000 |
| | 長野 | 長野站 | 新宿巴士總站（新宿新南口） | （無） | 日班1日15班 | ALPICO交通巴士等 | 3小時40~55分 | 普通座位 2,900~4,800 | 026-229-6200 |
| | 金澤 | 金澤站前 | 新宿巴士總站（新宿新南口） | 金沢エクスプレス | 日班・夜班各1日2~3班 | 西日本JR巴士等 | 7小時45分~8小時 | 5,000~8,800 | 0570-00-2424 |
| 東海 | 名古屋 | 名古屋站新幹線口 | 東京站日本橋 | 東名ハイウェイバス超特急・特急「東名ライナー」「スーパーライナー」ほか | 日班1日14~15班 | JR東海巴士等 | 4小時55分~6小時45分 | 5,250~6,450 | 052-563-0489 |
| | | 名古屋站新幹線口 | 東京站日本橋 | ドリームなごや号ほか | 夜行1日6~7班★ | JR東海巴士等 | 6小時30分~8小時45分 | 6,220~8,020 | 052-563-0489 |
| | | 名古屋站新幹線口 | 新宿巴士總站（新宿新南口） | 中央ライナーなごや号 | 日班1日2班 | JR東海巴士等 | 6小時25分 | 5,250 | 052-563-0489 |
| | | 名古屋站新幹線口 | 新宿巴士總站（新宿新南口） | ドリームなごや新宿号ほか | 夜行1日2班 | JR東海巴士等 | 7小時10~15分 | 6,220~8,020 | 052-563-0489 |
| | | 名鉄バスセンター | 新宿巴士總站（新宿新南口） | （無） | 日班・夜班各1日2班 | 名鐵巴士等 | 6小時30~55分 | 4,700~6,000 | 052-582-0489 |
| 關西 | 大阪 | 大阪站JR高速巴士總站 | 東京站日本橋 | 東海道昼特急号ほか | 日班1日4~6班 | 西日本JR巴士等 | 8小時45分~9小時35分 | 5,700~6,600 | 0570-00-2424 |
| | | 大阪站JR高速巴士總站 | 東京站日本橋 | プレミアムドリーム号ほか | 日班1日2~4班★ | 西日本JR巴士等 | 8小時5分~9小時45分 | 7,600~13,300 | 0570-00-2424 |
| | | 大阪站JR高速巴士總站 | 新宿巴士總站（新宿新南口） | 中央昼特急号ほか | 日班1日4~5班 | 西日本JR巴士等 | 8小時20分~9小時5分 | 5,700~6,600 | 0570-00-2424 |
| | | 大阪站JR高速巴士總站 | 新宿巴士總站（新宿新南口） | プレミアム中央ドリーム号ほか | 夜班1日1~2班（運行日要確認） | 西日本JR巴士等 | 9小時10分~9小時10分 | 7,600~13,300 | 0570-00-2424 |
| 中國 | 廣島 | 廣島站新幹線口 | 東京站日本橋 | ニューブリーズ号 | 夜班1日1班★ | 中國JR巴士等 | 11小時45分 | 11,900 | 082-261-5489 |
| 四國 | 高松 | 高松站高速巴士總站 | 東京站日本橋 | ドリーム高松号 | 夜班1日1班★ | JR四國巴士等 | 10小時35分 | 9,300~13,900 | 087-825-1657 |
| 九州 | 博多 | 西鐵天神高速巴士總站 | 新宿巴士總站（新宿新南口） | はかた号 | 夜班1日1班★ | 西鐵巴士 | 14小時15分 | ビジネス 12,000~15,000 | 092-734-2727 |

※另有多條高速巴士路線，請確認時刻表。

## ●搭乘高速巴士前往**東京迪士尼度假區**®●

★記號為設有女性專用座位

| 出發區域 | | 出發 | 抵達 | 巴士名稱 | 班次頻率 | 巴士公司 | 所需時間 | 價格（日圓） | 洽詢處 |
|---|---|---|---|---|---|---|---|---|---|
| 東北 | 磐城 | 磐城站 | 東京迪士尼度假區 | （無） | 夜班1日2班 | 新常磐交通巴士等 | 3小時25~50分 | 3,400 | 0246-46-0222 |
| 甲信・越 | 長野 | 長野站 | 東京迪士尼度假區 | （無） | 夜班1日1班 | ALPICO交通巴士等 | 8小時35分 | 4,100~4,700 | 026-229-6200 |
| 東海 | 名古屋 | 名古屋站新幹線口 | 東京迪士尼度假區 | ファンタジアなごや号 | 夜班1日1班 | JR東海巴士等 | 8小時45分 | 6,150~7,900 | 052-563-0489 |
| 關西 | 神戶・大阪 | 三宮巴士總站 大阪站JR高速巴士總站 | 東京迪士尼度假區 | プレミアムドリーム号 | 夜班1日1班★ | 西日本JR巴士等 | 大阪出發9小時10分 | 大阪出發7,900~13,600 | 0570-00-2424 |
| | | 神戶三宮・阪急梅田 | 東京迪士尼度假區 | （無） | 夜班1日1班 | 阪急巴士等 | 阪急梅田出發8小時45分 | 阪急梅田出發8,200~9,400 | 06-6866-3147 |
| 四國 | 松山 | 松山站 | 東京迪士尼度假區 | ドリーム松山号 | 夜班1日1班★ | JR四國巴士等 | 12小時55分 | 11,100~16,300 | 087-825-1657 |

※部分路線提供東京迪士尼海洋下車。東京迪士尼樂園、迪士尼海洋休園日將停駛或過站不停，無法下車。

## ●搭乘高速巴士前往**東京晴空塔**®（淺草站前・淺草雷門）●

| 出發區域 | | 出發 | 抵達 | 巴士名稱 | 班次頻率 | 巴士公司 | 所需時間 | 價格（日圓） | 洽詢處 |
|---|---|---|---|---|---|---|---|---|---|
| 東北 | 山形 | 山形山交大樓 | 淺草站前 | レインボー号 | 夜班1日1班 | 東北急行巴士 | 6小時25分 | 6,600 | 022-262-7031 |
| | 磐城 | 磐城站 | 淺草站 | いわき号 | 晝間每小時1~3班 | 新常磐交通巴士等 | 3小時10分 | 3,350 | 0246-46-0222 |
| 信越 | 長野 | 長野站 | 淺草雷門 | （無） | 夜班1日1班 | ALPICO交通巴士等 | 7小時10分 | 3,900~4,500 | 026-229-6200 |
| 關西 | 大阪 | 阿倍野橋站 | 淺草站前 | フライングライナー | 夜班1日1班 | 近鐵巴士等 | 9小時10分 | 8,900 | 06-6772-1631 |
| | 奈良 | 五位堂站・近鐵奈良站 | 東京晴空塔前 | やまと号 | 夜班1日1班 | 奈良巴士等 | 近鐵奈良站出發8小時30分 | 近鐵奈良站出發8,000~9,500 | 0742-22-5110 |
| 中國 | 倉敷 | 倉敷站北口 | 淺草站前 | ままかりライナー | 夜班1日1班 | 兩備巴士等 | 10小時25分 | 6,200 | 086-232-6688 |

※另有新庄出發、茨城縣內各地（筑波、水戶、勝田、日立、高萩、大子、常陸大宮、常陸太田、岩井、水海道）、土氣出發的班車。
　但是，茨城縣內出發的班車終點都是都營淺草站，部分班車只在平日和週六停靠，應注意。

士，主要現車是夜車，距離東京比較近的都也有到新宿和池袋、澀谷、東京迪士尼度假區的巴士。請確認時刻表。巴士大多為預約指定座，同時又有可以電話預約的、可以網路預約的、要在「綠色窗口」買票的等，有多種不同的方式，同應先行確認。主要的旅行社也可以買票，但可能需要加些手續費。

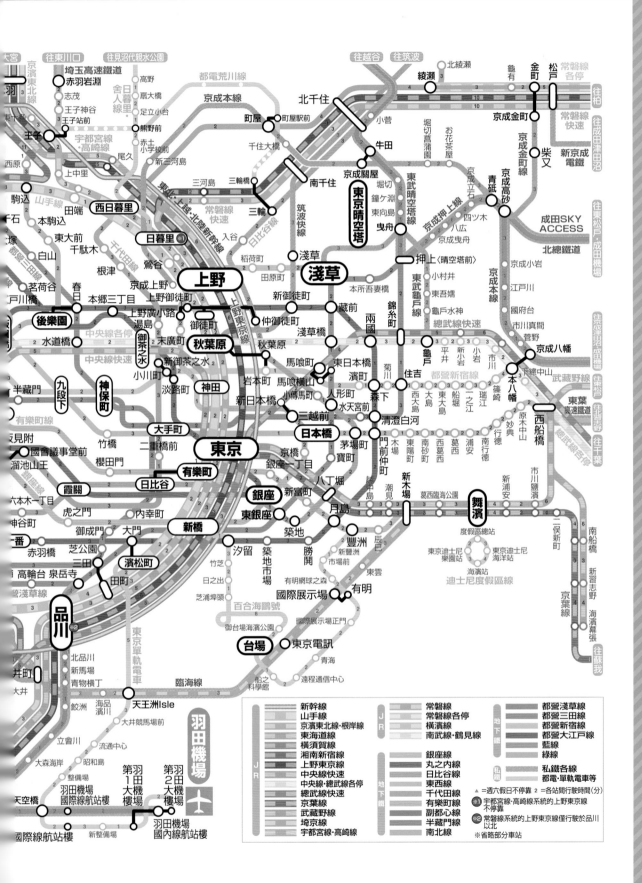

# 前往主要景點的交通方式

羽田機場・東京站出發前往必去景點的方式如下。

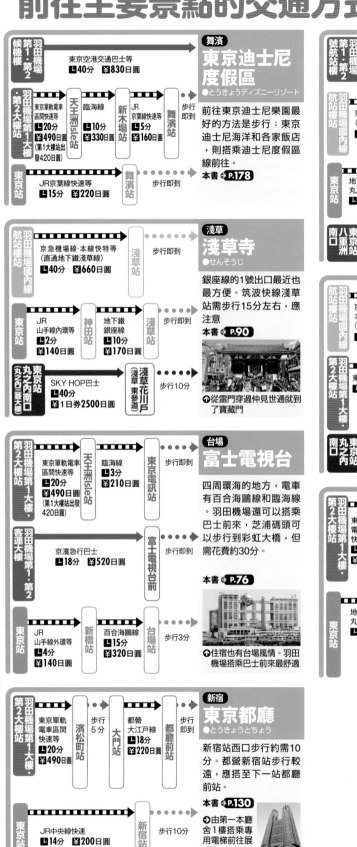

## 舞濱 東京迪士尼度假區
●とうきょうディズニーリゾート

**羽田機場第1・第2候機樓** → 東京空港交通巴士等 ⏱40分 ¥830日圓 → 舞濱

**羽田機場第2大樓第1大樓站** → 東京單軌電車區間快速等 ⏱20分 ¥490日圓（第1大樓站出發420日圓）→ 天王洲Isle站 → 臨海線 ⏱10分 ¥330日圓 → 新木場站 → JR京葉線快速等 ⏱5分 ¥160日圓 → 舞濱站 → 步行即到

**東京站** → JR京葉線快速等 ⏱15分 ¥220日圓 → 舞濱站 → 步行即到

前往東京迪士尼樂園最好的方法是步行；東京迪士尼海洋和各家飯店，則搭乘迪士尼度假區線前往。
本書 → P.178

## 淺草 淺草寺
●せんそうじ

**羽田機場航站樓國內線** → 京急機場線・本線快特等（直通地下鐵淺草線）⏱40分 ¥660日圓 → 淺草站 → 步行即到

**東京站** → JR山手線內環等 ⏱2分 ¥140日圓 → 神田站 → 地下鐵銀座線 ⏱10分 ¥170日圓 → 淺草站 → 步行即到

**東京站丸之內南口（丸之內三菱大樓）** → SKY HOP巴士 ⏱40分 ¥1日券2500日圓 → 淺草花川戶（淺草・東參道）→ 步行10分

銀座線的1號出口最近也最方便。筑波快線淺草站需步行15分左右，應注意。
本書 → P.90

↑從雷門穿過過仲見世通就到了寶藏門

## 台場 富士電視台
●

**羽田機場第2大樓第1大樓・客運大樓** → 東京單軌電車區間快速等 ⏱20分 ¥490日圓（第1大樓站出發420日圓）→ 天王洲Isle站 → 臨海線 ⏱3分 ¥210日圓 → 東京電訊站 → 步行即到

**羽田機場第1・第2** → 京濱急行巴士 ⏱18分 ¥520日圓 → 富士電視台前 → 步行即到

**東京站** → JR山手線外環等 ⏱4分 ¥140日圓 → 新橋站 → 百合海鷗線 ⏱15分 ¥320日圓 → 台場站 → 步行3分

四周環海的地方，電車有百合海鷗線和臨海線。羽田機場還可以搭乘巴士前來，芝浦碼頭可以步行到彩虹大橋，但需花費約30分。
本書 → P.76

↑住商也有台場風情。羽田機場搭乘巴士前來最舒適

## 新宿 東京都廳
●とうきょうとちょう

**羽田機場第2大樓第1大樓・** → 東京單軌電車區間快速等 ⏱20分 ¥490日圓 → 濱松町站 → 步行5分 → 大門站 → 都營大江戶線 ⏱18分 ¥220日圓 → 都廳前站 → 步行即到

**東京站** → JR中央線快速 ⏱14分 ¥200日圓 → 新宿站 → 步行10分

新宿站西口步行約需10分。都營新宿站步行較遠，應搭至下一站都廳前站。
本書 → P.130

↑由第一本廳舍1樓搭乘專用電梯前往展望室

## 押上 東京晴空塔®
●とうきょうスカイツリータウン

**羽田機場第1・第2號航站樓** → 東武巴士等「晴空塔穿梭巴士®」⏱1小時 ¥920日圓 → 押上（晴空塔前）站

**羽田機場航站樓國內線** → 京急機場線・本線快特等（直通地下鐵淺草線）⏱45分 ¥660日圓 → 押上（前接續前）站 → 步行即到

**東京站** → 地下鐵丸之內線 ⏱1分 → 大手町站 → 地下鐵半藏門線 ⏱15分 ¥計200日圓 → 押上（前接續前）站 → 步行即到

**東京站八重洲南口** → 東武巴士等「晴空塔穿梭巴士®」⏱30分 ¥520日圓

由於是著名觀光地，「晴空塔穿梭巴士」直接運行羽田機場和主要車站。
本書 → P.14・特別附錄②

→淺草步行約10分可達，就擺在一起玩吧

©TOKO-SKYTREE TOWN

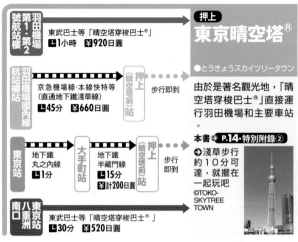

## 赤羽橋 東京鐵塔
●とうきょうタワー

**羽田機場航站樓國內線** → 京急機場線・本線快特等（直通地下鐵淺草線）⏱25分 → 大門站 → 都營大江戶線 ⏱2分 ¥計570日圓 → 赤羽橋站 → 步行5分

**羽田機場第2大樓第1大樓・** → 東京單軌電車區間快速等 ⏱20分 ¥490日圓 → 濱松町站 → 步行15分

**東京站丸之內南口** → 東急巴士 ⏱30分 ¥220日圓

位於地下鐵神谷町站、御成門站、大門站、芝公園站、赤羽橋站、JR濱松町站等站中心。
本書 → P.118

→每個站都能走到，但步行較花時間，需注意

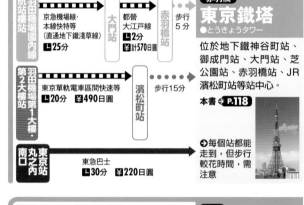

## 築地 築地市場
●つきじしじょう

**羽田機場第2大樓第1大樓・** → 東京單軌電車區間快速等 ⏱20分 ¥490日圓 → 濱松町站 → 徒步5分 → 大門站 → 都營大江戶線 ⏱4分 ¥180日圓 → 築地市場站 → 步行即到

**東京站** → 地下鐵丸之內線 ⏱2分 → 銀座站 → 地下鐵日比谷線 ⏱4分 ¥170日圓 → 築地站 → 步行即到

有2條地下鐵路線通過，交通便捷。場內的店清早就開始營業，應確認第一班電車的時間。
本書 → P.112

←清早有大量業者出貨需注意

🚃➡鐵道　➡巴士　•••••➡步行

# 東京觀光的使用方法

介紹要閱讀徹底解說東京人氣觀光景點的本書使用方法。好好掌握可以做的事和所需時間、最近車站等遊樂的重點，擬定計劃時發揮最大功能！

這樣呀，那《MAPPLE東京觀光》就是最好選擇

第一次要去東京，但我不知道「竹下通」在哪裡呢

書裡按照景點來區分，所以想去的地方一找就有了

嗯嗯

有所需時間的參考，而且還太方便了！

有麼可以看符號就知道什麼可以做的了，知道什麼可以做的，好方便呀！

還有200個景點喔超大份量！

万只一次旅行，再多次也夠用

1年後 好久不見～

完全迷上了東京～！

## 介紹區域
介紹刊載景點位於東京或近郊的什麼區域裡。

## 景點No.
刊載的景點都有編號，共有200個。

## 符號
使用5個符號深入淺出介紹在那裡可以做什麼。

## 所需時間
以原則上1小時為單位，介紹要玩樂景點時需要的時間。

## MAP
介紹特別附錄的地圖刊載頁面等

## 景點名稱
刊載介紹的設施、店鋪名稱或主題的名稱

## 最近車站／前往方式
刊載到設施或店鋪的最近車站，或是介紹東京站、羽田機場到最近車站的路線。

## DATA

¥＝費用 表示入場時需要付費。費用為大人金額。※兒童價格和團體折扣等請事前向各設施詢問。

☎＝電話號碼 表示各設施的洽詢電話號碼。可能不是當地的電話號碼，因此使用在衛星導航時可能出現與實際不同的地點，請注意。

地址＝所在地址

休業日 休＝公休日 原則上只標示公休日，過年期間、黃金週、盂蘭盆節、臨時店休等都不標示。

營業時間 ⏰＝營業時間、開館時間 營業時間、開館時間標示實際可以利用的時間。餐飲店為開店到最後點餐；各種設施為開館到可以入館的最晚時間。此外，特別參觀等日期和時間有可能變更。請事前洽詢確認。

交通 🚃＝交通方式 標示最近車站和車站出發後的所需時間。

MAP 附錄③P.00 A-0 表示該物件在地圖上的位置。

靈活運用 Mapple Code 0000-0000 在對應的網頁及應用程式輸入後，可免費獲得各項資訊服務的方便條碼。※請注意，此系統環境語言是以日文顯示，會透過上網功能，請留意數據傳輸量及費用。

●部分特集會刊載如下資訊。
HP＝官網網址

★請詳細閱讀下列事項★
●本書刊載的內容是2016年3月～5月採調查時的資訊。本書出版後，餐飲店菜單和商品內容和費用、金額等各種刊載資訊可能有所變動，也可能因為季節性的變動、缺貨、臨時公休、歇業等因素而無法利用。因為消費稅的調高，各項費用可能變動，因此會有部分設施的標示費用為稅外的情況，消費之前請務必確認後再出發。此外，因本書刊載內容而造成的糾紛和損害等，敝公司無法提供補償，請在確認此點之後再行購買。

---

出發之前先了解一下！
# 東京觀光的小知識

我們特別整理出先知道可以更方便的資訊。這些對第一次去東京的人和老手，都是立刻可以上手的資訊。

## 初級篇 交通方式以電車為主流
搭乘電車幾乎可以到達任何主要的觀光景點。班次又多，因此移動最好搭乘電車。

環狀的JR山手線會經過主要的區域

### 活用投幣式寄物箱來減少行李
多多利用可以知道設置地點和有沒有空櫃的網站。東京站地下1樓還有寄物的服務。

◎寄物箱指南www.coinlocker-navi.com/

寄物箱指南尺寸大小都知道連尺寸大小都知道

## 中級篇 近的區域就排在一起觀光
部分區域會有人氣景點就在附近的情況，注意看地圖做最有效率的安排吧。

參道步行到原宿只需15分

### 活用免費的觀光路線巴士
淺草和台場，都有免費的巴士行駛觀光地和車站。

◎熊貓巴士（淺草區域）
☎03-5830-7627 上車ROX
前車9:50～17:46

◎Tokyo Bay Shuttle（台場區域）☎03-3955-1188（日の丸自動車興業）上東京電訊站開車11:30～19:10

## 高級篇 活用免費Wi-Fi
使用NTTBP提供的免費Wi-Fi時，只需登記一次後，找到附近的Wi-Fi熱點就可以一連上。

ジャパン コネクテッド フリー ワイファイ
◎Japan Connected-free Wi-Fi
HP www.ntt-bp.net/jcfw/ja.html

### 使用計程車叫車APP
東京共通的計程車叫車APP「スマホdeタックん」很好用。以手機指定好乘車位置後，約5分鐘之內車就會到。

◎スマホdeタックん
HP http://takkun.taxi-tokyo.or.jp/

在路線圖上CHECK遊逛好去處

現在就想去!!

# 東京觀光200景點

介紹200處能感受到"時下"東京的景點。對照路線圖確認想去景點的大概位置，有效率地遊逛吧。

## 東京路線圖 MAP

高尾山　高尾
吉祥寺
京王井之頭線
小田急線
下北澤
原宿・表參道・澀谷地區
新宿地區
JR 中央線　秋葉原地區
JR 山手線
池袋地區　池袋
巢鴨
上野地區　上野
淺草地區
東武晴空塔線
東武晴空塔　押上
淺草　淺草線
秋葉原　兩國
東京站・丸之內・日本橋地區
新宿　原宿　表參道　澀谷　代官山　中目黑　惠比壽　六本木　自由之丘
千代田線　半藏門線　日比谷線
東京鐵塔・六本木地區
品川
東急東橫線
皇居　銀座線
JR 總武線
東京　銀座　築地市場　新橋　汐留　濱松町
丸之內線　大江戶線
銀座・築地・月島地區
月島
JR 京葉線
舞濱
東京迪士尼樂園®
台場地區　台場
東京單軌電車
百合海鷗線
羽田機場
東京灣

城市位置關係可以在此CHECK!

## 不可不知 6大地區 簡介

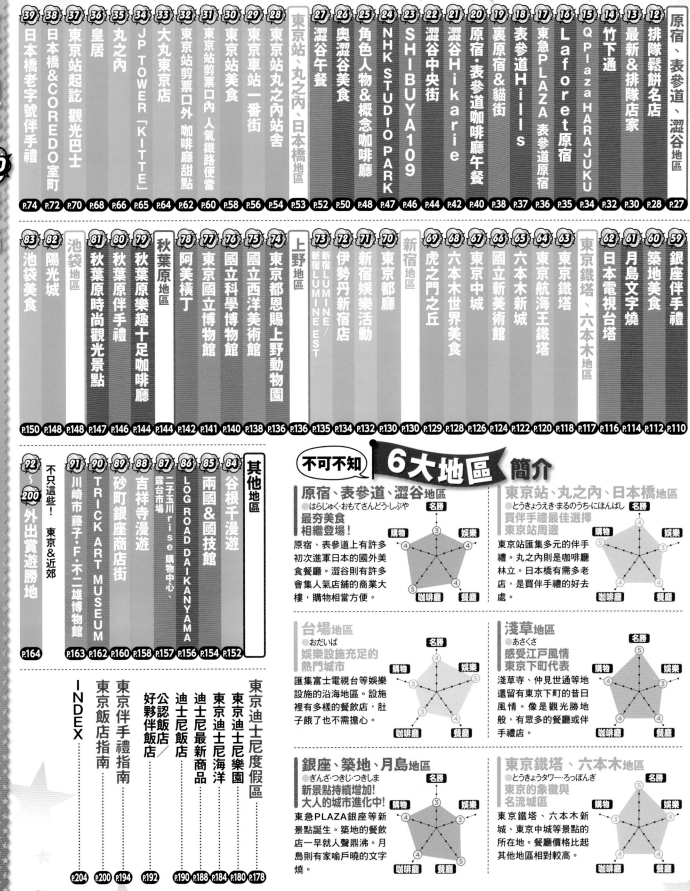

### 原宿、表參道、澀谷地區
●はらじゅく・おもてさんどう・しぶや
**最夯美食 相繼登場！**
原宿、表參道上有許多初次進軍日本的國外美食餐廳。澀谷則有許多會集人氣店舖的商業大樓，購物相當方便。
（雷達圖：名勝、購物、娛樂、咖啡廳、餐廳）

### 東京站、丸之內、日本橋地區
●とうきょうえき・まるのうち・にほんばし
**買伴手禮最佳選擇 東京站周邊**
東京站匯集多元的伴手禮。丸之內則是咖啡廳林立。日本橋有許多老店，是買伴手禮的好去處。
（雷達圖：名勝、購物、娛樂、咖啡廳、餐廳）

### 台場地區
●おだいば
**娛樂設施充足的熱門城市**
匯集富士電視台等娛樂設施的沿海地區。設施裡有多樣的餐飲店，肚子餓了也不需擔心。
（雷達圖：名勝、購物、娛樂、咖啡廳、餐廳）

### 淺草地區
●あさくさ
**感受江戶風情 東京下町代表**
淺草寺、仲見世通等地還留有東京下町的昔日風情。像是觀光勝地般，有眾多的餐廳或伴手禮店。
（雷達圖：名勝、購物、娛樂、咖啡廳、餐廳）

### 銀座、築地、月島地區
●ぎんざ・つきじ・つきしま
**新景點持續增加！大人的城市進化中！**
東急PLAZA銀座等新景點誕生。築地的餐飲店一早就人聲鼎沸。月島則有家喻戶曉的文字燒。
（雷達圖：名勝、購物、娛樂、咖啡廳、餐廳）

### 東京鐵塔、六本木地區
●とうきょうタワー・ろっぽんぎ
**東京的象徵與名流城區**
東京鐵塔、六本木新城、東京中城等景點的所在地。餐廳價格比起其他地區相對較高。
（雷達圖：名勝、購物、娛樂、咖啡廳、餐廳）

# 2016→2017 帶你一網打盡持續**進化**的TOKYO！

# 東京最新情報

## 亮點整理

2016春季湧現開幕潮的東京，即使是2016年下半到2017年，勢力依舊無法擋！
以下整理出2016年～2017年春季的最新消息。

---

**2016年4月** 六本木

### 日本首座**史努比博物館**期間限定開幕

以史努比和「花生漫畫」為主題的博物館隆重登場，世界首見的展示品、限定的咖啡餐點和商品備受矚目。　➔P.10、附錄①

最為建於六本木中的大型使用閒靜的環境拼出「3D花生漫畫」馬賽克藝術

➔有和知名品牌首次合作的品項等多種話題性商品

© Peanuts

---

**2016年4月** 舞濱

### 東京迪士尼海洋**15週年**活動開跑！

慶祝開幕週年的活動會舉辦約達1年。規模浩大的水上表演、首次翻新的音樂劇表演等不可錯過的節目滿載。　➔P.12

---

**2016年4月** 惠比壽

### 話題名店櫛次鱗比 **atré EBISU西館** 盛大開幕！

有熱門餐廳「Shake Shack」、當地咖啡廳「猿田彥珈琲」等進駐，屋頂還有綠意盎然的庭園、能欣賞該庭園的餐廳。

📞03-5475-8500 🏠渋谷区恵比寿南 1-6-1 休不定休 ⏰10:00～21:30（餐廳為11:00～23:00）※部分店家有異 🚉直通JR惠比壽站

Mapple 1302-5354
MAP 附錄③P.3 D-3

➔是屋頂設有庭園露台的地上8層、地下1層構成的建築物

← 海鮮餐廳「シロノニワ」的檸檬醃生魚

---

**2016 SPRING**

---

**2016年3月** 銀座

### 含首次進軍日本的125家店雲集 **東急PLAZA銀座**開幕！

銀座地區最大規模的商業設施，有可品嘗世界各國美食的餐廳、大展工匠技藝的和風雜貨屋等，彙集日本國內外的話題名店。

➔P.18

↑在數寄屋橋交叉路口一隅開幕

希臘餐廳「THE APOLLO」來自雪梨的新式

➔京都的刺繡雜貨屋「京東都」散發涼意的杯墊

---

**2016年3月** 新宿

### 新宿站的全新地標 **NEWoMan** 開幕！

LUMINE的新概念商業設施在JR新宿站開張，焦點是首次在日本開設的披薩店和奶油泡芙專賣店等。　➔P.20

←坐落在新宿站新南地區，也附設高速巴士的轉運站「Busta新宿」

➔以800度烤窯烘烤披薩的「800° DEGREES NEAPOLITAN PIZZERIA」

---

**2016年3月** 押上

### 東京晴空塔®的 天望甲板開始舉辦**夜間表演**

離地350m的天望甲板，開設了新的表演空間「SKYTREE ROUND THEATER™」。

➔P.15、附錄②P.6

➔以"歌舞伎"為主題的企畫「東京晴空塔®天望歌舞伎」

© TOKYO-SKYTREE

---

**2016年3月** 東京站

### 供應**美酒&甜點**的 **星巴克咖啡** 亞洲首次亮相

可搭配葡萄酒與啤酒享受甜點的店鋪新登場，也提供「普羅旺斯燉菜」（702日圓）。

星巴克咖啡
丸之內新東京大樓店

📞03-3216-3552 🏠千代田区 丸の内3-3-1 丸の内新東京ビル 休不定休 ⏰7:00～22:30（週六為8:00～21:00，週日、假日為10:00～20:00）🚉JR東京站地下7出口步行4分

Mapple 1302-7832 MAP 附錄③P.7 C-5

➔各的「Tartelette」時風格時尚又帶有溫洋溢舒適氣氛同

➔葡萄酒配甜塔各1296日圓～

---

### 漢堡美食 風潮興起

繼「Shake Shack」後，2016年3月「Carl's Jr.」在秋葉原開幕。（➔P.17）

→重現江戶街景的開放式購物中心

## 2016年11月 豐洲

### 市場遷移！繼承築地歷史的**豐洲市場**誕生

世界最大規模的批發市場從築地搬家，「千客萬來設施」是網羅約200家餐飲、商店進駐的商業區，預計和溫泉飯店區分別在2018年夏季、2019年夏季左右開幕。

☎未定 ⊞江東區豐洲6 5、7街區及6街區的一部份 ⊡⊡未定 ⊞百合海鷗線市場前站即到

Mapple Code 1302-5799 MAP 附錄③ P.2 E-3

↑屋頂的觀景平台將設置足湯

### ★ 2017 SPRING

## 2016年10月 築地

### 築地場外市場將有新設施 **築地魚河岸**登場

不但有水產品、蔬菜水果的商店，還有美食街形式的食堂進駐。在場內市場搬遷至豐洲後，也將繼續傳承築地的熱鬧氣氛。

☎未定 ⊞中央區築地6 ⊡⊡未定 ⊞地下鐵築地市場站A1出口步行3分

Mapple Code 1302-7830 MAP 附錄③ P.22 C-2

↑由小田原橋棟、海幸橋棟2座建築構成的設施

### 2016 WINTER

### 2016 AUTUMN

### 2016 SUMMER

國立西洋美術館**晉升世界遺產！**

科比意在日本唯一設計出的本館，是東京首次獲登世界文化遺產的殊榮。（→P.138）

## 2017年4月 銀座

### 松坂屋銀座店原址**將推出巨大複合設施**

約250家店的商業設施、觀世能樂堂等進駐的複合設施即將開張。

### 銀座六丁目再開發計畫
●ぎんざろくちょうめプロジェクト

☎未定 ⊞中央區銀座6-10、11 ⊡⊡未定 ⊞地下鐵銀座站A4出口即到 MAP 附錄③ P.9 D-4

參處庭→
考等園還
一、會
外觀設
觀光置
光服屋
僅務頂
供

## 2016年秋 京橋

### 東京站東區的新名勝開幕 **KYOBASHI EDOGRAND**

地上32層樓的複合設施，低樓層是Toshi Yoroizuka旗艦店等設點的店鋪區。挑高的「藝廊空間」也是焦點。

☎未定 ⊞中央區京橋2 ⊡⊡未定 ⊞直通地下鐵京橋站

Mapple Code 1302-7829 MAP 附錄③ P.6 E-5

空高→
間達
設31
計m
的挑
「高
藝的
廊

## 2017年春 銀座

### 東京站丸之內**站前廣場**竣工

預定在廣場的中央鋪設寬闊的行人空間，南北則設置交通廣場，也預計種植櫸樹等。

☎未定 ⊞千代田區丸之內1-9-1 ⊞自由入場 ⊞JR東京站丸之內中央口即到

Mapple Code 1302-7831 MAP 附錄③ P.7 C-3

景將路→
的鋪面為
中設成抑
央草制
廣坪上
場原升
及及氣
水， 溫
，夏

## 2016年7月 大手町

### 星野度假區**終於進軍東京！**"塔狀日式旅館"**虹夕諾雅東京**開幕

1層樓只有6房的奢華旅館，備有大手町溫泉的露天浴池和房客限定的交誼廳等，可放鬆盡情享受。

☎0570-073-066(虹夕諾雅綜合預約) ⊞千代田區大手町1-9-1 ⊞⊡15:00、⊡12:00 ¥78000日圓～ ⊞地下鐵大手町站A1或C1出口即到

Mapple Code 1302-7613 MAP 附錄③ P.7 C-1

←設計採用江戶小紋的地上17層樓建築，在高樓大廈間更顯獨特氣息
↓客房共84間。在玄關脫鞋後，踏著榻榻米走進客房

圖片提供：JR東日本

## 2016年9月 銀座

### 銀座4丁目交叉路口的新面孔**GINZA PLACE**隆重開幕

有巴黎二星級餐廳的主廚所打造的世界首家餐廳等進駐，喝得到工廠直送生啤酒的啤酒餐廳已在8月率先開幕。

➡P.103

→以"鏤空雕"為設計、具傳統工藝的美麗外觀為特色

## 2016年7月 赤坂

### 飯店、高級住宅等雲集複合設施 **Tokyo Garden Terrace Kioicho**開幕

地上36層樓，擁有紀尾井塔一等設施的複合城區，露天餐廳、特色店家雲集，7月27日全館開幕。

☎03-3288-5500 ⊞千代田區紀尾井町1-2ほか ⊡⊡因店而異 ⊞直通地下鐵永田町站9A出口

Mapple Code 1302-7421 MAP 附錄③ P.2 E-3

ス區餐露→
「廳天
紀進咖
尾駐啡
井的廳
テ商和
ラ業

## 2016年6月 舞濱

### 東京迪士尼**樂祥飯店**開幕！

「椰林＆噴泉中庭飯店」改名並重新翻修而成，以迪士尼主題樂園構想出2棟不同名的飯店所構成。➡P.190

## 2016年5月 大手町

### 湧現於大廈鬧區中**來泡泡大手町溫泉**

從地下約1500m汲取出的「大手町溫泉」，可在健身俱樂部的SPA區享受，也設有女性專用的岩盤浴。

### SPA OTEMACHI fitness club
●スパオオテマチフィットネスクラブ

☎03-6262-5188 ⊞千代田區大手町1-9-2 Otemachi Financial City GRAND CUBE B1F ⊡無休 ⊡7:00～22:30(閉館23:00)，週六日、假日為10:00～18:30(閉館19:00) ¥遊客溫泉1620日圓 ⊞直通地下鐵大手町站 ⊞http://spa-otemachi.jp/

Mapple Code 1302-7614 MAP 附錄③ P.2 E-2

僅泉可→
供的泡
參浴泡
考場大
(照手
片町
溫

## 2016年4月 新宿

### 『BEAMS』以日本為主題彙集商品！**BEAMS JAPAN**全新開張

以"日本"為關鍵字，依照時尚服飾、工藝品等類別提案商品，BEAMS首家餐廳等也在此登場。

☎03-5368-7300(代表) ⊞新宿區新宿3-32-6 ⊡不定休 ⊡11:00～20:00(部分店家有異) ⊞地下鐵新宿三丁目站A1出口即到

Mapple Code 1300-2700 MAP 附錄③ P.16 E-3

→地下1樓～地上5樓都是「BEAMS JAPAN」

→插畫家長someONE設計的T恤各5940日圓

# 最強★東京觀光計畫
## 依據旅遊目的 推出路線提案！

由最新名勝與必遊景點交織而成，MAPPLE編輯部精選出能體驗時下東京的觀光計畫，也不妨搭配旅遊目的納入追加行程！

## 經典&新潮！2天1夜 最佳 行程

### 第1天

**11:00　表參道**
**午餐就吃首次登陸日本的美味漢堡**
就用來自美國、洋溢高級威而引起話題的漢堡來填飽肚子。盡情享用即使大排長龍也想吃的「Shake Shack」漢堡。
→P.16

座位除了店內的桌椅座之外，也設有露天座
「Shake Shack」的ShackBurger

外苑前站→（地下鐵銀座線）→淺草站　240日圓　30分

**13:30　淺草**
**參拜淺草寺 提升運勢！**
雷門的巨大燈籠十分搶眼，東京都內最古老的寺院。據說能達成所有願望，以祈求現世利益的寺院而著稱。境內有許多景點。
→P.90

寶藏門後方是可眺望東京晴空塔的觀景點

淺草站→（東武晴空塔線）→東京晴空塔站　150日圓　3分

**15:00　押上**
**在東京晴空街道® 度過咖啡時光&購物**
下午就在東京晴空塔下方的商業設施歇歇腳。吃些甜點紓緩疲憊身軀後，來採買晴空塔造型的伴手禮吧。
→P.14、附錄②P.9

晴空塔形狀的限定伴手禮琳琅滿目
還有女性不可錯過的甜點
吃不到飽餐廳

步行移動　3分

**18:00　押上**
**東京晴空塔® 欣賞夜晚的新表演空間&夜景**
2016年3月開始夜間在天望甲板舉辦晚間表演。除了夜景外，表演者的精彩演出也讓人著迷。
→P.15、附錄②P.6

從高350m處俯瞰東京夜景
©「東京晴空塔®天望歌舞伎」
©TOKYO-SKYTREE
東京晴空塔站→（東武晴空塔線）→淺草站　150日圓　3分

**下榻於淺草**
飯店資訊頁 →P.200 也一併確認！

### 第2天

**10:00　六本木**
**史努比博物館 沉浸在『花生漫畫』的世界**
可以看到史努比等角色及『花生漫畫』的好朋友，舒茲博物館首次在國外開設的博物館分館已開幕，展示和商品是亮點。
→P.10、附錄①

小方巾上有著史努比的圖案
與玩具廠商「奇譚俱樂部」合作的人偶
© Peanuts Worldwide LLC
建築物前有5座迎賓史努比像 歡迎遊客

淺草站→（都營淺草線）→大門站→（都營大江戶線）→六本木站　270日圓　25分

步行移動　5分

**12:00　六本木**
**在六本木新城 盡享高級午餐與絕景**
在附設觀景台的餐廳「THE SUN & THE MOON」享用午餐，搭配從店內便可眺望的絕景品嘗佳餚。
→P.122

供應以西餐為主的菜色
360度的寬闊景色
「THE SUN」的觀景台可望見

六本木站→（都營大江戶線）→新宿站　220日圓　10分

**14:00　新宿**
**在NEWoMan 大啖世界知名甜點**
聚集世界熱門店家的新宿名勝，其中又以甜點的多樣選擇為賣點。無論是內用或外帶都能開心品嘗。
→P.20

來自巴黎的奶油泡芙專賣店「choux d'enfer PARIS」
新宿站MIRAINA TOWER剪票口內外帶有店家

新宿站→（JR中央線）→東京站　200日圓　13分

**16:00　東京站**
**至東京站購買經典款伴手禮**
東京站內有各式各樣的伴手禮可供挑選。從不可錯過的必買款到限定商品等，如果不知道買什麼好，來東京站準沒錯。
→P.56、194

「L'ATELIER DU SUCRE」的肉球瑪德蓮
「PARADIS」花のババロ「ahava」ro

若想多住一晚下榻東京站or銀座周邊在移動上較方便！

最強東京觀光計畫

## 飽嘗美食 ·行程·

**9:30 築地 來份奢侈早餐**
築地市場
➡P.112

在一大早就人聲鼎沸的築地場內、場外市場大啖壽司和海鮮蓋飯。2016年11月搬遷至豐洲市場後，場外市場維持不變。

→奢侈放上鮪魚和鮭魚卵等海產的海鮮蓋飯非吃不可

*築地站→(地下鐵日比谷線)→銀座站 ¥170日圓 3分*

**11:00 銀座 在銀座的百貨地下街採買甜點！**
➡P.106

在日本最具代表性的百貨地下街一級戰場挑選甜點伴手禮。有許多限定商品，以及多種銀座風味的優質甜品。

→位在銀座三越的「CAFE OHZAN」脆皮可頌

*步行移動 2分*

**12:30 銀座 東急PLAZA銀座 午餐享用話題美食**
➡P.18

2016年3月開幕的銀座新面孔，包含首次進軍日本的店家在內約有125家店進駐，吃得到世界各地的美食。

→供應阿根廷菜的「MOTTA PORTENO」

*銀座站→(地下鐵銀座線)→表參道站 ¥170日圓 13分*

**15:00 表參道 Café Kaila 排隊鬆餅名店吃點心**
➡P.28

人氣持續不退的鬆餅，既然來了就想在引領風潮的店家大吃。除了鬆餅外，班尼迪克蛋也很受歡迎。

↑「Kaila原創鬆餅（夏威夷份量）」

## 最愛逛街購物 ·行程·

**10:30 原宿 在竹下通一次採買便宜可愛的雜貨**
➡P.32

原宿的主要街道兩旁盡是各展魅力的商家，如果看見便宜又"KAWAII"的商品千萬不要錯過。

←一走出原宿站，竹下通就在眼前

*步行移動 5分*

**12:00 表參道 LUKE'S的龍蝦三明治簡單解決午餐**
➡P.30

午餐就趁逛街的空檔輕鬆解決吧。該店引以為傲的龍蝦三明治份量飽滿、風味道地。

→使用最頂級龍蝦的「龍蝦三明治（US）」

*步行移動 1分*

**13:00 原宿・表參道 裏原宿&貓街 精挑細選時尚單品**
➡P.38

在個性派時尚的2大區域購物，走進好奇的店家逛逛，尋找喜歡的潮流單品。

→狹窄巷弄裡服飾店櫛次鱗比

*表參道站→(地下鐵銀座線・半藏門線)→澀谷站 ¥170日圓 2分*

**15:00 澀谷 澀谷Hikarie 挑選講究伴手禮**
➡P.42

時尚敏銳度高的店家雲集的商業設施，在此採購能讓收禮者刮目相看的個性派伴手禮。還有限定商品，務必留意。

↑「桂新堂」的澀谷蝦仙貝，是這裡的限定商品

## 娛樂至上 ·行程·

**10:00 台場 富士電視台 收集蓋章**
➡P.76

從球形瞭望室到節目的展示樓層等，在遊覽名電視台內部的同時，沿路收集蓋章以獲取紀念品。

→具指標性的台場地標・球形瞭望室極

*步行移動 2分*

**11:30 お台場 在DiverCity Tokyo Plaza拍紀念照**
➡P.78

佔地廣大且多元多采的複合設施，有著豐富的娛樂場域，也有寬敞的美食街，可在此用午餐。

*台場站→(百合海鷗線)→汐留站→(都營大江戶線)→赤羽橋站 ¥500日圓 25分*

**13:30 赤羽橋 東京航海王鐵塔 大玩遊樂設施**
➡P.120

可沉浸在人氣漫畫世界中的主題樂園。2016年4月推出新的現場表演。

©O/S・F・T
©AqTT

*步行移動 1分*

**15:00 赤羽橋 東京鐵塔登高望遠 飽覽東京的街景**
➡P.118

在「東京航海王鐵塔」玩完後，前往位在同設施內的東京象徵性高塔，從離地250的高度俯瞰東京。

↑瞭望台分別設在150m和250m兩處

## 擬定行程的竅門

★住宿多選在轉運站或淺草周邊

從轉運站和銀座前往各區域的交通方便，若想欣賞美景的話則推薦台場，淺草則有許多民宿等廉價旅宿。

↳淺草周邊有飯店和旅館等，住宿形式多元

★1天的觀光區域以2～3處最適當

在廣大東京1天能觀光的區域頂多2～3處。先決定好最想去的區域，再連同附近的地區一起觀光。

↳例如銀座可和築地、東京站等一併觀光

★即使是豪華的高級餐廳午餐可用平價品嘗

既然要吃午餐，機會難得不妨前往高級餐廳。有許多店家能用比晚間便宜許多的價格享用午餐，也推薦時尚咖啡廳的午餐。

↳以近大鮪魚著稱的名店午間也只要2500日圓左右

★想去排隊名店的話建議避開午間

總是大排長龍的熱門店家，在傍晚左右的人潮較少，鬆餅等甜點和漢堡等輕食更是如此。

↳天丼專賣店「金子半之助」銷定15時以後

★東京迪士尼度假區需預留一整天觀光

考量到遊樂設施和餐廳的等待時間等，要盡興遊玩主題樂園需花上1天。若是兩邊都想玩，需預留各1天的時間。
➡P.178

**務必看看入口處的樹!**

重現出查理·布朗的風箏總是卡在樹上的經典場景

**史努比**
深受全世界喜愛的米格魯犬，主人是小男孩查理·布朗

# 01

スヌーピーミュージアム

史努比博物館

景點
玩樂
美食
咖啡廳
購物

所需時間 約**2**小時

MAP 附錄③ P.19 C-4

# 日本首座 史努比的博物館 期間限定開館

**2016年4月開幕**

美國漫畫『花生漫畫』的卡通人物——史努比的博物館在六本木開館，因是全球首座分館而備受矚目。不但有世界首度展出的原畫，還有博物館限定的咖啡餐點和商品等，魅力無窮！

## DATA

¥ 入場 **1800**日圓(預售票)
HP www.snoopymuseum.tokyo
地址 港区六本木5-6-20
公休日 無休(年末年初除外)
營業時間 10:00～19:30(閉館為20:00)、入館為10:00～、12:00～、14:00～、16:00～、18:00～
Mapple 1302-7353

## TICKET

**門票也是重點!!**

參觀即可拿到印有入場日當天出版漫畫的「紀念門票」，漫畫圖案每日有4種。

**門票資訊及交通方式請見特別附錄①「史努比博物館完全攻略」!**

**館內遊覽 Start**

## 鑑賞的竅門
不光只是從遠處欣賞整體繪畫，走進看看漫畫也行。依照不同的欣賞位置，3D藝術的呈現也有所變化

展示在美國博物館的壁畫藝術也在六本木展出

### 1 精緻的馬賽克藝術迎接遊客

## 大廳

首先有4452張漫畫所拼成的馬賽克藝術「3D花生漫畫」迎接遊客到來。能一窺作者休茲作畫過程的影片也不容錯過。

**將漫畫以立體方式組成的「3D花生漫畫」**

## 館內大發現

**查理·布朗超活躍!**

**洗手間的標示**
男性用的標識變成查理·布朗的衣服，女性則是露西。

**能否拍照的標示**
仔細看相機的鏡頭內也有查理·布朗，就設在展示作品旁。

**BROWN'S STORE的標識**
販售商品的博物館商店，由查理·布朗為你帶路。

### 2 放映與企畫展相關的影像

## 劇院

以動畫介紹史努比50年來的姿態變化，此外，在展場上也會播放史努比還是小小狗時，四處奔跑的影片，以及史努比開心時跳的招牌「快樂舞」動畫；共能欣賞到約100隻的史努比奔跑、跳舞的模樣，一起來享受新作影片吧！

## ACCESS

地下鐵日比谷線·都營大江戶線

**最近車站** 六本木站
1C出口步行7分

最近車站的前往方式 ➡P.117

※展示內容會因展期而異。
© Peanuts Worldwide LLC

**01 史努比博物館**

好像有什麼投影在牆上

近近一書

◐➔發現牆上有好幾個洞，往內窺看可看到許多史努比的好朋友喔

◑「古董商品展示」。展示來自世界各地的古董商品

# 3 展示多幅粉絲垂涎的珍貴原畫 藝廊

最值得注目就是「有好多史努比！」，除了約80幅的原畫之外，也有約20幅日本首次展出的素描以及動畫的賽璐珞畫，還有約100件的古董商品等，共有多達1000隻的史努比！

**史上最大史努比展「Hello again, Snoopy.」中 還有這些展示！(～2017年4月9日)**

◑「JOE COOL」（左）以及「世界級名律師」（右）的原畫

◑展示會在每半年替換，多次造訪依舊有趣

**鑑賞的竅門**
仔細一瞧，在左下角發現「史努比」的剪影！

**鑑賞的竅門**
留在原畫上的鉛筆和修正液痕跡、因墨水而稍微凸起的紙張等，都可感受到當時的味道

100隻史努比娃娃的吊燈！

◑由Kim Songhe以約100隻史努比娃娃打造的吊燈。讓人感受到對史努比滿滿的愛的藝術作品也是注目的焦點

首次展出舒茲的珍貴原畫

不知不覺看漫畫看到入迷

---

# 5 可愛的限定餐點讓人一見鍾情 Cafe Blanket

●カフェブランケット

最後就到洋溢美國西岸風情的咖啡廳小憩，可享用以作者和卡通人物所設計的三明治、漢堡等餐點。 Mapple Café 1302-7712

紙巾和杯墊也可在商店購買

讓人捨不得吃下肚餐點太可愛

◐陽光灑落，散發明亮氣氛的店內。也設有露天座

**Foods**

史努比綜合拼盤 王牌飛行員—法國風—
**1530日圓**（未稅）
以「王牌飛行員」史努比數度拜訪的法國戰地為意象的菜單。夾著鯷魚風味的馬鈴薯沙拉與胡蘿蔔葡萄的可頌三明治。充滿著法國氣息

其他還有這些餐點！

**Dessert**

甜點披薩：莎莉的時髦風
**1350日圓**（未稅）
以早熟的莎莉為形象，配料有草莓和糖煮蘋果

**Drink**

露西的泡泡檸檬水
**830日圓**（未稅）
鋪上一層芒果風味泡泡的清爽檸檬水

奶昔：查理・布朗
**880日圓**（未稅）
將查理・布朗的正字標記——T恤的鋸齒圖案將以重現

◑「派伯敏特・佩蒂's 手工汽水」各780日圓（未稅）。右邊是薄荷＆萊姆，左邊是薄荷＆莓果

---

# 4 原創商品超過500項 BROWN'S STORE

●ブラウンズストア

欣賞完展覽後，就來購買伴手禮。售有雜貨和食品等超過400款的原創商品，還有多種與知名品牌的合作商品。 Mapple Café 1302-7713

**UCHU WAGASHI**
（左）落雁糖3種＋金平糖組合 1000日圓（未稅）
（右）落雁糖6種＋金平糖組合 1300日圓（未稅）

托盤
各**2000日圓**（未稅）

迎賓史努比公仔
各**1000日圓**（未稅）

1950's Early PEANUTS玩偶
各**2800日圓**
（左）史努比
（右）查理・布朗

◑也販售企畫展的相關商品，店內還有許多插畫

※咖啡店人潮較多時，可能會施行抽籤入場的人數管制。

※商品有售完的可能。此外，商品內容因展期而異。

景點
玩樂
美食
咖啡廳
購物

所需時間 約8小時

MAP 附錄③ P.23 B-6

## ~2017年3月17日 港灣表演
## 閃亮心願之旅

**為15週年染上絢麗色彩期間限定表演**

共23位迪士尼好朋友們以冒險領航員的身份登場，各懷抱著愛與友情等心願，帶來精彩表演。

**表演地點** 地中海港灣
**表演時間** 約25分
**表演次數** 1日1～3次

**精彩POINT**
當所有人的"WISH"合而為一時，就會有奇妙的事情發生！

↑米奇與好朋友所搭的3艘船在水上巡迴，準備出發旅行。
→下船的美妮與其他角色會在璀璨水晶旁訴說自己的心願。

↑很受歡迎的達菲熊也會登上中央的舞台

↑與所有人的"Wish"相關的迪士尼音樂會響徹整個港灣

↑放出煙火的表演尾聲規模浩大

## 2016年4月15日～2017年3月17日
## 15周年慶特別活動
## 美好心願年 大公開

隆重揭開序幕的東京迪士尼海洋15週年慶活動，主打的水上表演等盛大慶祝全新冒險啟程的娛樂表演令人目不暇給！盡情感受慶典氣息洋溢的樂園吧。

### 美好心願年是指？

15週年的主題是"Wish（心願）"，長達337天的活動舉辦期間，讓人感受到在心中描繪未來並朝夢想邁進的雀躍心情。

### 璀璨水晶是指？

迪士尼好朋友們會戴上象徵"Wish"的色彩鮮豔水晶登場，園內隨處也可看見水晶。

### 快來尋找7個水晶感應點

將水晶羅盤刷過設置在各區的感應點，就有奇妙的事情發生！若使用這項道具，還可以體驗與「Fantasmic!」的連動樂趣。

↑冒險必備的「水晶羅盤」3000日圓

### 15週年 特別餐飲

展現璀璨水晶設計的附紀念品餐點很受好評。

**草莓義式奶酪、附紀念盤880日圓**
可愛的達菲形狀，鮮奶油與莓果醬十分對味
鱈魚岬錦標美食（美國海濱）

**奶油卡士達、附紀念杯850日圓**
把手是15週年的標誌！設計精緻的杯子很適合當紀念品
紐約美味房（美國海濱）等

**爆米花、附桶子2000日圓**
以米奇的璀璨水晶為設計，味道是人氣的焦糖味
爆米花餐車

**軟糖、附迷你零食盒各720日圓**
米奇形狀的容器，附上軟糖。
※販售地點會因時期而異，需於當日向演藝人員洽詢。

↘還有好多樂趣

**璀璨水晶集章本**
來遊覽園區收集印章吧！限小學生以下的孩童。

**Wish貼紙**
可向園內的演藝人員索取印上璀璨水晶圖案的貼紙。

※介紹餐點在內容、價格、販賣店家、販賣期間會有調整、售完的可能。

東京迪士尼度假區特集請見 P.178～

## ACCESS

迪士尼度假區線
**最近車站** 東京迪士尼海洋站
出口

東京迪士尼海洋站

池袋　山手線
上野
御茶之水　秋葉原　總武線
新宿　中央線
澀谷　濱松町　東京　新木場　舞濱
品川　京濱東北線　度假區總站
大崎
大井町　天王洲島　度假區線
羽田機場國際線大樓
東京單軌電車

最近車站的前往方式 ➡P.178

©Disney

## 15週年的活動
### 行事曆

**2016.11.8~12.25**
**聖誕願望**
不可錯過水上聖誕樹閃爍的夜間夢幻表演及巨大的聖誕樹。

**2017.1.1~5**
**新年特別節目**
在因新年裝飾而更顯繽紛的園內慶祝新年，還會販賣2017年生肖「雞」的商品。

**2017.1.13~3.17**
**特別活動「安娜與艾莎的冰雪夢幻」**
『冰雪奇緣』為主題的人氣活動。可見到安娜與艾莎！

**2017.6.15~7.7**
**迪士尼迎七夕**
異國情調洋溢的七夕祭典舉辦長達23天，牛郎米奇與織女美妮也會登場。

**2017.7.11~8.31**
**迪士尼和風夏慶**
散發熱帶與拉丁風情的夏日慶典，以美妮為主角的盛夏嘉年華會噴灑大量的水。

**2017.7.11~ 新花車登場**
娛樂表演「東京迪士尼樂園電子大遊行～夢之光」

**2017.9.8~10.31**
**迪士尼萬聖節**
搖身一變為異世界的園內，為你帶來反派主導的冷酷魅惑萬聖節。

---

**精彩POINT**
只有在這段期間才能聽到改編成爵士風的15週年主題曲！

↗ 隨著高飛的指揮帶來歡樂的歌曲表演，氣氛高昂

↑ 米奇的爵士鼓表演依然健在，氣勢驚人

↑ 由穿著全白服裝的米奇揭開序幕

---

### 2016年4月15日翻新登場
**音樂劇表演**

## 動感大樂團

**精彩的演奏與歌聲氣勢更勝以往**

擔任樂團指揮的高飛加入陣容，更改部分歌曲與服裝重新登場，絕對會讓你沉浸在充滿魄力的搖擺爵士世界。

**表演地點** 美國海濱 百老匯音樂劇場
**表演時間** 約30分
**表演次數** 1日3~6次

---

### 2016年7月9日開演
**音樂劇表演**

## 走出闇影森林

**敲動人心的全新故事**

描述在闇影世界中迷路的主角小女孩Mei的成長故事，敬請期待豔麗的影像與氣勢磅礴的現場表演！

**表演地點** 失落河三角洲 飛機庫舞台
**表演時間** 約25分
**表演次數** 1日3~6次

**精彩POINT**
強而有力的場景一幕幕在眼前展開！

---

**精彩POINT**
以璀璨耀眼的水晶為概念的煙火令人醉心

### ~2017年3月17日 煙火
**音樂劇表演**

## 音樂劇表演

**美麗的煙火照亮整個園區！**

搭配15週年的主題曲，色彩繽紛的巨大煙花在空中盛開。伴隨著所有來賓的"Wish"一同點亮夜空，十分浪漫。

**表演地點** 園區全域
**表演時間** 約5分
**表演次數** 1日1次

---

### ~2017年3月17日
**迎賓表演**

## 美好心願年彩車巡遊

**米奇獻上祝賀之意**

穿上15週年服裝的迪士尼好朋友們搭乘大都會交通工具，巡迴紐約的同時也來向來賓打招呼。

**表演地點** 美國海濱 紐約區
**表演時間** 約15分
**表演次數** 1日1~2次

**精彩POINT**
可以近距離看到迪士尼角色的絕佳機會！

---

**A 玩偶別針 各1900日圓**
穿上15週年限定服裝的玩偶別針，可以別在衣服或包上

### SHOP LIST
Ⓐ 恩波利歐商場（地中海港灣）
Ⓑ 情人甜點（地中海港灣）
Ⓒ 費加洛服飾專櫃（地中海港灣）
Ⓓ 史高治百貨公司（美國海濱）

**A 吊飾組 2700日圓**
網羅主要角色的6種吊飾成套販售，可以和朋友分攤

**D 原子筆組 2100日圓**
達菲、雪莉玫、小東尼的吊飾好可愛♡

**B 煎餅 1100日圓**
內有米果與3種煎餅，共計42包，也很適合做為分送用伴手禮！

**C T恤**
**S・M・L・LL 各2600日圓**
紅色的璀璨水晶散發光芒的T恤十分吸睛

**A 化妝包 2200日圓**
圖案是在電影『幻想曲』飾演魔法師學徒的米奇

**A 托特包 3600日圓**
設計上印有仰望天空作夢的樂佩等角色圖案的包包

**15週年 商品**

以迪士尼好朋友與各自的璀璨水晶為主題的商品等，推出約230種，琳琅滿目。

**D 玩偶 各4300日圓**
**水晶吊飾 各1600日圓**
高21~25cm的SS尺寸玩偶，胸前還掛有吊飾

---

# 徹底逛遍最新景點
# 世界第一高塔
# 最夯1day行程

以東京晴空塔®為中心的熱門觀光景點。不但有瞭望台等經典的必遊景點，還有全新開始的表演空間之現場秀和盛大開幕的商店、當下特有的限定活動等，一起來感受晴空塔的"新潮"吧。

## 03

### とうきょうスカイツリータウン
# 東京晴空塔城®

景點
玩樂
美食
咖啡廳
購物
所需時間 約**7**小時
MAP 附錄③ P.4 F.3

附錄②「東京晴空塔城最新指南」也要看喔！

### DATA

¥ 東京晴空塔天望甲板 **2060日圓**（當日券）等，因設施而異
☎ 0570-55-0634（東京晴空塔客服中心）
　0570-55-0102（東京晴空街道客服中心）　Mapple Code 1302-3481
地址 墨田区押上1-1-2　公休日 不定休　營業時間 因設施、店鋪而異

---

### 2015年7月開幕　東庭院4F
## にっぽんの飴プロジェクト
## by nanaco plus+

●にっぽんのあめプロジェクトバイナナコプラス
販賣真的糖果加工製成的飾品，可愛又好吃的外形讓人一見鍾情！
☎ 03-5608-6868　🕐10:00～21:00　Mapple Code 1302-7263

圖「三色捲」
棒棒糖耳環 1620日
→「糖果耳環 京手毬桃青綠」1296日圓
→「糖果吊飾 草莓球汽水球」1944日圓

↰可以透過店內的郵箱直接寄給想送禮的對象

→瓢蟲圖案讓人印象深刻的小毛巾540日圓

↑貓熊圖案很可愛的小毛巾540日圓，還有條尾巴！

### 2015年7月開幕　東庭院4F
## ハンカチーフギャラリー
販賣各式手帕，從正式款到休閒款都有，也很適合當作簡單的禮物。
☎ 03-3625-3455　🕐10:00～21:00　Mapple Code 1302-7754

---

## 1 東京晴空街道
## 在最新商店恣意購物

首先在大型商業設施「東京晴空街道」逛街。網羅超過300家的商店中，想多加留意的是新加入的店家。不妨來這找找送禮自用兩相宜的獨具魅力商品吧。

↑設施內有美食和商店很豐富，可以逛一整天

---

## 3 飽覽墨田水族館
## 的限定活動

可遇見約260種、5000隻生物的熱門水族館。近年還推出可以看企鵝追逐光線而展現活躍泳姿的光雕投影等，以獨特的期間限定活動蔚為話題。

別漏看美麗的水母水槽

↑水母在效仿萬花筒打造的空間夢幻悠游

→舉辦至2016年7月10日的光雕投影「企鵝野餐」可看到企鵝與影像的共同表演

### 西庭院5·6F
## 墨田水族館
●すみだすいぞくかん
☎ 03-5619-1821
🕐9:00～20:00（閉館為21:00）　¥2050日圓
Mapple Code 1302-3901

附錄②P.16也別漏看

---

## 2 吃話題的知名煎餃
## 當午餐

午餐就吃中菜老店的知名煎餃，將優質豬肉以石臼磨上40分鐘製成的內餡堪稱絕品。銀座本店獲得米其林的超值餐廳認證，味道與CP值都是掛保證！

**超值餐廳是指？**
由世界聞名的餐廳指南《米其林指南》所訂定，以可用合理價格享用優質菜餚的餐廳為評價基準

↑大顆的「煎餃」8個1050日圓，沒有加大蒜這點也深受女性喜愛

### 東庭院6F
## 銀座天龍
●ぎんざてんりゅう
☎ 03-5809-7050　🕐11:00～22:00（關店為23:00）
Mapple Code 1302-7773

↑約有50席，是家族客也能安心用餐的環境

---

### ACCESS
東京晴空塔線、地下鐵半藏門線、都營淺草線、京成押上線
最近車站 押上（晴空塔前）站
地下3階直結

最近車站的前往方式 →附錄②P.2

## 5 新登場甜點就在咖啡廳&外帶品嘗

還有許多東京晴空街道才有的限定餐點

↶「法式甜味小泡芙」
518日圓～

就用新開幕的店家、新推出的餐點等東京晴空街道的吸睛甜點來補充能量。可以在附設的咖啡廳稍稍休息，也可以外帶輕鬆品嘗。

➔ 採巴黎風設計的時尚外觀

### 2015年12月開幕　東庭院1F
### シューケット
（附設咖啡廳）

將泡芙麵糰捏成小球烘焙而成的法國傳統甜點「脆糖小泡芙」專賣店，用吃零食的心情輕鬆品嘗。

↑「法式鹹味小泡芙」572日圓～
☎ 03-5809-7160
🕐 9:00～22:00(L.O.)　※有季節性變動
Mapple Code 1302-7632

### 2015年12月開幕　東庭院4F
### クローバーリーフ
（外帶專用）

販售葛飾北齋浮世繪的造型鬆餅、使用餅乾麵糰製作的鯛魚燒等新式的日、西式甜點。
☎ 03-6240-4950
🕐 10:00～21:00
Mapple Code 1302-7723

↑「北齋鬆餅」巧克力碎片牛奶（左）360日圓、草莓牛奶（右）340日圓

### 高塔庭院2F
### 銀座のジンジャー
（外帶專用）
●ぎんざのジンジャー

推出由知名的薑專賣店與鮮奶油霜淇淋「CREMIA」合作的聖代，是不可不吃的東京晴空街道限定口味！
☎ 03-5610-2694
🕐 10:00～21:00
Mapple Code 1302-5830

2015年7月新登場

➔ 濃醇的霜淇淋「CREMIA」與薑汁糖漿搭配出的「CREMIA聖代」650日圓

重現出約40萬顆星星閃耀的真實夜空

## 4 以天文館的限定企劃療癒心靈

和名人的合作也是亮點

仰望浪漫星空的療癒時光，有時還會推出由藝人配置旁白，或和音樂人合作的節目等，皆為期間限定的放映，需多加留意。

最新企劃！

銀河 星星與香氣的傍晚
～2016.09.12
踏上美麗影像與香氣、銀河之旅，旁白是搞笑藝人天野博之。

### 東庭院7F
### 柯尼卡美能達天文館"天空"in東京晴空塔城®
●コニカミノルタプラネタリウムてんくうインとうきょうスカイツリータウン
☎ 03-5610-3043　🕐 11:00場次～21:00場次　¥ 1500日圓～
Mapple Code 1302-3902　別漏看附錄②P.16

## 6 登上東京晴空塔®盡享夜景&新表演秀

在夜晚的瞭望台來場浪漫體驗

最後前往東京晴空塔的「天望甲板 350樓」欣賞璀璨夜景與新登場的表演秀，就以壯觀景致與新型態的表演締造難忘的美麗時光吧。

➔ 從天望甲板一覽燈火輝煌的東京夜景

### 2016年3月開演
### SKYTREE ROUND THEATER™
●スカイツリーラウンドシアター

將廣布於天望甲板的寬約110m、高約2m玻璃窗做為銀幕，用34台投影機投射出影像，18個音響營造出臨場感的聲響也深具魅力的新表演空間。

©TOKYO-SKYTREE

➔ 以"歌舞伎"為主題的企畫「東京晴空塔®天望歌舞伎」，結合"大江戶夜景"與"歌舞伎"在東京晴空塔宣傳日本文化
※表演秀因活動而異

將肉的鮮甜緊緊濃縮，超級好吃！

⬅推薦坐在面向銀杏行道樹的露台座

**2015年11月開幕** 外苑前 漢堡

🍔**Shake Shack 外苑いちょう並木店**

●シェイクシャックがいえんいちょうなみきてん

來自紐約的漢堡餐廳在日本的第1家分店。使用不施打生長激素的安格斯牛肉等講究食材，提供健康又美味滿分的漢堡。豐富的副餐選項也不容錯過。

📞 03-6455-5409　港区北青山2-1-15
不定休　11:00～22:00（關店）
地下鐵外苑前站4a出口步行5分
Mapple Club 1302-7414
MAP 附錄③ P.3 D-3

**from NY** 🇺🇸
2004年首次在紐約的公園內開店，現在已是全球各地粉絲造訪的名店

⬆即使平日從開店前便有人潮的人氣餐廳，較建議傍晚後前往

牆上有大型菜單，副餐選項也很多元，叫人猶豫！

點完餐後領取叫號機，在座位上或櫃檯附近等待

**2號店在atré EBISU開張！**
2016年4月，在atré EBISU西館登場，還有當店限定菜單。
Mapple Club 1302-7750
MAP 附錄③ P.3 D-3

**·點餐的流程·**
SHACK SHACK

日本はつじょうりくグルメアンドスイーツ

口感膨軟的馬鈴薯麵包和肉排與蔬菜的絕佳平衡！

# 原宿·表參道·澀谷 國外人氣店家陸續登陸中

走在流行尖端的地區，有世界各地的絕品美食陸續登陸！深受各國喜愛的人氣祕訣，是無論食材和風味、外觀都徹底講究的新型態美味。當今萬眾矚目的最新潮美食，就在此一併品嘗吧！

**ShackBurger** 人氣No.1
單層735日圓、雙層1059日圓
將不施打生長激素的牛肉煎至半熟的肉排是極品！

吃一次就上癮！NY的人氣No.1漢堡

**與對手餐廳的這裡不同！**

**副餐也有滿滿堅持！**
除了漢堡以外的餐點也有各自講究的地方，特別選出重點的2道！

**Concretes** 小杯519日圓、一般702日圓
將濃醇的卡士達凍奶霜冰淇淋、嚴選的配料以高速混合成的原創冰淇淋

[堅持在這裡]
★卡士達凍奶霜冰淇淋為每天店內手工製作
★備有各店限定的4種講究口味

**ShackMeister Ale** 18盎司897日圓
Brooklyn Brewery的原創生啤酒

[堅持在這裡]
★專屬為Shake Shack製作的特別釀酒
★清爽順喉，與漢堡十分對味

**SmokeShack**
單層951日圓、雙層1275日圓
夾入以蘋果木煙燻而成的香氣濃郁培根

**起司薯條**
小份432日圓、一般648日圓
在熱騰騰的薯條淋上大量的自製起司醬

**M.'Shroom Burger** 1005日圓
夾上份量飽滿的蘑菇與起司以取代肉排的漢堡

**奶昔**
小杯519日圓、一般702日圓
除了香草和巧克力等經典外，每週還會推出不同口味

**Shack-cago Dog**
627日圓
烤至酥脆的100%牛肉或豬肉香腸加上滿滿的蔬菜，吃起來很滿足

**ACCESS**

| JR | |
|---|---|
| 最近車站 | **原宿站** |

JR、地下鐵副都心·半藏門線、東急東橫線·田園都市線

| 最近車站 | **澀谷站** |

最近車站的前往方式 ➡P.27

首次進軍日本的美食&甜點

## 這些也要Check！
### 其他地區的 矚目 首次登日美食

美國的熱門漢堡連鎖店、開設於全新商業設施的話題名店等，位在其他地區的首度登日店家也不可錯過。

### 2016年3月開幕　秋葉原　漢堡
## Carl's Jr. 秋葉原

●カールスジュニアあきはばら

在世界37國拓展超過3700家店的漢堡連鎖餐廳。100%使用安格斯牛肉的高品質特級漢堡，多汁又份量飽足。

☎03-3525-4690　🏠千代田区外神田4-4-3
🈚無休　🕐9:00～21:30（關店），週六日、假日為8:00～　🚃JR秋葉原站電氣街口步行3分

Mapple code 1302-7678
**MAP** 附錄③ P.21 B-1

**from CALIFORNIA**
從小小的餐車起家，備受喜愛超過70年的漢堡品牌

**大又多汁的特級漢堡**

### ORIGINAL THICKBURGER
1/2LB **1134**日圓
直接以火慢慢烘烤的肉排配上特製醬汁超對味

### LETTUCE WRAPPED THICKBURGER 1/2LB **1156**日圓
不用麵包而以生菜夾住的健康漢堡

### CHICKEN TENDERS
5-PIECE **702**日圓
店內手工製作的雞塊，可從3種醬汁做選擇

**來感受道地的口味和Size吧**

CKE Holdings
Michael Woida先生

57席的店內提供飲料喝到飽及免費Wi-Fi

### 2016年3月開幕　銀座　希臘菜
## THE APOLLO ➡P.19

●アポロ

**from AUSTRALIA**

**充分發揮新鮮食材現代希臘菜**

花8小時熬煮，再烤上1小時的「羊肩肉排」3456日圓

### 2016年4月開幕　新宿　披薩
## 800°DEGREES NEAPOLITAN PIZZERIA ➡P.20

●エイトハンドレッドディグリーズナポリタンピッツェリア

**from LA**

**選擇配料做出自己喜愛的風味**

日本限定「蓮藕與番茄乾的羅勒披薩」1728日圓

---

### 2015年10月開幕　原宿　杯子蛋糕
## LOLA'S Cupcakes Tokyo

●ローラズカップケーキトウキョウ

倫敦起家的杯子蛋糕專賣店。五顏六色的杯子蛋糕特別調降甜度，是亞洲人能接受的口味。分成大小兩種尺寸這點也很貼心。

☎03-6447-1127　🏠渋谷区神宮前1-10-37 CASCADE HARAJUKU 2F　🈚無休
🕐11:00～20:00　🚃JR原宿站表參道口步行3分

Mapple code 1302-7424
**MAP** 附錄③ P.13 B-2

**from LONDON**
2006年由2位兒時好友的女性所創業的店，開幕後隨即獲得好評

店內也設有內用空間

**繽紛&可愛 來自英國的杯子蛋糕**

**恰到好處的甜度與可愛的外形是一大亮點！也適合做伴手禮**

**人氣No.1**

**紅絲絨**
小**281**日圓、一般**519**日圓
在英國也是人氣No.1的一大經典，淡淡的奶油起司味

**東京香草**　小**270**日圓、一般**497**日圓
包入豆沙餡的奶油甜度剛剛好，日本限定口味

**重點看過來**

**抹茶**　小**324**日圓、一般**605**日圓
蛋糕和奶油都使用日本產抹茶，日本原創口味

**還可以訂做留言蛋糕！**
可以訂做加上名字和留言的特製杯子蛋糕，最適合當禮物！（須在15時前訂購，售完為止）

---

### 2015年11月開幕　澀谷　派
## Pie face Shibuya MODI

●パイフェイスしぶやモディショップ

源自澳洲的派專賣店。除了肉派外，還有滿滿蔬菜的派和甜派等，也有許多日本限定的口味。可搭配講究的咖啡一同品嘗。

☎0120-112-020　🏠渋谷区神南1-21-3 Shibuya MODI 1F
🈚準同Shibuya MODI的公休日　🕐9:00～22:00　🚃JR澀谷站八公口步行4分

Mapple code 1302-7423　**MAP** 附錄③ P.15 D-3

**派的個性洋溢 表情也是重點！嘴巴的形狀顯示出內餡**

**視覺與味覺十分講究的派 十分講究的派的饗宴**

**經典牛絞肉**
**421**日圓
大量包入以數種辛香料調味的牛絞肉

**人氣No.1**

**蘋果**　**302**日圓
蘋果的口感與卡士達奶油恰到好處的甜度超棒

**雞肉蘑菇**　**421**日圓
白醬加上雞肉和蘑菇、洋蔥十分對味

**from AUSTRALIA**
即使在常吃派的澳洲也很受歡迎的連鎖店，在全球7國擴店中

位在Shibuya MODI的1樓。也可以外帶，適合當做伴手禮

---

### 2016年2月開幕　表參道　巧克力
## Summerbird Organic

●サマーバードオーガニック

創立於丹麥的巧克力品牌。堅守採用有機原料與不使用添加物的製法，供應能展現自然原始風味的商品。

☎03-6712-6220　🏠港区南青山5-5-20　🈚不定休
🕐10:00～20:00　🚃地下鐵表參道站B3出口即到

Mapple code 1302-7709
**MAP** 附錄③ P.12 F-6

**吃得到巧克力和奶油口感的新型態巧克力！**

**堅持有機的 "Bean to Bar" 專賣店**

**人氣No.1**

### CREAM KISS
**648**日圓
以巧克力裹住軟綿綿的蛋白霜奶油

### MANDLER POSER　各**2138**日圓
將杏仁以巧克力裹住的極品，有8種口味

擺滿了多種的巧克力甜點，也附設咖啡廳

**from DENMARK**
由創業者Mikael Grønlykke追求自然風味的講究而生

---

### 矚目　關鍵字
## Bean to Bar是?

從可可豆的選定到巧克力的製作，將所有工程統一管理的製法。近年來日本也陸續有專賣店問世。

**這家店也是首次進軍！**

### 2016年2月開幕　藏前
## DANDELION CHOCOLATE FACTORY&CAFE 藏前

●ダンデライオンチョコレートファクトリーアンドカフェくらまえ

來自舊金山的巧克力工廠&咖啡廳的第一家海外分店。

總是賣到缺貨的「巧克力磚」1296日圓
濃醇的「歐式熱巧克力」572日圓

☎03-5833-7270　🏠台東区蔵前4-14-6　🈚不定休
🕐10:00～19:30（關店為20:00）　🚃地下鐵藏前站A0出口步行5分

Mapple code 1302-7694　**MAP** 附錄③ P.5 A-5

## 2016年3月開幕
## 銀座的全新地標大解析

開設於數寄屋橋交叉路口的銀座地區規模最大商業設施，外觀是取自江戶切子造型的典雅設計。B2樓～11樓的店鋪部分，網羅了首次在日本展店等125家話題性商店。

### DATA
¥ 入場 免費
☎ 03-3571-0109
地址 中央區銀座5-2-1
公休日 一年2次(預定)
營業時間 11:00～21:00(購物·服務·咖啡廳)、餐廳·餐飲～23:00※部分店家有異
Mapple Code 1302-5796

### 樓層MAP
| 屋頂 | KIRIKO TERRACE | |
| 10-11F | GINMACHI DINING(餐廳) | KIRIKO LOUNGE |
| 8-9F | 樂天免稅店銀座 | |
| 6-7F | FIND JAPAN MARKET | |
| 3-5F | 流行服飾、咖啡廳 | HINKA RINKA |
| 1-2F | 流行服飾、顧客服務、咖啡廳 | |
| B2-B1F | GINCHIKA MARCHE | |

**8-9F 都內最大的免稅店**
世界高級品牌和日本國內外的化妝品等多元商品琳瑯滿目。

**7F 東急HANDS的新型態「HANDS EXPO」**
依照和、都、美、食、知等主題的品牌會在限定期間內陸續駐點。

**1-2F 銀座的最新名牌大道**
路面部分約有10家名牌聚集於此

MAP 附錄③ P.9 C-3
所需時間 約3小時

### B1F 尋找精緻講究的禮品

禮品的專賣店、以成人為客群的文具、雜貨等最適合採買贈禮的商店一網打盡。

**成熟的高質感文具雲集**
## TOUCH & FLOW
●タッチアンドフロー
以原創的文具為主，"成熟感性"的文具用品應有盡有。設有筆記用品的試寫區和抽屜式櫃檯等佈置深具巧心。
☎ 03-6280-6640 ⏰ 11:00～21:00
Mapple Code 1302-7759

↖「日記式繪圖筆記本」(左)540日圓、「繪圖筆記本」(右)12960日圓
↖「錢包袋」19440日圓

**讓人想贈禮的可愛商品**
## BIRTHDAY BAR TOKYO
●バースデイバートウキョウ
熱門的禮品複合品牌店的新型態店。網羅了生日、結婚慶賀、生產慶賀等各種商品，可以盡情尋找禮物。
☎ 03-6264-5317 ⏰ 11:00～21:00
Mapple Code 1302-7758

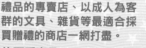
→有香味的「索拉花玻璃球」1944日圓
可栽培的禮品「Hair Labo」各1296日圓

→復古設計的「1963 VW喇叭」4320日圓

### B2F 輕鬆品味優質美食

集結日本內外的熱門餐廳，有許多外帶和內用形式的店家，不需花大錢就能品嘗。

←招牌餐點「魚子醬三明治」6000日圓
「巴立克煙燻鮭魚」2100日圓

**吃高級三明治體驗貴婦心情**
## Caviar House & Prunier ╱ Sandwich House
採用高級食材的法國創始品牌所推出的奢華食材三明治店，也提供外帶。
☎ 03-6264-5800 ⏰ 11:00～22:00
(關店為23:00) Mapple Code 1302-7726

↑可以在吧檯座悠閒享用

**全球首家河豚高湯拉麵**
## ふぐだし潮 八代目 けいすけ
●ふぐだしうしおはちだいめけいすけ
人氣餐廳「ラーメンけいすけ」的姊妹店，使用河豚高湯的拉麵是濃郁又有深度的奢侈滋味。
☎ 03-6228-5033 ⏰ 11:00～22:45(關店為23:00)
Mapple Code 1302-7761

→「河豚高湯潮拉麵濃味半熟蛋」1150日圓

**輕鬆品嘗頂級壽司**
## 立食い寿司 根室 花まる
●たちくいずしねむろはなまる
在迴轉壽司般的輕鬆氣氛下，可以細細品味正統海鮮配料，來自北海道的立食壽司店。
☎ 03-6274-6771 ⏰ 11:00～22:00(關店為23:00)
Mapple Code 1302-7760

↑即使量少也可自在點餐的立食式

←(左起)醬油醃筋子、紅海螺、北魷、帝王蟹、蟹殼內腹肉

### ACCESS
地下鐵銀座線·丸之內線·日比谷線
最近車站 **銀座站**
C2·C3出口即到

JR／地下鐵有樂町線
最近車站 **有樂町站**
銀座口步行4分／A0出口步行2分

日比谷線·千代田線
最近車站 **日比谷站**
A1出口即到

最近車站的前往方式 ➡P.101

## 10-11F 飽嘗世界絕品美食

吃得到世界各國道地風味的20家餐廳在此開店，也有許多首次登陸日本的餐廳。

### 希臘

**以分食形式品嘗現代希臘菜**

# THE APOLLO

●アポロ

始於雪梨的現代希臘餐廳首度在日本展店，可品味大量使用新鮮蔬菜和海產的健康菜餚。

☎ 03-6264-5220　⌚ 11:00～22:00(午餐至15:30，關店為23:00)

Mapple Code 1302-7664

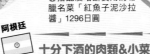

→花上8小時燉煮而成的「羊肩排佐希臘黃瓜優格醬與檸檬」3456日圓

←口感酥脆軟綿的「APOLLO風檸檬派」1728日圓

→搭配皮塔餅食用的希臘名菜「紅魚子泥沙拉醬」1296日圓

→店內，也備有包廂，適合約180席的寬敞

### 紐約

↑可以邊吃邊比較2種迷你尺寸的銀座限定「Sliders 2種組合」1782日圓

**有機的多汁漢堡**

# Bareburger

●ベアバーガー

堅持使用有機肉品等養生食材，源自紐約的人氣漢堡店。

☎ 03-3572-5315　⌚ 11:00～22:00(關店為23:00)

Mapple Code 1302-7593

→午餐有以咖哩或麵等為主菜，再附上泰式烤雞、沙拉等吃到飽的自助餐1490日圓～

### 夏威夷

**夏威夷美食&甜點豐富多樣**

# Guy & Jo's Hawaiian Style Café

●ガイアンドジョーズハワイアンスタイルカフェ

可品嘗成熟風味夏威夷佳餚的日本首家分店，供應與當地同樣食譜調理的菜色&甜點。

☎ 03-6280-6812　⌚ 11:00～22:00(關店為23:00)

Mapple Code 1302-7762

→在加入大量卡魯瓦烤豬的薯餅上鋪上荷包蛋的「Kalua Hash」1620日圓

### 阿根廷

**十分下酒的肉類&小菜**

# MOTTA PORTENO

●モッタポルテーニョ

以匯集多元文化的布宜諾斯艾利斯美食為基礎，提供肉類料理與小菜等各式餐點。

☎ 03-6264-5277　⌚ 11:00～22:30(關店為23:00)

Mapple Code 1302-7763

→燒烤牛、雞與蔬菜的拼盤「カービングプレート」3132日圓

### 泰國

**道地的辣度泰式料理叫人上癮**

# SENGDEE TERRACE

●センディーテラス

吃得到泰國伊善地區的鄉土菜餚與泰國啤酒，道地的又辣又香菜色堪稱極品。

☎ 03-6264-5621　⌚ 11:00～22:00(關店為23:00)

Mapple Code 1302-7764

## 公共空間也不容錯過

6樓與屋頂設有可自在放鬆的休憩場所。

### 屋頂 KIRIKO TERRACE

●キリコテラス

分成GREEN SIDE、WATER SIDE兩區，也設有咖啡廳「櫻ノ茶屋」。

⌚ 11:00～21:00

→綠意環繞的療癒空間

←「櫻ノ茶屋」的日式炸薯條600日圓～

### 6F KIRIKO LOUNGE

●キリコラウンジ

約27m的高大挑高空間，附設能同時享受美食的咖啡廳「數寄屋橋茶屋」。

⌚ 11:00～23:00，週日、假日為～21:00

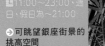

→可眺望銀座街景的挑高空間

↓「數寄屋橋茶屋」的「茶房の三甘味」900日圓

## 6-7F 接觸日本特有的逸品

陳列各式各樣一展日本工匠技藝、具雅趣又順手好用的商品。

**深具玩心的刺繡小品琳瑯滿目**

# 京東都

●きょうとうと

京都創始的刺繡小品店。將傳統圖樣加以改編而散發獨特韻味的商品很受歡迎。

☎ 03-6274-6840　⌚ 11:00～21:00

Mapple Code 1302-7766

←金魚刺繡帶來涼意的燈心草杯墊各864日圓

→以江戶圖屏風筆觸描繪銀座街景的手帕1296日圓

**發揮和紙手感的雜貨**

# SIWA Collection

●シワコレクション

販賣使用和紙製作的包包和小東西。活用和紙特有的手感與輕巧性所製作，在防水性與耐用性上也很優秀。

☎ 03-6264-5344　⌚ 11:00～21:00

Mapple Code 1302-7765

↑輕巧方便的「零錢袋」972日圓

←也方便在工作上使用的「公事包」12960日圓

## 3-5F 採買高品質的時尚雜貨

首度進軍日本的成衣品牌和瞄準成人市場的高質感雜貨等講究商品一網打盡。

**主推成熟女性的選貨店**

# HINKA RINKA

●ヒンカリンカ

販售由鑑賞能力絕佳的採購員從世界各地精選的高品味雜貨、流行商品等，是占3個樓層的大型商店。

☎ 03-3572-0050　⌚ 11:00～21:00

Mapple Code 1302-7591

→京友禪染的老店——千總所操刀的「和服花紋傘」32400日圓

←GUM GIANNI CHIARINI DESIGN「橡膠波士頓包（S）」24840日圓（左）、GIANNI CHIARINI「皮革托特包」29160日圓（右）

**來自丹麥的知名品牌**

# SKAGEN

●スカーゲン

販售手錶、包包、皮革商品等，首次在日本開店的品牌。致力於機能性與品質的簡單設計別具魅力。

☎ 03-6264-5686　⌚ 11:00～21:00

Mapple Code 1302-7767

→女用腕錶「SKW2405」20520日圓

6F&屋頂的開放空間

6樓與屋頂設有可自在放鬆的休憩場所。

**2016年4月15日全面開幕**

# 網羅嚴選商家 女性專屬的 嶄新設施

LUMINE的新概念商業設施，從館內到新宿站MIRAINA TOWER剪票口的2樓剪票口內和剪票口外，約有100家店聚集。主打成熟女性市場的成衣店、首次登陸日本的世界美食＆甜點店應有盡有！

## NEWoMan ニュウマン

景點
玩樂
美食
咖啡廳
購物

所需時間 約 **3** 小時

MAP 附錄③ P. 16 E4

### DATA
- ¥ 入場 免費 ※站內設施入場費另計
- 因店而異
- 地址 新宿區新宿4-1-6、渋谷區千駄ヶ谷5-24-55
- 公休日 營業時間 因店而異
- Mapple code 1302-7551

### Busta新宿誕生
集結高速巴士的起訖地，以4樓巴士起訖站、3樓計程車起訖站為中心的轉運站，直通車站的便捷性一級棒。

### JR新宿MIRAINA TOWER 樓層MAP

| | |
|---|---|
| 8-32F | 辦公室 |
| 菜園 7F | 診所 |
| 庭園餐廳 6F | 辦公室 |
| 文化交流設施(LUMINE 0) 5F | 辦公室 |
| 巴士搭乘處 4F | 流行服飾・咖啡廳(GARDEN HOUSE等) |
| 計程車搭乘處 3F | 流行服飾・咖啡廳(ESTNATION等) |
| 餐廳・食品・伴手禮 直通JR新宿站 2F | 流行服飾・美妝(CONVERSE TOKYO等) |
| M2 | 流行服飾・雜貨(MAISON KITSUNE等) |
| JR線路 1F | 咖啡廳・流行服飾・雜貨・美妝 |
| B1 | 停車場 |
| B2 | 停車場 |

塔內 …JR新宿MIRAINA TOWER內　外外 …JR新宿站剪票口外
站內 …JR新宿站剪票口內(入場需購買車票)

### 日本首設名店陸續登場 美食 GOURMET

請來享受參與製作的過程

店長兼主廚的安東尼

**800度高溫×客製化的新式披薩**

站外 2F 日本初登陸

## 800°DEGREES NEAPOLITAN PIZZERIA

●エイトハンドレッドディグリーズナポリタンピッツェリア

來自美國西海岸，掀起客製化披薩熱潮的餐廳。可選擇喜歡的食材，製作專屬於自己的獨家口味披薩。

☎ 03-3353-1800 ⏰ 11:00～22:30(關店為23:00)
Mapple code 1302-7552

☞「蓮藕與番茄乾的羅勒披薩」1728日圓「VERDE」基底的日本原創口味

☝ 使用與美國同樣的莫札瑞拉起司。配料可從約40種中選擇
☝ 主廚推薦「辣味肉丸」1728日圓，特製肉丸與墨西哥辣椒的組合讓人一口接一口

**這個最有名!**
2012年在洛杉磯開設首家店鋪。據說1日賣出約1000張、第一年賣出30萬張的熱銷拿坡里披薩。

### 甜點在這吃♪

我們用甜點呈現日本的四季

WONG 店長兼主廚

站外 2F 日本初登陸

## JANICE WONG

●ジャニスウォン

新加坡出身的主廚所開設的甜點吧。能同時享受製作過程的甜點在食材的搭配與調理方式上都很嶄新，藝術品般的甜點帶來話題性。

☎ 03-6380-0317 ⏰ 11:00～22:00(關店為23:00)
Mapple code 1302-7693

**這個最有名!**

☞ 將日本的春季濃縮成一盤的「カシスプラム」1950日圓，冰涼的黑醋栗球中是優格!

### 紐約西村的熱門咖啡餐廳

**在東京也能盡情品嘗媽媽的味道!**

店長卡洛斯與母親蘿絲瑪麗

塔內 6F 日本初登陸

## ROSEMARY'S TOKYO

●ローズマリーズトウキョウ

貴婦名人也常造訪而名聞遐邇的義式餐廳。即使在東京也同樣效仿本店，提供將生產者送來的講究食材入菜的義大利麵及燒烤菜色。

☎ 03-5361-7027 ⏰ 11:00～22:00(關店為23:00)
Mapple code 1302-7781

☞「義式香腸與花椰菜的貓耳麵」1706日圓

☝ 望新宿街景坐在空間寬敞又綠意盎然的露天座

**這個最有名!**
紐約本店採用產地直接進口的食材，吸引許多準客都堅持手工的菜餚而甘願排隊1小時的饕客，生意興隆。

### ACCESS

| 東京站 | 羽田機場國際線航站樓 |
|---|---|
| JR中央線 ⏰15分 | 京濱急行線 ⏰16分 |
| | 品川站 |
| | JR山手線 ⏰20分 |

最近車站 **新宿站**
直通MIRAINA TOWER剪票口

## 甜點師傅手工製作的點餐式自助餐

**塔內 3F 新型態**

# SALON BAKE&TEA

●サロンベイクアンドティー

從正餐到下午茶，可透過法國的茶沙龍形式品嘗的餐廳。供餐的紅茶可在附設商店購買。

☎03-6380-1790

🕐11:00～21:00（關店為22:00）

Mapple Code 1302-7780

可從12種當中選擇喜愛的甜點「點餐式自助餐＋紅茶」2160日圓

↗甜點師傅在眼前製作的甜點，透過點餐式自助餐形式享用

## 美味放鬆

# 咖啡廳 CAFE

↗使用從清澄白河直接進貨的焙煎新鮮咖啡豆沖出「手沖特調咖啡」486日圓

新宿限定

GRANOLA BAR

↗蜂蜜海鹽燕麥餅乾350日圓

## 第三波咖啡浪潮的代表店

**塔內 1F 新宿初展店**

# Blue Bottle Coffee

●ブルーボトルコーヒー

採用每日烘焙的新鮮咖啡豆，提供一杯杯濾滴出的咖啡。新宿店獨家推出多款使用Katane Bakery麵包製作的三明治和商品。

☎03-5315-4803 🕐8:00～22:00(L.O.)

Mapple Code 1302-7590

↗開放式廚房，可看見手沖濾泡的模樣

## 現烤麵包誘人的烘焙坊咖啡廳

**塔內 1F 新型態**

# LE CAFÉ de Joël Robuchon

●ルカフェドゥジョエルロブション

吃得到限定餐點塔丁的「侯布雄Joël Robuchon」咖啡廳，在附設商店購買的麵包也能當場內用。巧克力麵糰的麵包「NEWoMan」（1350日圓）是附設商店的外帶熱銷商品。

↗使用大量蔬菜的塔丁1個518日圓～、湯品450日圓～

☎03-5361-6951 🕐8:00～22:00(關店)

新宿限定

Mapple Code 1302-7779

## 小小奢侈的My Gift

# 伴手禮 SOUVENIR

↗日本限定「SAISON」3個裝367日圓、經典「TRADITION」3個裝313日圓

## 巴黎人熱愛的傳統奶油泡芙

**站內 2F 日本初登陸**

# choux d'enfer PARIS

●シューダンフェールパリ

史上最年輕獲得三星頭銜的主廚Alain Ducasse所監製的奶油泡芙專賣店，有3種經典款、抹茶等日本限定款3種，共6種口味一網打盡。

☎03-3354-2181 🕐8:00～22:00

Mapple Code 1302-7782

↗點餐後才填入自製奶油，發揮外皮的酥脆口感

## 比利時皇室御用店家推出日本新商品

**站外 2F 新宿初展店**

# PIERRE MARCOLINI

●ピエールマルコリーニ

從可可豆的挑選到烘焙都很講究的巧克力專賣店，擺滿布魯塞爾本店熱賣的費南雪和馬卡龍等直接進口的商品。

新宿限定

↗「費南雪」各378日圓、綜合6個裝2592日圓。左起是巧克力、覆盆子、原味3種口味

☎03-6274-8506 🕐10:00～22:00

Mapple Code 1302-7784

日本初登場

↗使用可可豆和開心果等做成的「招牌馬卡龍」4個裝1836日圓，附限定盒裝

## 感受日本美的手掌大和菓子

**站內 2F 新型態**

# 結

●ゆい

由「兩口屋是清」操刀，將日式餡料與巧克力美味融合的新式糕點琳琅滿目。以吉祥物為造型的「めでたづくし」（2160日圓）也很受歡迎。

☎03-3353-5521

🕐8:00～22:00

Mapple Code 1302-7853

↗和風餡與西洋巧克力製作的新式和菓子「ふゆうじょん」6個裝1296日圓

KOKO LUMINE 限定

↗以「日本」為意象的原創設計「蒸氣乳霜」各1620日圓

## 日本製品的發信地

**站內 2F 新型態**

# KOKO LUMINE STORE

●ココルミネストア

傳遞日本製品之魅力的商店，匯集以「地域共生」、「產地支援」為關鍵字而能感受到製作者與產地文化的傳統工藝品和食品。

☎03-6380-6098 🕐8:00～22:00

Mapple Code 1302-7553

## 在「SABON」的新品牌採買伴手禮

**塔內 1F 新型態**

# SABON GOURMET

●サボングルメ

以"夢幻的熟食店"為主題，販賣模仿食品包裝製作的護膚用品、宛如整模蛋糕或巧克力的香皂等。

☎03-3356-5577 🕐11:00～22:00 Mapple Code 1302-7785

↗↗「棕櫚油香皂」20g5pcs 3000日圓、8pcs 4500日圓

# 07 澀谷

## MODI Shibuya
しぶやモディ

### 2015年11月開幕

## 用優質精品 為生活品味加分

聳立在澀谷公園通入口處的地標，有許多從休閒風畢業的大人想擁有的流行服飾與雜貨品牌。1樓有「Pie face」、「SPONTINI」等海外名店進駐而掀起話題。

**這間也要 Check**

**風味與表情都豐富的派專賣店**

**1F Pie face** ●バイフェイス →P.17

### 樓層MAP

|  |  |
|---|---|
| 9F | 餐廳 |
| 8F | KTV |
| 5-7F | 雜貨・咖啡廳等 HMV&BOOKS |
| 4F | 咖啡廳・流行服飾等 |
| 3F | 流行服飾・飾品等 |
| 2F | 流行服飾 |
| 1F | 食品・流行服飾・雜貨等 |
| B1F | H.I.S |

### DATA
¥ 入場 免費
☎ 03-4336-0101
地址 渋谷区神南1-21-3
公休日 不定休
營業時間 11:00～21:00
※部分店家有異
Mapple Code 1302-7587

**D 擴香棒 澄淨空氣、白茶&薑香 各3218日圓**
運用具有溫度與韻味的陶罐做為擴香儀，使用完畢還可當成花瓶等室內裝飾

**B NEWS PAPER BAG 18360日圓**
把1900年前後的法國時尚新聞以特殊包膜製作成3種用法的包包，每個的圖案都不同而各具特色

**A 益子燒合作款 馬克杯 2700日圓**
將土與釉藥的魅力以南加州風的現代設計展現出來，日本首批的陶器系列

**A 銀珠手鐲 29160日圓**
在皮革上縫上銀珠，再搭配紋銀框的手鐲

**C WONDER HONEY 心型奶油香皂柑橘雪酪 80g 各648日圓**
藉由北海道產洋槐蜂蜜等天然成分的潤澤，洗完肌膚會變得緊緻滑嫩的香皂

**C WONDER HONEY 蜜頰粉撲腮紅 1512日圓**
添加蜂蜜的細緻腮紅粉，打造出柔嫩清爽的膚感

**A 石珠混搭雙層手鍊 14040日圓**
將半寶石和鍍金珠與皮革搭配而成的雙層皮手環

**汲取東京新鮮事的生活雜貨**

**D Time mart** 5F ●タイムマート
特級限時特價網站「LUXA」所推出的生活用品店，抓住時下流行、最適合做為禮品的商品琳瑯滿目。
☎ 03-4336-8253 ⏰11:00～21:00
Mapple Code 1302-7491

還附設了訂定主題的活動專區

**將蜂蜜的優點濃縮成天然美妝品**

**C VECUA Honey marché** 1F ●ベキュアハニーマルシェ
以"蜜蜂之森"為設計理念，將蜂蜜的精華僅僅濃縮而成的天然美妝品牌，是禮品的最佳選擇。
☎ 03-4336-8221 ⏰11:00～21:00
Mapple Code 1302-7787

附設的果汁吧也很推薦

**將全球的優良素材製成特色包款**

**B GLEAN& Co.,Ltd.** 1F ●グリーンアンドコーリミテッド
將「GLEAN=回收、撿拾蒐集」的意思取做品牌名稱，講究環保且設計優異的產品擺滿店內。
☎ 03-4336-8213 ⏰11:00～21:00
Mapple Code 1302-7786

從包包到富包，款式十分豐錢

**融合世界各地文化的溫潤質感商品**

**A CHAN LUU** 1F ●チャンルー
販賣以洛杉磯為據點大展身手的設計師Chan Luu將旅途中邂逅的文化等納入設計的商品。
☎ 03-4336-8212 ⏰11:00～21:00
Mapple Code 1302-7495

也售有飾品和陶器等

### ACCESS
JR／東急東橫線、東急田園都市線、地下鐵半藏門線・銀座線・副都心線
最近車站 澀谷站
八公口步行4分／7號出口步行2分

最近車站的前往方式 →P.27

22

東京最新優質精選

## 2015年10月開幕
# 初登日美食
# 沉穩空間展店

在與原宿的喧擾僅有一步之隔的地方興設的複合設施。外觀時髦的建築物，加上蔚為話題的杯子蛋糕店與道地墨西哥餐廳、台灣茶坊等7家店進駐。

**08**

### ⒹⒶⓉⒶ
- 💴 入場 **免費** / 🕐 因店而異
- 地址 渋谷区神宮前1-10-37
- 公休日 營業時間 因店而異
- Mapple Code 1302-7428

### 樓層ＭＡＰ
| | |
|---|---|
| 2F | 披薩·杯子蛋糕等 |
| 1F | 美式餐廳·台灣茶館等 |
| B1F | 墨西哥菜·燒肉 |

**07** MODI Shibuya

**08** HARAJUKU CASCADE

### 2F　不愛排隊的義大利人也排隊嘗鮮的披薩
# PIZZERIA SPONTINI

●ピッツェリアスポンティーニ

義大利米蘭的老字號披薩餐廳。獨特的Q彈膨軟餅皮，加上番茄醬與起司形成絕配。即使是米蘭人也為了一嘗這般滋味而大排長龍，頗具人氣。

📞03-6434-5850　🈺無休
🕐11:00〜22:30(關店為23:00)
Mapple Code 1302-7425

盡情享受餅底酥脆、內部Q彈的口感

⬆使用與米蘭當地同樣的烤窯，由在當地歷經修煉的師傅烤製而成

本店的師傅親傳做法，味道掛保證！

⬆➡「瑪格麗特」1/8片756日圓。在厚度2cm的特厚餅皮淋上大量橄欖油後送進烤窯，再鋪上滿滿的番茄醬和莫札瑞拉起司！

➡盛上肉燥的白飯與台灣獨特的麵食成套供應的「半套餐魯肉飯(小)&麵線(小)」850日圓

➡添加岩鹽的奶蓋與台灣茶的組合「岩鹽起司四季春茶」(L)530日圓

### 1F　以台灣的經典美食&甜點茶品享用午餐
# 彩茶房

●さいさぼう

供應將台灣產茶葉加以變化的甜點茶品、台灣經典美食餐點的台灣茶館。店內以白色為基調，散發時尚氣息。

📞03-6455-5423　🈺無休　🕐11:00〜21:30
(關店為22:00)
Mapple Code 1302-7449

「招牌菜 House Burger」1274日圓

➡據說是午餐最受歡迎的「自豪烤牛肉丼」1080日圓

### B1-1F　能輕鬆享受的新式墨西哥菜
# LAS DOS CARAS
## - MODERN MEXICANO Y TACOS -

●ラスドスカラスモダンメキシカーノイタコス

專為大人打造的現代墨西哥餐廳。有氣氛悠閒又寬敞的1樓、可靜下心來用餐的地下1樓兩個樓層，吃得到墨西哥玉米餅、莎莎醬、肉餡玉米捲餅等傳統的道地墨西哥菜。

📞03-6631-1111　🈺無休
🕐11:30〜翌3:00(飲品至翌3:30，關店為翌4:00)，週日、假日〜22:00(飲品至22:30，關店為23:00)
Mapple Code 1302-7538

➡使用墨西哥直接進口的石臼，在顧客面前完成的新鮮莎莎醬「モルカヘーテ・サルサ・フレスカ」1026日圓，與墨西哥薄餅、玉米片很對味

⬆「墨西哥玉米餅」各378日圓。3種餅皮配上各式各樣的配料與新鮮莎莎醬

### 1F　豪邁大啖正統美式燒烤料理
# AMERICAN HOUSE
## BAR&GRILL

●アメリカンハウスバーアンドグリル

以美式餐廳為主題，空間寬敞而活力洋溢的餐廳，肉食主義者無法抗拒的份量飽滿燒烤料理應有盡有。每晚還會舉辦歌手帶來的現場表演。

📞03-6721-1621　🈺無休　🕐11:00〜22:00
(午餐〜17:00，飲品至22:30，關店為23:00)
Mapple Code 1302-7788

這間也要Check

### 2F　源自倫敦的繽紛杯子蛋糕
# LOLA'S
## Cupcakes Tokyo
●ローラズカップケーキトウキョウ　➡P.17

### ⒶⒸⒸⒺⓈⓈ
JR
最近車站 **原宿站**
表參道口步行3分

地下鐵千代田線·副都心線
最近車站 **明治神宮前〈原宿〉站**
3號出口步行2分

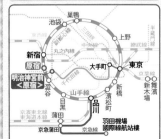

最近車站的前往方式 ➡P.27

# Nippon Marugoto

2015年12月開幕

## 日本的魅力 一網打盡！

47都道府縣五花八門的文化齊聚一堂的複合設施，4個樓層內蒐羅名產美食和食材、工匠展露技藝的工藝品等。有許多首次進軍東京的店家，來自各地的工作人員以方言服務這點也很有趣。

### DATA

￥ 入場 免費
☎ 03-3845-0510
地址 台東区浅草2-6-7　公休日 無休
營業時間 1、2樓10:00～20:00、3樓10:00～21:00、4樓11:00～23:00
※部分店家有異
Mapple Code 1302-5817

**樓層MAP**
| | |
|---|---|
| 4F | ふるさと食堂街 縁道 |
| 3F | たいけん広場 浅草にっぽん区 |
| 2F | くらしの道具街 和来 |
| 1F | にっぽん食市場 楽市 |

←「島根和牛御縁米漢堡」500日圓

島根 **絆屋**
●きずなや
將島根的特產食材緊緊濃縮
來一份嘗嘗吧？
工作人員 白石花香小姐
☎ 03-3843-8001
Mapple Code 1302-7606

除了島根和牛與出雲產越光米做成的米漢堡外，還售有烤餡餅和紅豆湯等。

大口品嘗新式的切蒲英
→「糖奶油」180日圓
「番茄起司」200日圓
「肉捲醬油」260日圓

秋田 **こめたんぽ KOMETANPO**
●こめたんぽコメタンポ
將秋田著名的醬燒飯糰棒「切蒲英」加以變化，除了味噌和醬油之外，還有明太子美奶滋等獨特口味。
敬請享用
工作人員 石田幸子小姐
☎ 03-3841-1001
Mapple Code 1302-7755

ふるさと食堂街
**4F 縁道**
●えんみち
匯集日本各地美食的餐廳樓層，可盡享五花八門的滋味。

京都 **京もつ鍋 亀八**
●きょうもつなべかめはち
京都最具代表性的牛雜鍋餐廳。白味噌與京都風高湯的湯頭，與近江牛的內臟形成絕妙美味。
☎ 03-3844-1811　⏰11:00～22:00（飲品至22:30、關店為23:00）
Mapple Code 1302-7756

京風細膩湯頭搭配美味牛雜

歡迎前來品嘗
工作人員 橋本智先生

桌椅座約40席
桌椅座、吧

→「京牛雜鍋 白」1人份1580日圓（照片為2人份）

---

にっぽん食市場
**1F 楽市**
●らくいち
擺滿當地美食和名點、當令配菜等洋溢地方色彩的食材。

↑義式冰淇淋各390日圓。（左起）草莓、糯麥、橘子

帶來歡笑的果汁&冰淇淋

愛媛 **Smile & Sweets**
●スマイルアンドスウィーツ
歡迎來玩～
販賣大量使用愛媛的蔬菜水果製成的義式冰淇淋和100%天然果汁。
工作人員 重見和子小姐
☎ 03-3844-6100
Mapple Code 1302-7609

←從水龍頭灌裝的柳橙汁1杯380日圓

全國 **まるごとにっぽん蔵**
●まるごとにっぽんくら
販售由明眼的採購者所嚴選的約2000種當地特產品，也有多款珍貴的日本酒和葡萄酒。
☎ 03-3845-6905
Mapple Code 1302-7602
工作人員 加藤睦之先生
提供多種珍貴食材

鄉土美食大集合

↑設計十分可愛的單杯當地酒

くらしの道具街
**2F 和来**
●わらい
精選延續傳統技術與風土的傳統工藝品和流行雜貨。

發揮荻的傳統推出各式商品

山口 **萩の風**
●はぎのかぜ
由漁夫所使用的大漁旗布料製成的商品、擁有超過400年歷史的「荻燒」等逸品琳琅滿目。
☎ 03-5828-5055
Mapple Code 1302-7757

←「大漁旗包」4000日圓

歡迎光臨！
工作人員 小柳堅志先生

たいけん広場
**3F 浅草にっぽん区**
●あさくさにっぽんく
地方鄉鎮的宣傳空間。咖啡廳和烹飪工作室等在此聚集。

全國 **おすすめふるさと**
為來自日本各地的18個鄉鎮市區所設置的宣傳空間，展銷珍貴的地方名產。
☎ 03-3845-3711
Mapple Code 1302-7599
可以接觸到地方的魅力
工作人員 北野陽子小姐
介紹不為人知的地方魅力

↑有許許多多的鄉鎮市區專區

---

### ACCESS

| | |
|---|---|
| | 地下鐵銀座線、東武晴空塔線／都營淺草線 |
| 最近車站▶ | **淺草站** |
| | 6號出口步行8分／A4出口步行8分 |
| | 筑波快線 |
| 最近車站▶ | **淺草站** |
| | A1出口即到 |

最近車站的前往方式
➡P.89

📷 景點
🎯 玩樂
🍴 美食
☕ 咖啡廳
🛍 購物
🕐 所需時間 約2小時
🗺 MAP 附錄③ P・5 B・2

## 2015年9月開幕

# 潮流尖端與傳統齊聚一堂

**10**

銀座

# MELSA EXIT

イグジットメルサ

面向中央通的前NEW MELSA翻新開幕。從散發銀座風味的傳統商品到最新潮商品，提供多元樂趣的商店、餐廳在此雲集。

### DATA

(¥) 入場 免費
☎ 03-3573-5511
地址 中央区銀座5-7-10 中村積善会ビル
公休日 無休
營業時間 11:00～20:00，餐飲店～23:00※部分店家有異
Mapple Code 1300-4033

### 樓層MAP

| 樓層 | |
|---|---|
| 7-8F | 餐廳 |
| 5-6F | 綜合店(Laox) |
| 3-4F | 流行服飾・雜貨 |
| 2F | 雜貨(muy mucho) |
| 1F | 流行服飾／美食 |
| B1F | 生活雜貨／美食 |

景點
玩樂
美食
咖啡廳
購物
所需時間 約3小時
MAP 附錄③ P.9 D-4

---

## B1F RACINES Meatball & Local Table

●ラシーヌミートボールアンドローカルテーブル　☎ 03-6264-5971
**盡情品味有機義大利菜**
11:00～23:00(L.O.)
Mapple Code 1302-7427

以能夠特別客製的肉丸、使用地方食材且每月替換菜單供應的菜色自豪的餐廳。

**這個最新潮**
可以自由選擇肉的種類、醬汁、配料等的肉丸

◎「肉球（牛肉）」＋×「番茄燉辣肉醬」＋馬鈴薯泥、洋蔥圈，1922日圓

### 美食

「炸蝦與土耳其炒飯佐奶油咖哩」2916日圓

## 7F 銀座 古川

●ぎんざふるかわ
**洋食老店重新開幕**

從前在銀座便深受喜愛的洋食餐廳，在帝國飯店鑽研廚藝多年的前代主廚所研發出的風味流傳至今。

☎ 03-3574-7005
11:00～14:00(關店為14:30)、17:30～20:00(關店為20:30)
Mapple Code 1302-2802

**這就是傳統**
以雞肉高湯為底，加上32種辛香料煮出的歷史悠久咖哩

⇧可在一片沉穩氛圍下好好放鬆

---

## 1F 文明堂カフェ 銀座

### 甜點

●ぶんめいどうカフェぎんざ
**老字號操刀的時尚咖啡廳**

和風西點的老店——文明堂所監製的咖啡廳，也供應午餐和晚餐。

☎ 03-3574-7202
11:00～22:00(關店為23:00)
Mapple Code 1302-7519

**這就是傳統**
用於甜點菜單的古早味年輪蛋糕和蜂蜜蛋糕

⇧文明堂年輪蛋糕的巧克力鍋」1380日圓

## B1F 千歲 細澤牧場

●ちとせほそざわぼくじょう
**北海道的人氣店家首次登陸東京**

販賣以北海道千歲的濃醇牛乳製作的霜淇淋等甜點。

☎ 03-6228-5141
11:00～19:45(關店為20:00)
Mapple Code 1302-7516

⇧霜淇淋「牛奶」450日圓

**這個最新潮**
過去只有在北海道才吃得到，牧場直送的濃醇霜淇淋

---

## B1F CLASKA Gallery&Shop "DO" 銀座店

### 雜貨

●クラスカギャラリーアンドショップドーぎんざてん
**日本製造的繽紛商品**

主要販賣傳統工藝品和設計雜貨、成衣等日本製造的高質感商品。

☎ 03-6264-5810
11:00～20:00
Mapple Code 1302-7688

**這就是傳統**
傳統工藝品和使用日本古早圖案做成的獨特雜貨

⇧兔子形的有田燒醬油瓶4104日圓

⇧採吉祥的鯛魚形狀香皂各2592日圓

## 2F muy mucho 銀座店

●ムイムーチョぎんざてん
**來自西班牙的平價雜貨**

在西班牙等地設點的平價雜貨連鎖店，從小東西到室內裝飾雜貨，店內擺滿超過2000項商品。

☎ 03-6280-6361
11:00～20:00
Mapple Code 1302-7426

**這個最新潮**
價格便宜又跟得上流行的高品味商品設計

⇧「聖米格爾燭台」734日圓

⇧以色鉛筆拼接而成的「相框」1944日圓

---

### ACCESS

地下鐵銀座線・丸之內線・日比谷線
**最近車站** 銀座站
A2出口即到

最近車站的前往方式 ➡P.101

**2015年7月開幕**

# 參考工作人員的建議在
# 最新型的水族館
## 更加盡情玩樂！

**11**

アクアパークしながわ

SHINAGAWA
SAQIU
AQUA PARK

都市型娛樂設施，縱跨2層樓的11個主題區內，有採用最尖端技術的表演、可以近距離接觸動物的歡樂展示等，多到讓人目不暇給。

充滿爆發力與速度感的表演令人興奮！

光與水、海豚交織出夢幻的現場表演

### DATA

¥ 入場 **2200日圓**

☎ **03-5421-1111**（語音系統）

地址 港区高輪4-10-30 品川王子大飯店內

公休日 無休　營業時間 10:00～21:00（閉館為22:00）※有時期性變動

費用 2200日圓、國中小1200日圓、4歲以上700日圓、17:00後成人1800日圓

Mapple code 1301-8220

大飯店

附設於品川王子大飯店

**在此告訴你能更加盡興的小道消息**

訓練師 **澀谷光德先生**

訓練師 **河端勉先生**

水母專門人員 **藤井辰彌先生**

服務台 **室井悠理小姐**

---

### 2F 表演場 海洋叢林

在從天花板傾流而下的水幕效果下，可以欣賞歡樂又有氣勢的海豚表演。白天與夜晚的表演內容大為不同，兩種都要來看看喔！

↑以光與水的效果營造出神秘的表演♪

**盡興竅門看這裡！**

節目安排上以發揮海豚自然的動作與能力為考量。請將焦點放在充滿爆發力的跳躍上。（澀谷先生）

| 舉辦 | | |
|---|---|---|
| 日間版本 | 11:30/13:00/14:30/16:00 | |
| 夜間版本 | 18:00/20:00 | |

※有時期性差異

### 2F 好朋友廣場

黑腳企鵝、南美海狗、加州海獅會交互登場，在圓形舞台上帶來表演。就來聆聽飼養員的說明，近距離欣賞動物的絕技吧。

和小小的人氣動物一同玩耍

↑若時間剛好或許能參加體驗!?

**盡興竅門看這裡！**

沒有玻璃和柵欄等任何阻擋物，距離近到甚至能感受動物的呼吸。（河端先生）

| 舉辦 | | |
|---|---|---|
| 企鵝 | 11:00/13:30/15:30 | |
| 海狗 | 12:00/14:00 | |
| 海獅 | 12:30/15:00/16:30 | |

※有時期性差異

---

↑音樂和燈光會依季節而更換呈現方式

充滿音樂與光的奇幻空間

**盡興竅門看這裡！**

象徵性主水槽全面採用壓克力、透明度高，可以拍下彷彿和水母一同在海中悠遊的紀念照。（藤井先生）

### 1F 水母漫步

在寬廣的空間內，各式各樣的水母自在悠游的區域。輕盈漂浮的水母，搭配上照亮水槽的色彩繽紛燈光、夢幻的音樂，打造出一個能體驗神秘世界的浪漫空間。

↓宛如在水槽施展魔法般的效果

伸手觸碰水槽生物就會動起來

### 2F 神秘園

在互動區伸手觸碰附在水槽上的面板，就會出現與裡頭的生物連動的各式效果。水槽與花卉融合出美麗的中庭區「COLORS」也不可錯過。

**盡興竅門看這裡！**

藉由觸碰、畫圖案等方式，可體驗像在和生物玩耍的感覺。（室井小姐）

---

**盡興竅門看這裡！**

平常不容易看到的魟魚腹側也是可愛的必看重點。（室井小姐）

享受海中散步的感覺

### 2F 神奇通道

約20m長的隧道型水槽籠罩上方，宛如大型海中隧道。可以從各種角度欣賞蝠魟等的泳姿，氣勢驚人。尤其蝠魟Kaito因愛黏人的個性而特別受歡迎。

↑大隻的阿氏前口蝠魟在東日本只有這裡看得到

| 活動 | 餵食時間 | 20:30 |
|---|---|---|

---

☆ **限定伴手禮Get!** ☆

↑「刺繡迷你毛巾」各400日圓

↑「迷你銅鑼燒」8個裝980日圓

↑「鋸鰩S」1700日圓

### 2F AQUA SHOP LUCE

來採買以館內動物為造型的可愛商品、零食吧！

---

景點

玩樂

美食

咖啡廳

購物

所需時間 **約4小時**

MAP 附錄③ P.22 A-5

### ACCESS

| 東京站 | 羽田機場國際線航站樓站 |
|---|---|
| JR山手線 ⏱11分 | 京濱急行線 ⏱16分 |

最近車站 → **品川站**

高輪口即到

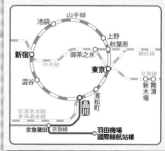

# 原宿·表參道·澀谷

**12 ～ 27**

**08** CASCADE HARAJUKU → P.23
齊聚國際美食的刊頭特輯CHECK!

**24** NHK STUDIO PARK → P.47
代代木上原站
體驗電視台的工作!

**07** Shibuya MODI → P.22
優質商品GET!刊頭特輯CHECK!

**22** 澀谷中央街 → P.44
深受年輕人喜愛的街道!

**23** SHIBUYA109 → P.46
青春期女孩的最愛!

### 這個也在這區

**04** 首次進軍日本的美食&甜點 → P.16
美食進軍勢力無法擋 刊頭特輯CHECK!

**12** 排隊鬆餅名店 → P.28
從熱潮晉升為必吃甜點!

**13** 最新&排隊店家 → P.30
即使大排長龍也想吃!

**14** 竹下通 → P.32
可愛特價商品買買買!

**16** Laforet原宿 → P.35
據點原宿文化的!

**19** 裏原宿&貓街 → P.38
個性派時尚演出!

**17** 東急PLAZA 表參道原宿 → P.36
可以漂亮打扮的商品多多!

**18** 表參道Hills → P.37
開業10週年大翻修新周!

**15** Q Plaza HARAJUKU → P.34
的主打大人市場美食景點!

**21** 澀谷Hikarie → P.42
必成熟女性的逛街設施!
©Shibuya Hikarie

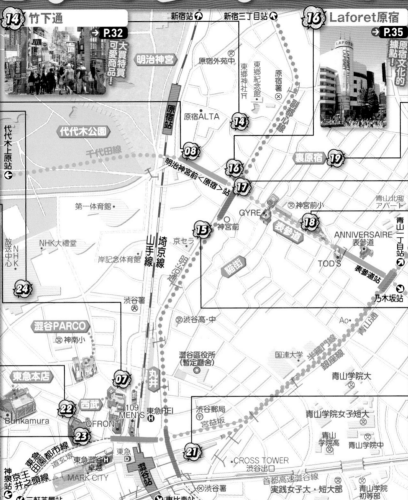

新宿站　新宿三丁目站
明治神宮
原宿外苑中
東鄉神社下
東鄉紀念館
原宿署
代代木公園
千代田線
明治神宮前〈原宿〉站
原宿站
原宿ALTA
第一体育館
代代木上原站
NHK大禮堂
放送中心NHK
岸記念体育館
山手線 埼京線
京セラ
GYRE
神宮前
**15**
神宮前小
青山北町アパート
ANNIVERSAIRE 表參道
TOD'S
表參道
青山一丁目站
乃木坂站
貓街
澀谷署
澀谷PARCO
神南小
澀谷高·中
国連大学
半藏門線
銀座線
青山學院大
青山通
Ao.
東急本店
西武
Bunkamura
QFRONT
109 MEN'S
東急REI
丸井
澀谷區役所(暫定廳舍)
澀谷郵局
宮益坂
青山學院女子短大
青山學院高
青山學院中
東急田園都市線
道玄坂
MARK CITY
澀谷卓越H
澀谷站
東急
神泉站
京王井之頭線
三軒茶屋站
惠比壽站
CROSS TOWER
澀谷出口
首都高速澀谷線
実践女子大·短大部
青山學院初等部

**20** 原宿·表參道咖啡廳午餐 → P.40
時尚又美味!

**26** 奧澀谷美食 → P.50
矚目即將走紅的地區!

**25** 角色人物&概念咖啡廳 → P.48
樂趣多多的娛樂路線!

**27** 澀谷午餐 → P.52
氣氛流行的時尚咖啡廳!

EASY TIGER　CANDLE　パリ ピポ

## ACCESS

| | 東京站 | | 羽田機場國際線航站樓站 |
|---|---|---|---|
| | 地下鐵丸之內 ⏱9分 | JR山手線 ⏱25分 | 京濱急行線 ⏱16分 |
| | | | 品川站 |
| | | | JR山手線 ⏱12分 |
| | 赤坂見附站 | | 澀谷站 |
| | 地下鐵銀座線 ⏱5分 | 地下鐵銀座線、半藏門線 ⏱2分 | 地下鐵副都心線 ⏱2分 |
| | | | JR山手線 ⏱2分 |
| | **表參道站** | **明治神宮前〈原宿〉站** | **原宿站** |

# 鬆餅一級戰區的 8大熱門餐廳 Check!

鬆餅熱潮還在持續延燒中！人氣不衰的關鍵，就在於每家店各有不同精彩特色的外觀和風味。從基本的熱門餐廳到新型態的新面孔，在此介紹每天大排長龍的8間店。

景點
玩樂
美食
咖啡廳
購物

所需時間 約2小時

MAP 附錄③ P.12

鋪滿大量水果！不變的人氣第一

Café Kaila

## 排隊報告書

\ 我們真的去排隊了！/

**平日12時左右／天候・晴**

**調查開始！**
好驚人的人龍!!
➡隊伍從店門口排到樓梯上，更延續到馬路對向

**40分鐘後，終於進店！**
不好意思久等了
➡一走進朝氣洋溢的店內，心情也雀躍起來！

**選好菜色後點餐**
也很推薦這一道喔
➡做成像報紙般的菜單可以帶回家

**10分鐘後，鬆餅送來了！**
我要開動囉！
➡從開始排隊約1小時！盼望的鬆餅首先想不沾醬吃一口♪

### 排隊好料
**Kaila原創鬆餅**
（夏威夷份量）
2300日圓
3片大塊鬆餅上，鋪滿新鮮草莓和藍莓的奢侈甜點，1日限定300份。

**人氣的關鍵**
將麵糊靜置一晚，之後不使用油煎烤的餅皮與新鮮水果超級搭！

**表參道**
# Café Kaila

在夏威夷的雜誌『Honolulu Magazine』舉辦的美食競賽中多次拿下金獎的店家。除了最受歡迎的鬆餅外，還有班尼迪克蛋和三明治等豐富的鹹食餐點。

☎050-5531-9452 █渋谷区神宮前5-10-1 GYRE B1F
休不定休 █9:00～19:20(關店為20:00)，週六日、假日為8:00～ █地下鐵明治神宮前〈原宿〉站4號出口即到
Mapple(ふ) 1302-4248 MAP 附錄③ P.13 C-4

#### ◆◆◆排隊筆記◆◆◆
平均等候時間 約1小時
瞄準時間 16時以後

➡店內的佈置也很有南國風情

### 排隊好料
**草莓、鮮奶油和夏威夷豆** 1150日圓
擠上高度約15cm鮮奶油的招牌鬆餅，不會過甜，可以盡情大口吃

令人印象深刻的鮮奶油山

**人氣的關鍵**
鬆餅的外觀讓人興奮不已！奶油甜度恰到好處而不膩口

**原宿**
# Eggs'n Things 原宿店
●エッグスンシングスはらじゅくてん

從開幕以來每天隊伍都不曾斷過的夏威夷風格人氣餐廳。不但有經典的鬆餅，店名也有提及的雞蛋料理也是絕品。還可以從餐肉和起司等食材中選擇喜愛的配料。

☎03-5775-5735 █渋谷区神宮前4-30-2
休不定休 █9:00～21:30(關店為22:30)，週六日為8:00～ █地下鐵明治神宮前〈原宿〉站5號出口即到
Mapple(ふ) 1302-2498 MAP 附錄③ P.13 C-3

#### ◆◆◆排隊筆記◆◆◆
平均等候時間 約1小時
瞄準時間 開店後不久

➡散發夏威夷氣息的店內，好天氣時也推薦坐露天座

## ACCESS

| | JR |
|---|---|
| 最近車站 | 原宿站 |
| | 地下鐵千代田線・半藏門線・銀座線 |
| 最近車站 | 表參道站 |
| | 地下鐵千代田線・副都心線 |
| 最近車站 | 明治神宮前〈原宿〉站 |

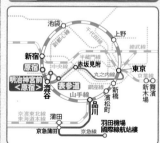

人氣的關鍵
如同店名「麵粉的魔法」所示，鬆餅有如魔法般膨軟的口感

## 魔法般的綿柔口感 為你帶來幸福感受！

## 幸せのパンケーキ
### (Magia di Farina) 表参道
● しあわせのパンケーキマジアディファリーナおもてさんどう

在大阪人龍不斷的鬆餅店首度進軍東京。一片片細心烤出的鬆餅，特色在於別家吃不到的膨軟口感和彷彿要融化開來的入喉感。2016年6月在澀谷開設東京第2家店。

☎03-3746-8888　地渋谷区神宮前4-9-3 清原ビルB1F　休不定休　⏰9:00〜19:30(關店)　地下鐵表参道站A2出口即到

Mapple Code 1302-7562　MAP 附錄③ P.12 E-3

排隊好料
**幸福鬆餅** 1100日圓
用烤盤仔細烤製成的鬆餅，淋上麥蘆卡蜂蜜的發泡奶油和焦糖醬。還有淋上紅茶醬或鋪上水果等口味，選擇豐富

→將大螢幕設置在一整片牆上

排隊筆記
| | |
|---|---|
| 平均等候時間 | 約1小時 |
| 瞄準時間 | 18時以後 |

### 可一嘗獨特口感 裏原宿的熱門店家

## RAINBOW PANCAKE

由曾經旅居夏威夷的店長夫婦所開設，位在裏原宿地區的人氣餐廳。鬆餅為獨創的柔軟餅皮，鹹味、甜點口味皆提供多種選擇。

☎03-6434-0466　地渋谷区神宮前4-28-4　休週二　⏰10:00〜17:00(關店為18:00)，包廂為9:30〜21:30　JR原宿站竹下口步行6分

Mapple Code 1302-5068　MAP 附錄③ P.13 C-2

排隊好料
**夏威夷豆奶油醬的鬆餅** 1250日圓
經由2次烘烤，即使厚實也有柔軟口感！香氣四溢的夏威夷豆可謂畫龍點睛

人氣的關鍵
藉由烤箱2次烘烤而生的別無他家膨軟口感

排隊筆記
| | |
|---|---|
| 平均等候時間 | 約30分 |
| 瞄準時間 | 開店不久 |

→也推薦不用排隊就能入店的預約制包廂（使用費90分2000日圓）

## BURN SIDE ST CAFE
● バーンサイドストリートカフェ

關西很受好評的鬆餅店「ELK」的姐妹店。約有30個座位的店內，擠滿的顧客多女性為主。鬆餅和細心手沖的咖啡也很對味。

☎03-3403-0660　地渋谷区神宮前4-29-9　休無休　⏰9:30〜20:00(關店為21:00)，週六日、假日為8:30〜　地下鐵明治神宮前(原宿)站5號出口步行3分

Mapple Code 1302-7203
MAP 附錄③ P.13 C-3

排隊筆記
| | |
|---|---|
| 平均等候時間 | 約30分 |
| 瞄準時間 | 開店不久 |

排隊好料
**白色舒芙蕾鬆餅** 1317日圓
將瑞可塔起司加入以上大量蛋白霜的麵糊攪拌，風味更加濃郁。甜而不膩，後味清爽

口感彈牙鬆軟的舒芙蕾鬆餅

人氣的關鍵
鬆餅的口感與微微的甜度讓人上癮！提拉米蘇鬆餅也很暢銷

---

## bills 表参道 ●ビルズおもてさんどう

來自雪梨以"世界第一早餐"著稱的「bills」旗艦店。除了供應鬆餅等迷倒全球名媛的晨間餐點外，也務必嘗嘗漢堡等晚間餐點。

↑光線灑落營造出自然氛圍的店內

☎03-5772-1133　地渋谷区神宮前4-30-3 東急PLAZA表参道原宿7F　休不定休　⏰8:30〜22:00(飲食至22:30止，關店為23:00)　地下鐵明治神宮前(原宿)站5號出口即到

Mapple Code 1302-4044　MAP 附錄③ P.13 C-3

排隊筆記
| | |
|---|---|
| 瞄準時間 | 15〜16時 |

人氣的關鍵
由蛋白霜與瑞可塔起司混合製成的麵糊，口感軟綿而風味十足

排隊好料
**瑞可塔鬆餅 w/ 新鮮香蕉、蜂巢蜜奶油** 1512日圓
吃得到瑞可塔起司的口感和奶油的香氣，膨鬆濕潤的鬆餅

彷彿入口就化開的軟綿口感令人醉心

### 源自波蘭的德式麵糊製作的鬆餅

人氣的關鍵
以烤箱細細烘烤而成的鬆餅，邊緣酥脆、中間口感彈牙

## THE Original PANCAKE HOUSE
●オリジナルパンケーキハウス

1953年於美國開店老字號鬆餅店。深受全美喜愛的鬆餅，是連食材也十分講究的不變美味。多樣的蛋料理與鹹食德國鬆餅也是賣點。

☎03-6712-5988　地渋谷区神宮前6-28-6 Q Plaza HARAJUKU 8F　休無休　⏰10:00〜21:15(關店為22:00)，週日、假日〜19:15(關店為20:00)　地下鐵明治神宮前(原宿)站7號出口即到

Mapple Code 1302-7055　MAP 附錄③ P.13 B-4

排隊好料
**德國鬆餅** 1340日圓
發泡奶油的香醇與檸檬的清爽酸味十分對味，糖粉可自由撒上

排隊筆記
| | |
|---|---|
| 平均等候時間 | 約30分 |
| 瞄準時間 | 15時以後 |

↑位在Q Plaza HARAJUKU 8F，還可從大片窗戶賞景

## Clinton St. Baking Company Tokyo

紐約長年以來備受愛戴的休閒餐廳首次在海外設店，可品嘗鬆餅、歐姆蛋、三明治等五花八門的手工製作餐點。

↑店內裝潢配合紐約的本店，打造出簡單而沉穩的空間

☎03-6450-5944　地港区南青山5-17-1 YHT南青山ビル1・2F　休不定休　⏰8:00〜21:30(關店為22:00)　地下鐵表参道站B1出口步行6分

Mapple Code 1302-5646　MAP 附錄③ P.3 D-3

排隊筆記
| | |
|---|---|
| 平均等候時間 | 約30分 |
| 瞄準時間 | 8〜10時 |

人氣的關鍵
簡單又能發揮食材滋味的餐點，每一道都是吃不膩的美味

什麼都不加也很好吃 有深層滋味的鬆餅

排隊好料
**鬆餅with 楓糖奶油** 1728日圓
遲得到剛剛好甜度的軟綿鬆餅，不沾醬吃也是絕品。楓糖奶油與藍莓的搭配也是一流

# 即使大排長龍也要吃!! 矚目美食大點名!

## 13 最新&排隊店家

東京首屈一指的流行尖端，進化為屈指可數的美食天堂！一次預習必嘗排隊店家和話題美食，編織美好回憶吧。也可參考地圖沿途享用美食！

景點　玩樂　美食　咖啡廳　購物
所需時間 約3小時
MAP 附錄③ P.12

大口咬下鋪滿大量龍蝦的三明治♪

↑龍蝦三明治（US）1580日圓。大方用上5隻以數種辛香料調味出的龍蝦

**表參道　龍蝦三明治**
## LUKE'S 表參道店
●ルークスおもてさんどうてん

可以隨興品嘗龍蝦等高級食材的「龍蝦三明治」專賣店。不但有使用美國緬因州等地出產龍蝦做成的龍蝦三明治，也想試試鮮蝦三明治和蟹肉三明治。

☎03-5778-3747　⊞渋谷区神宮前6-7-1 1F　休不定休
⏰11:00～20:00（賣完即關店）　地下鐵明治神宮前〈原宿〉站7號出口步行3分
Mapple Code 1302-7155　MAP 附錄③ P.13 C-4

**排隊筆記**
平均等候時間 約15～30分
瞄準時間 雖然任何時段都有人龍，但移動速度快

→位在貓街上！購物時前往也很方便

**表參道　刨冰**
## ICE MONSTER 表參道
●アイスモンスターおもてさんどう

台灣每天有超過2500人排隊，瞬間登上人氣No.1的刨冰店。使用將水果和紅茶等口味加以重現的冰品「鮮果冰磚」的濃醇滋味刨冰份量飽足。

☎03-6427-4100　⊞渋谷区神宮前6-3-7　休不定休
⏰11:00～20:30（關店為21:00）※有季節性變動的可能　地下鐵明治神宮前〈原宿〉站4號出口即到
Mapple Code 1302-7078　MAP 附錄③ P.13 C-3

→位在神宮前交叉路口附近，每天人潮洶湧

**排隊筆記**
平均等候時間 約20分～1小時
瞄準時間 盛夏總是大排長龍，即將關門前較少人

在台灣人氣No.1！刨冰綿軟新穎口感的

→「芒果綿花甜」1500日圓
↗將奶茶雪花冰加上溫熱珍珠的「珍珠奶茶綿花甜」1000日圓

**原宿　爆米花**
## Garrett 爆米花店® 原宿店
●ギャレットポップコーンショップスはらじゅくてん

發祥自美國芝加哥的爆米花店。忠實堅守傳統的食譜，供應由店內廚房當天製作的爆米花，也別錯過不同季節推出的口味！

☎0120-93-8805（客服專線）　⊞渋谷区神宮前1-13-18
休不定休　⏰10:00～21:00　JR原宿站表參道口即到
Mapple Code 1302-4583　MAP 附錄③ P.13 B-2

→「芝加哥招牌混搭®」（1加侖桶）3200日圓～、（袋裝S尺寸）430日圓～

**排隊筆記**
平均等候時間 約15分～1小時
瞄準時間 傍晚後大多不太需要排隊即可買到

香醇焦糖×起司=甜鹹交織的美味合奏

↓位於原宿站表參道口方向

原宿·表參道 最新&排隊 MAP

Garrett Popcorn Shops® 原宿店
現烤半熟起司塔專賣店 PABLO 表參道店
Princess one Spoon 東京
ICE MONSTER 表參道
Alice on Wednesday Tokyo
MAX BRENNER CHOCOLATE BAR
LUKE'S 表參道店
DOMINIQUE ANSEL BAKERY TOKYO
GOOD TOWN DOUGHNUTS 港區
Blue Bottle Coffee Aoyama Cafe
CORAZYs

**ACCESS**
JR 最近車站 原宿站
地下鐵銀座線·半藏門線·千代田線 最近車站 表參道站
地下鐵千代田線·副都心線 最近車站 明治神宮前〈原宿〉站

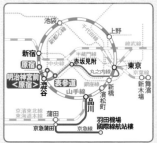

## 表参道 起司塔
# 現烤半熟起司塔專賣店 PABLO 表参道店
●やきたてチーズタルトせんもんてんパブロおもてさんどうてん

以入口即化的口感與絕妙的烘烤度為傲，附設咖啡廳的現烤半熟起司塔店。2樓的咖啡廳空間可以吃到表参道店的限定餐點，可採買商品的1樓還能看見烘烤起司塔的模樣和咖啡的烘焙過程。

↑座位間隙大，也備有沙發座，可以悠閒度過

☎0120-398-033（總機） 🏠渋谷区神宮前1-14-21 休不定休 🕐10:00～21:00，咖啡廳～20:00（飲品至20:30止，關店為21:00) 🚃JR原宿站表参道口即到
Mapple Code 1302-7564 MAP 附錄③ P.13 B-2

**最新筆記**
2015年12月開幕
供應迷你版起司塔等其他分店吃不到的餐點，務必要留意

↑可以從入口即化的美味 "Rare" 和美妙濃稠口感的 "Medium" 兩種烘烤做選擇的「現烤半熟起司塔〈Rare〉」1模（15cm）850日圓 ※限外帶

熱銷起司塔店的特級咖啡廳

↑「喝的起司塔雪酪」600日圓。上頭有起司鮮奶油和酥脆的塔皮

## 表参道 巧克力
# MAX BRENNER CHOCOLATE BAR
表参道Hills ●マックスブレナーチョコレートバーおもてさんどうヒルズ

誕生於以色列的巧克力品牌。可以透過現烤披薩、巧克力鍋等五花八門的形式來品嘗巧克力。

心也隨之融化誘人的巧克力

☎03-5413-5888 🏠渋谷区神宮前4-12-10 表参道Hills 1F 休不定休 🕐11:00～22:00（關店為22:30），週日～21:00（關店為21:30) 🚃地下鐵表参道站A2出口即到
Mapple Code 1302-5330 MAP 附錄③ P.13 D-3

↑「巧克力碎塊披薩」整張2300日圓、1/6片450日圓。在彈牙的披薩餅皮鋪上烤過的棉花糖和巧克力

**排隊筆記**
平均等候時間
約30分～1小時
瞄準時間
20時以後大多不用排隊即可入店

## 原宿 甜甜圈
# GOOD TOWN DOUGHNUTS
●グッドタウンドーナツ

由知名漢堡店「THE GREAT BURGER」打造，在紐約布魯克林區所購買的室內擺飾琳瑯滿目的店內，享用軟Q的甜甜圈。自製麵包製作的帕尼尼也很受歡迎。

洋溢布魯克林氣息的甜甜圈店

↑堅持使用日本產無添加食材，以獨特製法烘烤出綿軟彈牙口感的「覆盆子開心果」400日圓（右）、「經典糖霜」380日圓（左）

☎03-5485-8827 🏠渋谷区神宮前6-12-6 J-cube B棟1F 休無休 🕐10:30～21:00（關店) 🚃地下鐵明治神宮前（原宿）站7號出口步行5分
Mapple Code 1302-7669 MAP 附錄③ P.13 B-4

**排隊筆記**
平均等候時間
約10～15分
瞄準時間
開店到中午前較少售完的狀況

## 表参道 咖啡
# Blue Bottle Coffee Aoyama Cafe
●ブルーボトルコーヒーあおやまカフェ

喝得到將咖啡豆的特色發揮到最極致所烘焙出的講究咖啡，也別忘了青山咖啡館限定的餐點菜色。

時尚＆好喝 "第三波咖啡浪潮" 的代表！

☎非公開 🏠港区南青山3-13-14 休無休 🕐8:00～19:00（關店) 🚃地下鐵表参道站A5出口即到
Mapple Code 1302-7018 MAP 附錄③ P.12 F-5

↑對咖啡豆的栽種農園與品種、生產方式都很講究的優質非綜合咖啡「單一產地濾泡咖啡」594日圓～

**排隊筆記**
平均等候時間
假日約30分
瞄準時間
推薦平日午間左右和19時以後

## 表参道 烘焙坊
# DOMINIQUE ANSEL BAKERY TOKYO
●ドミニクアンセルベーカリートーキョー

在紐約人龍不斷的知名糕點店。店內盡是由老闆主廚多明尼克的構思而生的獨創新穎甜點，2樓的咖啡廳還供應限定餐點。

虜獲紐約客胃口的新口感甜點

☎03-3486-1329 🏠渋谷区神宮前5-7-14 休無休 🕐10:00～19:00（關店) 🚃地下鐵表参道站A1出口步行5分
Mapple Code 1302-7036 MAP 附錄③ P.13 D-4

**排隊筆記**
平均等候時間
約20～40分
瞄準時間
太晚會有餐點售完的可能，建議10～12點前往

↑「CRONUT®」1個594日圓，可頌甜甜圈的外皮酥脆、中間柔軟，口味每月更換

# 新奇雜貨一起大點名！

## 表参道 用療癒心靈的繽紛雜貨放鬆一下
### CORAZYs ●カラジー

販售以4個顏色為主題的家居擺飾和雜貨。對於瀨戶瓷器、京友禪染的技法等日本的素材和工匠的技藝特別講究。

☎03-6427-7756 🏠渋谷区神宮前5-51-3 休不定休 🕐11:00～20:00 🚃地下鐵表参道站B2出口即到
Mapple Code 1302-7708 MAP 附錄③ P.13 D-6

↑三重縣津市產的吸水性一流「臉用毛巾」1728日圓
↓散發淡淡香氣的「香氛彩色蠟燭」3024日圓

**最新筆記**
2016年1月開幕
藉由橘色＝太陽等從自然聯想出的4種不同顏色商品五花八門

## 原宿 以雜貨重現少女童話
### Alice on Wednesday Tokyo
●すいようびのアリスとうきょう

構思自『愛麗絲夢遊仙境』的雜貨屋，可在分成3層樓的店，化身為穿越仙境的愛麗絲逛街。

☎03-6427-9868 🏠渋谷区神宮前6-28-3 カノンビル1～3F 休無休 🕐11:00～20:00※號碼牌為10:00～發放 🚃地下鐵明治神宮前（原宿）站7號出口即到
Mapple Code 1302-6802 MAP 附錄③ P.13 B-4

↑有愛麗絲鐵絲和兔子、香菇等多種形狀與圖案的「耳機塞＆吊飾」各410日圓

**排隊筆記**
平均等候時間
有號碼牌約10～20分
瞄準時間
平日下午較能早點入店

## 原宿 讓人沉浸在公主世界的雜貨屋
### Princess one Spoon TOKYO
●プリンセスワンスプーンとうきょう

「Alice on Wednesday Tokyo」的姐妹店，王冠和馬車造型的飾品與夢幻的零食琳瑯滿目。

☎非公開 🏠渋谷区神宮前4-27-4 神宮前Sビル1・2F 休無休 🕐11:00～20:00 🚃地下鐵明治神宮前（原宿）站5號出口步行3分
Mapple Code 1302-7287 MAP 附錄③ P.13 C-2

↑有灰姑娘和白雪公主等公主禮服造型的「糖霜餅乾」各648日圓

**排隊筆記**
平均等候時間
約10分
瞄準時間
下午～傍晚左右較能順利入店

# 色彩繽紛&可愛商品逛街趣

約350m長的道路兩旁店家櫛次鱗比,是原宿的主要街道。可以逛逛可愛的商店、吃吃甜點,這裡有許多平價即可享受的樂趣!

## 竹下通

たけしたどおり

### DATA
¥ 入場 免費
休業日 營業時間 因店而異
Mapple Code 1300-2695

---

設有官方MAP

E THANKYOUMART 原宿竹下通店
C SoLaDo 竹下通
PINK-latte
F CUTE CUBE HARAJUKU
Spinns
儂特利
←明治通
ZENMALL
G CROQUANTCHOU ZAKUZAKU 原宿店
D Calbee+ 原宿竹下通店
GAL FIT
松本清
TOTTI CANDY FACTORY
原宿ALTA
DISNEY STORE
Choco Choco by SWIMMER
A
H
投幣式置物櫃
NOA CAFE
DOUTOR・吉野家
JR原宿站→
設有官方MAP
大創 麥當勞
竹下通
LIZ LISA
ARION CREPES 原宿竹下通店
B

↑一個個手工製作,可愛的「蛋糕棒棒糖」各302日圓～

↓「ZAKUZAKU霜淇淋」450日圓。撒上糖霜杏仁的原宿店限定甜點

---

想放上網分享的色彩斑斕棉花糖

## A TOTTI CANDY FACTORY
トッティーキャンディーファクトリー

←「TOTTI 4色棉花糖」700日圓。由棉花糖師傅用心製作出的繽紛&超大棉花糖

在大阪掀起話題的繽紛棉花糖店進軍東京,由屈指可數的師傅製作出疊上數層的棉花糖,不但外觀可愛口味也很棒。

☎03-3403-7007 渋谷区神宮前1-16-5 RYUアパルトマン2F 休不定休 10:30～20:00(週六日、假日、暑假期間為9:30～、11、12月為～19:00) JR原宿站竹下口即到
Mapple Code 1302-7563 MAP 附錄③P.13 B-1

---

酥脆口感的新形態甜點

## C CROQUANTCHOU ZAKUZAKU 原宿店
クロッカンシューザクザクはらじゅくてん

來自北海道的人氣甜點店。酥脆口感很特別的「脆皮泡芙ZAKUZAKU」(250日圓)和店鋪限定的霜淇淋都想嘗一口。

☎03-6804-6340 渋谷区神宮前1-7-1 CUTE CUBE HARAJUKU1F 休準同CUTE CUBE的公休日 10:00～20:00 JR原宿站竹下口步行4分
Mapple Code 1302-7225 MAP 附錄③P.13 C-2

---

## 沿路品嘗甜點

→酸度與甜度剛剛好的經典口味「草莓蛋糕奶油」520日圓

---

當場大啖現炸美味♪

## D Calbee+ 原宿竹下通店
カルビープラスはらじゅくたけしたどおりてん

Calbee的直營店,可品嘗在眼前現炸的薯片和薯條。限定店鋪、期間、地區的商品也一網打盡,適合採買伴手禮。

☎03-6434-0439 渋谷区神宮前1-16-8 休無休 9:30～20:30(熱食至20:00止) JR原宿站竹下口步行5分
Mapple Code 1302-3513 MAP 附錄③P.13 B-2

↑「現炸薯片 巧克力口味+霜淇淋」

→原宿店限定「Hot & Spicy」260日圓

---

竹下通的代名詞甜點

## B MARION CREPES 原宿竹下通店
マリオンクレープはらじゅくたけしたどおりてん

迎接創業40年的原宿名產可麗餅店。混合超過10種素材的餅皮,是與巴黎正統製法不遑多讓的好滋味。不妨試試季節限定口味,或來挑選愛吃的配料吧!

☎03-3499-2496 渋谷区神宮前1-6-15 休無休 10:30～20:00(週六日為10:00～) JR原宿站竹下口步行3分
Mapple Code 1300-3110 MAP 附錄③P.13 B-1

→蜜桃梅爾芭」500日圓,配料是草莓冰淇淋加上黃桃等

---

ACCESS

| | JR | |
|---|---|---|
| 最近車站 | 原宿站 | |
| | 竹下口即到 | |

| | 地下鐵千代田線・副都心線 | |
|---|---|---|
| 最近車站 | 明治神宮前〈原宿〉站 | |
| | 3號出口即到 | |

買了這麼多也不到
3000日圓！

平價
雜貨

◎印上『HARIBO』可愛小熊＆包裝的「iPhone5/5s專用殼」421日圓

◎由於每個都是421日圓，除了買給自己外，也推薦採買大家的伴手禮！

◎「派對動物PU胸章」421日圓，跑趴人認證的胸章！

◎說到平價購物必敗「紅唇太陽眼鏡」421日圓

◎知名插畫家majocco的「圓鏡」421日圓

◎與『辛普森家庭』聯名的吸睛度十足「辛普森T恤」421日圓

◎『BETTY BOOP』的「卡通人物髮夾」421日圓，搖身一變可愛＆性感

◎「時すでにお寿司。扁形化妝包（大）」421日圓，人氣竄升中！

## E 大買特買價格390的商品

# THANKYOUMART
## 原宿竹下通店
サンキューマートはらじゅくたけしたどおりてん

店內所有商品都是421日圓（未稅390日圓）的驚人廉價！網羅多種流行服飾和飾品、與卡通人物合作的商品等。

☎03-3479-2664　🏠渋谷区神宮前1-7-3 175番館ビルB1F　🏠無休　🕚11:00～20:00　🚃JR原宿站竹下口步行5分

Mapple Code 1302-4882　MAP 附錄③ P.13 C-2

## G 竹下通的悠閒放鬆地點

# SoLaDo竹下通
ソラドたけしたどおり

聚集流行服飾與美食區的設施。1樓為商店，2樓為美食街，3樓有甜點吃到飽的店家進駐，可以完整體驗原宿的流行。

◎「波士頓包」5389日圓，大容量最適合做為旅行的好夥伴！

🏠因店而異
🏠渋谷区神宮前1-8-2　🏠無休　🕚10:30～20:30、週六日、假日為～21:00（部分店家有異）
Mapple Code 1302-1653　MAP 附錄③ P.13 C-2

### 青少年必備品牌
## 1F PINK-latte

因模特兒在青少年時尚雜誌穿著使用而獲得廣大支持的品牌。網羅多款上學和私下生活都可穿搭的服飾與美妝品等「想即刻擁有」的商品。

☎03-5775-6627　🕚10:30～20:30（週六日、假日為21:00）
Mapple Code 1302-2097

◎由於是牛仔布材質，十分耐用又好用的「筆袋」2052日圓

### 採買原宿系時尚
## 2F Spinns

時常登上雜誌、主打原宿系的休閒流行服飾店。與藝人的聯名商品和期間限定商品琳瑯滿目，總是擠滿人潮。

☎0120-011-984　🕚10:00～20:00
Mapple Code 1302-6238

◎「T恤」2158日圓，是印有"LOOKS GOOD TO ME"文字的可愛服裝

日圓「用色簡單好搭配的百褶裙」2158

## F 讓女孩雀躍不已的店家雲集

# CUTE CUBE HARAJUKU
キュートキューブハラジュク

主推能讓10多歲少女欣喜雀躍的共10家店鋪進駐的商業設施。買完喜愛的雜貨和服飾後，就在角色人物的咖啡廳小憩一下，沉浸在竹下通的餘韻中。

🏠因店而異　🏠渋谷区神宮前1-7-1　🏠不定休　🕚10:00～20:00（3樓為11:00～21:00）　🚃JR原宿站竹下口步行4分
Mapple Code 1302-5131　MAP 附錄③ P.13 C-2

# 人氣大樓

◎「TSUM TSUM」各648日圓～。讓人想蒐集堆疊的可愛玩偶

©Disney

◎邁入5週年的DISNEY STORE原創角色「Uni BEARsity玩偶」各3456日圓

### 盡是成熟可愛讓人心動的商品
## 2F DISNEY STORE

專為成人女性所設的DISNEY STORE，提供選擇豐富的飾品和包包、經典商品等。店內有許多使用數位技術打造的小機關。

☎03-3401-3939　🕚10:30～20:00
Mapple Code 1302-7033

◎「西瓜透明肩背包」1728日圓。透明＆西瓜適合夏天的穿搭

### 可愛伴手禮須小心別買過頭
## 1F Choco Choco by SWIMMER

以設計活潑的雜貨而受歡迎的「SWIMMER」所經營的禮品專賣店。從簡單的化妝用品到雜貨、甜點，平價又可愛的伴手禮多到數不清！

☎03-5413-5728　🕚10:30～20:00
Mapple Code 1302-7057

◎動物造型的軟綿口感蛋糕「まるる」各280日圓

## H 閃亮可愛的商店大集合

# 原宿ALTA
はらじゅくアルタ

從原宿特產到流行服飾、雜貨等，匯集許多能為時髦女孩的生活方式注入耀眼色彩的商店。3樓的咖啡廳還會舉辦合作活動。

☎0570-07-5500　🏠渋谷区神宮前1-16-4　🏠不定休　🕚10:30～20:00　🚃JR原宿站竹下口即到
Mapple Code 1302-6023　MAP 附錄③ P.13 B-1

※商品有售完、停止販賣的可能。

# 15 HARAJUKU Plaza HQ

キューブプラザはらじゅく

景點
玩樂
美食
咖啡廳
購物
所需時間 約 2 小時
MAP 附錄③ P.13 B-4

## 在露天座品味 成熟風美食

坐落在神宮前交叉路口一帶，堪稱擁有最大面積的設施。形狀獨特的大樓內，有設置綠意盎然露天座的餐飲店進駐，在都市中心也能放鬆一下。

### DATA
- ¥ 入場 **免費**
- ◐ 因店而異
- 地址 渋谷区神宮前6-28-6
- 公休日 **營業時間 因店而異**
- Mapple Code 1302-6244

### 樓層MAP
| | |
|---|---|
| 10・11F | 牛排&酒吧 |
| 9F | 披薩店 |
| 8F | 鬆餅 |
| 7F | 娛樂型咖啡廳 |
| 6F | 理髮店 |
| 5F | 語言學校 |
| 4F | 餐酒館 |
| 3F | 咖啡廳、義式餐廳 |
| 2F | 餐廳 |
| 1F | 流行服飾、花店、咖啡廳 |
| B1F | 整體沙龍、理髮店、護膚中心、婚禮顧問 |

---

### 咖啡廳&鐵板燒烤
**身心都能獲得能量的休閒咖啡廳**

## 3F GOOD MORNING CAFE & GRILL キュウリ
グッドモーニングカフェアンドグリルキュウリ

在都會的正中心設置露台的咖啡廳。堅持使用新鮮蔬菜的份量飽滿餐點，可以補充身體能量。晚間則能品嘗酒類和鐵板燒烤料理等。

☎ 03-5468-2010　休 無休　⏰ 11:00～22:00（關店為23:00）
Mapple Code 1302-7054
預算 午 1000日圓～　晚 2500日圓～

露天座24席／訂位○

↑空間寬敞的度假村風格，周圍高樓較少而形成開闊感

日本產牛肉100%的漢堡肉十分多汁，「早安漢堡」單點1050日圓

---

### 夏威夷菜
**在都市中心盡享夏威夷風情**

## 3F ALOHA TABLE hawaiian sweets & tapas
アロハテーブルハワイアンスイーツアンドタパス

本店在威基基的夏威夷式餐廳，在原宿店也能感受道地的氣氛。對甜點和西班牙小菜很講究，從午到晚都能以置身於夏威夷的心情度過用餐時光。

☎ 03-6433-5942　休 無休　⏰ 11:30～15:15（關店為16:00）、17:00～22:00（關店為23:00），週六日為11:00～
Mapple Code 1302-7789

露天座16席／訂位○

↑營養素豐富又健康的「巴西莓果冰沙風莓果口味」745日圓
↑正因為座位較少，更能散發出私人花園般的氛圍

### 這間也要Check
**甜點愛好者的天堂**

## 8F THE Original PANCAKE HOUSE
オリジナルパンケーキハウス ➡ P.29

---

露天座35席／訂位○

↑可眺望明治神宮和代代木公園，晴天時甚至可望見富士山

**用石窯烘烤的正統披薩**

## 9F CANTERA
カンテラ

以日本產小麥「春よ恋」使用石臼研磨的全麥麵粉為傲的餐廳。用特別訂製的披薩烤窯以約450℃一口氣烤製，可以吃到酥脆又彈牙的口感，不妨在露天座搭配天然葡萄酒一同品嘗。

☎ 03-6433-5537　休 無休　⏰ 11:30～15:00（關店為15:30）、17:30～22:30（關店為24:00）
Mapple Code 1302-7162
預算 午 1080日圓～　晚 3000日圓～

披薩

↑鋪上辣味臘腸等配料的「經典美式」980日圓

---

露天座30席／訂位○

↑讓人忘記原宿喧囂的沉靜氣氛，在晚風吹拂下來杯啤酒

**在都市的露天座暢飲原創啤酒**

## 4F SMITH
スミス

網羅許多原創品牌和法國直接進口啤酒的休閒餐廳。供應多種與啤酒絕配的菜餚，可度過專屬於大人的時光。

☎ 03-6419-7789　休 無休　⏰ 12:00～22:30（關店為23:00）
Mapple Code 1302-7098
預算 午 1180日圓～　晚 3800日圓～

精釀啤酒

↑和啤酒很對味的風味強烈「布魯克林肉丸」745日圓

---

### ACCESS

| JR | |
|---|---|
| 最近車站 | **原宿站** |
| | 表參道口步行6分 |

| 地下鐵千代田線・副都心線 | |
|---|---|
| 最近車站 | **明治神宮前〈原宿〉站** |
| | 7號出口即到 |

# 16

## Laforet 原宿

ラフォーレはらじゅく

### 在流行時尚的聖地 搶先搭上潮流

**樓層MAP**

| 樓層 | | | |
|---|---|---|---|
| 6F | Laforet Museum Harajuku | | |
| 5F | Accommode | w closet | 4.5F |
| 4F | BATTY GARAGE BY AYMMYS/ LEBECCA boutique | LAICHI | 3.5F |
| 3F | JOYRICH | BANK | 2.5F |
| 2F | BADEFEE Concept Shop/Guzman y Gomez | USAGI ONLINE STORE | 1.5F |
| 1F | WALL | CHUANPISAMAI | B0.5F |
| B1F | DING | ATELIER PIERROT | B1.5F |

無論男裝、女裝，從原宿才買得到的品牌到國外的矚目品牌，這裡擁有豐富的流行款式，還會舉辦聯名企劃和藝術展等，是原宿的文化據點。

**DATA**
¥ 入場 免費 ☎ 03-3475-0411
地址 渋谷区神宮前1-11-6 公休日 無休
營業時間 11:00～21:00 Mapple Code 1300-3020

← 「我們的連身裙」10800日圓

← 「夏天的大小姐連身裙」9720日圓

← 有流蘇的經典款「復古鞋」9720日圓

→ 「SUNBATH 康康帽」7560日圓

→ 「SKATE GARAGE 夏威夷衫」12960日圓

→ 「VENICE RAMP 橫條紋連身裙」12960日圓

**4F** 2016年3月12日OPEN
#### 復古少女風的新風潮
# LEBECCA boutique
レベッカブティック

在多方領域十分活躍的赤澤える擔綱總監，蒐羅原創與復古服飾的新品牌。
☎ 03-6804-3392 Mapple Code 1302-7790

2016年4月22日OPEN
**B1F**
#### 人氣模特兒構思中性品牌
# DING ディング

由模特兒兼歌手的近藤耀司所創設的中性品牌，穿上情侶裝能帶來幸福！
☎ 03-5414-3315 Mapple Code 1302-7816

← 「可頌刺繡鴨舌帽」2149日圓

↓ 「多層次長T恤」4309日圓

↓ 「鳥兒圖案帽T」5389日圓

**這間也要Check**
#### 可在逛街途中大口吃特級速食♪

**2F** Guzman y Gomez
グズマンイーゴメス
堅持使用新鮮食材和手工製作的墨西哥餐廳。
☎ 03-3470-0770 🕐 11:00～21:00
Mapple Code 1302-7017

→ 「墨西哥捲餅」標準份量800日圓～

**4F**
#### 獨一無二深具個性的商品在此入手
# BATTY GARAGE BY AYMMYS
バッティーガレージバイエイミーズ

活躍於模特兒界的瀨戶步擔任設計師的「Aymmy in the batty girls」的概念商店，濃縮了獨特世界觀的服飾單品五花八門。
☎ 03-6804-2134 Mapple Code 1302-7016

→ 「按摩蠟燭」各2500日圓

↑ 「泡澡錠」30～40g各750日圓

**2F**
#### 糖果形狀的可愛泡澡劑
# BADEFEE Concept Shop
バデフィーコンセプトショップ

添加優質的植物油、香草、水果成分的泡澡劑品牌，外觀可愛最適合買來當禮品。
☎ 03-6804-3812 Mapple Code 1302-7791

**ACCESS**
地下鐵千代田線·副都心線
最近車站 明治神宮前〈原宿〉站
5號出口即到

JR
最近車站 原宿站
表參道口步行6分

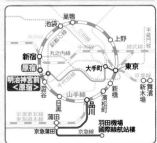

※商品有售完的可能。

# 東急PLAZA表參道原宿

とうきゅうプラザおもてさんどうはらじゅく

**17**

原宿・表參道

景點
玩樂
美食
咖啡廳
購物

所需時間 約2小時

MAP 附錄③ P.13 C·3

# 在高感度商店追求美學

秉持著"將「唯獨此處」、「正因此處」化為具體"的理念，匯集多家高感度流行店家。屋頂設有綠意環繞的露台和咖啡廳，是適合在逛街途中休憩的最佳景點。

**樓層MAP**

|  |  | |
|---|---|---|
| 7F | 餐廳 | |
| 6F | 咖啡廳 | 屋頂庭園（表原之森） |
| 5F | 商店、咖啡廳 | |
| 4F | ISETAN MiRROR、pink trick | |
| 3F | | |
| 2F | AMERICAN EAGLE OUTFITTERS | |
| 1F | | |
| B1F | | |
| B2F | 停車場 | |

## DATA

¥ 入場 免費　📞 03-3497-0418
地址 渋谷区神宮前4-30-3
公休日 無休　營業時間 11:00～21:00
(6、7樓餐飲樓層為8:30～23:00)　Mapple Code 1302-3755

ⓒ「驢奶香皂」20g 810日圓。使用生活在法國阿爾卑斯山上的驢子之驢奶所製成的溫和香皂

ⓓ 淡玫瑰色施華洛世奇水鑽閃閃發光的「JILL STUART櫻桃漾唇彩」3024日圓

ⓑ「Sharon 2WAY藤編包」15120日圓。經典的設計加上發揮藤質素材的簡樸感，是適合夏天的肩背包

ⓐ「丹寧布無領4口袋外套」22760日圓，較貼身的尺寸

ⓒ 印上棕櫚樹（椰子樹）的黑白設計，帶來度假氣息的「Nina棕櫚樹波士頓包」11880日圓

ⓓ「JILL STUART 迷你裝飾碟」4320日圓。褶邊般的波浪形既優雅又可愛的小盤

ⓐ 透明素材的鞋跟能讓雙腳看來更輕盈的「透明圓頭高跟鞋」35640日圓

---

推出多款帶來好心情的商品

**D** 3F 美妝
## JILL STUART Beauty & PARTY
ジルスチュアートビューティアンドパーティー

讓每天的心情都能有如派對般開心度過，而透過各式各樣主題提案「可愛」的「JILL STUART」全新概念店。
📞 03-3470-2727　Mapple Code 1302-7539

---

強調天然香料等素材產地和環保的品牌

**C** 5F 美妝
## AUX PARADIS
オウパラディ

採用從全球蒐集而來的天然素材製作的美妝品牌。使用知道產地來源的天然香料製成的香水、今治產有機棉毛巾等很暢銷。
📞 03-3479-0260　Mapple Code 1302-7793

---

模特兒與藝人都愛用的包包品牌

**B** 4F 包包
## Jewelna Rose
ジュエルナローズ

融入復古的大膽精神設計出的包包、化妝包擺滿店的包包選貨店。藝人與模特兒也愛用，曬度日窟升的品牌。
📞 03-6804-1361　Mapple Code 1302-7792

---

讓穿搭更上一層樓的休閒時尚

**A** 4F 流行服飾
## Paradise Picnic
パラダイスピクニック

從日常的休閒時尚，到奢華的禮服單品一網打盡的選貨店，可以搭配不同需求挑選服飾。
📞 03-6455-4571　Mapple Code 1302-7715

---

## ACCESS

地下鐵千代田線・副都心線
最近車站 明治神宮前〈原宿〉站
5號出口即到

JR
最近車站 原宿站
表參道口步行4分

---

### 這間也要Check

眺望屋頂庭園
品嘗號稱世界第一的早餐！

**7F** bills 表參道
ビルズ おもてさんどう
➜ P.29

---

### 休息就來屋頂庭園

**6F**
## 表原之森
●おもはらのもり
任何人都能隨興造訪的公共空間，不妨在建築師中村拓志所精選的各式椅子上小憩一下。
Mapple Code 1302-4429

ⓐ 入夜會點上燈飾，搖身一變為浪漫氛圍

ⓐ 種植有欅樹和山毛欅等的綠洲空間

**36**

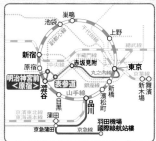

**18**

表參道

# 表參道Hills

おもてさんどうヒルズ

景點・玩樂・美食・咖啡廳・購物

所需時間 約2小時

MAP 附錄③ P.13 D-3

**2016年3、4月 歷年最大型 翻新開幕**

# 時尚咖啡廳& 餐廳熱鬧開張！

OMOTESANDO HILLS

同潤館、本館、西館等3館各自擁有一家家優質又獨具個性的商店。2016年邁向開幕10週年，33家店全新開張，高感度的流行服飾與美食的陣容更加精彩。

## DATA

💴入場 **免費**

📞 **03-3497-0310**（綜合服務中心）

地址 渋谷区神宮前4-12-10

公休日 無休（一年有3天休館日）

營業時間 11:00～21:00，週日為～20:00，咖啡廳、餐廳則因店而異※連休中的週日比照一般營業時間，連休最後一天同週日

Mapple Code 1301-9316

### 樓層MAP

| 西館 | | 本館 | 同潤館 |
|---|---|---|---|
| | | 3F 37 Roast Beef・やさい家めい | 3F ROCKET |
| | | 2F kolor BEACON・Edition | 2F gallery dojunkai |
| 1F BOTTEGA VENETA・STAR JEWELRY | | 1F HUGO & VICTOR・MAX BRENNER CHOCOLATE BAR・BOUCHERON | 1F KuKuRuZa Popcorn |
| B1F TULLY'S COFFEE | | B1F Y-3・Maison MIHARA YASUHIRO | |
| B2F PASS THE BATON | | B2F The Organic Pharmacy・UGG | |
| | | B3F 森の図書室・Spätzle CAFE&WINE | |

### 這裡最時尚
若發現擁有迷人封面的書，還可以借回家看

## 書本與人相繫的場所

**B3F** 森の図書室

もりのとしょしつ

可以隨意來此逛逛，可搭配書本品嘗輕食與酒類的咖啡廳，盡情感受凝聚了森老闆用心堅持的小小空間與獨特的菜色。

📞 03-6434-0625 ᧤11:00～20:30(L.O.)、週日為～19:30(L.O.) Mapple Code 1302-7743

⬆出現在小說『Chocolate Underground』中的「巧克力蛋糕」648日圓

⬆杯墊上有以書籍內容為設計的插圖

### 菜單也有亮點！

➡菜單製作成像書本一樣，菜色名還有各自的頁碼

**依號碼翻頁後…**

➡就可以看到該菜色所出現的書籍作品名和森老闆的解說

## 視覺味覺雙饗宴的絕品甜點

**1F** HUGO & VICTOR

ユーゴアンドヴィクトール

巴黎開創的甜點品牌。講究食材的色彩繽紛甜點，也可在附設的咖啡廳享用。

📞 03-6434-0912 ᧤11:00～20:30(L.O.)、週日為～19:30(L.O.) Mapple Code 1302-7748

⬆「Carnet de Sphères」6個裝3078日圓

⬆「Tablette」1片1836日圓

### 這裡最時尚
有多款如藝術作品般美麗的甜點

## 彈牙有勁的新型態義大利麵

**B3F** Spätzle CAFE&WINE

シュベッツレカフェアンドワイン

吃得到來自德國的新鮮義大利麵「德式麵疙瘩Spätzle」的餐廳，除了有約15種義大利麵外，也可飽嘗道地德國菜與啤酒等。

📞 03-5775-1941 ᧤11:00～22:30(L.O.)、週日為～21:30(L.O.) Mapple Code 1302-7744

➡「海膽多多的奶油白醬」2592日圓

### 這裡最時尚
優質的氛圍與裝飾於牆上的藝術品也是重點

## 紐約風味的烤牛肉

**3F** 37 Roast Beef

サーティセブンローストビーフ

由六本木的牛排屋所操刀的新型態店。以低溫烤箱烘烤的紅肉既柔嫩又多汁。

📞 03-5413-4637 ᧤11:00～22:00(L.O.)、週日為～21:30(L.O.) Mapple Code 1302-7747

### 這裡最時尚
可輕鬆品味高級質感的奢華氛圍

⬆烤牛肉可自選厚度的午餐100g2700日圓～。午餐還附湯品和義式冰淇淋等

## 這間也要Check

### 虜獲少女心的巧克力天堂♥

MAX BRENNER CHOCOLATE BAR マックスブレナーチョコレートバー ➡P.31

## **B1F** 運動流行服飾 兼具機能性與時尚感

Y-3 ワイスリー

Adidas與山本耀司聯名而生的運動品牌。

📞 03-6455-5503 Mapple Code 1302-7746

➡「Y-3 KOHNA」38340日圓

## **B2F** 美妝 來自倫敦的「肌膚藥局」

The Organic Pharmacy

オーガニックファーマシー

堅持採用高品質有機原料的全方位護膚產品應有盡有。

📞 03-6434-0523 Mapple Code 1302-7745

➡潔膚凝霜「胡蘿蔔卸妝白霜」75ml 8424日圓

## NEW SHOP 也別錯過！

### 世界級的 高級品牌陸續進駐！

**1‧2F** VALENTINO（2016年7月上旬OPEN）

**1F** MM6 Maison Margiela

**1F** Sergio Rossi

**1F** BALMAIN

**1F** BOUCHERON

**B1F** Maison MIHARA YASUHIRO

## ACCESS

地下鐵千代田線‧半藏門線‧銀座線

最近車站 **表參道站**
A2出口即到

地下鐵千代田線‧副都心線

最近車站 **明治神宮前〈原宿〉站**
5號出口步行5分

**17** 東急PLAZA 表參道原宿

**18** 表參道Hills

# 原宿流行時尚的聖地
# 引領潮流店家
# 大集合！

對流行十分敏銳的潮流人士所聚集的2大區域。就來逛逛個性洋溢的亮點商店，打造自己的獨特時尚吧！

景點
玩樂
美食
咖啡廳
購物
所需時間 約4小時
MAP 附錄③ P.13

---

〔貓街〕 復古休閒

## FLAMINGO 表参道店
●フラミンゴおもてさんどうてん

由住在美國和歐洲的採購人員所嚴選的古著為中心，男裝、女裝皆網羅各式各樣的單品。擺滿店內的服飾和飾品在款式和色彩樣式上都十分豐富，也有必定讓人一見鍾情的意外珍品。

☎03-5468-5532　砝渋谷区神宮前6-2-9 ミナガワビルB1F　休無休　⏰12:00～21:00（週六日、假日為11:00～）　地下鐵明治神宮前〈原宿〉站7號出口即到　Mapple Code 1302-7825　MAP 附錄③ P.13 C-3

↑也要記得看看店面陳設和古董裝飾品

→背後的刺繡徽章好可愛！「軍綠襯衫」15984日圓

2016年4月OPEN
→復古的二手「提包」9504日圓，適合少女風的穿搭風格

→當紅的「內衣背心」7344日圓，可和T恤或針織衣做多層次穿搭

裏原宿最具代表性的古著店
盼望已久的新店開幕！

**Price**
睡衣襯衫5616日圓／內衣背心5616日圓／全蕾絲長Tee5184日圓／刷破牛仔寬鬆褲4860日圓／Converse 4860日圓

---

充滿玩心的個性派&甜美設計

→以鮮紅色外觀為指標

→透明材質看來涼爽的「SPRY GIRLS HEART RUCKSACK」15984日圓

〔裏原宿〕 個性派女孩風

## Candy Stripper HARAJUKU
●キャンディストリッパーハラジュク

由設計師板橋よしえ所提案，自由時尚感深受歡迎的正統原宿品牌。特色在於玩心洋溢的細節與活潑的用色，可以嘗試多樣的穿搭。

☎03-5770-2200　砝渋谷区神宮前4-26-27　休無休　⏰11:00～20:00　地下鐵明治神宮前〈原宿〉站6號出口步行4分　Mapple Code 1302-5645　MAP 附錄③ P.13 D-3

↑散佈著女孩子最喜歡的圖案「SWEET WEEKEND SALOPETTE」36504日圓

---

〔裏原宿〕 潮流MIX

## BUBBLES
●バブルス

提出在融入流行趨勢之餘，能發揮自我本色的單品與風格。從全身穿搭到飾品一網打盡，絕對能在此找到喜歡的商品。

☎03-5772-7126　砝渋谷区神宮前4-32-12 1階　休無休　⏰12:00～20:00（週六日、假日為11:00～）　JR原宿站竹下口步行7分　Mapple Code 1302-6240　MAP 附錄③ P.13 C-2

↑當成連身裙穿搭也很可愛「寬鬆剪裁T恤」5292日圓

當紅模特兒也愛用 融入流行趨勢的個性派時尚

→人氣經典款「格紋百褶裙」4860日圓

↑以粉紅色為基調的店內，擺設與試衣間也相當講究

→「亮片鞋底亮皮蝴蝶結涼鞋」6372日圓

---

**ACCESS**

| 最近車站 | JR 原宿站 |
| --- | --- |
| 最近車站 | 地下鐵千代田線・副都心線 明治神宮前〈原宿〉站 |

巣鴨　池袋　上野　新宿　原宿　大手町　東京　品川　新橋　新木場　濱松町　惠比壽　澀谷　五反田　目黑　丸之內線　中央線　千代田線　山手線　明治神宮前〈原宿〉　京濱東北線　東海道本線　羽田機場國際線航站樓　京急蒲田

由「JEANASIS」的構思而生

簡單又帥氣的空間

**Price**
拼接V領套頭上衣4320日圓／直寬褲6480日圓／凹頂紳士苧麻帽4860日圓／項鍊2160日圓／皮帶粗高跟涼鞋8100日圓

↑適合簡潔感穿搭的「浮雕紋水桶包」7560日圓

↑在伸縮材質中舒適感一流的「刷破緊身七分牛仔褲」7020日圓

---

● 貓街 ● **男孩風＆帥氣**

# SCRAPBOOK
## (JEANASIS) ●スクラップブック（ジーナシス）

以黑白色為基調，提出風格輪廓鮮明又有力量的女裝品牌「JEANASIS」的旗艦店。除了服飾以外，美妝、紀念品等類型多元的商品也一應俱全。

☎ 03-5468-5115　渋谷区神宮前5-27-7　休不定休　11:00～20:00　地下鐵明治神宮前〈原宿〉站7號出口步行5分

Mapple Code 1302-7232　MAP 附錄③ P.13 B-5

↑以大片玻璃營造的時尚外觀。1樓為流行服飾，2樓還販賣雜貨和美妝品

---

● 貓街 ● **運動休閒**

# Reebok CLASSIC Store Harajuku
●リーボッククラシックストアハラジュク

Reebok的休閒線品牌「Reebok CLASSIC」旗艦店。在洋溢品牌世界觀的店內，包含限定商品在內的豐富款式琳琅滿目。

☎ 03-5778-4354　渋谷区神宮前6-14-7 MEビル　休不定休　11:00～20:00　地下鐵明治神宮前〈原宿〉站7號出口步行3分

Mapple Code 1302-7734
MAP 附錄③ P.13 B-4

↑還能欣賞藝術的脫俗擺設也是亮點

無論鞋子與服飾都豐富的「Reebok CLASSIC」首間直營店

↑「無肩線T恤」3780日圓，重點在於衣長較長

↑與瑞典的美妝品牌FACE STOCKHOLM聯名的「Reebok Leather Spirit」10800日圓

---

## 時髦的流行雜貨也要Check！

● 貓街 ●

# ABBOT KiNNEY JAPAN 神宮前店
●アボットキニージャパンじんぐうまえてん

販售直接從美國西海岸採買的紀念商品等，從全世界網羅各式個性洋溢的雜貨，有許多光看就讓人興奮不已的商品！

☎ 03-6450-5290　渋谷区神宮前6-14-13　休無休　11:00～19:00　地下鐵明治神宮前〈原宿〉站7號出口步行5分

Mapple Code 1302-7537　MAP 附錄③ P.13 B-4

●BLE PINE的「鴨舌帽」8640日圓

●TRADER JOE'S的「環保袋」864日圓

EASY TIGER

以環遊世界般的心情尋找自己的寶物

↑Fluffy的「皮製卡片夾」3780日圓

↑也有豐富的室內雜貨與小東西，2樓還有瑞典成衣品牌「HOPE」的商品

---

● 裏原宿 ● **復古女孩風**

# G2?　●ジーツークエスチョン

裏原宿最具代表性的古著店，以美國為中心蒐羅50～80's的服飾。從稀有的古董衣物到平價的飾品，擁有能讓愛打扮的人醉心的豐富品項。

☎ 03-5786-4188　渋谷区神宮前3-22-7 神宮前ビル2F　休無休　12:00～20:00（週六日、假日為11:00～）　JR原宿站竹下口步行8分

Mapple Code 1302-4587　MAP 附錄③ P.13 C-2

↑店內有許多此一見的古董商品

復古可愛的古著和美式雜貨讓人目不暇給！

↑深棕色上透出小花圖案的「繽紛小花彩色浮雕皮包」5940日圓

↑「碎花薄洋裝」6264日圓，復古的碎花連身裙是搶眼主角級的可愛

---

轟動裏原宿的KAWAII天堂

● 裏原宿 ● **KAWAII×繽紛**

# 6%DOKIDOKI
●ろくパーセントドキドキ

藝術總監增田塞巴斯汀所開的店。粉色系與中毒般的可愛設計商品，想主張個性的人都必買一款！

☎ 03-3479-6116　渋谷区神宮前4-28-16 TX101ビル2F　休無休　12:00～20:00　地下鐵明治神宮前〈原宿〉站電梯出口即到

Mapple Code 1302-3509　MAP 附錄③ P.13 C-3

↑繽紛又活潑的店內也好驚人！

圖案很可愛「Night Trip洋娃娃連身裙」13824日圓，夢幻的圖案很可愛

---

## 裏原宿＆貓街MAP

竹下通
竹下口
G2?
原宿通

裏原宿

ICE-WATCH 原宿
BUBBLES
Candy Stripper HARAJUKU
Laforet原宿
6%DOKIDOKI
神宮前小
東急PLAZA 表參道原宿
表參道Hills
千代田線
表參道
神宮前
表參道站
FLAMINGO 表參道店
GYRE
EATME 原宿本店
LUKE'S 表參道店
原宿站
CANDY SHOW TIME
niko and … TOKYO
Q Plaza HARAJUKU
ABBOT KiNNEY JAPAN 神宮前店
GOOD TOWN DOUGHNUTS
RAINBOW 原宿
Reebok CLASSIC Store Harajuku

● 貓街 ●

White atelier BY CONVERSE
CASSELINI
SCRAPBOOK (JEANASIS)

明治通
副都心線

渋谷站

N
0  50m

# 20 原宿・表參道咖啡廳午餐

はらじゅく・おもてさんどうカフェランチ

## 用心講究 凝聚出 絕品午餐

原宿、表參道是兼具時尚與美味的午餐景點一級戰區。從人氣不墜的知名餐廳，道剛開幕便引發話題的店家，本書精選出特別想推薦的眾所矚目咖啡廳，帶你盡情品嘗各家店秉持自信所供應的講究午間餐點。

⬆以木頭為基調的別緻店內散發美式風味

### Menu♥
**酪梨莫札瑞拉起司漢堡** 1380日圓

使用日本產和牛的漢堡排十分有飽足感，酪梨×起司的黃金組合很受歡迎

**講究POINT**
漢堡在肉排、麵包、蔬菜的平衡上恰到好處，對於食材和烹飪方式也很講究

**甜點吃這個♥**
**鬆餅with綜合水果&發泡鮮奶油** 1380日圓

疊上3層的鬆餅因水果多而能輕鬆吃下肚

## 原宿
### San Francisco Peaks
サンフランシスコピークス

#### 美國風味的多汁漢堡

坐落在裏原宿深處的美式餐廳。不但有種類豐富的漢堡，還供應鬆餅、熱狗等道地的美式餐點，從早到晚都能前來用餐。

☎03-5775-5707 ㊟渋谷区神宮前3-28-7 ㊡無休 ⏰8:00～22:30（關店為23:00），周六日、假日為9:00～ 🚉JR原宿站竹下口步行8分
Mapple(地圖) 1302-7735 MAP 附錄③ P.13 D-1

## 表參道
### ANNIVERSAIRE CAFE

#### 開放式露天座備受喜愛的咖啡廳

由籌備婚禮而聞名「ANNIVERSAIRE」所監製的巴黎風咖啡廳。提供以法國菜為基底的午餐外，甜點和晚間全餐也十分豐富，不論任何時段都可光顧。

☎03-5411-5988 ㊟港区北青山3-5-30 ㊡無休 ⏰11:00～21:00（飲品至21:30止，關店為22:00），週六日、假日為9:00～ 🚉地下鐵表參道站A2出口即到
Mapple(地圖) 1300-5924 MAP 附錄③ P.12 E-4

**講究POINT**
以法國菜為基礎，提供採納全球趨勢的西式餐館佳餚

### Menu♥
**ANNIVERSAIRE CAFE 原創沙拉** 1300日圓

在馬鈴薯麵糊製成的可麗餅上，放上生火腿、鮮豔蔬菜、溫泉蛋的視覺華麗沙拉

## 表參道
### 2016年1月OPEN
### FRANZE & EVANS LONDON 表參道店
フランツアンドエヴァンスロンドンおもてさんどうてん

⬆將英國的世界觀直接帶入的店內

#### 現代英國風的熟食&甜點

倫敦的熱門熟食咖啡廳首度在日本拓店，可一嘗色彩繽紛的養生餐飲、外觀也是場視覺饗宴的甜點。

☎03-5413-3926 ㊟渋谷区神宮前4-9-4 1F ㊡不定休 ⏰9:00～20:30（關店為21:00），週六為10:00～，週日、假日為10:00～19:30（關店為20:00） 🚉地下鐵表參道站A2出口即到
Mapple(地圖) 1302-7706 MAP 附錄③ P.12 E-4

### Menu♥
**2CHOICE SALADS CHOICE HOT DISHES** 1580日圓

自選2道熟食與1道熱食的套餐。午餐還會附上湯品和飲料

**講究POINT**
將義大利菜與地中海料理加以變化的菜餚，大量使用了當令的食材

**甜點吃這個♥**
**法式吐司** 1280日圓

採用布里歐許麵包的法式吐司，配上香煎過的香蕉和楓糖醬非常對味

**甜點吃這個♥**
**綜合莓果與香草冰淇淋奶油的法式吐司** 1400日圓

法式吐司加上莓果的酸度和冰淇淋的甜味很搭（供餐～17時30分）

⬆面向表參道櫸木行道樹的露天座

## ＡＣＣＥＳＳ

地下鐵千代田線・半藏門線・銀座線
**最近車站** 表參道站

地下鐵千代田線・副都心線
**最近車站** 明治神宮前〈原宿〉站

甜點吃這個♥
甜酒紅豆湯 玄米焙茶套餐 1100日圓
將日本產紅豆以甜酒烹煮出的紅豆湯，焙茶更能凸顯出甜味

每日更換一湯三菜定食 平日1500日圓
以豆腐料理為主菜，附上將蔬菜和海藻等入菜的配菜、玄米飯、味噌湯的營養滿分佳餚

### 表參道
## BROWN RICE by NEAL'S YARD REMEDIES

**提案新式和食的「食堂」**
由有機美妝品牌「NEAL'S YARD」所操刀，綠意環繞的"食堂"。可以享用將食材的營養與美味發揮至極限、用心調理出的溫和甜點與和食。

☎03-5778-5416　⊞渋谷区神宮前5-1-8 1F　休無休　⏰11:30～21:00(關店為22:00)　🚇地下鐵表參道站A1出口即到
Mapple Code 1302-7195　MAP 附錄③ P.13 D-4

⬆坐在綠意盎然的露天座，能忘卻城市喧囂悠然度過

講究POINT
蔬菜和玄米、大豆等食材是由生產者每天直接發送，味噌和調味料也是手工製作

### 原宿
## YODAKA珈琲
ヨダかこーひー
2015年10月OPEN

**永作博美所監製 充滿溫暖的咖啡廳**
⬆室外光線灑落的明亮店內
將電影《寧靜咖啡館之歌》裡的虛構咖啡館加以重現的咖啡廳，是自然又舒適的空間。使用位在石川縣的二三味咖啡的豆子，沖泡出的咖啡可搭配講究的自創餐點品嘗。

☎03-6712-6950　⊞渋谷区神宮前6-14-11　無休　⏰9:00～21:00，週六日、假日為11:00～　🚇地下鐵明治神宮前〈原宿〉站7號出口步行3分
Mapple Code 1302-7736　MAP 附錄③ P.13 B-4

講究POINT
除了「TARUI BAKERY」的麵包外，無添加的蔬菜和香腸等食材也是嚴選而來

無添加越南三明治 700日圓
無添加的兩種火腿夾進麵包一同烘烤，再放上大量蔬菜

甜點吃這個♥
⬆烤起司蛋糕 600日圓
口感滑嫩的經典熱銷甜點

---

### 原宿
## RÉFECTOIRE

⬅提供Wi-Fi與插座，能度過舒適的時光

長棍三明治盤餐 896日圓
自選三明治附上沙拉、飲品的套餐

**京都的人氣烘焙坊所打造的餐廳**
京都的「Le Petit Mec」所經營的咖啡廳，賣點為連餡料也很講究的多元口味三明治，讓人想在自助餐廳形式的店內品嘗現做美味。

☎03-3797-3722　⊞渋谷区神宮前6-25-10 TAKEO KIKUCHI大樓3F　休無休　⏰8:30～19:00(咖啡廳關店為19:30，商品販賣至20:00)　🚇地下鐵明治神宮前〈原宿〉站7號出口步行3分
Mapple Code 1302-7464
MAP 附錄③ P.13 B-4

講究POINT
依據長棍麵包和裸麥麵包等不同的麵包種類，選擇與其搭配的餡料與盛裝方式

### 表參道
## Urth Caffé 表參道
アースカフェおもてさんどう

⬆店內裝飾也很有西岸風味，國外進口的磁磚很迷人

**感受LA風潮的養生咖啡廳**
來自洛杉磯的有機咖啡深受歡迎的咖啡廳。有份量充足的三明治與自製的穀麥等，供應大量使用新鮮蔬菜與水果的多樣餐點。

☎03-6447-4771　⊞渋谷区神宮前4-9-8 SOCAL LINK OMOTESANDO內　無休　⏰10:00～19:00(關店為20:00)　🚇地下鐵表參道站A2出口步行3分
Mapple Code 1302-6799　MAP 附錄③ P.12 E-3

雞肉咖哩三明治 1640日圓
將香辣又帶有葡萄乾甜味的雞肉咖哩，以硬式麵包夾住

講究POINT
供應100%無農藥栽種的有機咖啡，適合在餐後細細品味

---

紹為傲的甜點，在此精選2家介

不但好吃更以可愛的外型引以

自豪的咖啡廳 以甜點

外觀也好可愛♥

### 表參道
## ことりカフェ 表參道
ことりカフェおもてさんどう

⬅「玄鳳鸚鵡 招牌餅乾」6片裝 777日圓

**玩賞鳥兒悠閒度過♪**
可和鸚鵡相見歡的療癒咖啡廳。參考鸚鵡設計出的甜點可愛到讓人捨不得吃下肚。

☎03-6427-5115　⊞港区南青山6-3-7　休第3週一(逢假日則翌日休)　⏰11:00～19:00(關店)　🚇地下鐵表參道站B1號出口步行8分
Mapple Code 1302-6861　MAP 附錄③ P.3 D-3

⬆「小鳥蛋糕(玄鳳鸚鵡)」864日圓，飲料套餐為1620日圓

⬆店內也有販賣商品

### 原宿
## Nicholas HOUSE

**外型與風味都處處講究**
美食研究家Nicolas Charles所做的甜點不只是可愛，味道也很正統。1樓還有販售雜貨。

☎03-6434-9579　⊞渋谷区神宮前4-26-5 キャットストリート神宮前426ビル1・2F　休無休　⏰11:00～19:00(關店為20:00)，週六日、假日為10:00～　🚇地下鐵明治神宮前〈原宿〉站5號出口步行5分
Mapple Code 1302-7156　MAP 附錄③ P.13 D-3

⬅填滿大量入口即化奶油的「兔子奶油泡芙」497日圓～

⬅疊上布丁和冰淇淋、泡芙餅皮等的「兔子聖誕柳橙」1445日圓

⬆2樓有58席，空間寬敞

景點
玩樂
美食
咖啡廳
購物
所需時間 約**3**小時
MAP 附錄③P.14E・4

# 成熟女性必逛的商店大集合!

直通澀谷站,能讓大人開心逛街的高樓複合設施。創造與引領流行的樓層陳設,網羅美食、甜點、流行時尚、雜貨等各具魅力的店家。2015年9月翻新開幕,33間搶眼店家全新登場。

**DATA**

¥ 入場 **免費**
☎ **03-5468-5892**
地址 渋谷区渋谷2-21-1 公休日 無休
營業時間 10:00～21:00,咖啡廳&餐廳的6樓11:00～23:00、7樓11:00～23:30、週日～23:00、8樓11:00～20:00、部分店家～22:30
Mapple Code 1302-3479

©Shibuya Hikarie

## 澀谷最大規模的餐飲樓層

### 6-7樓 dining6／TABLE7
ダイニングシックス／テーブルセブン

和食、洋食、拉麵,多種類型的26家店櫛次鱗比。

### 健康的夏威夷風正統美食

**7樓 Kailua Weekend**
カイルアウィークエンド

以夏威夷凱魯瓦為主題的咖啡餐廳。提供滿滿蔬菜的盤餐、河粉等多種受到女性喜愛的夏威夷道地美食。

☎ 03-6434-1512 ⏰11:00～22:30(飲品至23:00止,關店為23:30)、週日～22:00(飲品至22:30止,關店為23:00)
Mapple Code 1302-6254

⤴「香草雞班尼迪克蛋」1382日圓

### 首登日本的超人氣義式餐廳

**6樓 CAPRICCI**
カプリッチ

源自阿瑪菲海岸波西塔諾的海鮮餐廳。供應用上每日直接配送而來的新鮮海產、手工義大利麵的南義料理。

☎ 03-6434-1471 ⏰11:00～22:00(飲品至22:30止,關店為23:00)
Mapple Code 1302-4048

⤴前方為「手工義大利"胖胖"白酒漁夫麵」1814日圓

### 附設餐廳以景觀自傲的樓層

**11樓 Sky Lobby**
スカイロビー

位在TOKYU THEATRE Orb入口部分的大廳樓層,洋溢特別氣息的空間。

### 銀座的知名主廚所監修

**11樓 THE THEATRE TABLE**
シアターテーブル

由「Aroma-fresca」的原田主廚負責監修餐點的休閒義式餐廳,吃得到將食材滋味發揮到最極致的佳餚。

☎ 03-3486-8411 ⏰11:30～23:00(關店為24:00)
Mapple Code 1302-4049

⤴右前方為「蒜山娟珊牛的戲院風牛排(M)」2000日圓

## 擁有藝廊與食堂等的多目的樓層

### 8樓 Creative Space「8/」
クリエイティブスペースエイト

繼承東急文化會館的脈絡,有藝廊和商家聚集。

### 藉由定食品嘗鄉土料理

**8樓 d47食堂**
ディヨンナナしょくどう

精選日本47都道府縣的美味食材,供應每月更換7～10道左右的「○○縣定食」,搭配日本產葡萄酒或啤酒一同品嘗。

☎ 03-6427-2303 ⏰11:30～21:30(飲品至22:00止,關店為22:30)
Mapple Code 1302-6444

⤴「長崎定食」1550日圓。將在松浦港捕獲的竹筴魚油炸,再擠上自製塔塔醬

### 渋谷Hikarie 樓層MAP

| 樓層 | |
|---|---|
| 34F | 17～34樓 辦公室 |
| 17F | |
| 12F | TOKYU THEATRE Orb |
| 11F | |
| 9F | 9樓 Hikarie Hall |
| 8F | 8樓 Creative Space「8/」 |
| 7F | 6～7樓 Café & Restaurant |
| 6F | |
| 5F | 5樓 ShinQs 生活雜貨 |
| 4F | 2～4樓 ShinQs 流行服飾 |
| 3F | |
| 2F | |
| 1F | 1樓～地下1樓 ShinQs 美妝 |
| B1F | |
| B2F | 地下2～3樓 ShinQs 美食 |
| B3F | 停車場 |
| B4F | |

直通TOKYU THEATRE Orb位在離地70m處的大型音樂劇場

能依照年齡和膚質做選擇的多樣款式

直通JR澀谷站 往明治通方向
地下3～4樓 挑高空間(電扶梯)
直通地下鐵

## ACCESS

東急東橫線・東急田園都市線、地下鐵半藏門線、副都心線／JR、地下鐵銀座線、京王井之頭線

最近車站 **澀谷站**
直通15號出口／2F連絡通道

## 將優質巧克力帶回去做伴手禮
### B2樓 PIERRE MARCOLINI

比利時皇室御用的人氣巧克力專賣店,販賣高品質的調溫巧克力。可以外帶的霜淇淋也很受歡迎。

☎ 03-6434-1895 ⏰ 10:00〜21:00
Mapple Code 1302-6035

⬆ 裝有6種巧克力的綜合裝。「MARCOLINI精選6個裝」2160日圓

⬆ 用上調溫巧克力的「MARCOLINI巧克力蛋糕」1條1836日圓

⬆ 「MARCOLINI巧克力霜淇淋」540日圓。吃得到可可豆香氣的濃醇滋味

※內容會有因季節更動的可能。

## 能因應從職場到休閒等各種場景
### 2-4樓 ShinQs Fashion
シンクスファッション

主打20〜30多歲女性的流行高感度商家雲集,從休閒到奢華風,提供多元的風格。

### 為出門帶來樂趣的包包
### 2樓 mimimi

網羅福岡發跡、原創、進口等30多家品牌的選貨店,售有許多適合不同個性的包包。

☎ 03-6434-1720 ⏰ 10:00〜21:00
Mapple Code 1302-6253

⬆ 大大的拉鏈與紅色內裏為亮點的「鯊魚後背包」54000日圓

⬅ 「肩背包」12744日圓

※顏色款式會有更動的可能。

在果汁攤休息一下!

## 追求內在美的養生果汁
### 2樓 JUICERY by Cosme Kitchen

使用各種親近自然好食材的冷壓果汁攤,可從多元的蔬果組合中,配合身體狀況和心情挑選。

☎ 03-6434-1734 ⏰ 8:00〜21:00
(週六日、假日為10:00〜)
Mapple Code 1302-7506

⬆ 以慢速轉動榨出營養豐富的「冷壓果汁」tall 680日圓〜

休息室的演化形態!

### B1樓 留意Beauty Pedia!!
ビューティー ペディア

將與美相關的事與物獨自編輯而成,宛如百科全書般的休息空間。在自在休憩的同時,發現新鮮事物。

⬆ 藉由蒐集多本與美相關書籍的書架等,成為傳遞資訊的空間

⬆ 還有可依據喜好與心情,打造專屬香氣的芳香精油調合機

## 擺滿日本內外的甜點和伴手禮等
### B2樓 ShinQs Food
シンクスフード

從經典的和菓子到來自國外的暢銷甜點,類型五花八門的食品雲集,最適合採買伴手禮。

⬆ 「馬卡龍」各316日圓。融入抹茶、黑芝麻等日式食材的青木特製口味

### 巴黎廣受好評的正統法式糕點
### B2樓 pâtisserie Sadaharu AOKI paris

以巴黎為據點活躍於全世界的糕點師傅青木定治開設的店。不但有熱門的馬卡龍,還有烘焙點心、巧克力等款式多樣豐富。

☎ 03-6434-1809 ⏰ 10:00〜21:00
Mapple Code 1302-7851

⬅ 將法式糕點『歌劇院蛋糕』改編成抹茶口味的「Bamboo」891日圓

⬆ 講究食材的烘焙點心綜合裝「Petite boîte」3240日圓

※內容會有因季節更動的可能。

### 圖案十分可愛的蝦煎餅
### B2樓 桂新堂
けいしんどう

創業邁入150週年的蝦煎餅老店「桂新堂」,印上招福貓和八公口等圖案的可愛蝦煎餅很適合當伴手禮。

☎ 03-6434-1831 ⏰ 10:00〜21:00
Mapple Code 1302-7298

⬆ 「澀谷蝦仙貝」6袋裝648日圓。八公的圖案很可愛

⬆ 「招福貓」6袋裝648日圓

## 獨特又活潑的雜貨一字排開
### 5樓 ShinQs Lifestyle
シンクスライフスタイル

點綴生活的色彩繽紛時髦雜貨琳琅滿目!除了買給自己,也一定會在此發現想送給親友的商品。

### 講究細節的可愛雜貨寶庫
### 5樓 FRANCHE LIPPEE DANS SON POCHE
フランシュリッペダンソンポッシュ

2015年9月登場

不追隨潮流,以能讓持有人打從心裡開心的時尚商品為提案的品牌。

☎ 03-5485-1050 ⏰ 10:00〜21:00
Mapple Code 1302-7505

⬆ 附束口袋的「獨創花樣攜帶式拖鞋」4968日圓

⬆ 「貓圖鑑登機箱」27864日圓、「行李帶」3024日圓

⬅ 「獨創花樣多多二折式錢包」25704日圓

⬅ 『多色點點大口金包』系列「附皮繩手提口金錢包」2484日圓

⬅ 『菊花圖案』系列「5寸化妝包」各2484日圓。菊花圖案為ShinQ限定

### 多款色彩斑斕的口金包
### 5樓 AYANOKOJI
アヤノコウジ

兼具方便使用度與流行,販賣將「如果有就好了」加以實現而充滿原創性的口金包。錢包和化妝包、包包等多樣化商品全由師傅手工製作。

☎ 03-6434-1639 ⏰ 10:00〜21:00
Mapple Code 1302-7252

# 年輕力量全開！
# 澀谷的知名景點

快時尚的大型店鋪與大排長龍的熱門店家等櫛次鱗比，總能讓人彷彿置身在流行最前線的大街。不妨來此逛街、享受娛樂，體驗活力洋溢的澀谷風情吧！

## 澀谷中央街

### Eat
## Napoli's PIZZA&CAFFÉ
### 澀谷中央街

●ナポリスピッツァアンドカフェしぶやセンターがい
直徑25cm的窯烤披薩用378日圓～的超便宜價格就可以吃到。在店內烘烤出的披薩種類豐富，還提供義大利麵和甜點。由於24小時營業，通宵遊玩的日子也很方便。

☎03-3496-5505 ⬜渋谷区宇田川町21-7 渋谷平和ビル1～3F ⬜無休 ⬜24小時 ⬜JR澀谷站八公口步行3分

Mapple Code 1302-6291

MAP 附錄③ P.15 C-4

↑紅色十分搶眼的外觀，店鋪由3層樓構成

↑「特級瑪格麗特」961日圓，使用最頂級水牛的莫札瑞拉起司

↑2樓的座位，3樓還設有沙發座

### Shopping
## RANDA 澀谷店

●ランダしぶやてん
款式豐富的女鞋品牌，秉持「URBAN FEMININE」的品牌概念，推出主打都會型女性的商品。

☎03-6416-5855 ⬜渋谷区宇田川町16-8 渋谷センタービル1F ⬜無休 ⬜11:00～21:30 ⬜JR澀谷站八公口步行4分

Mapple Code 1302-5076 MAP 附錄③ P.15 C-3

↑未加以修剪的丹寧布料展現出慣用感「軟木塞底楔形涼鞋」7992日圓

↑形形色色的原創設計鞋款

↑雪紡紗的花朵配飾十分華麗的「花朵舒適涼鞋」8532日圓

### Shopping
## Arteum

在巴黎的羅浮宮博物館內等地展店的藝術精品店。知名藝術家的高品味設計，可透過筆記本和廚房用具等日常用品感受藝術。

☎03-3462-3807（澀谷Loft總機） ⬜渋谷区宇田川町21-1 澀谷Loft6F ⬜無休 ⬜10:00～21:00 ⬜JR澀谷站八公口步行5分

Mapple Code 1302-6902 MAP 附錄③ P.15 C-3

↑印上安迪•沃荷『瑪麗蓮•夢露』的筆記簿1556日圓（左）、「便利貼」1296日圓（右）

↓商品的展示方式也很新潮

汪！
我就在這裡喔！

↑比利時畫家雷內•馬格利特的作品變身為餐具系列。「盤子」（天空之鳥、黑格爾的假日）各1512日圓

澀谷站
八公口
道玄坂下
山手線・埼京線

PRONTO
Arteum
西武澀谷店B館
FOREVER 21® 澀谷店
西武澀谷店A館
洋服の青山
Napoli's PIZZA&CAFFÉ 澀谷中央街
QFRONT
大盛堂書店
109 MEN'S

### ACCESS
JR／東急東横線・田園都市線、地下鐵半藏門線・副都心線

最近車站 ▶ 澀谷站
八公口即到／6號出口即到

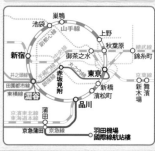

## Eat
# BiOcafe
●ビオカフェ

以「吃了變漂亮」為理念,使用不傷身體的嚴選食材。種類豐富的貝果和採取有機天然酵母製作的吐司也很受歡迎!

📞03-5428-3322
🏠渋谷区宇田川町16-14 パティオⅠ1F 🏠無休 ⏰11:00~23:00(關店為23:30) 🚉JR澀谷站八公口步行7分

Mapple Code 1301-7279　MAP 附錄③P.15 C-3

➡還有許多男性也能飽足的餐點!

➡甜點全是手工製作!

➡不但可以內用,也提供外帶服務

➡「藍莓優格」(右)、「植物性巧克力」(左)各240日圓

---

## 也來去西班牙坂逛逛吧!

由PARCO委託咖啡廳的店長所命名的西班牙坂上,個性派商家和南歐風的餐飲店、電影館等櫛次鱗比!

## Shopping
# DECO Choco Store
## 澀谷西班牙坂店
●デコチョコストアしぶやスペインざかてん

從卡通人物到留言、獨特LOGO,包裝約有500種的巧克力專賣店,適合來此挑選伴手禮。

📞03-5784-0887
🏠渋谷区宇田川町16-14 1F 🏠無休 ⏰12:00~20:00(客製化服務受理~19:00) 🚉JR澀谷站八公口步行7分

Mapple Code 1302-7501　MAP 附錄③P.15 C-3

➡有多種圖案的「巧克力」1塊74日圓

## Eat
# 人間関係 café de copain
●にんげんかんけいカフェデコバイン

不分年齡層長年備受喜愛的老字號咖啡廳。著名的司康以豐富的口味與良心價而深具魅力。

📞03-3496-5001
🏠渋谷区宇田川町16-12 🏠無休 ⏰8:30~23:00(關店為23:30) 🚉JR澀谷站八公口步行5分

Mapple Code 1302-1217　MAP 附錄③P.15 C-3

➡「司康」1個120日圓、「咖啡」230日圓~

---

SHIBUYA Francfranc｜渋谷PARCO Part3｜渋谷PARCO Part1 (2016年8月起因建築工程長期歇業)

ヨシモト∞ホール

BEAM 渋谷

DECO Choco Store 澀谷西班牙坂店｜BiOcafe｜西班牙坂｜人間関係 café de copain｜ちとせ会館

Quattro｜派出所｜澀谷肉橫丁

H&M｜宇田川Cafe｜Bershka 澀谷店

マルハンパチンコタワー｜RANDA 澀谷店｜SUNKUS｜ZARA

中央街｜漢堡王

麥當勞

DOUTOR｜ABC MART｜First Kito

文化村通｜金のとりから 東京・澀谷中央街店

接P.46 GO!

SHIBUYA 109

---

➡可從辣味和醬汁等超過8種以上的口味選擇

➡即使要排隊,也推薦來嘗嘗新式炸雞

## Eat
# 金のとりから
## 東京・澀谷中央街店
●きんのとりからとうきょうしぶやセンターがいてん

酥脆又多汁的日式炸雞可以在逛街時輕鬆品嘗。單份290日圓十分平價,醬汁有美奶滋和甜辣醬、改編過的巧克力醬等五花八門。

📞03-3464-5585
🏠渋谷区宇田川町25-3 🏠無休 ⏰11:00~23:00 🚉JR澀谷站八公口步行3分

Mapple Code 1302-4115　MAP 附錄③P.15 C-4

---

## Fun
# 吉本∞HALL
●ヨシモトむげんだいホール

以吉本興業的新銳搞笑藝人為中心,帶來搞笑與企劃表演的表演廳,也有許多上電視的人氣藝人演出,想搶先目睹新世代搞笑藝人的話一定要來!

📞03-5728-8880
🏠渋谷区宇田川町31-2 BEAM 渋谷B1F 🏠不定休 ⏰因公演而異 🚉JR澀谷站八公口步行7分

Mapple Code 1301-9853　MAP 附錄③P.15 B-3

➡率先一睹即將走紅的搞笑藝人!

搞笑藝人新星 大集合!

小菜俱樂部

開心果

橫澤夏子

---

## Eat
# 宇田川cafe
●うだがわカフェ

概念為「宛如在自己房間般悠閒自在」,受到聚集於澀谷的男女老幼所喜愛的咖啡廳,營業到早上這點也很貼心。

📞03-5784-3134
🏠渋谷区宇田川町33-1 グランド東京会館1F 🏠無休 ⏰11:30~翌4:00(關店為翌5:00) 🚉JR澀谷站八公口步行5分

Mapple Code 1301-9189　MAP 附錄③P.15 B-3

➡店長所蒐集的高品味傢俱呈現出安穩的空間感

➡「本日的鹹派」600日圓

---

## Shopping
# Bershka 澀谷店
●ベルシュカしぶやてん

將音樂與文化融入流行服飾的休閒品牌。推出採納潮流趨勢的多方位商品,每週進貨2次新品。

📞03-3464-7721
🏠渋谷区宇田川町16-9 ZERO GATE 1~4F 🏠無休 ⏰11:00~22:00 🚉JR澀谷站八公口步行6分

Mapple Code 1302-3036　MAP 附錄③P.15 C-3

➡以螢光黃裝飾的外觀,即使位在澀谷也十分吸睛!

➡「鴨舌帽(男性)」2160日圓

➡「牛仔連身裙(女性)」5886日圓

➡「木底鞋(女性)」7830日圓

➡「飛行員外套(男性)」8910日圓

景點
玩樂
美食
咖啡廳
購物
所需時間 約2小時
MAP 附錄③ P．15 C・4

# 潮流商家雲集！女性人氣No.1的流行時尚大樓

孕育出無數潮流的澀谷最具代表性流行時尚大樓。以受到10～20多歲年輕女性歡迎的品牌為中心，從成熟風到獨特新潮風，所有風格的當紅單品都能在此入手，價格範圍大也是魅力之一。

↑也提供多款能穿出女人味的單品

↑有時還會推出與人氣模特兒聯名的商品

●STAFF CODE
關野妃加里小姐
紡錘形喇叭上衣 6372日圓／部落花紋梯形短裙6912日圓／戰士風露趾高跟涼鞋7452日圓

酷酷型都會風格

「161」附厚皮帶牛仔短褲7992日圓，適合想將上衣紮進褲子時的穿搭

都會洗鍊

↑基本款的設計十分好搭「運動風涼鞋」9180日圓

## DATA
¥ 入場 免費　Mapple Code 1300-2724
☎ 03-3477-5111（綜合服務中心）
地址 渋谷区道玄坂2-29-1　公休日 無休
營業時間 10:00～21:00(7樓咖啡廳café Ma Maison～22:00、Chirico di NAPOLI為11:00～22:00)

|  |  |
| --- | --- |
| 8F | WEGO<br>SBY<br>SPINNS bis |
| 7F | collabo mignon<br>BUBBLES<br>evelyn |
| 6F | Ank Rouge<br>Oneway<br>SPIGA |
| 5F | Avan Lily<br>LIZ LISA<br>MURUA |
| 4F | dazzlin<br>ENVYM<br>one spo |
| 3F | EMODA<br>MULLER<br>XOXO |
| 2F | CECIL McBEE<br>DaTuRa<br>Ruby to be! |
| 1F | OZOC<br>Samantha Vega<br>ROYAL PARTY |
| B1F | ESPERANZA XYZ<br>R&E<br>TOCO PACIFIC |
| B2F | FIG&VIPER<br>PUNYUS<br>SLY |

### 4F ENVYM アンビー
在簡單的穿搭中加入新潮風味，都會女性的百搭實穿時尚提案，店內盡是讓人想帥氣穿搭演繹的單品。
☎ 03-3477-5082　Mapple Code 1302-7725

### 2F CECIL McBEE セシルマクビー
匯集服裝和飾品、包包等，能享受全身穿搭樂趣的人氣店家。不只有優雅路線，還有休閒風和性感風等
☎ 03-3477-5060　Mapple Code 1301-8725

優雅風

### 7F collabo mignon コラボミニョン
可以過過癮和知名藝人、卡通人物成為好朋友，一起拍大頭貼！
☎ 03-3477-5123　Mapple Code 1302-7751
※照片為圖例

聯名大頭貼專賣店OPEN!!

美式休閒　2016年3月OPEN！

無論個性派或流行款式都交給我們♪

### 8F WEGO ウィゴー
以原宿的街頭風為主軸，再加上獨具個性的變化，帶動獨特的最新潮流，有多種能運用於日常的多元單品。
☎ 03-3477-5091　Mapple Code 1302-7752

混搭二手衣穿出個性

圓衣
「雪紡紗袖毛」2149日圓

也很充實 雜貨區

←「JUICY手拿包」3229日圓，可在夏天大展風采

●STAFF CODE
竹內凜小姐
單圖樣滾邊套頭上衣3229日圓／附皮帶短褲3229日圓／厚底毛涼鞋4309日圓

散發氣質的成熟風格也很推薦喔

想打造女孩風穿搭就來找我們

大大露出鎖骨而充滿女人味的「胸前鑲寶石條紋線衫」5292日圓

「朦朧碎花百褶短裙」6372日圓，藉由淡淡花紋穿出女人味

●STAFF CODE
石田有香小姐
披巾風多色西裝式長大衣9612日圓／淡色碎花圖案連身裙7452日圓／寬高跟厚底涼鞋7452日圓

寬敞的店內堪稱109內最大面積

女孩風的經典！憧憬品牌NO.1

腰部的小蝴蝶結很可愛的「風衣式梯形牛仔裙」7542日圓

少女風

### 4F dazzlin ダズリン
網羅五花八門流行商品的實穿百搭服飾品牌。條紋和印花圖案的成熟女孩風單品也豐富。
☎ 03-3477-5183　Mapple Code 1302-0550

甜美又兼具玩心的成熟少女風

←「厚底帆布運動鞋」6372日圓

●STAFF CODE
小口日奈子小姐
剪裁牛仔外套6372日圓／附皮帶碎花連身蓬裙8532日圓／後拉鍊厚底靴7452日圓

→包包也很豐富

西也很豐富

## ACCESS
東急田園都市線・東急東橫線、地下鐵半藏門線・副都心線／JR
最近車站 澀谷站
直通3a出口／八公口步行3分

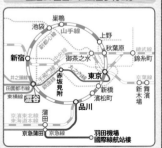

46

景點
玩樂
美食
咖啡廳
購物

所需時間 約3小時

MAP 附錄③ P.15 B-1

## 化身主播

首先從開場的新聞開始

請讀出映射在攝影機上的原稿

### STUDIO PARK NEWS

在正統的攝影棚內，化身為主播和新聞播報員，體驗拍攝節目的樂趣。只在主播台拍照留念也OK！

↑在同一個攝影棚內挑戰氣象預報，動作與氣象圖會有電腦合成

└體驗時間約20分 預約不需要，人多時有導覽

# 在電視台盡情體驗

透過各式各樣的展示和活動、錄影參觀，可以接觸NHK多元的節目，是一座共17個區域的體驗行主題樂園。由於高中生以下免費，可以玩得划算開心。必須留意每年約60天的「免費開放日」。

## ⒟ⒶⓉⒶ

¥ 入場 **200日圓** （高中生以下免費）

☎ **03-3485-8034**

地址 渋谷區神南2-2-1 休館日 第4週一（逢假日、補假日則翌日休，休館日有更動的可能）

開館時間 10:00～17:30（最後入場為18:00）

費用 200日圓（高中生以下、未滿18歲、65歲以上免費） HP http://www.nhk.or.jp/studiopark/

※休館日、免費開放日需上官網確認 Mapple code 1300-2824

## 配音體驗

アフレコスタジオ

REC

沒想到要投入感情這麼困難！

### 音樂·影像製作體驗

### 創意研究室

可以將多摩君等卡通人物搭配音樂、合成上真實影像，試著創作出原創的短篇影片吧！

└體驗時間約25分
預約當天在預約櫃檯報名

### 動畫工廠

替『丸少爺』和『忍者亂太郎』等人氣動畫配上台詞吧！配音結果會分成3階段評分，你能獲得幾分呢？

└體驗時間約5分 預約號碼牌制（入口發放）

**其他還有這些動畫**
『湯瑪士小火車』
『境界之輪迴』
『WASIMO』

## 美食 STUDIO CAFE

供應與節目相關的特別料理等，從輕食到甜點都品嘗得到的咖啡廳。即使不進入園區也可入店消費。

↑「大河劇御膳」1300日圓，1日限量20份

☎ 03-3485-1118 ⌚ 11:30～18:00（關店為18:30），週六日、假日為11:00～ Mapple code 1302-7157

## 伴手禮 STUDIO SHOP

網羅人氣王「多摩君」與大河劇等節目相關的商品，別的地方都買不到喔。

☎ 03-3460-3374 ⌚ 10:00～18:30

↑「多摩君S」1382日圓 Mapple code 1302-6894

## 這裡也要 CHECK！ 邊玩邊學習的展示

### 媒體牆

觸碰液晶螢幕，就會冒出古裝劇和文化節目等懷舊的節目與新聞片段。

### 大自然攝影師

試著操作戰車攝影機、夜視攝影機等用來拍攝生物世界的各式各樣相機。

### NHK大探索

用猜謎方式來學習節目與NHK蒐集資訊的專區，目標成為NHK專家！

### 電視劇展示所

可以欣賞大河劇與晨間劇的影像、使用的小道具等資料的專區。

## ⒶⒸⒸⒺⓈⓈ

JR／東急東橫線、東急田園都市線、地下鐵銀座線、半藏門線·副都心線、京王井之頭線

最近車站 ▶ **渋谷站**

八公口步行12分
6號出口步行12分

原宿·表參道·澀谷

25

角色人物 & 概念咖啡廳

キャラクターアンドコンセプトカフェ

景點
玩樂
美食
咖啡廳
購物

所需時間 約1小時

MAP 附錄③ P.12·14

## 療癒滿分的角色咖啡廳

**原宿**

### 布丁狗咖啡廳 原宿店

ポムポムプリンカフェはらじゅくてん

以三麗鷗的角色「布丁狗」為主題的咖啡廳。不單是外觀，味道也十分講究的可愛餐點五花八門，散發療癒滿分的氛圍。在販賣區還可購買限定商品。

☎03-5786-0770 ⏸渋谷区神宮前1-7-1 CUTE CUBE HARAJUKU3F ⏸準同CUTE CUBE HARAJUKU的公休日 🕚11:00～20:00（飲品至20:30止，關店為21:00） 🚉JR原宿站竹下口步行3分

Mapple 1302-6828 MAP 附錄③ P.13 C-2

角色人物

**這裡最有趣!**
空間與餐點清一色全是「布丁狗」♪可以和布丁狗等角色一同合影的拍照景點很受歡迎 預約 不可

- 麻吉杯de
- 墨西哥飯
- 1393日圓

➡推薦吃法是將布丁狗與馬芬倒在蔬菜上攪拌食用♪

- 莓果醬香濃
- 法式吐司
- 1393日圓

➡將笑臉的布丁狗放在酸甜覆盆子醬之中的人氣甜點

# 可愛!特別!
# 前往各具特色的
# 歡樂咖啡廳

身為東京第一時尚＆流行發信地而著稱的3大地區，以獨特的概念統一氛圍的店家陸續誕生中!

## 可在7種環境下用餐的時尚空間

**澀谷**

### LIVING ROOM CAFE by eplus

リビングルームカフェバイイープラス

由eplus所打造的成熟風咖啡廳。可以在「客廳」、「餐廳」、「陽台」等7種不同氛圍的區域，搭配餐點與飲料一同欣賞藝術與現場表演。

☎03-6452-5424 ⏸渋谷区道玄坂2-29-5 THE PRIME 5F ⏸無休 🕚11:30～23:00（關店為24:00），週日、假日～21:00（關店為22:00） 🚉JR澀谷站八公口步行4分

Mapple 1302-7532 MAP 附錄③ P.15 C-4

**這裡最有趣!**
理念為"藝術家招待友人來做客的房間"，呈現出能近距離感受音樂與藝術的空間，可以依照心情選擇房間 預約 可

- 香辣鮮蝦秋葵
- 湯飯
- 1566日圓

➡加入秋葵和酪梨、鮮蝦的辛辣卡疆風味湯飯

流行飾品

**這裡最有趣!**
以不可思議的「Q的房間」為概念的9個房間內，有許多與飾品同樣設計的甜點 預約 需洽詢

- 項鍊甜點盤
- 1390日圓（附飲品）

➡甜點看起來就像飾品一樣，蛋糕有6種可選擇

藝術＆表演

## 甜點與飾品的迷人組合

**表參道**

### Q-pot CAFE.本店

キューポットカフェほんてん

以甜點為設計主題的飾品備受歡迎的「Q-pot」所開設，可藉由真正的甜點一嘗該品牌可愛的世界觀，具藝術性的甜點無論視覺和味覺都是場盛宴。

☎03-6427-2626 ⏸港区北青山3-10-2 ⏸無休 🕚11:30～19:00（關店為19:30） 🚉地下鐵表參道站B2出口即到

Mapple 1302-4500 MAP 附錄③ P.12 E-5

ＡＣＣＥＳＳ

最近車站 JR 原宿站
地下鐵銀座線·半藏門線·千代田線

最近車站 表參道站
JR／東急東橫線·東急田園都市線、地下鐵銀座線·半藏門線·副都心線、京王井之頭線

最近車站 澀谷站

書本

**這裡最有趣!**
整面牆的書櫃上排滿了雜誌和攝影集，宛如拍電影攝影棚的空間。不但可以買書，也可以從架上拿下來閱讀
**預約** 可

花卉藝術

### 附設於花店的療癒系咖啡廳

表參道
# Nicolai Bergmann Nomu
ニコライバーグマンノム

**這裡最有趣!**
將綠色植生牆、真正的植物加以陳設出來的餐桌，營造療癒的用餐時間
**預約** 僅限平日

開放式三明治套餐 **1728日圓**

附設於花卉藝術家Nicolai Bergmann花店內的咖啡廳，可品嘗丹麥的傳統菜餚「開放式三明治」等富含蔬菜的餐點。

☎ 03-5464-0824 港區南青山5-7-2
休第1週一 ⏰ 10:00～19:30(關店為20:00)
🚇地下鐵表參道站B3出口步行3分
Mapple Cab 1302-5075 MAP 附錄③ P.12 F-6

↑色彩豐富的丹麥傳統開放式三明治加上沙拉、餅乾、咖啡的套餐

阿根廷綜合燒烤
(附烤麵包)
**2700日圓(照片中央)**

↑可一次吃到牛橫隔膜肉等燒烤料理的熱門餐點，特製醬汁帶來清爽餘韻

### 書店與咖啡館結合的新式咖啡廳

澀谷
# WIRED TOKYO 1999
ワイアードトウキョウいちきゅうきゅうきゅう

與「TSUTAYA BOOK STORE」合作的書店＆咖啡廳。「SHELF67」內的書店與咖啡廳緊密相連的空間，可一面閱讀雜誌等，一面享用餐點和酒精飲料。

☎ 03-5459-1270 渋谷區宇田川町21-6 QFRONT7F「SHELF67」內
休無休 ⏰ 10:00～23:00(午餐～17:00止，飲品至翌1:30止，關店為翌2:00)
🚇JR澀谷站八公口即到
Mapple Cab 1301-7168 MAP 附錄③ P.15 C-4

文具用品

**這裡最有趣!**
可以在此畫畫、寫信，能隨心所欲度過時光。還可參加他們與文具公司所舉辦的活動
**預約** 19時以後可

文房具聖代 **1008日圓**

↑用當令水果和蔬菜做成和風聖代。直尺狀餅乾等融入文具形狀的設計也充滿玩心。※1日限量20份，內容會有季節性變動

### 設計講究＆懷舊的文具滿屋

表參道
# 文房具CAFE
ぶんぼうぐカフェ

文具批發商「東光ブロズ」所打造的新概念咖啡廳。店內密密麻麻地擺滿了無論設計和用途都五花八門的文具，可以自由試用其中的部份商品，一面悠閒度過。還有和文具公司共同舉辦的活動。

☎ 03-3470-6420 渋谷區神宮前4-8-1 內田ビルB1F 休無休
⏰10:00～22:00(飲品至22:30止，關店為23:00) 🚇地下鐵表參道站A2出口步行4分
Mapple Cab 1302-6800 MAP 附錄③ P.12 E-3

可愛文化

**這裡最有趣!**
設計理念是「怪獸的胃裡」，有不同類型而各具特色的空間，蛋糕形的旋轉木馬是原宿的新拍照景點 **預約** 可

繽紛彩虹義大利麵
小畫家 **1400日圓**

↑將鮮艷的義大利麵與醬汁擺盤成像調色盤一樣

### 可在咖啡廳體驗奇幻世界觀的東京新景點

原宿
# KAWAII MONSTER CAFE
カワイイモンスターカフェ

由增田賽巴斯汀所操刀的奇幻色彩咖啡餐廳，可以沉浸在充滿KAWAII元素的繽紛空間與異想天開的新穎菜單。

☎ 03-5413-6142 渋谷區神宮前4-31-10 YM SQUARE 4F 休無休 ⏰11:30～16:00(關店為16:30)、18:00～22:00(關店為22:30)，週日、假日為11:00～19:30(關店為20:00) 🚇地下鐵明治神宮前〈原宿〉站5號出口步行3分
Mapple Cab 1302-7286 MAP 附錄③ P.13 C-3

敬請感受可愛與毒氣交融的刺激空間

MONSTER GIRL

↑以令人留下深刻印象的服裝登場的多位視覺指標

由甜點包圍的「Mel・Tea ROOM」，彷彿現在就能聞到甜甜氣息♪

融化鬆餅(粉紅甜心) **1620日圓**

↑將草莓冰淇淋放在堆成塔狀的鬆餅上，誘人的特製甜點

景點
玩樂
美食
咖啡廳
購物

所需時間 約3小時

MAP P.50

## 品味來自挪威的第三波咖啡浪潮

### Ⓐ FUGLEN TOKYO
フグレントウキョウ

在『紐約時報』的介紹中獲稱"世紀第一咖啡"的奧斯陸咖啡廳在澀谷開店。由高品質咖啡豆用心沖泡出的咖啡，就在以復古傢俱裝飾的沉穩店內悠閒品嘗。

☎03-3481-0884 ⌂渋谷区富ヶ谷1-16-11 ♺無休 ⏰8:00〜21:30（關店為22:00），週三四〜翌1:00（L.O.），週五〜翌2:00（L.O.），週六為9:00〜翌2:00（L.O.），週日、假日為9:00〜24:00（L.O.）♺地下鐵代代木公園站2號出口步行3分
Mapple Code 1302-7308

▶搶眼的白色建築。天氣溫暖時也會有人在戶外喝咖啡

▶小小的店內可以感受到木頭的溫潤質感

✦重點看過來✦
配合季節精選咖啡豆，並使用愛樂壓、手沖2種方式來區分沖泡的講究精神。

↗「咖啡」360日圓〜，甚至有客人為了喝上一杯而從國外遠道而來。搭配「挪威學校麵包」460日圓（後）

### 大人蜂擁而至

## 造訪時尚餐廳&咖啡廳 "奧澀谷" 巡禮

穿過「Bunkamura」右側的前方就是神山町・富谷一帶，以奧澀谷之稱而蔚為話題。古早味的商店街上，有咖啡廳和雜貨鋪、西式餐館等能讓大人心滿意足的優質好店陸續登場。

## 把葡萄牙的傳統糕點帶回家

### Ⓑ NATA de Cristiano
ナタデクリスチアノ

當年是由葡萄牙將蜂蜜蛋糕和炸物等傳入日本，本店販售其傳統甜點——蛋塔。也推薦包入簡單調味雞肉的「葡式雞肉派」（238日圓）。

☎03-6804-9723 ⌂渋谷区富ヶ谷1-14-16 スタンフォードコート 103 ♺無休 ⏰10:00〜19:30※有售完的可能 ♺地下鐵代代木公園站1號出口步行3分
Mapple Code 1302-7794

↖「葡式蛋塔」216日圓。香醇的蛋黃奶油的自然甘甜，與葡萄牙進口的鹹度強烈鹽巴，形成絕妙的甜鹹滋味

✦重點看過來✦
和原產地相同，將蛋液倒入塔皮一起烘烤，日本則是供應新式的葡式蛋塔。

↑在店門口的長椅細細品嘗吧

## 在宛如海灘上的度假空間悠哉享受

### Ⓒ BONDI CAFE
YOYOGI BEACH PARK
ボンダイカフェ
ヨヨギビーチパーク

以位在雪梨邦代海灘上的咖啡餐廳為形象打造的店家。餐點堅持採用自然食材，「巴西莓果冰沙」（648日圓〜）也深受道端安潔莉卡所喜愛。

☎03-5790-9888 ⌂渋谷区富ヶ谷1-15-2 Barbizon55 1F ♺無休 ⏰9:00〜1:00（關店為翌2:00）♺地下鐵代代木公園站2號出口步行5分
Mapple Code 1302-7692

↑荷蘭醬與酪梨的沾醬口味十分滑口的「班尼迪克蛋」1188日圓

✦重點看過來✦
眼前就是代代木公園，店內還有植物點綴，散發出能親近感受自然的輕鬆氣氛。

↖坐在代代木公園旁的露天座自在享受，才是邦代的做法

代代木八幡站
代代木公園
千代田線
南門
代代木公園站
澀谷區
澀谷門
原宿站
原宿門
Ⓔ Minimal -Bean to Bar Chocolate-
Ⓑ NATA de Cristiano
第一体育館
國立代代木競技場
Ⓒ BONDI CAFE YOYOGI BEACH PARK
明治神宮前站
Ⓐ FUGLEN TOKYO
第二体育館
The Monocle Shop Tokyo Ⓗ
神山町
井之頭通
NHK放送中心
NHK STUDIO PARK
明治通
Ⓓ CAMELBACK sandwich & espresso
宇田川町
稅務署
渋谷署
山手線
SHIBUYA CHEESE STAND Ⓕ
包むファクトリー
Ⓖ澀谷本店
東急HANDS
パルコ3
Shibuya MODI
副都心線
宮下公園
神南1
中央街
中央環狀線
300m
周邊圖附錄③P.15 A-1
Bunkamura
道玄坂2
東急
文化村通り
西武
109
13a
山手通
千田稻荷神社
松濤美術館
東急田園都市線
奧澀谷 MAP
三軒茶屋站
道玄坂
忠犬八公

### ACCESS

JR/東急東橫線、東急田園都市線、京王井之頭線、地下鐵銀座線・半藏門線・副都心線

最近車站 ▶ 澀谷站

地下鐵千代田線

最近車站 ▶ 代代木公園站

山手線
池袋
上野
銀座線
新宿
代代木公園
赤坂見附
秋葉原
錦糸町
田園都市線
東京
半藏門線
議事堂前
濱松町
京濱東北線
東海道本線
蒲田
品川
新木場
京急蒲田
京急線
羽田機場
國際線航站樓

> 咖啡可依照您喜好的濃度、溫度做調整，有任何需要請跟我們說。

## 兩個好朋友所經營的拿鐵與三明治店

### D CAMELBACK sandwich & espresso
キャメルバック サンドウィッチ アンド エスプレッソ

↖有著落地窗，可自在光顧的店。不妨在戶外的座位悠哉品味

坐落在奧涩谷正中央的小小外帶專賣店。從當地的家庭客到國外觀光客，每天都吸引許多追尋咖啡、三明治、居家氣息而來的客人，熱鬧不已。

☎03-6407-0069 🏠渋谷区神山町42-2 1F
休週一 ⏰9:00～19:00(L.O.) 🚇地下鐵代代木公園站2號出口步行5分
Mapple Code 1302-7795

↗將巴西產的咖啡豆深煎，將像黑巧克力般香氣濃郁的義式濃縮咖啡做成「冰拿鐵」540日圓。由鈴木先生沖泡

✦重點看過來✦
兩人所打造的正統滋味與柔和氛圍，讓人不禁想常常造訪

↖結為好友18年的前壽司師傅成瀨先生（左）、咖啡師鈴木先生（右）

↗成瀨先生所做的「壽司風雞蛋三明治」378日圓。將甜甜的玉子燒夾入軟綿的熱狗麵包，是小孩到年長者都能品嘗的一道

## 現做新鮮的美味起司♪

### F SHIBUYA CHEESE STAND
シブヤチーズスタンド

吃得到新鮮無添加物起司的專賣店，可以在店內品嘗將工廠製作的起司入菜的「卡布里番茄起司沙拉」（500日圓）和「瑪格麗特披薩」（780日圓）等餐點。

☎03-6407-9806 🏠渋谷区神山町5-8 休週一(逢假日則翌日休) ⏰11:30～22:00(關店為23:00)、週日～19:00(關店為20:00) 🚇地下鐵代代木公園站2號出口步行6分
Mapple Code 1302-4280

↖以巨大牛像為指標。用餐僅限店內

↖「現做莫札瑞拉起司」100g570日圓。採用東京都內牧場送來的生乳製作，可吃到濕潤、彈性、延展性的全方位口感

↗世界地圖上標示出和商品外標顏色相同的可可豆產地「可可帶」

✦重點看過來✦
從可可豆到巧克力磚的製作全程都在店內進行的 "Bean to Bar Chocolate" 專賣店。

確認品質和水分含量後再調整溫度和烘焙時間，製作出最佳風味

## 從可可豆到巧克力磚出爐 所有過程都在店內完成

### E Minimal -Bean to Bar Chocolate-
ミニマル ビーントゥーバーチョコレート

本店販賣從尋找可可豆產地、挑選品質到可可豆的發酵都由工作人員參與製作的巧克力。僅使用砂糖和可可豆，無論味道或香氣皆可感受到可可豆原始的風味。

☎03-6322-9998 🏠渋谷区富ヶ谷2-1-9 休週一(逢假日則翌日休) ⏰11:30～19:00(L.O.) 🚇地下鐵代代木公園站2號出口步行5分
Mapple Code 1302-7796

↖↗「巧克力磚」一片972日圓～。分割線的設計無論入口咬、捌開或分享都方便，也能比較可可豆的韻味

## 時尚店家也要Check

### 世界認證的日常用品
### H The Monocle Shop Tokyo
モノクルショップ トウキョウ

雜誌『Monocle』的東京分部兼商店。販售和知名品牌的聯名商品等，彷彿從雜誌文章中蹦出來的精挑細選商品琳瑯滿目。

☎03-6407-0845 🏠渋谷区富ヶ谷1-19-2 休無休 ⏰11:00～20:00 🚇JR涩谷站八公口步行7分
Mapple Code 1302-7798

↗圖上與「@Aroma」合作的「扁柏擴香儀」5400日圓，可輕鬆感受森林浴的心情

↗原創和聯名的商品等，五花八門的選禮商品，也適合挑

↗正因為是雜誌編輯公司而對好用度十分講究的「原創筆記本」3780日圓

### 將禮品與心意一同包起的包裝用品
### G 包むファクトリー 涩谷本店
つつむファクトリー しぶやほんてん

擁有約400種包裝紙、450種緞帶等豐富商品款式的包裝商品＆服務專賣店。

☎03-5478-1330 🏠渋谷区宇田川町37-15 包むビル1F-B1F 休不定休 ⏰10:00～19:00(包裝～18:30) 🚇JR涩谷站八公口步行7分
Mapple Code 1302-7797

↗店家就位在Bunkamura附近，有1樓和地下1樓

↗無論貼哪裡都能療癒心靈的「貼紙」302日圓

↗設計成包裝可愛度倍增的「風呂敷」1620日圓～

# 在私藏的頭等座享用 咖啡廳午餐

27

しぶやランチ

# 澀谷午餐

由於澀谷有許多大型設施和商店，不僅是逛街遊客，這一帶的店員也常來用餐，而以擁有多間咖啡廳著稱。不妨來此品嘗店家自豪的美食，一面在設有氣氛絕佳座位的咖啡廳自在享用午餐。

擁有泳池的度假風咖啡廳

## 347 CAFE & LOUNGE

●さんよんななカフェアンドラウンジ

運用兩層樓的樓中樓空間而生的泳池畔咖啡廳。以白色為基調的設計，營造出白天清爽、晚間浪漫的空間。能感受季節變化的餐點和調酒十分多元。

☎03-5766-3798 地渋谷区渋谷1-23-16 cocoti 3F 休無休 營11:30～22:00(閉店為23:00)
交JR澀谷站宮益坂口步行4分

Mapple Code 1301-8597 MAP 附錄③P.15 D-3

頭等座在這裡
可以坐在彷彿能讓人忘卻澀谷喧囂的露天座，優雅品嘗餐點。

各種甜點 918日圓～
⊙推薦採用當令水果製作的聖代和法式吐司

Pasta Lunch 1100日圓
⊙附湯品或沙拉

佇立在時尚街道上的咖啡館

## Cafe Mame-Hico 公園通店

●カフェマメヒコこうえんどおりてん

從札幌的咖啡豆烘焙坊進貨的咖啡備受歡迎的店家。對砂糖、麵粉等食材很講究的餐點也深獲好評，不妨搭配濃醇、帶有甜味的深煎咖啡一同品嘗。

頭等座在這裡
最推薦能俯瞰PARCO所在街道的窗邊沙發座。

☎03-6455-1475
地渋谷区神南1-20-11 造園会館2F
休無休 營8:00～20:30(L.O.)
交JR澀谷站八公口步行5分

Mapple Code 1302-6260 MAP 附錄③P.15 C-3

BLT三明治
1080日圓（8時～）、
1580日圓（11時30分～）
※價格因時段而異

⊙使用從宇田川町店送來的麵包製作的三明治

能居高俯瞰澀谷名勝的咖啡廳

## L'OCCITANE Café 澀谷店

●ロクシタンカフェしぶやてん

由源自南法的美妝品牌「歐舒丹」所監製，堅持使用吃得到當令美味的食材、大量蔬菜的養生餐點十分豐富。

頭等座在這裡
坐在可眺望澀谷全向交叉路口的窗邊座，享受咖啡時光

☎03-5428-1563 地渋谷区道玄坂2-3-1 渋谷駅前ビル2-3F 休不定休
營10:00～22:00(閉店為23:00)
交JR澀谷站八公口即到

Mapple Code 1302-2829
MAP 附錄③P.15 C-4

義大利帕瑪火腿沙拉拼盤
1130日圓(附麵包)
⊙帕瑪火腿搭配上11種新鮮蔬菜的沙拉

屋頂的庭園咖啡廳＆酒吧

## TOWER RECORDS SKYGARDEN

●タワーレコードスカイガーデン

位在澀谷正中央，設有開闊露天座的咖啡廳＆酒吧。白天提供甜點和輕食、飲品，晚上則供應酒類與下酒菜。還會不定期與音樂人合辦活動。

☎070-5466-7273
地渋谷区神南1-22-14 TOWER RECORDS澀谷店屋頂 休不定休(有因天候而變動的可能) 營11:00～22:30(閉店為23:00)
交JR澀谷站八公口步行3分

Mapple Code 1302-7500
MAP 附錄③P.15 D-3

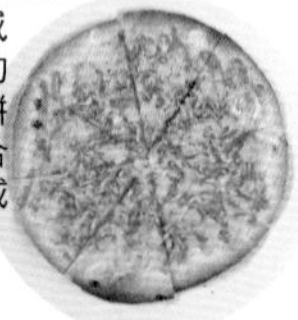

明太子與櫻花蝦的墨西哥薄餅PIZZA
500日圓
⊙酥脆口感增添樂趣的墨西哥餅披薩，適合當做輕食或下酒菜

熔岩巧克力蛋糕佐香草冰淇淋
450日圓
⊙滋味濃醇的甜點

頭等座在這裡
設於屋頂開放式的露天座會不定期舉辦現場表演和講座等活動

重視份量＆CP值的你請看過來！

## カレーやさん リトルショップ

融入鰹魚風味高湯的和風咖哩店。還供應採用大山雞的炸雞塊等，以嚴選食材烹製的配菜也很吸引人！

⊙擺上約10種配菜的「特製咖哩套餐」800日圓

☎03-3770-1304 地渋谷区円山町10-16 休週日
營11:00～咖哩醬售完為止 交JR澀谷站八公口步行10分

Mapple Code 1302-1687 MAP 附錄③P.15 A-4

## 野郎ラーメン 澀谷中央街 總本店

●やろうラーメンしぶやセンターがいそうほんてん

拉麵特色為喝得到滿滿豚骨好滋味的白湯湯頭、堆成像山一樣高的烤蔬菜，因而深受歡迎的店家。

☎03-3462-1586 地渋谷区宇田川町25-3 プリンスビル1F 休無休 營24小時 交JR澀谷站八公口步行3分

Mapple Code 1302-6905 MAP 附錄③P.15 C-4

⊙「豚骨豚野郎拉麵」1030日圓



所需時間 約1小時

MAP 附錄③P.14

ACCESS

東急東橫線、東急田園都市線、地下鐵半藏門線・副都心線／JR、地下鐵銀座線、京王井之頭線

最近車站 澀谷站

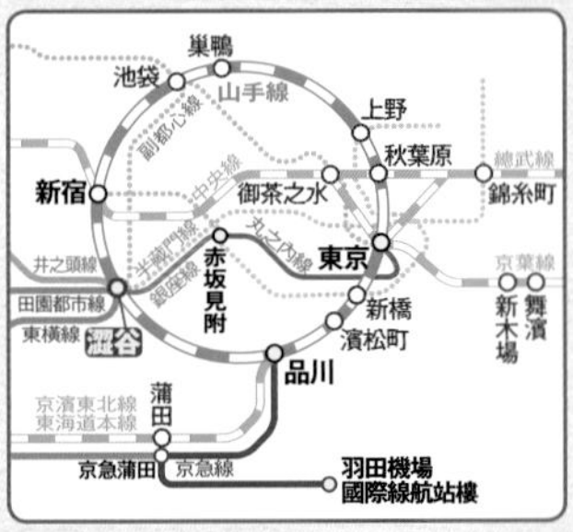

# 東京站・丸之内・日本橋

**28～39**

**28 東京站丸之内站舍** →P.54
以「紅磚車站」所熱知的大轉運站

**35 丸之内** →P.66
人氣大樓露集的時尚街鎮

**37 東京站起訖 觀光巴士** →P.70
輕鬆出發的市區名勝之旅

**36 皇居** →P.68
在綠意盎然的江戶城舊址放鬆一下

### 這個也在這區

**30 東京站美食** →P.58
在美食天堂站內商場裡的焦點名店

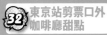

**32 東京站剪票口外咖啡廳甜點** →P.62
可小憩下的美味咖啡廳就在這裡

**39 日本橋老字號伴手禮** →P.74
在歷史悠久的名店找尋講究的精品

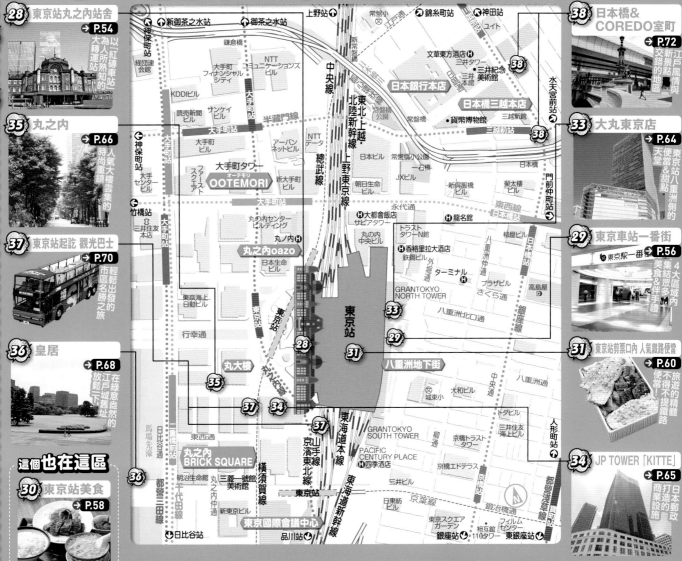

**38 日本橋&COREDO室町** →P.72
江戶風情與交融景點的地區

**33 大丸東京店** →P.64
東京站八重洲側的便當&甜點天堂

**29 東京車站一番街** →P.56
4大區域內集結眾多美食&伴手禮

**31 東京站剪票口內人氣鐵路便當** →P.60
不旅遊也不得不提鐵路便當的精髓

**34 JP TOWER「KITTE」** →P.65
日本郵政打造的商業設施

## 地區怎麼逛

### 丸之内側←→八重洲側的通道
只要利用位在北口的「北自由通道」、「北地下自由通道」，就可以不必買票，在兩區域間自由來去，非常方便。

### 搭乘免費巴士逛遍丸之内
新丸之内大樓前可搭乘的「丸之内穿梭巴士」免費載運旅客在丸之内、大手町及有樂町間移動。1圈約40分，每隔約15分發車。

## ACCESS

| 東京站 | | 羽田機場國際線航站樓站 |
|---|---|---|
| 地下鐵丸之内線 ⏱1分 | | 京濱急行線 ⏱16分 |
| ↓ | | ↓ |
| **大手町站** | | **品川站** |
| 地下鐵東西線 ⏱1分 | 地下鐵半藏門線 ⏱2分 | JR山手線 ⏱10分 |
| ↓ | ↓ | ↓ |
| **日本橋站** | **三越前站** | **東京站** |

# 28

## 東京站丸之內站舍

## 從內到外暢遊古老車站的玩法③

南圓頂

丸之內南口

東京站大飯店

東京站丸之內站舍於2012年復原成創建時的樣貌，並於2014年歡慶啟用100週年。莊嚴的外觀，以及聳立在南北兩側的圓頂上典雅的裝飾，是散發歷史情懷的參訪重點。本單元將由車站內外，為您介紹如何暢遊這座外觀覆滿紅磚的著名「紅磚車站」。

### ⒟⒜⒯⒜
- 入場 **免費**
- 無
- **地址** 千代田区丸の内1-9-1
- **公休日** 無休
- **營業時間** 因設施而異
- Mapple Code 1300-4777

景點
玩樂
美食
咖啡廳
購物
所需時間 **約1小時**
MAP 附錄③ P.7 D-3

## 玩法① 瞧一瞧聳立在兩端的 南北圓頂 內部！

在戰爭中損毀的南北兩座圓頂，現已完美重現。圓頂高度逾30m，內側刻著華美的浮雕，堪稱精湛無比的大師之作。

### 老鷹浮雕
雕刻的雙翅間寬度約2.1m，是座壯觀的浮雕。天花板上總共設置在8處。

### 秀吉頭盔的拱心石
相傳是以豐臣秀吉的頭盔為靈感打造成的拱心石，形狀仿照菖蒲中一種馬藺的葉子。

### 生肖浮雕
除了東方的卯（兔）、西方的酉（雞）、南方的午（馬）、北方的子（鼠）之外，另設有8種生肖。

**黑色斑塊其實是？**
在修復時，再度利用當年在戰火中燒剩的部分。目前僅在南圓頂內部有這種黑色斑點。

### 鳳凰浮雕
在左右2束箭矢和動輪的上方，傳說中的鳥類──鳳凰展翅而立。

#### 全部共有8種
丑牛　寅虎　辰龍　巳蛇
未羊　申猴　戌狗　亥豬

## check! 東京站丸之內站舍的歷史

**大正3（1914）年**
東京站啟用。全長達335m的車站，是鋼骨紅磚打造的三層樓建築，南北側各有一個圓頂型屋頂。

**昭和20（1945）年**
在太平洋戰爭中遭受空襲導致部份建築燒毀。因空襲導致部份建築燒毀，使得丸之內站舍最具象徵性的圓頂型屋頂以及3樓等部分被戰火燒毀。

**平成24（2012）年**
東京站丸之內站舍完成修復。將在戰火中燒毀的三層樓樣貌重現風華。

**平成22（1947）年**
東京站丸之內站舍前廣場整建。昭和22（1947）年時重建成2層樓建築，歷經55年的歲月，以創建當時的三層樓樣貌重現風華。

**平成29（2017）年**
將在此栽種綠意盎然的欅樹等植栽，結合東京站丸之內站舍，打造出日本最具代表性的都市景觀。

照片：JR東日本提供

## ⒜⒞⒞⒠⒮⒮
JR、地下鐵丸之內線
**最近車站** 東京站
出口直通

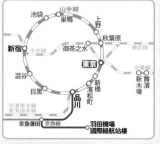

## 玩法 3 景色和口味都是一流！
## 欣賞車站同時享用 午餐!!

在丸之內站舍周邊商業設施內的餐廳，可以一邊欣賞車站一邊享用餐點。景色和口味都一流的午餐景點，就在這裡。

### 丸之內大樓 5F 講究素材的西餐廳
### 小岩井Frminar

こいわいフレミナール

由岩井縣小岩井農場直營的餐廳，可以嘗到大量使用農場生產的雞蛋、起司牛肉所烹調而成的洋食。窗邊的桌位是極佳的觀景點，可預約座位。

📞03-5224-3070 址千代田区丸の内2-4-1 丸之內大樓 5F 休無休 🕐11:00～14:00(L.O.)、14:00～15:30(16:00打烊)、17:30～22:00(23:00打烊)，週日、假日為～21:00(打烊為～22:00) 🚃JR東京站丸之內南口即到

Mapple Code 1301-6696 MAP附錄③ P.7 C-3

**VIEW CHECK**
可欣賞從車站南圓頂往正面方向的景致，從店內任何一個座位都看得見。

↑選用「小岩井農場雞蛋」的「歐姆蛋午餐」1600日圓

### 獨創的大阪燒讓人讚不絕口 KITTE 5F
### 神戶·六甲道 ぎゅんた

こうべろっこうみちぎゅんた

兵庫·尼崎本店深受顧客愛戴四十多年，是一家大阪燒名店。包括加入滿滿牛頰肉的大阪燒在內，各種鐵板料理備受好評。

📞03-6256-0880 址千代田区丸の内2-7-2 JP TOWER「KITTE」5F 休法定檢修日 休準同KITTE公休日 🕐11:00～22:00(23:00打烊)，週日、假日為～21:00(22:00打烊) 🚃JR東京站丸之內南口即到

Mapple Code 1302-5284 MAP附錄③ P.7 C-4

**VIEW CHECK**
能近距離欣賞南圓頂。從內部的包廂還可以看到列車出發、到站。

↑午餐時段的「ぎゅんた燒 牛筋花枝燒 新鮮蔬菜套餐」1380日圓

### 用餐後來拍張車站照片！
### 看看 拍照景點!! 📷

**JP TOWER前**
仰望南圓頂。稍微調整站的位置，一邊拍拍看吧！

**丸之內大樓 5樓露台**
正面觀賞南圓頂，能從和圓頂齊高的角度來拍照。

**行幸通**
可以拍到車站聳立在銀杏行道樹彼端的英姿。

**新丸之內大樓 7樓露台**
可從斜上方角度拍到車站全景的絕佳拍照景點。

---

**夜景也很推薦！**

**觀察重點**
2樓和3樓的紅磚顏色略有不同，3樓的部份添加了一些裝飾面磚。

**北圓頂**

**丸之內北口**

**丸之內中央口**

**觀察重點**
車站的中央玄關為皇室專用，僅在皇室成員出入時開啟。

## 玩法 2 建築內部也很古典
## 盡情 暢遊 車站內的設施！

車站內有一半以上空間都是飯店，旅客可以下榻在洋溢著古典氛圍的客房裡。運用紅磚質感所打造的藝廊空間也不容錯過。

### 身為重要文化財的名門飯店
### 東京站大飯店

とうきょうステーションホテル

於大正4（1915）年開幕，廣受多位名流、旅客的喜愛。除了有150間客房能提供旅客下榻在重要文化財裡之外，還設有SPA和餐廳。

📞03-5220-1111 址千代田区丸の内1-9-1 🚃直通JR東京站丸之內南口

Mapple Code 1300-0923 MAP附錄③ P.24 C-3

↑可飽覽丸之內方向街景的皇居景觀
←優雅的大廳酒廊，非下榻旅客也可使用

### 在車站內鑑賞藝術品
### 東京站藝廊

とうきょうステーションギャラリー

昭和63（1988）年誕生於丸之內站舍裡的美術館，館內會舉辦各種不同領域企劃特展和活動，隨處可見的紅磚牆面也值得留意。

←展室由2樓和3樓這兩層樓所構成

📞03-3212-2485 址千代田区丸の内1-9-1 休週一(逢假日則翌日休)等 🕐10:00～18:00(週五為～20:00) 💰因展覽而異 🚃JR東京站丸之內北口票口前 🏠http://www.ejrcf.or.jp/gallery/

Mapple Code 1300-2442 MAP附錄③ P.24 A-3

**展期**
2016年11月19日～2017年1月15日
追悼特別展 高倉健

2017年2月18日～4月16日
PARODY、二重之聲──日本1970年代前後左右

### 還可以買周邊商品！
※前往紀念品店需購買美術館門票

小糖果「TRAINMIX 東京站」535日圓

圓內站舍」800日圓 時尚的「原創便條紙 東京站丸之內站舍」800日圓

已取得JR東日本商品化授權

# 29 東京車站一番街

とうきょうえきいちばんがい

東京站

景點
玩樂
美食
咖啡廳
購物

所需時間
約1小時

MAP
附錄③
P.25
B-1

## 1st 東京駅一番街 八重洲側剪票口外的美食和雜貨都一應俱全

**DATA**
- 入場 **免費**
- ☎ 03-3210-0077
- 地址 千代田区丸の内1-9-1
- 公休日 / 營業時間 因店而異
- Mapple Code 1301-9321

從卡通人物周邊商品店、拉麵名店、到零食大廠的直營商店等，個性多樣的店家雲集。建議可以趁等待新幹線的空檔來逛逛。

---

**B1F** 八重洲口地下中央剪票口前

### 東京的名店齊聚一堂
## 東京拉麵街
とうきょうラーメンストリート

由東京極具代表性的拉麵名店集結而成的美食區，匯集以道地口味和多樣餐點而聞名的店家。也有店家一大早就開張，因此不妨「將拉麵當早餐」。

- ☎ 03-3210-0077(東京車站一番街)
- 休 無休 營業 因店而異 Mapple Code 1302-2158
- MAP 附錄③ P.25 C-1

↑共8家店，人氣高到中午時段甚至會大排長龍

↓「溏心蛋沾麵」930日圓。吃的時候將上面的魚粉一點一點拌入湯裡，是六厘舍的風格

**"濃郁湯頭×粗麵"風格的沾麵**
## 六厘舍 ろくりんしゃ

引爆沾麵流行旋風的名店。以豚骨和鯖魚乾等所熬成的濃郁湯頭及粗麵，打造出店家自豪的沾麵，份量十足。另販售伴手禮組合，可別錯過了。

- ☎ 03-3286-0166 營業 7:30～9:45(10:00打烊)、11:00～22:30(23:00打烊)
- Mapple Code 1302-5553

---

## Soranoiro·NIPPON
ソラノイロニッポン

只用蔬菜，不加其他食材和蛋、乳製品所製成的純素拉麵很受女性歡迎。一碗麵當中使用約250g的蔬菜，吃起來既健康又有飽足感。本店獲選為「米其林指南東京2016」中的超值餐廳。

- ☎ 03-3211-7555
- 營業 10:30～22:30(23:00打烊) Mapple Code 1302-7233

↑湯頭和配料全都使用蔬菜，凝聚甘甜與鮮味的「素食麵」900日圓

**蔬菜當主角！大受女性歡迎的素食拉麵**

---

## 花的巴巴露亞 havaro
パラディはなのババロアハバロ

添加可食用花卉（edible flower）的巴巴露亞專賣店，有3.5、7、15cm等3種大小可供選擇。「東京達克瓦茲」（120日圓）也很受歡迎。

- ☎ 03-3218-0051 Mapple Code 1302-5861

↑直徑15cm的巴巴露亞上嵌滿當季花卉，呈現花束意象的「～Bouquet花束」2160日圓～（售價因花種而異）

**娇艷欲滴！誘人的巴巴露亞**

---

**1F** 八重洲北口剪票口旁

### 輕鬆購得名店的商品
## TOKYO Me+
トウキョウミタス

從東京各地話題性的人氣甜點師與巧克力師的甜點，到東京老字號的美味等，經典伴手禮雲集，另附設內用區。

約精共有選分30一為家等「店四大進區師駐」

- ☎ 03-3210-0077(東京車站一番街)
- 休 無休 營業 9:00～20:30(週六日、假日為～20:00)
- Mapple Code 1302-2538 MAP 附錄③ P.24 A-2

---

## TOKYO L'ATELIER DU SUCRE
トウキョウ ラトリエドゥ シュクル

貫徹白岩師傅不添加防腐劑、注重健康等堅持的常溫糕點專賣店。

- ☎ 03-6256-0893
- Mapple Code 1302-5864

↓肉球部份裹上白巧克力和黑巧克力，並加入大量無鹽奶油的「迷你肉球瑪德蓮」2個裝486日圓

**超可愛！療癒人心的瑪德蓮**

---

## B1F 八重洲地下中央口剪票口前

### 現做&限定零食令人雀躍
### 東京甜點樂園
とうきょうおかしランド

集結卡樂比、江崎固力果、森永製菓等3家零食大廠的直營商店，設有廚房的店家甚至會供應現做零食，也會舉辦期間限定的活動。

📞03-3210-0077(東京車站一番街)
休無休 ⏰9:00～21:00
Mapple Code 1302-3908 MAP 附錄③P.25 B-1

➡在內用區品嘗吧

## 固力果屋 Kitchen
ぐりこやキッチン

販售固力果的現做商品及限定商品。店內可以參觀巧克力零食產品的製作情形。

📞03-6269-9828 Mapple Code 1302-5551

大啖香氣四溢的現做零食

➡「GIANT Dream Pocky 東京限定販售」(20袋裝1296日圓)

➡用巧克力和可可粉包裹店內現炒的杏仁，「杏仁巧克力＜可可口味＞」520日圓

現做零食好吃到讓人一口接一口！

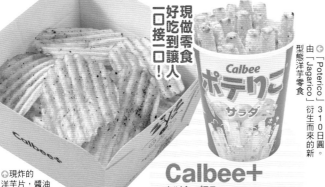

➡現炸的洋芋片，醬油口味濃郁又溫潤。東京車站限定販售中！「現炸洋芋片溫潤海苔醬油口味」290日圓

### Calbee+
カルビープラス

由「Jagarico」衍生而來的新型態洋芋零食「Poterico」310日圓

卡樂比的直營商店。在示範區可以看見製作的景象，另有許多零食的卡通人物周邊商品和直營商店限定品！

📞03-6273-4341 Mapple Code 1302-5550

## 森永製菓的御菓子店
もりながのおかしなおかしやさん

森永製菓的直營商店，網羅許多只有這裡才買得到的零食，以及罕見的「甜點師大嘴鳥」周邊商品。

📞03-6269-9448 Mapple Code 1302-5554

➡口感鬆軟的海綿蛋糕裡，包著滿滿卡士達醬的「大嘴鳥的點心」5個980日圓

大嘴鳥圖案的商品琳瑯滿目

➡「東京限定巧克力球大得誇張！！BOX」1080日圓，內有花生、草莓、東京限定的起司等3種口味

---

### 這個也不容錯過！
### 人氣甜點店

#### B1F 八重洲中央口剪票口出站即到

### Garrett
爆米花店® 東京站店
ギャレットポップコーンショップスとうきょうえきてん

源自美國芝加哥的爆米花專賣店。店內廚房依芝加哥當地直授配方，供應當天新鮮現做的商品，假日時購買人潮多到得等上45分鐘。

來自芝加哥大排長龍的爆米花

📞0120-93-8805(客服專線)
休無休 ⏰10:00～20:00
Mapple Code 1302-6024 MAP 附錄③P.25 B-1

➡「1加侖桶裝芝加哥招牌混搭」3200日圓，是可以同時享用酥脆焦糖™和香濃起司這2種口味的經典款

➡在可頌麵糰當中加入脆片烘烤，外層再加上裝飾的「ANGELIQUE烤巧克力」，4個裝1000日圓

熱門的可頌甜甜圈

➡外層裏上白巧克力，裡面有卡士達醬的「smile white」280日圓

#### B1F 八重洲中央口剪票口出站即到

### ANGELIQUE NY
アンジェリークニューヨーク

該店販售可頌甜甜圈和烤巧克力等色彩繽紛、外型可愛的甜點。精美可愛的包裝，當伴手禮保證會大受歡迎。也別錯過季節限定商品。

📞03-6206-3955
休無休 ⏰9:00～20:30
Mapple Code 1302-6809 MAP 附錄③P.25 B-1

---

## B1F 八重洲地下中央口剪票口前

### 把可愛的動漫人物帶回家吧♪
### 東京動漫人物街
とうきょうキャラクターストリート

該區域內林立著多達20家以上卡通人物及電視台的商店。其中販售多款東京站限定商品，最適合前來挑選伴手禮。在活動專區「一番PLAZA」裡會推出期間限定的店家，不妨過去看看。

📞03-3210-0077(東京車站一番街)
休無休 ⏰10:00～20:30
Mapple Code 1302-1779 MAP 附錄③P.25 A-1

➡位於面對剪票口左側，空間寬敞的一區

### SNOOPY TOWN MINI
別錯過東京站限定商品！

「PEANUTS」的官方商店，擺滿當紅的史努比和他的好朋友們的可愛周邊商品，別忘了去瞧一瞧品項豐富的東京站限定商品！

📞03-3215-7030 Mapple Code 1302-7803

➡站長造型相當可愛的東京限定「站長馬克杯」972日圓。是個容量大，使用方便的馬克杯

➡身穿站長制服，威風凜凜的史努比「站長玩偶」2592日圓
© 2016 Peanuts Worldwide LLC

### Rilakkuma store

充滿拉拉熊的世界觀的店內，擺了滿滿的拉拉熊周邊商品。商品隨時推陳出新，因此千萬不要錯過了！

📞03-3213-5501 Mapple Code 1302-7340

➡站舍設計的「收集款布偶」2160日圓。捧著大相機四處觀光♪

➡T恤上有東京丸之內站舍設計的「收集款布偶」2160日圓

© 2016 SAN-X CO., LTD. ALL RIGHTS RESERVED.

# 焦點的車站內美食大集合

在東京站站內也有很多美食景點。從東京代表性的名店，到各地方知名餐館，風格多樣的餐飲店鱗次櫛比。好好運用出發前的零碎空檔逛上一圈吧！

景點
玩樂
美食
咖啡廳
購物

所需時間 約2小時

MAP 附錄③ P.24

↑包含新鮮生魚片等的熱門「當令竹籠裝木桶飯」1296日圓（每日限量20份）

↑可在M2樓的吧檯座位慢慢享用餐點

↓午餐時段的「海膽扇貝和風高湯義大利麵」1480日圓。記得讓麵仔細沾附海膽和扇貝後再享用喔

### 1樓設有外帶和內用區

飯糰、熟食、飲料等品項十分齊全。由於位在巴士乘車處前，不論在清早或深夜，都可購買路途中的簡便餐點，非常方便。

↑軟軟的玄米飯做成的「鮪魚昆布」飯糰270日圓等

↑櫃上擺著現做的各式飯糰。也設有內用區

### 剪票口外 1F-M2 GRANROOF
## 東京 米 BARU 竹若
● とうきょうこめバルたけわか

**以米食為主的餐館**

由築地料亭「竹若」所打造的店家。可以品嘗到無農藥的米飯，搭配下飯的海鮮和烤魚等所組成的木桶飯套餐。晚餐時段有品項豐富的日本酒和下酒菜，也非常受歡迎。

☎03-6269-9556 住千代田区丸の内1-9-1 JR東京站1F GRANROOF 休無休 營1樓 7:30～23:00、M2樓餐館為11:00～22:00(飲料供應至22:30，23:00打烊) 交JR東京站八重洲口即到
Mapple code 1302-5274 MAP 附錄③ P.24 C-2

**午餐** Lunch

### 剪票口外 1F Kitchen Street
## Vimon
● ビモン

**盡情品嘗日本黑毛和牛**

選用血統純正的日本黑毛和牛，製成牛排及漢堡排的餐廳。顧客可以60g為單位起，點選A3～A5等級的牛肉，是在專賣店才有的吃法。可搭配約20種的紅葡萄酒一起品嘗。

☎03-3283-1841 住千代田区丸の内1-9-1 JR東京站1F Kitchen Street 休無休 營11:00～22:00(23:00打烊) 交JR東京站八重洲北口即到
Mapple code 1302-7804 MAP 附錄③ P.24 A-2

↑鐵板前方設有吧檯座，可以欣賞店員現煎牛肉的樣子

### 剪票口外 1F Kitchen Street
## うに屋のあまごころ
● うにやのあまごころ

**透過多變的餐點品嘗海膽的鮮美**

由創立於長崎縣壹崎島的水產製造商「あまごころ」打造的海膽專店。除了吃得到原汁原味的海膽，還以義大利麵和蛋包飯等多樣的烹調手法，呈現海膽的好滋味。

☎03-6212-6224 住千代田区丸の内1-9-1 JR東京站1F Kitchen Street 休無休 營11:00～22:00(23:00打烊) 交JR東京站八重洲北口即到
Mapple code 1302-7805 MAP 附錄③ P.24 A-2

了1瞧160瞧80店日頭圓還等有伴販手售禮「，粒別粒忘海膽」

↑午間套餐「牛腱漢堡排」170g 1430日圓。牛腱彈牙的口感與膠原蛋白的多汁，組成絕妙的美味，可簡單地沾胡椒鹽食用

↑在店內的鐵板上現煎。表面煎到酥香，再以烤箱烤到凝聚牛肉的鮮美滋味

### ACCESS

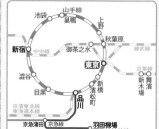

JR／地下鐵丸之內線

最近車站 **東京站**

↑在眼前現場捏製的壽司格外美味

↑「近海握壽司」2365日圓，只選用沼津直送的近海漁獲

## 剪票口外 1F Kitchen Street
### 沼津魚がし鮨
●ぬまづうおがしずし

↑共42個座位，分為吧檯座與桌席

**採用沼津新鮮魚貨的頂級握壽司**

該店擁有靜岡縣沼津魚市的漁獲競標權，是當地的人氣壽司名店。新鮮的駿河灣櫻花蝦、生魩仔魚等在東京難得一嘗的漁獲，這裡一應俱全。握壽司亦可外帶。

☎03-6212-0371　地千代田区丸の内1-9-1 東京站1F Kitchen Street　休無休　🕐11:00～22:00(23:00打烊)　🚃JR東京站八重洲北口即到
Mapple Code 1302-3914
MAP 附錄③P.24 A-2

## 剪票口內 B1F GRANSTA
### 仙臺たんや 利久
●せんだいたんやりきゅう

**正宗牛舌令人舔嘴咂舌！**

可以品嘗到仙台人氣名店「利久」的牛舌。師傅們運用熟練的技巧，仔細燒烤出來的道地牛舌，軟嫩又多汁。

☎03-5220-6811　地千代田区丸の内1-9-1 JR東京站剪票口內B1F GRANSTA　休無休　🕐7:00～22:00(22:30打烊)，週日、連假最後的假日為～21:00(21:30打烊)　🚃JR東京站站內
Mapple Code 1302-4490
MAP 附錄③P.25 B-2

↑店頭還有販售便當等

### 晚餐 Dinner

↑「牛舌定食」1620日圓。附牛尾湯和麥飯

## 剪票口外 2F 北町 Dining
### 本家あべや
●ほんけあべや

**產地直送的新鮮比內土雞**

由秋田比內土雞的契約雞農每天配送的新鮮雞肉，在店內分切後供應。如米棒火鍋和烤雞肉串等，備有多種可盡情享用肉品美味的餐點，秋田的品牌酒也很豐富。

☎03-6256-0518　地千代田区丸の内1-9-1 JR東京站2F北町Dining　休無休　🕐11:00～22:00(23:00打烊)，週六日、假日為～21:00(22:00打烊)　🚃JR東京站八重洲北口即到
Mapple Code 1302-6665
MAP 附錄③P.24 A-1

↗「比內土雞親子丼」1100日圓（11～17時供應）

↘店內空間寬敞，也很適合多人聚餐

## 剪票口外 B1F 黑塀橫丁
### YEBISU BAR

↑店內以品牌色──胭脂色為基調，非常時尚有型

**喝遍各種的頂級惠比壽啤酒**

除了有經典的「惠比壽啤酒」之外，各式各樣的啤酒和啤酒調酒也一應俱全。為了提供最美味的啤酒，各款飲品皆使用不同的酒杯，處處用心講究。

☎03-5220-4030　地千代田区丸の内1-9-1 JR東京站B1F黑塀橫丁　休無休　🕐11:00～22:15(飲料供應至22:30，23:00打烊)　🚃JR東京站八重洲北口即到
Mapple Code 1302-3918
MAP 附錄③P.25 A-2

←可以品嘗到柑橘類等各種不同風味的啤酒

↑「琥珀惠比壽啤酒醃漬的烤雞」1382日圓

---

找尋東京站剪票口外的美味！

## 車站地下美食

離搭電車還有點早，想吃個飯，又不想人擠人。這時候果斷地走出剪票口吧！這裡匯集了話題名店，值得一瞧！

## 剪票口外 丸之內南口步行5分
### A16 TOKYO ●エーシックスティーントウキョウ

**來自加州的義大利餐廳**

可以大啖堅持選用當令素材的義大利麵和窯烤披薩等，充滿新鮮活力的義大利菜。

☎03-3212-5215　地千代田区丸の内2-6-1 丸の内BRICK SQUARE 1F　休無休　🕐11:00～22:00(23:00打烊)，週日、假日為～21:00(22:00打烊)　🚃JR東京站丸之內南口步行5分
Mapple Code 1302-7658
MAP 附錄③P.7 C-4

→「義大利麵午餐」2160日圓，3選1的義大利麵，附甜點和飲料

## 剪票口外 八重洲北口步行5分
### つじ半 ●つじはん

**大排長龍的海鮮丼店**

以單一系列餐點「奢侈丼」見真章的海鮮丼專賣店。除了會附上小菜的生魚片外，餐後還會免費提供鯛魚高湯泡飯，一道餐點可享受三重美味。

☎03-6262-0823　地中央区日本橋3-1-15 久榮大樓1F　休不定休　🕐11:00～15:00(L.O.)，17:00～21:00(L.O.)　🚃JR東京站八重洲北口步行5分
Mapple Code 1302-7254
MAP 附錄③P.6 E-3

→擺上滿滿9種配料的「奢侈丼（梅）」990日圓

## 剪票口外 八重洲北口即到
### Sarabeth's 東京店 ●サラベスとうきょうてん

**被譽為「早餐女王」的人氣名店**

以鬆軟的美式鬆餅和法式吐司而走紅的人氣餐廳。在東京店還可品嘗到使用「猿田彥珈琲」的咖啡製成的甜點。

☎03-6206-3551　地千代田区丸の内1-8-2 鐵鋼大樓南館2、3F　休無休　🕐8:00～22:30(飲料供應至23:00，23:30打烊)，週六9:00～，週日、假日為9:00～21:00(22:00打烊)　🚃JR東京站八重洲北口即到
Mapple Code 1302-7649
MAP 附錄③P.6 E-3

→麵糊中加入藍莓與玉米的「藍莓＆玉米鬆餅」1450日圓

# 31

東京站剪票口內 人氣鐵路便當

とうきょうえきかいさつないにんきえきべん

## 想繞去看看的 便當店 就在這裡!

在東京站剪票口內各路線的乘車處附近,設有各式各樣的設施,能在短時間內繞去購物及享受美食。其中便當的品項之豐富,更是日本第一。地方的名品、東京名店的美味,在這裡都能輕鬆購得。

### DATA
¥ 月台票 **140日圓** ◯ 因店而異
地址 千代田区丸の内1 公休日 無休
營業時間 因設施而異※月台票使用時間為售出後2小時以內

### (剪票口內導覽地圖)

剪票口內腹地廣闊,建議先確認想去的地點是位在八重洲口側或丸之內側,又或是北口、南口、中央口當中的哪個剪票口吧!

### 東京銘品館南口店
這裡也要 CHECK!
●とうきょうめいひんかんみなみぐちてん
該店位在南口剪票口旁,從知名品牌的日西糕點,到最新的人氣點心,都應有盡有,十分方便。
☎03-3214-6330 (代)
休 無休 ⏰6:30~21:30
Mapple Code 1302-1433
MAP 附錄③ P.24 C-3

**C 京葉大道** →P.61‧195
GIFT GARDEN
東京南通路店

**B 丸之內南口**
ecute 東京 →P.61
這裡也要 CHECK!

**A 中央大道** →P.61‧195

### GRANSTA擴大面積
東京站的丸之內地下區將於2016年夏天起至2017年改裝。剪票口內的GRANSTA會擴增21家店,剪票口外則會有「GRANSTA丸之內」全新開幕,有32家店舖進駐。

八重洲南口
東北‧山形‧秋田‧北海道‧上越‧北陸新幹線
南轉乘口
八重洲中央口
東海道‧山陽新幹線
中央轉乘口
中央通道詢問處
八重洲北口
東北‧山形‧秋田‧北海道‧上越‧北陸新幹線
北轉乘口
往銀之鈴
丸之內中央口
丸之內北口
東京拉麵街
東京甜點樂園

1F

這裡也要 CHECK!

↑「什錦穀麥」 380日圓

### STANDBY TOKYO
●スタンバイトーキョー
以「旅行」為概念,將雜貨店與咖啡廳融為一體。咖啡廳裡供應的是惠比壽「猿田彥珈琲」所烘焙的咖啡。
☎03-5220-4375 ⏰7:00~22:00(週日、假日為~21:30)
Mapple Code 1302-6672 MAP 附錄③ P.24 B-2

八重洲地下中央口
會合點
往新幹線南轉乘
往中央通道

B1F
**D GRANSTA** →P.61

### 銀之鈴
這裡也要 CHECK!
●ぎんのすず
東京站剪票口內最著名的會合點就是這裡。目前的鈴鐺已經是第四代。

### ACCESS
JR/地下鐵丸之內線
最近車站 **東京站**

池袋 山手線 巢鴨 上野 秋葉原
新宿 中央線 御茶之水 總武線
東京
澀谷 新橋 京葉線 新木場
目黑 濱松町 新
京濱東北線 品川
東海道本線
京急蒲田 京急線 羽田機場 國際線航站樓

## B ecute東京

**1F 丸之內南口剪票口旁**

●エキュートとうきょう

### 便當、甜點和雜貨都很豐富!

在首都圈的站內商場中積極展店的商業設施「ecute」的東京站店。除了供應熱食和甜點之外,也有販售書籍和雜貨等的門市。

☎03-3212-8910 ⯐千代田区丸の内1-9-1 JR東京站剪票口內1F ⯑無休 ⯒8:00～22:00(週日、假日～21:30) ※部分店家不同 ⯓JR東京站內

Mapple Code 1302-2526 MAP 附錄③ P.24 C-3

可以在休息區裡吃便當

**便當**

### つきじ 喜代村

●つきじ きよむら

由總店位在築地的壽司店所推出的海鮮便當店,該店以鮮度超群的食材為傲。

Mapple Code 1302-6107

內含海瓜子和烤鮭魚肚的「築地便當」1700日圓

### 伴手禮就選這個!

### 東京あんぱん 豆一豆

●とうきょうあんぱん まめいちず

烙上「東京站」字樣的「東京磚塊麵包」,在紀念伴手禮中頗受歡迎。內餡是特製鮮奶油及豆沙餡的雙層口味。

Mapple Code 1302-4494

紅磚造型的「東京磚塊麵包」1個287日圓

## A Central Street

**1F 丸之內中央口剪票口旁**

### 極為便利的站內商場

位於中央通道上的購物區,設有匯集鐵路便當店和人氣名點等的各式專櫃。鄰近各線的月台,是趕時間時的好選擇。

☎03-6212-1740(鐵道會館) ⯐千代田区丸の内1-9-1 JR東京站剪票口內1F ⯑無休 ⯒因店而異 ⯓JR東京站內 Mapple Code 1302-4501 MAP 附錄③ P.24 B-3

伴手禮請見⇒P.194

「北海道新幹線便當」1300日圓。H5車型的容器裡裝有海鮮散壽司等佳餚

※照片僅供參考

「牛肉どまん中」1150日圓,上頭鋪滿以特製醬汁調味的牛絞肉和燉牛肉

「蝦千兩散壽司」1300日圓。令人期待厚厚的煎蛋底下,藏著什麼配菜

匯集東京老字號美味的「東京便當」1650日圓,東京站限定

內含多達50種食材的雙層「50道菜多樣便當」1350日圓

※部分商品視時期可能停止販售。

**便當**

### 駅弁屋 祭

●えきべんやまつり

從東京站限定,到日本各地的知名鐵路便當,每天陳列170種以上的鐵路便當專賣店。店頭還會舉行展演銷售。

☎03-3213-4352 ⯒5:30～23:00

Mapple Code 1302-4480

店內販售的鐵路便當種類和數量都是最多的!

## D GRANSTA

**B1F 八重洲地下中央口剪票口旁**

### 充滿活力、備受矚目的地下街

剪票口內最大的設施,從便當到熟食、麵包、甜點、雜貨等一應俱全。還有許多限定商品,每天人潮絡繹不絕,十分熱鬧。

☎03-6212-1740(鐵道會館) ⯐千代田区丸の内1-9-1 JR東京站剪票口內B1F ⯑無休 ⯒8:00～22:00(週日、連假最後的假日～21:00,部分店家不同) ⯓JR東京站內 Mapple Code 1302-1432 MAP 附錄③ P.25 B-2

在地下連接八重洲側和丸之內側的區域

**便當**

### 築地 竹若

●つきじたけわか

築地的活魚料理店「竹若」所推出的外帶店。師傅在廚房公開製作的海鮮丼和壽司堪稱絕品。

Mapple Code 1302-4492

盛滿新鮮魚貝類的「海鮮丼」1250日圓 ※視時期食材略有不同

**便當**

### eashion

●イーション

西式熟食店,使用講究原料和產地的食材,便當、沙拉等品項相當豐富。

Mapple Code 1302-4396

使用最高級伊比利豬「橡實」做成的「西班牙產橡實 伊比利豬便當」1100日圓

由散壽司和熟食組成的雙層便當「寶生」1620日圓 ※視時期部分配菜略有不同

**便當**

### 加賀料理 金茶寮

●かがりょうりきんちゃりょう

在東京就可以品嘗金澤老字號料亭的便當。有許多運用金澤的山珍海味,口味高雅的便當。

Mapple Code 1302-6960

### 伴手禮就選這個!

### 日本橋錦豐琳

●にほんばしにしきほうりん

花林糖專賣店,微辣的金平牛蒡口味是熱賣商品。

Mapple Code 1302-6108

「金平牛蒡」340日圓

## C Keiyo Street

**1F 八重洲南口剪票口旁**

●けいようストリート

### 京葉線方向的便利商場

除了有便當和甜點等固定商品,另網羅書店和熟食店等,是活用度極高的區域。

☎03-3218-8001 ⯐千代田区丸の内1-9-1 JR東京站剪票口內1F ⯑無休 ⯒8:00～22:00(部分店家不同) ⯓JR東京站內 Mapple Code 1302-3116 MAP 附錄③ P.24 C-2

位於通往東京迪士尼度假區的京葉線方向。也有便利商店等,可輕鬆購得旅途中所需物品

**便當**

### 魚力海鮮寿司

●うおりきかいせんずし

鮮魚專賣店「魚力」的壽司外帶店。不僅自築地市場嚴選生鮮魚獲,對米飯也很講究。

☎03-3218-8033

Mapple Code 1302-7346

「黑鮪魚排丼」1300日圓。沾些醬油食用,風味更佳

**便當**

### 銘店弁当 膳まい

●めいてんべんとうぜんまい

從老字號名店到創意便當,堅持選擇優質、安全的食材,讓顧客能安心品嘗的便當專賣店。

☎03-6212-8070

Mapple Code 1302-7347

惠比壽名店精心打造的「毀譽參半懷石便當「彩」IRODORI」1620日圓。內有4種一口飯糰搭配9種配菜、甜點,內容相當豪華

# 32

## 東京站剪票口外 咖啡廳甜點

とうきょうえきかいさつぐちがいカフェスイーツ

# 休息時品嘗甜蜜蜜的甜點！
## 咖啡廳景點

等待搭車或轉乘的空檔，想小憩一下時，就來一段優雅的咖啡時光吧！東京站剪票口外的設施裡，日本國內外的名店備有各種特色餐點，品項之豐富讓人想不到是在站內商場。

### DATA

入場 **免費** 因設施而異
地址 公休日 營業時間 因設施而異

## 《剪票口外導覽地圖》

在東京站的八重洲側，有如大型商業設施「東京站一番街」等的眾多設施，周邊也有甜點和便當相當熱門的「大丸東京店」（→P.64），購物也很方便。

**2F**
大丸東京店 →P.64
TOKYO Me+（トウキョウミタス）→P.56
北町 Dining
GRANROOF →P.63 Ⓐ
東北・山形・秋田・北海道・上越・北陸新幹線乘口 八重洲南口
東海道・山陽新幹線中央轉乘口 八重洲中央口
往銀之鈴
八重洲北口
中央通道詢問處
ecute東京
中央大道
東北・山形・秋田・北海道・上越・北陸 新幹線 北轉乘口
丸之內南口 PACIFIC CENTURY PLACE 丸之內
GRANTOKYO SOUTH TOWER
GranAge →P.63 Ⓑ

**1F**
Kitchen Street →P.63 Ⓒ
丸之內北口
八重洲地下街 →P.63 Ⓓ
東京甜點樂園 →P.57
丸之內中央口
GRANROOF FRONT
GRANROOF →P.63 Ⓐ
東京拉麵街 →P.56
Garrett 爆米花店 東京站店 →P.57
銀之鈴
大丸東京店 →P.64
八重洲地下中央口
ANGELIQUE NY →P.57
東京車站一番街 →P.56
往新幹線 南轉乘口 あ
往中央通道
東京動漫人物街 →P.57
GRANSTA
往地下鐵 丸之內線方向
STATION CONCIERGE TOKYO

**B1F**

### 這裡也要 CHECK!
## 京橋千疋屋
きょうばしせんびきや

老字號水果店「京橋千疋屋」的水果吧，備有多款添加大量精選水果的餐點。

☎ 03-3212-2517
休 無休 8:30～20:00（20:30打烊），週六、日～19:30（20:00打烊），商品銷售為8:30～
Mapple Code 1302-5262
MAP 附錄③ P.25 B-1

「格子鬆餅套餐（附咖啡或紅茶）」648日圓。8時30分～11時限定

### 這裡也要 CHECK!
## 黑塀橫丁
くろべいよこちょう

在黑牆圍起的典雅空間裡，設有14家成熟穩重氣氛的餐飲店。搭車前若想小酌一下時可以迅速前往，這一點深得旅客喜愛。

☎ 因店而異
11:00～23:00（L.O.）
※因店而異
Mapple Code 1301-8709
MAP 附錄③ P.25 A-1

## barBAR Tokyo
バーバーとうきょう

變化性豐富的日本在地啤酒和下酒菜等品項眾多。另外別錯過每週從當季的啤酒廠送來的「貴賓啤酒」。

☎ 03-3216-0581
休 無休
11:00～22:00（飲料供應至22:30，23:00打烊）
Mapple Code 1302-3917
MAP 附錄③ P.25 A-2

「YONA YONA Real Ale」12品脫（280ml）580日圓
「富士櫻高原麥酒 Pils」（300ml）700日圓

平日中午過後依舊熱鬧，也頗受外國遊客歡迎

### 這裡也要 CHECK!
## 北地下自由通路
きたちかじゆうつうろ
MAP 附錄③ P.25 A-2

位在地下1樓，想往來八重洲側與丸之內側之間時，走這裡會很方便。

來去自如
不用進剪票口也能

## ACCESS
JR／地下鐵丸之內線
最近車站 **東京站**

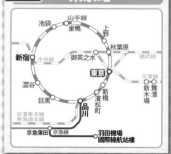

池袋 巢鴨 山手線 上野 秋葉原 御茶之水 總武線 中央線 新宿 東京 新橋 澀谷 濱松町 目黑 京濱東北線 東海道本線 品川 新木場 京葉線 舞濱 京急蒲田 京急線 羽田機場 國際線航站樓

東京站剪票口外 咖啡廳甜點

恬意享用福壽園的宇治抹茶與甜點

ふれんち茶懷石
京都 福寿園茶寮
ふれんちちゃかいせききょうとふくじゅえんさりょう

京都的「福壽園」一手打造的店家，可享用結合茶懷石和法國菜的全餐菜色。如在顧客面前現場點茶等，老店特有的優質服務也很出色。

☎03-6268-0290
🏢GRANROOF 3F
休無休
🕐11:00～21:00(23:00打烊)，午茶時段為14:00～17:00(L.O.16:00)
Mapple 1302-5273

↑布里歐製成的糕點「抹茶薩瓦蘭」885日圓。濃郁的抹茶奶油和爽口的柑橘非常對味

←「抹茶卡布奇諾」720日圓。抹茶的微苦和牛奶的溫潤堪稱絕配

↑2樓的咖啡廳空間可俯瞰八重洲的街景

↑口感鬆軟的格子鬆餅，搭配帶有適度酸味的莓果醬，呈現出這道甜點鬆餅「綜合莓果」702日圓

以咖啡廳的形式享用人氣鬆餅

R.L WAFFLE CAFE
エールエルワッフルカフェ

神戶的格子鬆餅專賣店所經營的咖啡廳。除了夾著鮮奶油的招牌商品「鬆餅蛋糕」（2個324日圓），咖啡廳特有的甜點和三明治品項也很豐富。

☎03-3213-0303　🏢GRANROOF 1F-M2F　休無休
🕐9:00～22:00(23:00打烊)　Mapple 1302-5277

↑以抹茶為基底，口味清爽的「冰淇淋綠茶」822日圓

從視野遼闊的座位上，可以眺望八重洲園的街景

↑「蘋果派」650日圓。選用新鮮的日本國產蘋果，酸味、甜味以及清爽的香氣恰到好處

派和漢堡的人氣店

不用排隊就能吃到目黑的那家名店

果実園　かじつえん

隨時可以品嘗到新鮮水果的水果吧。果汁、聖代、甜點等全都使用大量的時令鮮果。晚間菜單則有添加水果的餐點和酒精飲料。

☎03-5220-4567
🏢Kitchen Street 1F
休無休
🕐7:30～21:30(22:00打烊)
Mapple 1302-3912

Bubby's 八重地下店
バビーズヤエチカ

廣受紐約客和當地名流喜愛的咖啡廳＆餐廳。可以享用到依總店配方製作的家常蘋果派，以及道地火烤漢堡。餐點亦可外帶。

☎03-6225-2016　🏢八重洲地下1番通り
休無休　🕐7:30～21:30(22:30打烊)，週六日、假日為
9:00～21:00(22:00打烊)　Mapple 1302-4680

↑滿滿的水果多到幾乎蓋住美式鬆餅，「綜合美式鬆餅」1080日圓

---

**B1F**
八重洲口步行3分

# 八重洲地下街
やえすちかがい
**地下層遼闊的購物中心**
以「YAECHIKA」通稱而聞名，單日約有15萬人造訪，是日本規模最大的購物中心。創業50年的酒商、最新的甜點店、平價服飾店等，共約180家店進駐。
☎03-3278-1441　🏢中央区八重洲2-1-1　休無休　🚃直通JR東京站3分
Mapple 1301-7358　MAP 附錄③P.25 C-1

**1F**
八重洲北口剪票口旁

# Kitchen Street
キッチンストリート
**輕鬆品嘗名廚和專賣店的好滋味**
該區有來自東京及各地的名店，以及名廚所策劃、講究的休閒餐廳。不管白天或晚上總是人聲鼎沸。專營貝類和海膽等食材的專賣店也值得留意。
☎因店而異　🏢千代田区丸の内1-9-1 JR東京站1F　休因店而異　🚃JR東京站八重洲北口即到
Mapple 1301-8706　MAP 附錄③P.24 A-2

**B1F**
八重洲地下中央口步行5分

# GranAge
グランアージュ
**略帶奢華感的店家雲集**
直通東京站地下層的商業區域。從人氣烘焙坊到牙科一應俱全，是個方便的景點。由於位在商業區，有很多裝潢華美、供酒的店家，晚間也可利用。
☎因店而異　🏢千代田区丸の内1-9-2　休因店而異　🚃JR東京站八重洲地下中央口步行5分
Mapple 1302-1006　MAP 附錄③P.7 D-4

**B1F-3F**
直通八重洲南口

# GRANROOF
グランルーフ
**八重洲口的地標**
由連接八重洲口南北兩側的大屋頂和綠意盎然的空橋平台、商業設施等空間組成。地下1樓到地上3樓，有東京和京都的老字號、人氣鬆餅店，以美食為賣點的餐飲店十分齊全。
☎因店而異　🏢千代田区丸の内1-9-1　休因店而異　🚃JR東京站八重洲南口即到
Mapple 1302-5272　MAP 附錄③P.24 C-2

# 33

## 美食豐富的百貨公司

## 大丸東京店
だいまるとうきょうてん

地下1樓及地上1樓直通東京站的大型百貨公司。充滿美食的站內商場,內用&外帶都能讓人大飽口福。

|  | |
|---|---|
| 12〜13F | 餐廳 |
| 11F | 展覽會場、戶外休閒等 |
| 8〜10F | 男裝、雜貨等/東急HANDS |
| 7F | 男裝等 |
| 3〜6F | 女裝、女鞋等 |
| 2F | 化妝品/特選時裝 |
| 1F | 食品/特選時裝/仕女舶來品/仕女皮夾 |
| B1F | 食品 |

### DATA
¥ 入場 免費　☎ 03-3212-8011
地址 千代田区丸の内1-9-1　公休日 無休
營業時間 10:00〜20:00(除假日外之週四、五全館及平日B1F、1F為〜21:00、12F為11:00〜23:00、13F為11:00〜24:00)
Mapple Code 1300-2357

## 外帶

### 外觀繽紛的海鮮千層
**B1F 創作鮨処 タキモト**

→「奢華千層」1728日圓

●そうさくすしどころタキモト
以「做出美味的創意壽司」為概念的店家。取法甜點當中的千層派,奢華地堆疊蝦、蟹、鯡魚卵等食材的海鮮丼很受歡迎。
10:00〜21:00(週六日、假日〜20:00)
Mapple Code 1302-6115

### 厚實又多汁的牛舌
**B1F 牛たん かねざき** ●ぎゅうたんかねざき

仙台的「牛たん　かねざき」首度進軍關東。將仔細熟成的厚牛舌在店裡精心燒烤。建議配上一碗和牛舌最速配的麥飯一起大快朵頤!
10:00〜21:00(週六日、假日〜20:00)
Mapple Code 1302-4768

→「厚切牛舌排便當」1580日圓

### 大口咬下炸雞塊,自在享用名店滋味
**B1F たまひで からっ鳥** ●たまひでからっと

由位在人形町,以親子丼聞名的「玉ひで」推出的炸雞塊專賣店。使用名為「雞醬」的發酵風味調味料等,對調味有著名店獨到的堅持。
10:00〜21:00(週六日、假日〜20:00)
Mapple Code 1302-6709

→「和風香酥便當」950日圓

## 餐廳

### 源自佛羅倫斯的正宗義大利菜
**12F SABATINI di Firenze** ●サバティーニ ディフィレンツェ

在佛羅倫斯開設的總店已逾百年,是老字號的義大利餐廳。可以品嘗到選用日本國產鮮魚和精選肉品烹調而成的傳統托斯卡尼菜色。
☎ 03-6895-2890
11:00〜22:00(23:00打烊)
Mapple Code 1302-3970

→店內氣氛成熟沉穩
→午間全餐為假日2250日圓〜(照片僅供參考)

### 吃得到道地和食的奢華自助百匯
**12F TOKYO STATION BUFFET 馳走三昧** ●トーキョーステーションビュッフェちそうざんまい

以日本菜為主,兼及西餐、中菜等約60種的佳餚皆可盡情享用的自助式餐廳。日本菜有生魚片、螃蟹、天麩羅等,全都是運用當令食材的奢華饗點。
☎ 03-6895-2858　11:00〜22:00(23:00打烊)
Mapple Code 1302-7120

→新鮮的生魚片和現炸的天麩羅都是吃到飽!
→位在餐廳樓層的大入口就是標的

景點
玩樂
美食
咖啡廳
購物

所需時間 約1小時

MAP 附錄③ P.6 E-3

### ACCESS
JR/地下鐵丸之內線
最近車站 **東京站**
直通八重洲北口/2號出口即到

# 用餐及伴手禮名店一網打盡

保存部分舊東京中央郵局辦公大樓，重新打造成的複合設施「JP TOWER」。先在商業設施「KITTE」一邊欣賞車站邊用餐，再去位在地下樓層的「KITTE KITTE GRANCHÉ」採購日本各地的著名伴手禮吧！

辦公室樓層

空中花園「KITTE GARDEN」

| | | KITTE | |
| 6F | | | Hall&Conference |
| 5F | 挑高空間 | 舊東京中央郵局局長室 | |
| 4F | | | |
| 3F | KITTE | INTER | |
| 2F | | MEDIATHEQUE | |
| 1F | | 東京 | 郵局 |
| B1F | | City i | |

停車場

停車場

直通東京大樓 (TOKIA)　　直通東京站

## DATA

(¥) 入場 **免費**

☎ **03-3216-2811** (10:00～19:00)

地址 千代田区丸の内2-7-2　公休日 法定檢修日

營業時間 因設施、店家而異　Mapple Code 1302-4508

### 1F
# Mary's café ●メリーズカフェ

**巧克力專賣店「Mary」的第一家咖啡廳**

巧克力專賣店Mary在全球推出的第一家咖啡廳。有可享用輕食的沙龍，以及陳列許多限定商品的精品甜點專櫃。

☎ 03-6256-0885　⏰ 10:00～20:00(飲料供應至21:30，22:00打烊)　Mapple Code 1302-4847

← 「冰巧克力飲 巧克力慕斯」520日圓

→ 「熔岩巧克力蛋糕」950日圓(14時起供應)

### 5F
# 洋食Bistro domPierre Heart
●ようしょくビストロドンピエールハート

**車站美景當前的道地洋食**

由曾在京橋名店擔任料理長的主廚大展身手，可用平實的價格品嘗到道地洋食。

☎ 03-6256-0909　⏰ 11:00～21:30(23:00打烊)，週日～20:45(22:00打烊)　Mapple Code 1302-5037

↑ 「和牛漢堡排佐多蜜醬」1250日圓

→ 透過店內大窗看見的車站十分壯觀

## KITTE特色的伴手禮都在這裡！

### JP TOWER 1F
# 東京中央郵局
●とうきょうちゅうおうゆうびんきょく

位在JP TOWER一樓的郵局，販售以東京站丸之內站舍為主題的明信片和文具等可愛的原創周邊商品。

☎ 03-3217-5231　⏰ 9:00～21:00(週六日、假日～19:00)　Mapple Code 1302-5859

↑「明信片」154日圓　「紙膠帶」各401日圓

### B1F
# 築地ちとせ ●つきじちとせ

**總店位於築地的老字號煎餅**

創立於大正元(1912)年，是宮內省御用的和菓子店。「天麩羅仙貝」口感輕盈蝦味濃郁，頗受好評。

☎ 03-6256-0908　⏰ 10:00～21:00(週日、假日～20:00)　Mapple Code 1302-7348

↑ 使用鮮甜的「鷹爪蝦」做成口感酥脆的「天麩羅仙貝12片裝」1306日圓

### B1F
# 味噌汁專門店 美噌元
●みそしるせんもんてんみそげん

**造型可愛的道地味噌湯**

可品嘗到以滿滿健康食材的味噌湯為主角的定食(850日圓)。即食型的「美噌汁最中」是最棒的伴手禮。

☎ 03-6256-0831　⏰ 10:00～20:30(21:00打烊)，週日、假日～19:30(20:00打烊)　Mapple Code 1302-5036

← 以信州味噌為基底的「美噌汁最中」各249日圓。口味和配料隨表情不同，共有4種

## ACCESS

| JR |
|---|
| 最近車站 ▶ **東京站** |
| 丸之內南口即到 |

# 35 丸之内

まるのうち

## 時尚的商務重鎮

座落在東京站和皇居之間的這些綜合商辦大樓裡，有許多品味高尚的店家進駐，是對流行非常敏銳的商務人士及「丸之內OL」的心頭好。由於昭和時期的建築物也值得一看，不妨以丸之內仲通為主軸隨意逛逛吧！

行幸通

1 iiyo!! (イーヨ!!)
2 新丸之內大樓
3 丸之大樓

丸之內中央口
JR 東京站

↑7樓的「(marunouchi) HOUSE」可待到深夜

### 2 新丸之內大樓

●しんまるビル

約150家店進駐，和丸之內大樓並列為東京站前的地標塔。特色是擁有眾多走在流行最前線的商店和餐廳。

☎03-5218-5100(丸之內客服專線)
🏠千代田区丸の内1-5-1 休1/1、法定檢修日 ⏰11:00～21:00(週日、假日為～20:00)，餐廳為～23:00(週日、假日為～22:00)※部分店家營業至深夜 🚃JR東京站丸之內中央口即到
Mapple Code 1302-0651 MAP 附錄③ P.7 C-2

#### 飲食的娛樂空間 7F 餐廳區 (marunouchi) HOUSE

由空間策劃大師山本宇一打造的餐飲樓層。可在開放空間自由享用各家店的外帶餐點。

從露台可一覽東京站。匯集9家店的(marunouchi) HOUSE。

**HENRY GOOD SEVEN**
●ヘンリーグッドセブン

聖代、創意霜淇淋等甜點大受歡迎的餐酒館。想喝杯咖啡或小酌休息時的絕佳選擇。

☎03-5220-0267
休準同新丸之內大樓公休日 ⏰11:00～翌4:00(打烊)，週日、假日、連假最後的假日為～23:00(打烊)
Mapple Code 1302-3308

↑「草莓千層聖代」1080日圓

**ソバキチ**

使用嚴選蕎麥粉製成的二八蕎麥麵，嚼勁適中，好吃到再來幾碗都吃得下。也很適合當作酒後墊胃的餐點。

↑加入牛肉和鰹魚高湯提味的「夜鳴蕎麥麵」1047日圓

☎03-5222-5133
休不定休 ⏰11:00～翌3:00(翌4:00打烊)，週日、假日為～22:00(23:00打烊)
Mapple Code 1302-1981

### 1 iiyo!! (イーヨ!!)

●イーヨ!!

除了地下的餐飲樓層「イーヨ!! yokocho」，1樓也有附設露天雅座的咖啡廳等，匯集不少可以愜意用餐的餐飲店。

☎03-5218-5100(丸之內客服中心)
🏠千代田区丸の内1-4-1 丸之內永樂大樓 B1-2F 休1/1、法定檢修日 ⏰商店11:00～20:00，餐廳11:00～23:00，週日、假日～22:00※因店而異 🚃JR東京站丸之內北口步行5分
Mapple Code 1302-3946 MAP 附錄③ P.7 C-2

↑希望造訪過的人都誇讚「iiyo(很棒喲)!!」並推薦旁人，因而命名

#### 2F 東京ビアホール + ビアテラス14

●とうきょうビアホールアンドビアテラスいちよん

可以隨興小酌的雅緻室內＆露天啤酒屋。講求「當令」且「簡單」，以洋溢主廚品味的餐點和酒水自豪。

↑露天雅座開闊感十足
←埼玉縣川越市的啤酒「COEDO」等，店內各另備有適合搭配啤酒的餐點

☎03-6269-9585
休不定休 ⏰11:00～22:30(午餐至15:00(L.O.)，飲料供應至22:45，23:30打烊)
Mapple Code 1302-7086

#### 1F Maison Kayser Café 丸之內店

●メゾンカイザーカフェまるのうちてん

以天然酵母和傳統技法，呈現法國風味的人氣麵包店「Maison Kayser」推出的新型態咖啡廳，也很推薦早餐及下午茶時段前來。

↑重現巴黎咖啡廳的氣圍
↓附贈招牌麵包拼盤的「牛腩排盤餐」1500日圓

☎03-6269-9411
休不定休 ⏰8:00～21:30(飲料供應至22:00，22:30打烊)，週日、假日為10:00～19:00(飲料供應至19:30，20:00打烊)
Mapple Code 1302-7383

#### B1F イーヨ!! yokocho

在氣氛熱鬧的小巷內，9家風格多元，可輕鬆用餐的店家比鄰而立。

←位在地下一樓的餐飲店區
→有關東煮和義大利菜等，店家種類多元

**ACCESS**

| | JR／地下鐵丸之內線 |
|---|---|
| 最近車站 | **東京站** |

| | JR／地下鐵有樂町線 |
|---|---|
| 最近車站 | **有樂町站** |

| | 地下鐵千代田線 |
|---|---|
| 最近車站 | **二重橋前站** |

## 4 丸之內 BRICK SQUARE

●まるのうちブリックスクエア

講究素材的餐飲名店等36家店聚集的商業大樓。緊鄰的三菱一號館美術館,外觀已復原成明治27(1894)年時的樣貌。

☎03-5218-5100(丸之內客服中心) 🏠千代田区丸の内2-6-1 🈺1/1、法定檢修日 🕐商店11:00～21:00(週日、假日為～20:00),餐廳11:00～23:00(週日、假日為～22:00)※部分店家不同 🚉JR東京站丸之內南口步行5分 Mapple Code 1302-2219 MAP 附錄③ P.7 C-4

↑別錯過綠意盎然的廣場上的3座雕塑作品!

### 三菱一號館美術館

●みつびしいちごうかんびじゅつかん

建築也值得留意的美術館

2010年時開館,紅磚建築是復原自三菱在明治27(1894)年時興建的「三菱一號館」。

☎03-5777-8600(Hello Dial語音服務) 🈺週一(逢假日、展期最後一週時則開館)、展示更換期間 🕐10:00～17:30(18:00閉館),週五、展期最後一週之平日為～19:30(20:00閉館) 🈺依展覽內容而異 Mapple Code 1302-2577

←主要以19世紀近代美術,1年舉辦3次企劃展

### Café1894 ●カフェいちはちきゅうよん

明治時期作為銀行營業廳之用的樓層,典雅的裝潢、挑高天花板讓人印象深刻,現為咖啡廳兼酒吧。酒單也非常豐富,推薦晚上前來。

☎03-3212-7156 🈺不定休 🕐11:00～22:00(23:00打烊) Mapple Code 1302-2714

↑滋味樸實的「Café 1894自製經典蘋果派」907日圓

## 3 丸之內大樓

●まるビル

從地下1樓～地上4樓的購物空間,到5、6樓及35、36樓的餐廳區,共聚集約140家店。

☎03-5218-5100(丸之內客服專線) 🏠千代田区丸の内2-4-1 🈺1/1、法定檢修日 🕐11:00～21:00(週日、假日為～20:00),餐廳11:00～23:00(週日、假日為～22:00)※部分店家不同 🚉JR東京站丸之內南口即到 Mapple Code 1301-1490 MAP 附錄③ P.7 C-3

→多家餐廳可飽覽周邊美景

### B1F JUCHHEIM DIE MEISTER

專營以甜點、德國麵包為主的各式麵包。

☎03-5220-3301 🕐11:00～21:00(週日、假日為～20:00) Mapple Code 1301-5408

←「丸之內年輪蛋糕切片」1080日圓

※商品內容和包裝設計可能變更

↑角落位在景35致絕佳!的

### 35F Sens & Saveurs

由在南法榮獲米其林星級肯定的「Le Jardin des Sens」主廚Pourcel兄弟所策劃。享用細膩法國菜的同時,也能度過一段浪漫的時光。

☎03-5220-2701 🕐11:00～13:30(L.O.),17:30～21:30(L.O.),週六日、假日午餐為11:30～14:00(L.O.),週日、假日晚餐為～20:30(L.O.) Mapple Code 1301-6839

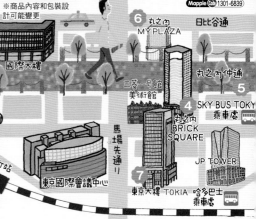

## 7 東京大樓 TOKIA

●とうきょうビルトキア

→地下1樓到3樓都是餐飲區

該大樓內聚集了會舉辦現場演奏的餐廳,以及來自關西的名店等類型多元的餐飲店。

☎03-5218-5100(丸之內客服中心) 🏠千代田区丸の内2-7-3 🈺1/1、法定檢修日 🕐11:00～23:00(週日、假日為～22:00,部分店家營業至深夜 🚉JR東京站丸之內南口即到 Mapple Code 1301-7178 MAP 附錄③ P.7 C-4

## 6 丸之內 MY PLAZA

●まるのうちマイプラザ

由明治生命館及商店、餐廳、商辦樓層所組成。參訪明治生命館(週六日為11～17時、週三～五為16時30分～19時30分※假日除外),以及預定每月舉辦一次的各種活動均為免費入場。

☎03-3283-9252(明治安田大樓管理處) 🏠千代田区丸の内2-1-1 🈺無休 🚉直通地下鐵二重橋前站3號出口 🌐www.myplaza.jp/ Mapple Code 1301-8026 MAP 附錄③ P.7 B-4

日本首屈一指的歷史建築 時期文化財 獲選為重要文化財的昭和初期建築

## 5 丸之內仲通

●まるのうちなかどおり

### RIMOWA Store 東京 丸之內

●リモワストアとうきょうまるのうち

1898年創立於德國的高檔行李箱品牌,是全世界愛好旅行的富豪鍾愛的旅行用品經典。

☎03-5224-3377 🏠千代田区丸の内3-4-1 🈺不定休 🕐11:00～20:00 🚉JR東京站丸之內南口步行4分 Mapple Code 1302-3936 MAP 附錄③ P.7 C-5

↑以聚碳酸酯製成的「SALSA」系列

在名牌店鱗次櫛比的丸之內地區,這條路格外引人矚目。沿途設有藝術品,散發高級氣息。

Mapple Code 1301-6590 MAP 附錄③ P.7 C-4

### PAGLIACCIO

可以在寬敞的空間裡,自在地享用義大利菜的小餐館&酒吧。也可作為咖啡廳利用,散步途中不妨去坐坐。

☎03-6273-4486 🏠千代田区丸の内2-2-3 丸之內仲通大樓1F 🈺無休 🕐11:30～22:00(23:00打烊) 🚉JR東京站丸之內南口步行4分 Mapple Code 1302-2136 MAP 附錄③ P.7 C-4

↑「薄切千葉縣產八千代牛」3024日圓

---

## 搶進話題景點!

### 東京國際會議中心 1F

推薦源自法國的傳說歐姆蛋

**La Mère Poulard**

位在聖米歇爾山的名店隆重登場,招牌餐點是鬆軟滑嫩的歐姆蛋!

☎03-5252-7171 🏠千代田区丸の内3-5-1 東京國際會議中心1F 🈺無休 🕐11:00～22:00(23:00打烊)、咖啡廳～20:30(21:00打烊) 🚉JR有樂町站國際會議中心口即到 Mapple Code 1302-3504 MAP 附錄③ P.7 C-5

「傳統歐姆蛋」2138日圓

### 國際大樓 B1F

**丸の内タニタ食堂**

●まるのうちタニタしょくどう

知名公司的員工餐廳在丸之內登場!

重現「綜合健康企業TANITA的員工餐廳」的概念,供應約500大卡、鹽份3g以下的定食。

☎03-6273-4630 🏠千代田区丸の内3-1-1 國際大樓B1F 🈺第2、4週六日、假日 🕐11:00～15:30(16:00打烊),午餐～15:00(L.O.),下午茶~14:00～ 🚉直通地下鐵有樂町站D1出口 Mapple Code 1302-3502 MAP 附錄③ P.7 B-5

湯菜、主菜、白飯 830日圓「每日定食」包含8～30道配菜、

### 東京大樓 TOKIA 2F

盡享音樂及法國菜饗宴!

**COTTON CLUB**

可以近距離欣賞爵士、R&B、世界音樂等當紅音樂演出的餐廳。優雅的店內供應正宗法國菜和美酒。

☎03-3215-1555 🏠千代田区丸の内2-7-3 東京大樓 TOKIA2F 🈺不定休 🕐17:00～23:00(週六日、假日為16:00～22:30) 🈺依演出、座位而異 🚉JR東京站丸之內南口即到 Mapple Code 1301-9815 MAP 附錄③ P.7 C-4

晚間全餐5184日圓～。也有單點菜色

以海外音樂人為主的實力派登台演出

（地圖標示）
東京國際會議中心 / JR有樂町站 / 東京半島酒店 / 國際大樓 / 馬場先通り / 三菱一号館美術館 / 丸之內BRICK SQUARE / JP TOWER / 東京大樓 TOKIA / 哈多巴士乘車處 / SKY BUS TOKYO乘車處 / 丸之內仲通 / 日比谷通 / 丸之內MY PLAZA

# 皇居

こうきょ

## 皇居東御苑漫步

昔日的江戸城本丸、二丸、三丸所在的皇居東御苑。承繼江戸城而來的皇居，腹地內有廣闊的綠地，江戸城的遺址散佈其間。開園時段內可自由參觀皇居外苑；若想一探平常無法進入的區域，就參加預約制的一般參觀團吧！

### 一 大奧遺址

●おおおくあと

江戸城本丸的大奧所在地，僅限將軍的正室——御台所等女性居住，現為一大草坪。

**DATA**

🚪 入園 **免費**

☎ **03-3213-1111**(宮內廳)

地址 千代田区千代田1-1

開園日 東御苑為週一、五(逢假日則翌日休)

開園時間 東御苑為9:00〜16:00(有季節性差異)

Mapple Code 1301-1503

### 皇居東御苑MAP

🧭N

（地圖標示）
- いぬいぼり 乾濠
- きたはねばしもん 北桔橋門 出入口
- えどじょう てんしゅかくあと 四 江戸城 天守閣遺址
- しょりょうぶ 書陵部
- さくらじま 櫻花樹 櫻島
- とうかぐどう 桃華樂堂
- ばいりんざか 梅樹 梅林坂
- ふじみたもん 富士見多聞
- おおおくあと 一 大奧遺址
- とどうふけんき 都道府縣樹
- がくぶ 樂部
- 五 玫瑰園
- しおみざか 汐見坂
- 紅葉 梅樹
- ちゃばたけ 六 茶園
- まつのおおろうかあと 松之大走廊遺址
- ひらかわもん 出入口 平川門
- はすいけぼり 蓮池濠
- ほんまるおおしばふ 本丸大草坪
- 竹橋站
- やそうしま 野草島
- 麻樓
- すわちゃや 諏訪茶屋
- そうもばし 雑樹林
- すわのちゃや 諏訪茶屋
- 杜鵑
- おおばんしょ 七 大番所
- どうしんばんしょ 同心番所
- 櫻樹 しんぞうきばし 新雑樹林
- にのまるていえん 二 二之丸庭園
- ふじみやぐら 富士見櫓
- ひゃくにんばんしょ 百人番所
- サクラ ツツジ
- おおてぼり 大手濠
- さんのまるしょうぞうかん 三之丸尚藏館
- 休息處
- おおてもん 出入口 大手門
- ↓大手町站
- ↓二重橋前站

### 二 諏訪茶屋

●すわのちゃや

江戸時代時位在吹上地區的建築，於明治45(1912)年重建，後遷至此處。

➡優雅的茶室風建築

### 三 二之丸庭園

●にのまるていえん

根據9代將軍德川家重時代的庭園手繪圖面重建的回遊式庭園。

➡有二之丸池和菖蒲花田

這裡看得到！
5月下旬〜6月上旬 花菖蒲

📷景點
🍴美食
☕咖啡廳
🛍購物
🕐所需時間 約1小時
🗺MAP 附錄② P·7 A-2

**ACCESS**

地下鐵丸之內線、東西線、千代田線、半藏門線、都營三田線

最近車站 ▶ **大手町站**
C13a出口步行5分

JR

最近車站 ▶ **東京站**
丸之內北口步行15分

（路線圖）

## 周邊的美食景點

### Serafina NEW YORK 丸之內店
●セラフィーナニューヨークまるのうちてん

源自紐約的義大利餐廳，許多好萊塢名流都是座上賓。以特別訂製的披薩窯所烤出來的薄披薩和義大利麵頗受好評。

☎03-6853-8990 　千代田区丸の内1-1-1 PALACE大樓B1F　休無休　11:00～14:00(L.O.)、14:00～17:00(L.O.)、17:00～22:30(23:00打烊)　地下鐵大手町站C13b出口即到　Mapple Code 1302-3968　MAP附錄③P.7 B-2

↑「瑪格莉特」1550日圓，在丸之內品嘗紐約總店的好滋味！
↓店內氛圍十分時尚，另附設開放式露天席

### 楠公レストハウス ●なんこうレストハウス

供應依江戶時代的烹飪書重現的「江戶ECO郊遊餐盒」(需2天前預約)，以及豐富的午餐菜色。店內還附設商店，備有多項伴手禮。

☎03-3231-0878　千代田区皇居外苑1-1　休無休　8:30～17:00，午餐為11:00～14:00(L.O.)、輕食為～14:30(L.O.)，商店為～16:00　地下鐵二重橋前站B6出口步行5分　Mapple Code 1302-0683　MAP附錄③P.7 B-5

1836年圖，採預約制
「江戶ECO郊遊餐盒」

座位數共300席

伴手禮是這個！

↑「菊最中」(5個裝)1100日圓
「菊紋冷酒杯組」1600日圓

### 事先預約即可參加的皇居周遊行程
## 一般參觀路線！

皇居內平常不開放的區域，也提供特別參觀行程。只要事先報名一般參觀，任何人都能免費參加，因此不妨趁機參觀一下平常看不到的景點。平日舉辦2次，於10時、13時30分出發(假日及活動日除外)。

↑國會議事堂的原型，據說是現今原樞密院廳舍的原型

#### 報名方式

電話預約後，再於預計參訪日的7日前，以郵寄或親至宮內廳報名。亦可透過官網(http://sankan.kunaicho.go.jp)報名。詳洽宮內廳管理課參觀科。
☎03-3213-1111　※詳情請見官網

---

### 四 江戶城天守閣遺址
●えどじょうてんしゅかくあと

天守閣的所在地。現存的天守台是在第三代天守閣於大火中焚毀後所重建，但並未重建天守閣。從天守台可以瞭望整個本丸大草坪。

天守台的高度約12m

→天守台前的水井「金明水」

↑還看得到草坪
彼端林立的高樓
大廈

#### 江戶城天守閣的歷史

最初的天守閣是在慶長11(1606)年由德川家康所建造。之後，歷經2代將軍德川秀忠、3代將軍德川家光二度改建，卻在明曆3(1657)年因大火而燒毀。

---

### 六 茶園
●ちゃばたけ

斜坡上種有普遍用於製茶的藪北品種茶樹。

這裡看得到！

10～11月 茶花

11月初，夏時新葉茂密。一到10～
11月，會開滿白色的茶花

### 五 玫瑰園
●バラえん

移植在吹上御苑(御所所在的地區)培育的玫瑰後整建成的花園。可欣賞到以原生種為主約15種的玫瑰。

←園裡會開月季(如圖)、緞絲花、玫瑰等

5～6月

---

### 八 富士見櫓
●ふじみやぐら

位在本丸南側的三層櫓，櫓高約16m，原在關東大地震中倒塌，後又重建。

↩從任何角度看形狀都一樣，因此又稱「八面正方之櫓」

### 七 大番所
●おおばんしょ

地位較高的與力、同心群聚的崗哨。雖是重建後的建築，但仍十分典雅、氣派。

這裡看得到！

#### 現今還看得到的番所

東御苑裡除了這裡之外，還留有2處番所。

↑百人番所

↑同心番所

1月 金縷梅

---

### 十 大手門
●おおてもん

舊江戶城的正門，是離地下鐵大手町站最近的門。除了此處，可由平川門、北桔橋門等3座門出入皇居。

從這裡入園

↩有著美麗白牆的左門是渡櫓門，右門是高麗門

### 九 三之丸尚藏館
●さんのまるしょうぞうかん

東御苑內的美術館

保存並公開展示皇室歷代傳承下來的繪畫、書籍、工藝品等美術品的設施。目前收藏了約9500件美術品。

休週一、五、展覽準備期間　9:00～16:00(16:15閉館)、4/15～8/31為～16:30(16:45閉館)、11/1～2月底為～15:30(15:45閉館)　免費　Mapple Code 1301-6984　MAP附錄③P.7 A-1

↑進入大手門後，矗立在右手邊的近代建築
↓全年舉辦各式各樣的企劃展

# 一口氣周遊觀光名勝!

位處交通樞紐的東京站周邊,有不少可高效率遊覽觀光景點的觀光巴士發抵。路線從1小時內到一整天,備有多樣化行程,第一次來東京也能放心玩。快來欣賞不斷進化的東京街景,聆聽巴士導遊的車內導覽吧!

**搭敞頂巴士逛東京!**
**SKY BUS TOKYO**

## 東京站起訖 觀光巴士

とうきょうえきはっちゃくかんこうバス

景點
玩樂
美食
咖啡廳
購物
所需時間　因行程而異
MAP　附錄③ P.7

日本的政治中樞就近在眼前!

**國會議事堂**

**START**
**丸之內(三菱大樓前)**

→這個行程從10時到18時,一天約有5～9班巴士從三菱大樓前發車

←正前方就是國會議事堂!這可是行程的一大重點

⏱約50分　¥1600日圓　**A行程**

**GOAL**
丸之內(三菱大樓前) ← 丸之內大廈街 ← 銀座 ← 警視廳 ← 霞關 ← 國會議事堂 ← 丸之內(三菱大樓前) **START**

皇居、銀座、丸之內路線

### 霞關

↑指定為重要文化財的法務部舊本館

相!

→在嚮往的警視廳大樓前照張

### 警視廳

### 銀座

前往高級品牌林立的名流大街銀座!途中還會經過著名的和光所在的銀座4丁目路口

**GOAL**
### 丸之內(三菱大樓前)

↑同樣在乘車地點結束行程!SKY BUS車掌小姐還會向旅客道別

→雙層敞頂巴士,座位在2樓

真是愉快舒暢!

### 丸之內大廈街

施著辦公大樓和商業設

→途經時尚的丸之內仲通,左右兩邊矗立

華麗銀座的主要大街

好高的大樓～

---

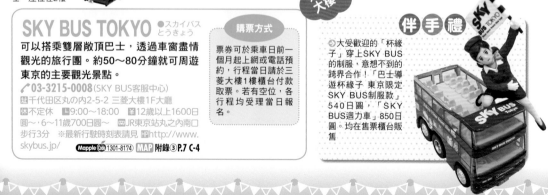

## SKY BUS TOKYO ●スカイバスとうきょう

可以搭乘雙層敞頂巴士,透過車窗盡情觀光的旅行團。約50～80分鐘就可周遊東京的主要觀光景點。

☎03-3215-0008(SKY BUS客服中心)
🏠千代田区丸の内2-5-2 三菱大樓1F大廳
休不定休 ⏰9:00～18:00 ¥12歲以上1600日圓～、6～11歲700日圓～ 🚉JR東京站丸之內南口步行3分 ※最新行駛時刻表請見 HPhttp://www.skybus.jp/
Mapple Code 1301-8174 **MAP** 附錄③ P.7 C-4

### 購票方式

票券可於乘車日前一個月起上網或電話預約,行程當日請於三菱大樓1樓櫃台付款取票。若有空位,各行程均受理當日報名。

### 伴手禮

→大受歡迎的「杯緣子」穿上SKY BUS的制服,意想不到的跨界合作!「巴士導遊杯緣子 東京限定SKY BUS制服款」540日圓,「SKY BUS週力車」850日圓。均在售票櫃台販售

## ACCESS

JR、地下鐵丸之內線
最近車站 **東京站**

地下鐵千代田線
最近車站 **二重橋前站**

37

東京站起訖 觀光巴士

# 在世界第一高塔欣賞無敵美景

## 東京晴空塔® 天望甲板

附錄②P.6

↑在離地面350m高的天望甲板欣賞超廣角美景

天望甲板上附設咖啡廳，還可品嘗限定美食

→在官方商店「THE SKYTREE SHOP」搜括晴空塔周邊商品
©TOKYO-SKYTREE

## 在飯店自助百匯享受優雅時光

## 東武飯店萊文特東京 「SUPER DINING Verdure」

↓午餐是豪華的飯店自助百匯，日、西、中各式佳餚一字排開

↑在眼前烹調的現做廚房供應熱騰騰的餐點

## 哈多巴士

行程類型豐富，幾乎網羅東京所有主要景點。請依時間、目的、預算等挑選行程。

☎03-3761-1100（哈多巴士預約中心）
休無休 ※因行程而異 ¥1800日圓～※因行程而異 📍JR東京站丸之內南口即到 ※行程路線視季節變動。乘車處及營業所相關資訊詳見 HP http://www.hatobus.co.jp/
Mapple App 1301-1533 MAP 附錄③ P.7 D-4

### 購票方式

透過網路或電話預約，自乘車日前三個月的同日期起開始受理。行程費用需事先以信用卡或匯款支付。當天請於出發前10分鐘抵達乘車地。另有自新宿站、上野站等地出發的行程。

## 精彩行程琳瑯滿目 哈多巴士

由我們為您導覽

START 東京站丸之內南口

⏱約7小時 ¥9980日圓 B行程

| GOAL 東京站丸之內南口 | 隅田川遊船 | 淺草寺&仲見世通 | 東武飯店萊文特東京「SUPER DINING Verdure」 | 東京晴空塔® 天望甲板 | START 東京站丸之內南口 | 東京晴空塔天望甲板與隅田川12橋遊船 |

## 淺草寺&仲見世通

P.90·92

抵達雷門前！

東京代表性的寺院 參拜淺草寺！

好想買伴手禮！

↑仲見世通上林立著約90家店

→伴手禮推薦選日本雜貨（→P.92）

↓必嘗師傅手工製作的極品人形燒！（→P.93）

↑趁自由活動時間在淺草寺內散步

## 隅田川遊船

船上看得到這種景致！

↑發現東京鐵塔
↓晴空塔也看得一清二楚

↑自淺草乘船出發，巡航隅田川。從船上看到的東京令人耳目一新

GOAL 東京站丸之內南口

→在東京站下車。來瞧瞧哈多巴士的周邊商品吧

→著名的鮮黃色車體

## 伴手禮

↑充滿機關的「原創音樂巴士」1000日圓

→「哈多巴士HELLO KITTY原子筆」600日圓

## 這些行程也很受歡迎！

**SKY BUS**
**台場夜景行程**
⏱約2小時 ¥2100日圓
眺望東京鐵塔和銀座夜景後，前往台場。有1小時的自由時間。

**SKY HOP BUS**
**台場行程**
¥1日券3500日圓
連結丸之內～台場的觀光巴士。憑1日券也可搭乘其他路線。

**哈多巴士**
**TOKYO全方位實景**
⏱約1小時 ¥1800日圓
搭乘敞頂巴士周遊霞關、東京鐵塔、台場等地。

**極致 TOKYO夜景**
⏱約2小時30分 ¥2900日圓
可飽覽六本木、東京鐵塔、台場等地的夜景。

# 38

## 老字號&話題的景點一網打盡

日本橋在江戶時代被設為五街道的起點，發展成商業和文化的中心地帶。該區散佈著許多歷史悠久的老字號，近年來又有「COREDO室町」開幕等，使得日本橋逐步進化成新舊文化交融的新街區。

景點 玩樂 美食 咖啡廳 購物

所需時間 約2小時

MAP 附錄③ P.6

---

### 江戶時代即橫亙在此 歷史悠久的橋

**景點 日本橋** ●にほんばし

↑橋中央的「麒麟像」

銜接全日本的街道起點，作為日本中心興起的橋樑。最初的橋是於慶長8（1603）年由德川家康所建造，目前這座橋已是第20代，是在明治44（1911）年建造的石造二連拱橋。

📍中央区日本橋1 ⏰自由參觀 🚇地下鐵三越前站B5出口即到 Mapple code 1300-2361 **MAP** 附錄③ P.6 F-2

---

←有著極品滑嫩雞蛋的「蒲公英蛋包飯」1950日圓（1樓）

### 文人們不時造訪的洋食名店

**美食 たいめいけん**

1樓是休閒風格的洋食店，2樓則是道地的餐廳。以美食家聞名的文人池波正太郎等人也曾造訪，是家廣受男女老幼喜愛的洋食店。

📞03-3271-2465 📍中央区日本橋1-12-10 休週日、假日（1F無休）⏰1F 11:00～20:30（21:00打烊），週日、假日為～20:00（20:30打烊）；2F 11:00～14:00（15:00打烊）、17:00～20:00（21:00打烊）🚇地下鐵日本橋站C2出口即到 Mapple code 1300-0474 **MAP** 附錄③ P.6 F-3

---

←佇立在都會中的雅緻社殿令人印象深刻

### 保佑財運亨通!? 景點 福德神社

著名的「室町地區的稻荷神社」，2014年重建。曾在江戶時代販售過稱為「富籤」的彩券，因為這段歷史而前來祈求中獎的香客也不少。

**MAP** 附錄③ P.6 F-1

---

↑1樓為吧檯座，2樓則有桌席

↑擺上一整條星鰻和炸蝦的「江戶前天丼」950日圓

### 大排長龍的天丼專賣店

**美食 日本橋 天丼 金子半之助**

●にほんばしてんどんかねこはんのすけ

該店堅持只以一道「江戶前天丼」行走江湖。丼飯上豪邁地擺著新鮮現宰的活星鰻等6樣7道食材，深受各年齡層的饕客喜愛。

📞03-3243-0707 📍中央区日本橋室町1-11-15 休不定休 ⏰11:00～21:30（22:00打烊），週六日、假日為10:00～20:30（21:00打烊）🚇地下鐵三越前站A1出口即到 Mapple code 1302-6200 **MAP** 附錄③ P.6 F-1

---

### 創立於天保年間的水果店

**美食 千疋屋総本店 日本橋本店**

●せんびきやそうほんてんにほんばししほんてん

創立於天保5（1834）年，以買賣水果蔬菜起家的老字號。1樓是水果賣場和咖啡廳，2樓則是水果吧。嘗一嘗頂級的水果滋味。

📞03-3241-1630 📍中央区日本橋室町2-1-2 休不定休 ⏰11:00～21:30（22:00打烊），週日、假日為～20:30（21:00打烊），水果吃到飽活動日為21:00（L.O.），1樓賣場為9:00～19:00 🚇直通地下鐵三越前站A7・A8出口 Mapple code 1300-2358 **MAP** 附錄③ P.6 F-1

1944年

↑滿滿水果的「千疋屋特製聖代」1944日圓

---

### 日本橋 & COREDO室町

---

## ACCESS

地下鐵銀座線、半藏門線

最近車站 **三越前站**

地下鐵銀座線、東西線、都營淺草線

最近車站 **日本橋站**

# COREDO室町1・2・3

2014年3月COREDO室町2・3這2棟新館開幕後，現已有3棟，成為日本橋的新地標。館內有東京及各地方的老字號、名店和電影院等各式各樣的店家進駐。

休 不定休　蓬 因店而異
交 地下鐵三越前站A4・A6出口即到
HP http://www.coredo.jp
MAP 附錄③P.6 F-1

| COREDO室町1 | COREDO室町2 | COREDO室町3 |
|---|---|---|
| 住 中央区日本橋室町2-2-1 | 住 中央区日本橋室町2-3-1 | 住 中央区日本橋室町1-5-5 |
| Mapple Code 1302-2645 | Mapple Code 1302-5328 | Mapple Code 1302-5317 |

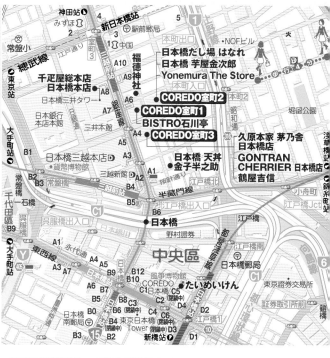

## 集結全日本的名店

玩樂
### COREDO室町1
●コレドむろまちワン

以「炒熱日本，日本橋」為概念打造的商業大樓。從日本橋的老字號商舖，到日本各地的名店紛紛進駐，可盡情採買各地代表性的美食以及尋找銘品。

### 來自神田的人氣洋食店
4F BISTRO石川亭
●ビストロいしかわてい

神田排隊名店的分店。除了有份量十足的「Prefix Lunch」（1150日圓），適合佐紅酒的晚餐也很受歡迎。

↑「牛、豬、高麗菜的漢堡排佐多蜜醬」（午餐主菜範例）

☎03-6225-2010　營11:00～15:00(16:00打烊)、17:00～22:00(23:00打烊)
Mapple Code 1302-6657

## 精選優質逸品上架

玩樂
### COREDO室町3
●コレドむろまちスリー

提出符合現代生活的「日本良品、精品」建議。從美食到時尚、雜貨等類別的話題名店雲集。

### 品味京都的老字號和菓子
1F 鶴屋吉信
●つるやよしのぶ

擁有200年以上歷史的京都和菓子店。除了傳統和菓子外，也有新型態的限定商品。師傅就在面前現場製作生菓子的吧檯座，廣受好評。

↑「IROMONAKA」禮盒2700日圓　☎03-3243-0551　營10:00～21:00，咖啡廳為10:30～19:30(20:00打烊)
Mapple Code 1302-6033

### 巴黎的道地極品可頌
B1F GONTRAN CHERRIER 日本橋店
●ゴントランシェリエにほんばしてん

來自法國，香氣濃郁的可頌大受好評的麵包店。在附設的咖啡廳裡，供應輕食和甜點。

☎03-3277-6022、03-3277-6021(咖啡廳)
營7:30～21:00，咖啡廳11:00～20:30(21:00打烊)
Mapple Code 1302-6660

↑大受歡迎的「可頌」1個180日圓
←咖啡廳的午餐菜色「三明治盤餐」1080日圓

↑「茅乃舍高湯粉」(30袋)1944日圓
↑滋味豐富的「生七味」(60g)1026日圓

### 搜括講究的調味料
1F 久原本家 茅乃舍 日本橋店
●くばらほんけかやのやにほんばしてん

來自福岡的自然食餐廳「茅乃舍」開設的食品雜貨店，販售高湯粉和醬油等調味料。由建築師隈研吾設計的裝潢更是必看。

☎03-6262-3170　營10:00～21:00
Mapple Code 1302-6883

## 講究的熟食&甜點

玩樂
### COREDO室町2
●コレドむろまちツー

充滿可品嘗老字號和名店創新口味的新形態店家。地下1樓有現做商品雲集的食品販售區，日西甜點和熟食名店齊聚一堂。3樓還有日本橋的第一家影城。

### 柴魚片專賣店にんべん所開設
1F 日本橋だし場 はなれ
●にほんばしだしばはなれ

「にんべん」的和風餐廳，透過料多味美的湯品和高湯炊飯等餐點，讓顧客充分享受高湯鮮味。

☎03-5205-8704　營11:00～22:00(飲料供應至22:30，23:00打烊)，午餐為～14:00(L.O.)，下午茶為14:00～17:00(L.O.)
Mapple Code 1302-6654

↑限量的「高湯炊飯御膳」1800日圓(午餐)

### 京都誕生的優質餅乾
B1F Yonemura The Store
●ヨネムラ・ザ・ストア

由京都名店「レストラン よねむら」一手打造，店內擺滿了選用抹茶和七味粉等京都食材的獨創商品。

☎03-6262-3151
營10:00～21:00
Mapple Code 1302-7705

↑「Yonumura原創餅乾」(390g)4500日圓

### 極品！現炸甘藷脆條
1F 日本橋 芋屋金次郎
●にほんばしいもやきんじろう

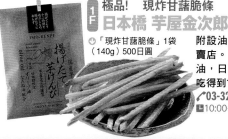
↑「現炸甘藷脆條」1袋(140g)500日圓

附設油炸工坊的甘藷零食專賣店。起鍋前的油採用橄欖油，日本橋限定甘藷脆條，吃得到甘藷的美味。

☎03-3277-6027
營10:00～21:00
Mapple Code 1302-6655

午餐時段可以品嘗「柴魚片拌飯」150日圓～（奶油50日圓，左圖）和每月例湯各360日圓（上圖）

「手工煎蛋」150日圓等輕食也很豐富

# 挖掘逸品的購物行程

## 日本橋 老字號伴手禮

にほんばししにせみやげ

江戶時代起，日本橋便漸漸發展成文化的中心地帶。這裡也是眾所皆知的商業重鎮，曾孕育出和現今的百貨公司有關的老字號和服店。在繼承傳統文化與技術的老店，買一些洋溢江戶風情的商品吧！

### 高湯 邂逅真正高湯美味的地方
### にんべん日本橋本店

**1699年創業** ●にんべんにほんばしほんてん

販售講究產地的本枯柴魚片，現刨柴魚片50g 475日圓。可在「日本橋だし場」專區，品嘗每杯100日圓的柴魚高湯，感受高湯的鮮味。

☎03-3241-0968 地中央区日本橋室町2-2-1 COREDO室町1 1F 休不定休（準同COREDO室町1公休日）時10:00～20:00(午餐為11:00～14:00，だし場為～19:00) 交直通地下鐵三越前站A6出口

Mapple Code 1301-6766 MAP 附錄③P.6 F-1

師傅將現刨的柴魚片小心地裝袋

### 海苔 名聞遐邇的調味海苔始祖
### 山本海苔店

**1849年創業** ●やまもとのりてん

創業以來，始終專注發展海苔商品的老字號。重視海苔本身的鮮味，由資深師傅為品質把關。店頭可試吃現烤的海苔。

☎03-3241-0290 地中央区日本橋室町1-6-3 休無休 時9:30～18:00 交地下鐵三越前站A1出口即到

Mapple Code 1301-7776 MAP 附錄③P.6 F-1

極上銘銘海苔「梅花」1罐2700日圓～

座落在中央通旁，外觀是彷正倉院校倉造的樣式

榮太樓糖的「罐裝・梅子糖」389日圓

### 和菓子 江戶時代即備受喜愛戴的和菓子
### 榮太樓總本鋪

**1857年創業** ●えいたろうそうほんぽ

以江戶甜品始祖之名蜚聲於世的名店。選用高純度砂糖的榮太樓糖，以及被視為甘納豆始祖的「甘名納糖」（713日圓），都是創業至今屹立不搖的人氣商品。糖罐採復古設計，外觀也很吸引人。

☎03-3271-7785 地中央区日本橋1-2-5 休週日、假日 時9:30～18:00 交地下鐵日本橋站B9出口即到

Mapple Code 1301-6980 MAP 附錄③P.6 F-2

「紅豆哉」（紅豆）1條1296日圓

### 和紙 接觸和紙之美
### 小津和紙

**1653年創業** ●おづわし

從手抄和紙到和紙小物，網羅共約3000件品項。附設舉辦各種展覽的藝廊，以及可以了解小津歷史的史料館。

☎03-3662-1184 地中央区日本橋本町3-6-2 休週日 時10:00～18:00 交地下鐵三越前站A10出口步行5分

Mapple Code 1302-3069 MAP 附錄③P.2 E-2

大中小3種尺寸各2個裝的「紙氣球 角」378日圓

「六角筆筒」864日圓，是以榛原千代紙做成的摺疊式筆筒

### 和紙 復古摩登的和紙專賣店
### 榛原

**1806年創業** ●はいばら

由越前及美濃等知名產地採購來的和紙一應俱全，復古摩登的榛原千代紙也有不少愛好者。便條等的和紙小物也相當豐富。

☎03-3272-3801 地中央区日本橋2-7-1 東京日本橋TOWER 休假日 時10:00～18:30(週六、日為～17:30) 交地下鐵日本橋站B6出口即到

Mapple Code 1300-2348 MAP 附錄③P.6 F-3

### 牙籤 日本唯一的牙籤專賣店
### 日本橋さるや

**1704年創業** ●にほんばしさるや

罕見的牙籤專賣店。以樟科的大葉釣樟製成的牙籤很有彈性，在口中會散發樹木芳香。送禮用的桐木盒包裝最受歡迎。

☎03-5542-1905 地中央区日本橋室町1-12-5 休週日、假日 時10:00～18:00 交地下鐵三越前站A1出口即到

Mapple Code 1302-1838 MAP 附錄③P.6 F-1

「縐布牙籤袋」1個648日圓～

## ACCESS

地下鐵銀座線、東西線、都營淺草線
最近車站 ▶ 日本橋站

地下鐵銀座線、半藏門線
最近車站 ▶ 三越前站

景點
玩樂
美食
咖啡廳
購物
所需時間 約1小時
MAP 附錄③P.6

日本橋

39

# 多不勝數的娛樂活動！可玩上一整天的海濱地區

# 台場

## 地區怎麼逛

**善用百合海鷗號和免費巡迴巴士**

台場的景點都集中在百合海鷗號沿線上，因此使用一日乘車券較為方便。另外也要善用繞行主要商場設施之間，班距15〜20分的免費巴士「東京灣穿梭巴士」。

**40〜48**

**44 維納斯城堡** → P.84
購物景點網羅人氣店家的

**46 日本科學未來館** → P.86
翻新後更好玩！

**47 大江戶溫泉物語** → P.87
天然溫泉療身心

**45 調色盤城** → P.85
從摩天輪上一覽絕景

TOKYO BIG SIGHT

**47 DiverCity Tokyo 購物中心** → P.78
©OTSU・SUNRISE
等比例的鋼彈十分醒目

**40 富士電視台** → P.76
巨大球體是台場的地標！

**42 AQUA CITY ODAIBA** → P.80
當紅名店集結在此！

**43 東京狄克斯海濱** → P.82
超豐富！娛樂設施

## 這個也在這區

**48 台場海景午餐** → P.88
盡情享受美景和美食

## ACCESS

| 東京站 | | 羽田機場國際線航站樓站 | |
|---|---|---|---|
| JR山手線 🚃3分 | JR京濱東北線 🚃12分 | 東京單軌電車 🚃20分 | 東京單軌電車 🚃25分 |
| ↓ | ↓ | ↓ | 濱松町站 |
| 新橋站 | 大井町站 | 天王洲Isle站 | JR山手線 🚃2分 |
| ↓ | ↓ | ↓ | 新橋站 |
| 百合海鷗號 🚃15分 | 臨海線 🚃7分 | 臨海線 🚃3分 | 百合海鷗號 🚃15分 |
| ↓ | ↓ | ↓ | ↓ |
| 台場站 | 東京電訊站 | 東京電訊站 | 台場站 |

# 蒐集戳章去可遊憩的電視台逛逛!

台場最具代表性的觀光景點。25層樓高的大樓裡,有部分對外開放的區域。從可以參觀節目布景的區域,到觀景台、餐廳、商店等,到處都是景點。藉由集戳章遊戲,有效率地玩遍電視台吧!

## 40 富士電視台
フジテレビ

### DATA

💴 入場 **免費** ※部分收費

📞 **03-5531-1111**(9:30~21:00)

地址 港区台場2-4-8

公休日 因設施、店家而異(HACHI TAMA、鬧鐘天空、美妙街道為週一公休,逢假日則翌日休)

營業時間 因設施、店家而異(參觀區域為10:00~17:30,18:00閉館)

Mapple Code 1300-2827

🏷️ 景點
🏷️ 玩樂
🏷️ 美食
☕ 咖啡廳
🛍️ 購物
🕐 所需時間 約 4 小時
🗺️ MAP 附錄③ P.10 E·4

---

### 戳章該怎麼蒐集?

只要將設置在館內5處的戳章蓋在戳章卡上,就算完成。集滿戳章就可以在服務台換取紀念品喔!

➡️ 目標是來福所在的櫃台

**樓層&戳章MAP**

```
25F  ②球形瞭望室
24F  ③「HACHI TAMA」
     迴廊
直達電梯  透明電梯
     空中花園
7F  ④F-island
     售票處
5F  ⑤美妙街道
3F  劇場大廳
    小丸子cafe  ⑥
                ①服務台
```

🍴 餐廳  ☕ 咖啡廳  🏠 商店  📷 景點
①~⑥集戳章點  📞公用電話  🚬吸煙區  🚻廁所

### 夜間活動也必看!

## GLITTER8
### ~閃閃發光的富士電視台~

● グリッターエイトキラキラヒカルフジテレビ

以富士電視台總公司大樓牆面的LED照明,配合富士電視台人氣節目的樂曲,演出充滿藝術氣息的燈光秀。

📞03-5531-1111 ※請上官網確認活動日期、時間等資訊

🌐http://www.glitter-8.com/

Mapple Code 1302-6790

⬅️將台場的夜晚妝點得閃閃發亮的公司大樓

---

## START

### POINT 1  1F 領取戳章卡後出發
## 服務台

首先到位在大樓1樓廣場的服務台領取戳章卡吧!戳章卡上也有介紹景點等資訊可供參考。那就出發吧!

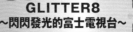

⬅️樓層導覽手冊中有蒐集戳章的頁面

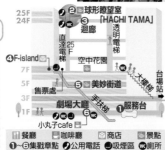

⬅️左邊是服務台,右邊是「HACHI TAMA」的門票售票處

---

### POINT 2  25F 位在近未來球體內的觀景台
## 球形瞭望室「HACHI TAMA」

● きゅうたいてんぼうしつはちたま

⬅️這裡也是看得到浪漫夜景的熱門約會景點(球形瞭望室營業至18時)

離地面100m高、直徑32m的球形瞭望室。別忘了繞去可購買原創商品的「HACHI TAMA SHOP」看看喔!戳章台設在瞭望室左側後方。

¥550日圓、中、小學生300日圓(含鬧鐘天空)

Mapple Code 1301-1258

⬅️可一覽位在彩虹大橋後方的東京鐵塔和東京的高樓大廈群

⬅️試著使用附螢幕的望遠鏡,可以看見更清楚的景色

晴空塔® ➡️可以正面看到高634m的東京

---

### ACCESS

| 最近車站 | 百合海鷗號 **台場站** 出口步行3分 |
|---|---|
| 最近車站 | 臨海線 **東京電訊站** 出口步行5分 |

## 休息就到這裡!

### 1F 充滿可愛的餐點!
## 小丸子cafe
●ちびまるこちゃんカフェ

咖啡廳的門口畫有咖啡廳店員打扮的小丸子插畫。從食物到甜點,都是以劇中角色為靈感所打造,供應可愛又有趣的餐點。

☎03-5500-5841
(café COSTA) 休無休 ⏰9:00～18:30
(19:00打烊)※活動期間可能略有更動
Mapple 1300-3393

©さくらプロダクション／日本アニメーション

↑「咖啡廳特製 綿密拿鐵小丸子(草莓)」450日圓

↑店內也有販售咖啡廳限定的商品

↑每個都是手工製作,肉汁飽滿的「永澤肉包」1個500日圓

↑「小丸子健康豆腐漢堡排盤餐」1000日圓

### POINT 6 1F 既能休息又可購物
## 劇場大廳

位在1樓,咖啡廳和餐廳、商店一應俱全的樓面。在舉辦試映會和各項活動的多功能劇場,取得最新資訊吧!

↑也有設置開放空間的咖啡廳,可稍微小憩片刻

**GOAL** 集滿戳章就可在服務台領取紀念品

---

### 7F 買得到官方周邊商品
### POINT 4
## 富士電視台商店 Fuji-san
●フジテレビショップフジさん

位在開闊空中花園裡的富士電視台周邊商品旗艦店,有著可由下仰望「HACHITAMA」的挑高設計。記得要蓋放在店頭的戳章。

↑也在這裡買個伴手禮吧!
※圖為之前的店面

## 嵐的大運動會
↑錄影時實際使用過的肌肉君充滿動感的樣貌真驚人

## 海螺小姐
→重現國民動畫「海螺小姐」街景的精巧模型。找找看磯野家在哪裡吧

## Mecha-Mecha Iketeru!
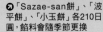
↑展示「Mecha」迷絕不能錯過的珍貴周邊和小道具等,附有解說

---

### 24F 球體下方的連通道
### POINT 3
## 迴廊

位在球形瞭望室下方樓層的連通道。設有戳章台的南側,是個私房絕景景點!

←「鬧鐘TV」的布景,現於「鬧鐘天空」公開展示中

↑試試看這台「景觀時光旅行機」,可以比較北側現在與江戶時代所看到的風景差異

### 5F 可以變身成藝人來拍照
### POINT 5
## 富士電視台 美妙街道

可以過過藝人癮的展示樓層。快來免費體驗人氣節目的逼真布景和小道具吧!如果時間正巧,還可以參觀錄節目時所用的攝影棚。出口附近有個戳章台。

⏰10:00～16:30
(17:00閉館)
※展示內容可能變更
Mapple 1300-4878

↑也有各節目相關的展示板

## 鬧鐘猜拳機器人
→可以和這台自動的「鬧鐘猜拳機器人」一較高下

## 全員逃走中
→挑戰量測生理時鐘的遊戲!其他還有與獵人相關的展示,以及在節目中出現的遊戲

---

### 1F 搜括話題之作的周邊商品
## FUJI TV Drama& Movie Plaza
●フジティービードラマアンドムービープラザ

將展示日劇、電影劇本及小道具的空間與周邊商品店合而為一的娛樂空間。
Mapple 1302-5852
☎03-5500-6075
休無休 ⏰10:00～18:00

### 1F 國民人氣動畫的商店
## Sazae-san商店
●サザエさんのおみせ

可以看到現場製作Sazae-san餅的官方商店。

☎03-5500-6075
休無休 ⏰10:00～18:00
Mapple 1302-0042

→「Sazae-san餅」、「波平餅」、「小玉餅」各210日圓,餡料會隨季節更換
©長谷川町子美術館

### 7F 富士電視台的一切盡在這裡
## 富士電視台商店 Fuji-san
●フジテレビショップフジさん

富士電視台周邊商品的旗艦店。就在這找台場的伴手禮吧!

☎03-5500-5822
休無休・因活動而異 ⏰10:00～18:00
Mapple 1301-0430

↑繪有富士電視台眼球標誌的「球體酥脆巧克力」864日圓
※圖為之前的店面

## 搜括富士電視台的伴手禮
為了好好記住愉快的回憶,快來把富士電視台相關主題的伴手禮帶回家吧!

# 台場的大地標

以「劇場型都市空間」為概念，結合購物、玩樂、美食，還能進一步體驗驚奇與感動。除了有以進口品牌為首的商店，還有大型娛樂設施等，約有150家店進駐。

## DATA

- 入場 **免費**
- ☎ 03-6457-2778
- 地址 江東区青海1-1-10
- 公休日 因設施而異
- 營業時間 10:00～21:00
- Mapple Code 1302-3480

## GUNDAM Café

●ガンダムカフェ

販售鋼彈周邊商品和角色主題餐點、飲品的外帶專賣店。店內的裝潢擺飾也很有看頭。

🕙 10:00～21:00

Mapple Code 1302-4065

⤴可徜徉在鋼彈的世界觀之中

⤵「鋼普拉燒」1個210日圓～，限定版的夏亞專用薩克造型（左）很受歡迎

**限定**

⟶可任選喜歡圖案的「鋼彈拿鐵」各421日圓

©SOTSU・SUNRISE

### H.L.N.A SKYGARDEN（スケートパーク）
●エイチエルヌエースカイガーデン

在看得到海的偌大空間裡，可體驗參觀滑板運動，另附設咖啡廳。

### Zepp DiverCity (TOKYO)
●ゼップダイバーシティトウキョウ

站位可容納2473人，坐位可容納1102人的展演空間。

## DiverCity Tokyo 購物中心樓層MAP

|  |  |
|---|---|
| RF | 空中花園 |
| 8F | ROUND1 STADIUM |
| 7F | H.L.N.A SKYGARDEN（滑板場） / ROUND1 STADIUM |
| 6F | 服飾&雜貨 / 餐廳&咖啡廳 / ROUND1 STADIUM |
| 5F | H.L.N.A. ZONE |
| 4F | 服飾&雜貨 |
| 3F | |
| 2F | Zepp DiverCity (TOKYO) / Tokyo Gourmet Stadium / 紀念品 / Festival廣場 |
| 1F | |

### ROUND1 STADIUM

除了有保齡球館、KTV、遊樂機台之外，該店還附設「兒童遊憩場」。

## ACCESS

臨海線
最近車站 ▷ **東京電訊站**
出口步行3分

百合海鷗號
最近車站 ▷ **台場站**
出口步行5分

## 這裡也不容錯過！

### 2F HONOLULU COFFEE

來自夏威夷的科納咖啡專賣店，口感軟Q的夏威夷風薄煎鬆餅很受歡迎。

咖啡廳

☎03-3527-6226
🕙9:00～21:00
(22:00打烊)
Mapple Code 1302-4018

⤴「科納咖啡奶油鬆餅」900日圓

### 2F Hug French Toast Baking Factory

●ハグフレンチトーストベイキングファクトリー

將5種麵包浸泡在特製的蛋液裡，點餐後才以發酵奶油和椰子油煎成的法式吐司專賣店。

☎03-6426-0451
🕙10:00～21:00(飲料供應至21:30、22:00打烊) Mapple Code 1302-7294

咖啡廳

⤴「發酵奶油的濃郁楓糖法式吐司」1382日圓

### 2F ザ・台場 ●ザだいば

館內唯一的伴手禮專賣店。有富士電視台專區、「ぐりこ・や」限定商品等，網羅多種東京伴手禮。

☎03-6457-2675
🕙10:00～21:00
Mapple Code 1302-4020

伴手禮

⤴「台場女神的草莓巧克力麻糬」12個裝540日圓

---

2F ~ 6F

## 2F ~ 6F 服飾&雜貨

流行敏銳度高且具話題性的服飾和雜貨商店一字排開，還有眾多限定商品。別忘了留意初次進軍日本的品牌和討論度極高的「東京TREND PRODUCE」喔！

⟵「雙色托特包」10584日圓

1 0 5 8 4 日 圓 ⟵「粉紅包」

### 2F OLD NAVY

●オールドネイビー

來自舊金山的美國流行品牌首度到日本展店。從女裝到男裝、童裝、嬰兒服，品項齊全，適合全家大小一起購物。

☎03-3527-6611
🕙10:00～21:00
Mapple Code 1302-4403

⤴「無袖襯衫」2690日圓

⟵「男朋友直筒牛仔褲」4490日圓

### 4F Samantha&chouette

●サマンサアンドシュエット

由Samantha Thavasa策劃的快時尚品牌，網羅洋溢流行感的設計與豐富的色彩款式。

☎03-3520-2017 🕙10:00～21:00
Mapple Code 1302-6021

---

## 2F Tokyo Gourmet Staduim

以東京名店為中心，區域內規模最大的美食街。別忘了瞧瞧人氣名店的嶄新型態！

### 洋食や 三代目 たいめいけん

●ようしょくやさんだいめたいめいけん

可輕鬆品嘗昭和6(1931)年創業，以排隊人龍聞名的日本橋洋食老店「たいめいけん」的好滋味。裹著滑嫩雞蛋的蛋包飯堪稱絕品。

☎03-6457-1516
🕙10:00～21:30
(22:00打烊)
Mapple Code 1302-4390

⟳內有半熟滷蛋和碎豬肉的「得製沾麵」860日圓，價格划算

### 久臨 ●きゅうりん

承襲六厘舍口味的拉麵店。久臨講求易於入口的沾麵，也很受女性歡迎。沾麵湯以及確實沾附湯汁的特製麵條，也都值得細細品味。

☎03-6457-2668
🕙10:00～21:30(22:00打烊)
Mapple Code 1302-4016

⤴重現總店口味的「蛋包飯&粗絞肉漢堡排」1580日圓

景點
玩樂
美食
咖啡廳
購物
所需時間 約4小時
MAP 附錄③ P.10 F-4

# 人氣名店紛紛進駐
# 大型購物中心

集結約140家店的大型商業設施。大排長龍的美式鬆餅店、美食級爆米花，以及北歐雜貨商店等，超人氣的國際品牌接連登場。光是在這裡就能夠一次逛遍話題商店，喜歡趕流行的人一定欲罷不能。

## DATA
- ¥ 入場 免費
- ☎ 03-3599-4700
- 地址 港区台場1-7-1
- 公休日 不定休
- 營業時間 11:00～21:00（除美食街之外的餐廳為～23:00，部分店家～翌4:30）
- Mapple Code 1300-2787

→以迴紋針夾照片等的「掛鐘」800日圓

## 購物

### 2016年3月OPEN
### 備受全世界喜愛的品牌
### 3F TOMMY HILFIGER

1985年誕生於美國的品牌。廣泛網羅在經典的美式風格中加入玩心，更具時尚感的單品。

- ☎ 03-6457-1918
- ⏰ 11:00～21:00
- Mapple Code 1302-7850

→「長襯衫洋裝」17280日圓，可長久穿搭的經典單品

←「側肩包」15120日圓

### 可愛又平價的北歐雜貨
### 3F Flying Tiger Copenhagen AQUA CITY ODAIBA店

●フライングタイガーコペンハーゲンアクアシティおだいばストア
來自丹麥哥本哈根的雜貨商店，隨時備有約2500件饒富趣味的品項，200～400日圓的實惠價格也很討喜。

→動物插圖療癒人心的「午餐盒」各270日圓
※商品可能售罄或下架。

- ☎ 03-6457-1300
- ⏰ 11:00～21:00
- Mapple Code 1302-6216

### 人氣動畫的周邊商品大集合
### 4F ノイタミナショップ＆カフェシアター

富士電視台深夜檔動畫「noitaminA」的官方商店，販售與作品相關的周邊商品和餐點。

- ☎ 03-6457-1022
- ⏰ 11:00～21:00
- Mapple Code 1302-5854

→「甲鐵城的卡巴內里擦克力鑰匙圈無名」864日圓

### 充滿幽默的歐洲雜貨
### 3F PYLONES by petitcoquin! AQUA CITY ODAIBA

●ピローヌバイプチコキャンアクアシティおだいば
1985年誕生於巴黎的雜貨品牌。網羅許多設計獨特的廚房用品和文具等「只有這裡才買得到」的品項，將日常生活妝點得更有趣。

←「小狗海棉架」1944日圓

- ☎ 03-6426-0408
- ⏰ 11:00～21:00
- Mapple Code 1302-7064

## 娛樂

→運用AR（擴增實境）技術變身為卡通人物
娛樂區
AR變身鏡

→欣賞全CG的3D影像
科學劇場
奈米空間

→不存在的球竟然會飛出來！
燈光區

### 開心體驗科技
### mediage 5F Sony ExploraScience 索尼探險科學館

以聲、光、娛樂為關鍵字，打造出SONY這座可開心學習科技知識的體驗型科學館。3D影像和科學實驗秀很受歡迎。

沉浸式體驗牆

- ☎ 03-5531-2186
- 休 第2、4週二（詳情請見官網）
- ⏰ 11:00～18:30（19:00閉館）
- ¥ 500日圓，兒童（3～15歲）300日圓
- Mapple Code 1301-1616
- MAP 附錄③ P.10 E-4

## ACCESS
- 最近車站 百合海鷗號 台場站 出口即到
- 最近車站 臨海線 東京電訊站 出口步行6分

↰費時2年開發出來的新口味「抹茶」S 470日圓～

↰混合藍起司及甜鹹爆米花的「水牛起司＆藍起司」S 470日圓～

↰從露天座上看得到彩虹大橋

↰「草莓、打發鮮奶油和夏威夷果仁」1150日圓

### 美食級爆米花的人氣店駕臨台場

**3F KuKuRuZa Popcorn AQUA CITY ODAIBA店**

●ククルザポップコーンアクアシティおだいばてん

來自西雅圖的美食級爆米花專賣店。有覆盆子和抹茶等30種以上口味，店內隨時備有其中的11種，還有很多適合下酒的口味。

☎03-6457-2828 ⏰11:00～21:00

Mapple Code 1302-7032

↰把香草奶油淋在酸甜的覆盆子上，「黑色覆盆子」S 470日圓～

↰和包裝一樣的典雅綠色裝潢

### 夏威夷誕生的極品美式鬆餅

**3F Eggs'n Things 台場店**

●エッグスンシングスおだいばてん

在美式鬆餅熱潮中最具代表性的人氣名店。微鹹的Q軟鬆餅和打發鮮奶油堪稱絕配。

☎03-6457-1478 ⏰9:00～21:30(23:00打烊)

Mapple Code 1302-6217

↰「標準班尼迪克蛋」1250日圓

### 份量滿分的夏威夷漢堡

**4F KUA'AINA**

源自夏威夷的美味漢堡店。除了暢銷的「酪梨漢堡」，也很推薦以嚴選素材製作的三明治。夏威夷鬆餅和晚餐時段限定的牛排，也都是極品美味。

☎03-3599-2800 ⏰11:00～22:00(23:00打烊)

Mapple Code 1302-7121

↰香氣四溢的漢堡包中，夾入濃郁的酪梨和多汁的肉排，「酪梨漢堡」1128日圓

↰夏威夷風格的明亮氛圍

↰一覽彩虹大橋閃燿的夜景

↰「墨西哥法士達 牛肉口味」1814日圓，另有雞肉1706日圓可供選擇

### 海盜王嚴選的美食令人舔嘴咂舌

**5F KING OF THE PIRATES**

從猶如海盜船般的店內，可以欣賞無敵美景。高50cm、740ml的「王者高杯啤酒」（1566日圓）等餐點也很特別。

☎03-3599-1225 ⏰11:00～15:00(15:30打烊)、17:00～22:00(23:00打烊)；週六日、假日為11:00～14:00(14:30打烊)、16:00～22:00(23:00打烊)
※菜單可能更動。

Mapple Code 1302-3029

購盡情享受化身海盜的感覺

↰員工也穿海盜裝

---

找美食，這裡也不容錯過 **品評全日本的拉麵**

福岡

**二代目 博多 だるま**
「炙燒豬頰肉珠穆朗瑪峰」1200日圓

厚厚的豬頸肉堆成一座小山，極具震撼力的一碗拉麵

長野

**気むずかし家**
「濃郁雞擔擔麵」950日圓

以雞骨白湯搭配芝麻的極品湯頭為特色，加上信州蔥和水菜提味

埼玉

**頑者 NEXTLEVEL**
「特製濃郁蝦豚骨沾麵」1100日圓

使用大量鮮蝦的濃郁湯頭，和店家自製的Q彈粗麵最對味

2016年4月改裝開幕！

**5F 東京拉麵國技館 舞**

●とうきょうラーメンこくぎかんまい

從北海道到博多，全日本人氣拉麵店齊聚一堂的主題樂園，各店也備有這裡才吃得到的限定餐點。

☎03-3599-4700(アクアシティお台場)
⏰11:00～22:00(23:00打烊)

Mapple Code 1301-8246

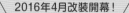

↰裝潢也煥然一新，變身時尚空間

# 東京狄克斯海濱

デックスとうきょうビーチ

# 娛樂設施大會串!

如「東京樂高樂園探索中心」和「東京杜莎夫人蠟像館」等，充滿讓全家人、情侶、朋友都能歡樂暢遊的娛樂景點。此外，購物和餐廳選項也很齊全，是個可以玩上一整天的設施，人氣極高。

## DATA

¥ 入場 因設施而異

☎ 03-3599-6500（語音系統）

地址 港区台場1-6-1　公休日 不定休

營業時間 11:00～21:00（5樓餐廳為～23:00，6樓為～24:00）

Mapple Code 1300-2801

---

## 4F 台場章魚燒博物館

●おだいばたこやきミュージアム

在大阪當地擁有高人氣的章魚燒師傅同場較勁，是座章魚燒的娛樂型競技場。快來比較看看這5家店的口味吧！

⏰ 11:00～21:00

### たこ焼き 十八番

⤷ 外層酥香內層柔滑的「醬味美奶滋」8顆裝560日圓

Mapple Code 1302-2726

### たこ家 道頓堀 くくる

⤷ 起鍋前加入白葡萄酒燉燒的「大塊章魚燒」8顆裝670日圓

### 芋蛸

⤷ 麵糊散發高湯香氣的「芋章魚燒」8顆裝560日圓

---

### 樓層MAP

| | | | |
|---|---|---|---|
| | | 海島商場 | |
| | 海濱商場 | 東京樂高樂園探索中心（出口） | 7F |
| | 海景餐廳 | 東京杜莎夫人蠟像館（出口） | 6F |
| | 海景餐廳 | 購物樓層 | 5F |
| TOKYO JOYPOLIS | 台場一丁目商店街／台場章魚燒博物館 | 東京幻視藝術館 | 4F |
| | 購物樓層 | 東京杜莎夫人蠟像館（入口）／東京樂高樂園探索中心（入口） | 3F |
| | 停車場 | | 2F |
| 停車場（24小時營業）／餐廳&咖啡廳／便利商店／服務商店 | | | 1F |

---

## 4F 東京幻視藝術館

●とうきょうトリックアートめいきゅうかん

就像化身為忍者一樣！

利用看似立體的繪畫和眼睛的錯覺，大玩奇妙體驗的美術館。不管是獨步全球可穿梭至江戶時代的區域，或是名畫藝廊等，都可以盡情拍照遊玩喔！

☎ 03-3599-5191　⏰ 11:00～20:30（21:00閉館）

¥ 900日圓，兒童（4歲以下～國中生）600日圓，3歲以下免費

Mapple Code 1302-3775

要被鯊魚吃掉啦～！

有人在拉我的衣角!?

---

## 4F 台場一丁目商店街

●だいばいっちょうめしょうてんがい

懷舊的商店街裡，擺滿了復古的雜貨、古早味零食和遊戲機台。以昭和時代為藍本所打造的主題區，還展有當時的新幹線模型等物品。

⏰ 11:00～21:00

Mapple Code 1301-1250

街來這條散發懷舊氣息的商店快玩吧！

### 台場遊技場

設有曾蔚為熱潮的抓娃娃機。播放著1980年代的音樂，是個懷舊的空間。

☎ 03-3599-1698

⤴ 以參加廟會的心情，大玩射擊等令人懷念的遊戲

### 台場怪奇學校

起勇氣來挑戰寒毛直豎的鬼屋。鼓

讓人全身寒毛直豎的鬼屋。

遊客要憑藉手電筒的光線，在一座已成廢墟的學校裡走動，是一座漫遊式的鬼屋。

☎ 03-3599-1664

¥ 800日圓

※學齡前兒童不得入場

⤷ 讓人寒毛直豎的鬼怪……！

---

## ACCESS

最近車站 百合海鷗號 御台場海濱公園站

出口即到

最近車站 臨海線 東京電訊站

出口步行5分

景點
玩樂
美食
咖啡廳
購物

所需時間 約5小時

MAP 附錄③ P.10 E-4

## 3F 東京杜莎夫人蠟像館

●マダム・タッソーとうきょう

擁有60尊以上世界名流和體壇好手等人的等身蠟像，是座體驗型的設施。遊客可實際碰觸蠟像，與蠟像合影。

☎03-3599-5231 **休**不定休 **L**10:00〜19:00(20:00閉館) **¥**當日窗口票價：國中生以上2200日圓，3歲〜小學以下1700日圓(另於網路販售優惠票券)

Mapple Code 1302-4714

**強尼‧戴普**

⇦出電梯之後，立刻就會遇見走在紅毯上的強尼‧戴普

**提供拍照服務！**

拍照服務1張 1000日圓

**湯姆‧克魯斯**

還能和湯姆克魯斯共乘!!

**提供拍照服務！**

**麥可‧傑克森**

**提供拍照服務!!**

⇨和身穿夾克的麥可一起擺POSE！

**女神卡卡**

⇨連女神卡卡的奇特髮型和造型都完整重現！

**壇蜜**

⇨目前活躍於演藝圈的藝人壇蜜蠟像，位在「世界名流」區

**留念**

把手放進溫暖的蠟裡！

Wax Hands

**體驗蠟手**

只要大約10分鐘，就可以做出全世界獨一無二的個人蠟手，1個1000日圓。

© The images shown depict wax figures created and owned by Madame Tussauds.

## 3F 東京樂高樂園探索中心

●レゴランドディスカバリーセンターとうきょう

**樂高城市遊樂區**

可以玩到攀登架和溜滑梯等。僅限身高140cm以下兒童使用。

⇨極受小孩歡迎！

**王國任務**

玩家們為了營救被抓走的公主而踏上冒險旅程，射擊遊樂設施。

⇨全家大小都能盡情暢玩

使用超過300萬個樂高積木打造成的體驗型室內遊樂設施，內有射擊遊戲和遊戲區等。

☎03-3599-5168 **休**不定休 **L**10:00〜18:00(20:00閉館)，週六日、假日為〜19:00(21:00閉館) **¥**2400日圓(2人以上同行1人2300日圓，未滿3歲免費)

Mapple Code 1302-3881

※恕不接受大人單獨進場

⇨原創角色巴迪

⇧實景模型裡藏有機關按鈕！

**迷你樂園**

用樂高積木重現東京街景，晝夜的照明每隔5分鐘變換一次。

LEGO, the LEGO logo, the Brick and Knob configurations, the Minifigure and LEGOLAND are trade marks of the LEGO Group. ©2016 The LEGO Group.

## 3F 東京JOYPOLIS

●とうきょうジョイポリス

**STAGE SHOW**

運用光雕投影所打造的演唱會舞台，放映各式節目。

**激流泛舟**

熱門遊樂設施改版大升級。緊張刺激的泛舟，絕對讓你驚聲尖叫！

⇧和導遊一起踏上尋找神秘寶藏的冒險之旅！

日本國內規模最大的室內型遊樂設施＆表演樂園。在室內高速穿梭的雲霄飛車，震撼力十足！

☎03-5500-1801 **休**不定休 **L**10:00〜21:15(22:00閉館) **¥**入場費18歲以上880日圓，高、中、小學生500日圓。暢遊護照(入場＋無限次搭乘遊樂設施)18歲以上4300日圓，高、中、小學生3300日圓 ※以上票價2016年7月12日起適用

Mapple Code 1300-2802

⇧心驚膽跳的新型態遊樂設施

**炫影飛旋**

超人氣的站立式遊樂設施。加上燈光和影像之後，整體呈現更是張力十足！

⇨原創人物「LOPIT（口比特）」展開一連串表演

**擊音LIVE 雲霄飛車**

結合音樂遊戲與雲霄飛車的新款遊樂設施。

⇨可同時享受聲光效果

# 維納斯城堡
ヴィーナスフォート

景點
玩樂
美食
咖啡廳
購物

所需時間 約3小時

MAP 附錄③ P.10 E-3

## 大受年輕人和家庭客歡迎的 購物天堂

東京都心第一家有OUTLET樓層的室內型購物中心。仿照中世紀歐洲街景的時尚空間裡，約有170家日本國內外品牌。不僅有潮流時尚品牌，雜貨商店也很豐富。

### DATA
💰 入場 免費
📞 03-3599-0700
🏠 地址 江東區青海1-3-15
🗓 公休日 不定休
🕐 營業時間 11:00～21:00(餐廳為～23:00)
Mapple Code 1300-2865

↳ 帥氣有型的「中線打褶褲」8532日圓 **B**

↳ 可以分開穿搭的「無袖上衣組合」8532日圓

### 當紅店家齊聚一堂
**3F Venus OUTLET**

多達約40家種類繁多、掌握流行的暢貨商店進駐，可用實惠的價格買到日本國內外人氣品牌的商品。

**A Francfranc BAZAR**
●フランフランバザー
設計性和功能性都很出色，大受20～30世代女性擁戴的人氣雜貨商店。
📞 03-3599-5511
Mapple Code 1302-7080

**B URBAN RESEARCH wear house 維納斯城堡店**
提供日常穿著又具流行感的休閒服飾。
📞 03-3599-3566
Mapple Code 1302-7088

**C NOLLEY'S OUTLET**
以傳統為基調，融合適度流行元素的人氣品牌。
📞 03-3599-2062
Mapple Code 1302-7013

**D George's FACTORY OUTLET**
廚房雜貨、家飾等日用雜貨品項豐富的商店。
📞 03-3599-5171
Mapple Code 1302-3054

↳ 送禮自用兩相宜的「STELLA擴香瓶」2700日圓

↳「16件餐具組」1512日圓

↑「雪紡上衣」10152日圓 **C**
↳「襯衫」7344日圓

↳「肚子好餓的毛毛蟲頸枕II」1944日圓 **D**

↳「動物面具 熊」486日圓

↳「沐浴糖球」各280日圓

### 美食景點
**2F Cobara-Hetta**
●コバラヘッタ
位在噴水池廣場前，小酒館風的時尚餐館。也可當作咖啡廳，隨興地利用。
📞 03-3599-2910
🕐 11:00～22:00(23:00打烊)
Mapple Code 1300-4497

↑ 講究素材的餐點。可配合紀念日等的特殊需求

**2F pinkberry 維納斯城堡店**
●ピンクベリーヴィーナスフォートてん
可以品嘗到以脫脂牛奶、優格製成的健康優格冰淇淋。
📞 03-3528-2821
🕐 11:00～22:00
Mapple Code 1302-6218

↑「優格冰淇淋」360日圓～，可另選配料

### 最新時尚大集合
**2F Venus GRAND**

各類風格的潮流時尚與雜貨商店林立的一區。

**earth music&ecology premium store**
●アースミュージックアンドエコロジープレミアムストア
在基本風格當中加入流行和自然元素，廣受各年齡層女性擁戴的品牌。漂亮的剪裁和素材、細膩的作工，備受好評。
📞 03-3599-3277
Mapple Code 1301-6201

↳ 自然風格並以領口水鑽為重點的「針織罩衫」各4309日圓

### 大受家庭客層歡迎
**1F Venus FAMILY**

匯集兒童和寵物用品等專賣店的樓層，寵物可以帶進店裡。

**橡子共和國**
●どんぐりきょうわこく
販售吉卜力工作室作品角色周邊商品的專賣店。
📞 03-3570-5091
Mapple Code 1301-6715

↳「龍貓 軟綿綿的大龍貓（M）」2484日圓
© Studio Ghibli

### ACCESS

最近車站 百合海鷗號 **青海站** 出口直通

最近車站 臨海線 **東京電訊站** 出口步行3分

# 45

## 大玩特玩的景點大集合

共64個車廂
在空中旋轉
的摩天輪

50m

複合型商業設施，匯集了台場的象徵——大摩天輪、主題樂園MEGA WEB，以及東京休閒樂園等眾多引人入勝的玩樂景點。不管是情侶或朋友同遊，特色豐富的各項設施都能玩上一整天。附設一大購物景點——維納斯城堡（→P.84）。

### DATA

¥ 入場 因設施而異
☎ 03-3529-1821
地址 江東区青海1-3-15
公休日 營業時間 因設施而異
Mapple Code 1300-2806

所需時間 約2小時

MAP 附錄③ P.10 E-3

### 夜間點燈好浪漫

↷以季節為主題，千變萬化的彩燈秀。快來設施前的中央長廊欣賞吧！

台場
44 維納斯城堡
45 調色盤城

### 調色盤城大摩天輪

●パレットタウンだいかんらんしゃ
聳立在台場的大摩天輪，直徑100m，最高點距地面115m。值得留意的是限定4輛的透明透視車廂，享受一趟驚險刺激的空中漫步！

☎ 03-5500-2655　地址江東区青海1-3-10
休 不定休（每年兩次檢修時、天候不佳時）
⌚ 10:00~22:00（最後搭乘），週六、假日前日為~23:00（最後搭乘，天候不佳時為22:00）　¥ 920日圓（未滿4歲免費）
Mapple Code 1300-2792　MAP 附錄③ P.11 D-3

限量4輛的透視車廂

↷限乘4人的透視車廂，從牆面到地板全都透明！

### 離地面約115m的絕景

↷看得到東京名勝的絕佳視野

↷台場高樓大廈群的夜景也很精彩

調色盤城 MAP

維納斯城堡 P.84

### 汽車的一切都在這裡！

## MEGA WEB

從試乘到展示，呈現汽車多種魅力的主題樂園。不僅可以參觀名車，還有免費的賽車模擬體驗。
☎ 03-3599-0808
地址 江東区青海1-3-12
休 不定休
⌚ 11:00~21:00（因設施而異）
¥ 入場免費
Mapple Code 1300-2778　MAP 附錄③ P.11 D-3

↷由「HISTORY GARAGE」、「RIDE STUDIO」、「TOYOTA CITY SHOWCASE」等3區域組成

### 充滿活動身體的玩樂設施！

## 東京休閒樂園

●とうきょうレジャーランド
有KTV和保齡球館等各種運動遊戲的室內型娛樂設施。數百台遊戲機陸續推出最新作品。
☎ 03-3570-5657　地址江東区青海1-3-8　休 無休　⌚3樓遊戲機台區10:00~23:50，4樓保齡球區為24小時　¥ 入場免費
Mapple Code 1302-2717　MAP 附錄③ P.11 D-3

↷24小時營業，因此也是夜間遊憩的熱門景點

## HISTORY GARAGE

在重現懷舊風情的區域當中，陳列著1950~1970年代的古董車。

↷陳列多輛名車

## RIDE STUDIO

提供小朋友試乘的室內跑道，還有學齡前小朋友專用的車型。

¥ CAMATTE、PIUS新手講習(15分)300日圓、試乘體驗(2圈)200日圓

↷小學生以上、身高135公分以上者，即可體驗「CAMATTE」

### ACCESS

百合海鷗號
最近車站 青海站
出口直通

臨海線
最近車站 東京電訊站
出口步行3分

**2016年4月全面翻新！**

# 開心學習最先進技術！

可以親身體驗最先進科技的科學博物館。可以在玩樂中學習地球和宇宙、機器人、電腦等相關知識。2016年適逢開館15週年，展示內容比以往更精彩。

46
台場
にっぽんかがくみらいかん
# 日本科學未來館

📷 景點
🎡 玩樂
🍴 美食
☕ 咖啡廳
🛍 購物
🕐 所需時間 約2小時
🗺 MAP 附錄③ P.10 F-2

## DATA

💴 入館 620日圓　📞 03-3570-9151
地址 江東區青海2-3-6　公休日 週二(逢假日則開館)
營業時間 10:00～16:30(17:00閉館)
票價 18歲以下210日圓，學齡前兒童免費
※企劃特展、球幕影院需另行收費
Mapple Code 1301-0015

### 樓層MAP
- 餐廳 ................ 7F
- 球幕影院「來自9次元的男人」 6F
- 與地球相連 探索世界 前瞻實驗室 100億人的生存挑戰 5F
- Geo-Cosmos (Geo-Prism)
- 創造未來 未來回推思考 諾貝爾Q ASIMO表演空間 3F
- 企劃特展區 博物館商店 1F

館長 毛利衛先生
館內有很多能激起好奇心的新展示喔！

### 3-5F 與地球相連
## Geo-Cosmos

用超過1000萬畫素的超高解析度有機電激發光顯示器，映照出地球樣貌的大型展示。螢幕上會反映出包括氣象衛星等從世界各地收集來的最新資訊，真實呈現出「現在的地球」。

**這裡也不容錯過！** Geo-Prism

運用AR（擴增實境）技術，可以將海流動態等數據資料在Geo-Cosmos呈現的螢幕。

→ 可以享受操作Geo-Cosmos的樂趣
→ 各設置4部在環繞Geo-Cosmos的迴廊上

### 3F 創造未來
## 未來回推思考
みらいぎゃくさんしこう

以遊戲的形式呈現對未來的思考。先選出50年後想留給子孫的理想地球，再學習要達到這種未來所需的科技和生活形態。

**第1關** 從水資源、食物、健康等觀點，選出8個地球中，選出一個理想的地球，並按下按鈕

**第2關** → 設定把理想的地球送往未來的路徑

它和中何未阻有去來看礙各何種在地的送著化途將

**第3關** → 為達成理想地球，現況與阻礙為何？從研究人員的解說中學習

### 跟著官方APP逛逛吧！
有標準路線的指引和語音導覽，以及將發現記錄下來的功能等，使用APP就能進一步享受展示內容。
GET！

### 5F 探索世界
## 100億人的生存挑戰
ひゃくおくにんでサバイバル

本區的展示可了解天然災害、傳染病、核災等威脅人類生存的災害成因，並提前預作準備，進而學到如何為未來努力。共分為1～3小區。

→ 以模型重現地球與人類社會相互影響、導致災害的成因

### 3F ASIMO的現場表演！

透過欣賞擬真人形機器人「ASIMO」的現場表演和談話，思考人類與機器人的共存課題。

⏰ 每天4場 · 11:00、13:00、14:00、16:00(各10分鐘)
→ 可以近距離觀看ASIMO跑步、跳舞等動作

### 6F 球幕影院
## 「來自9次元的男人」
きゅうじげんからきたおとこ

由電影導演清水崇執導，將最先進、艱澀的理論物理學拍成電影。遊客可以欣賞到壯闊的3D圓頂電影作品。

→ 融合動畫和真人實景、充滿娛樂性的作品
⏰ 10:30～16:30(每小時的30分開演) ※12:30場僅於週六日、假日上映　💴 300日圓，18歲以下100日圓

### 3F 創造未來
## 諾貝爾Q
ノーベルキュー

本區列出世界各國諾貝爾獎得主造訪本館時提出的問題。

→ 2002年諾貝爾化學獎得主田中耕一的提問
主田中耕一的提問

→ 試著回答山中伸彌、巴拉克·歐巴馬等多位得主提出的問題吧

# 邊玩邊紓壓！溫泉主題樂園

おおえどおんせんものがたり

## 大江戶溫泉物語

台場
46
日本科學未來館
47
大江戶溫泉物語

以江戶的城鎮為主題，東京首屈一指的溫泉設施。包含從地下1400m抽取上來的「大江戶溫泉」，總共可以享受13種不同浴池。此外，從餐飲店到甜品店，以及宛如廟會的遊樂場，可以玩上一整天。快換上可自選花樣的浴衣，悠閒地放鬆一下吧！

### DATA

- ¥ 入場 2612日圓
- ☎ 03-5500-1126
- 地址 江東区青海2-6-3
- 公休日 無休
- 營業時間 11:00～翌7:00（翌9:00閉館）
- 票價 週六日、假日為2828日圓，特定日期為2936日圓；夜間18:00以後入館為2072日圓，週六日、假日夜間為2282日圓，特定日期夜間為2396日圓；深夜加價（翌2:00～）2160日圓

Mapple Code 1301-1229

氣氛 ◎ 浪漫的夜間點燈，營造出夢幻的

晚上也很推薦

## ♨ 足浴

**置身日本庭園裡，從腳底開始放鬆**

蜿蜒在700坪的日本庭園裡，全長50m的溫泉水道。水道上鋪著圓石子，能刺激腳底穴道。直接著浴衣泡腳，不分性別皆可一同享受泡湯樂趣。足浴的營業時間為11～24時。

## ♨ 露天溫泉

**在寬敞的浴池享受姐妹淘之旅♪**

有分男女使用的露天浴池，女性也可放心泡湯。人數多時使用露天浴池，人數少時可泡泡露天設置的泡澡桶，可自由選擇。深夜時段不開放，敬請特別留意。

◎露天浴池的營業時間為11～24時、翌5～8時（週五六、假日前日為11時～翌2時）

## 這種浴池也應有盡有

### ♨ 絹之湯

→吐著微細氣泡，呈白色外觀的溫泉池。細緻泡沫可望帶來美肌效果

### 大江戶溫泉 ♨

→位於室內，使用自地下1400m處湧出的天然溫泉

## 甚至 還可以這樣玩！

### 知道賺到 姐妹聚會專案

含門票、餐費、飲料無限暢飲的超值方案，還附贈乾杯用的氣泡酒！

¥ 1人5378日圓 ※4～12人為限。請於3天前預約

※上圖為4人份。可能視進貨狀況調整內容。

### 甜品 雪うさぎ

有美式鬆餅和格子鬆餅等，眾多值得推薦的甜點。

⏰ 11:00～23:00（打烊），週六六、假日前日為～24:00（打烊）

↑「美式鬆餅 草莓香蕉」1015日圓

### 紓壓 岩鹽浴

可躺在天然岩鹽上放鬆休息的低溫桑拿，記得在當日的櫃台預約！

⏰ 11:00～21:30（22:00打烊）
¥ 30分702日圓、60分972日圓

### 玩樂 廟會

在廣小路區可以暢遊廟會，還有餐飲店進駐。

↑1次432日圓～，大家可以一起開心玩

所需時間 約4小時

MAP 附錄③ P.10 F i

## ACCESS

百合海鷗號

最近車站 遠程通信中心站

出口即到

遠眺彩虹大橋

# 絕美景觀餐廳

おだいばシービューランチ

# 台場海景午餐

台場聚集許多可以欣賞海景邊用餐的餐廳。從來自國外的人氣名店，到超值的自助百匯，種類豐富多樣。依照狀況需求，挑間喜歡的店吧！

↑在露天雅座用餐，像個名流貴婦

## bills 台場
●ビルズおだいば

### 在露天雅座品嘗「全世界最棒的蛋料理」

來自雪梨，引爆美式鬆餅熱潮的名店。入口即化的炒蛋，讓人吃過一次就上癮。建議坐在開闊的露天雅座，欣賞東京灣的美景。

☎03-3599-2100 地港区台場1-6-1 東京狄克斯海濱3F 休不定休 ⏱9:00～22:00（飲料供應至22:30，23:00打烊）；週六日、假日為8:00～ 百合海鷗號御台場海濱公園站即到

**有機炒蛋 w/吐司**
1404日圓
蓬鬆軟嫩的口感與奶油的香氣恰到好處

Mapple Code 1302-3287 MAP 附錄③ P.10 E-4

## AQUA Dining ATU190
●アクアダイニングアトゥーいちきゅうまる

### 木製平台露天座×超滿足自助百匯

午餐是自助百匯，晚餐則供應以法義料理為基調的創意餐點。除了熱門的露天雅座，店內還有熱帶魚悠游其間的大水族箱，讓您盡情享受浪漫氣氛。

↑露天席還有噴水池

**午餐百匯**
平日1000日圓、週六日、假日1350日圓
餐點橫跨日、西、中菜，匯集約25種

☎03-5564-8000 地港区台場1-7-1 AQUA CITY ODAIBA 5F 休無休 ⏱11:00～15:00（16:00打烊），17:30～22:00（23:00打烊）百合海鷗號台場站即到

Mapple Code 1300-4432 MAP 附錄③ P.10 F-4

## ISLAND VINTAGE COFFEE 台場店
●アイランドヴィンテージコーヒーだいばてん

### 清風徐來的開放式咖啡廳

誕生於夏威夷的咖啡店品牌。店面位在可以眺望大海的絕佳地點上，店內可享用到道地的夏威夷咖啡、以及份量滿分的餐點。

☎03-6457-1715 地港区台場1-6-1 東京狄克斯海濱3F 準同東京狄克斯海濱公休日 ⏱11:00～20:30（飲料供應至20:45，21:00打烊）；週六日、假日為10:00～ 百合海鷗號御台場海濱公園站出站即到

**烤鮭魚盤餐**
1890日圓
放上一片大塊鮭魚的台場限定餐點

Mapple Code 1302-7546 MAP 附錄③ P.10 E-4

↑遠望彩虹大橋的露天雅座

## THE OVEN. ●ジオーブン

### 搭配絕景享用超值自助百匯

以美式和義式料理為主的自助百匯餐廳。從以專用烤爐燒烤的雞肉到甜點，備有共約80種餐點。

☎03-3529-2093 地港区台場1-7-1 AQUA CITY ODAIBA 6F 休不定休 ⏱午餐11:00～15:00（16:00打烊），週日、假日為16:00（16:55打烊）；晚餐17:00～22:00（23:00打烊）百合海鷗號台場站即到

**午餐自助百匯**
平日大人1728日圓
有美式和異國等菜式多元豐富

Mapple Code 1301-8818 MAP 附錄③ P.10 F-4

## TARLUM BIANCO

### 望著海景享用極品義大利菜

可以品嘗到選用築地直送的新鮮魚貝等當令食材，充滿創意的義大利菜。店內還備有精選自各國的優質葡萄酒。

☎03-3529-4847 地港区台場1-4-1 MARINE HOUSE 2F 休不定休 ⏱11:30～14:30（15:00打烊）、17:00～22:00（23:00打烊）；週六日、假日為11:30～22:00（23:00打烊）百合海鷗號御台場海濱公園站步行5分

Mapple Code 1302-5034 MAP 附錄③ P.10 E-4

**魩仔魚、青海苔和飛魚卵的清炒蒜香義大利麵**
950日圓
魩仔魚的鹹味和飛魚卵的口感堪稱絕配

→眼前就是一片沙灘，宛如置身度假村

ACCESS

最近車站 百合海鷗號 御台場海濱公園站

最近車站 百合海鷗號 台場站

# 淺草

49
~
54

**53 合羽橋道具街®** →P.98
充滿各種調道具方便

**09 まるごとにっぽん** →P.24
刊頭特輯 CHECK!
集結地方魅力的新設施

**49 淺草寺** →P.90
參拜東京最古老的寺院

**50 仲見世通** →P.92
漫步歷史悠久的參道

地圖內地名（部分）：
南千住站　貞千代　江戶下町傳統工藝館　雷5656會館　雷門通
大久保湯　淺草寺病院　淺草寺普門會館　言問通
海禪寺　淺草豪景酒店　淺草花屋敷　影向堂　被官稻荷神社　ヴィアイン
靈梅寺　天嶽院　一日輪寺　淺草神社　九品寺
京阪　花屋敷通　淺草觀音溫泉　淡島堂　Amuse Museum　花川戶公園
大善本館　ウインズ　西參道商店街　淡島堂　產業貿易センター　隅田公園
矢先稻荷神社　パークホール　木馬亭　雷5656茶屋　二天門　隅田公園
松源禪寺　ロック座　Richmond Hotel　五重塔　寶藏門
真竜寺　淺草演藝廳　淺草　兒童圖書館　嬉の森稻荷
唐吉軻德　傳法院　弁天堂　東武晴空塔線（伊勢崎線）
正定寺　ROX　西友　傳法院通　センター地區　淺草小
松葉公園　ROXドーム　淺草公會堂　淺草指月　東京晴空塔站
東本願寺　ROX・3G　淺草中央通　三河屋　花川戶ビル　Dormy Inn
行安寺　ROX2G　蛇骨湯　三菱東京UFJ　EKIMISE　松屋　隅田公園
上野站　たゆき通　淺草タウン　雷門第一　みずほ　ヤマト運輸　枕橋
正覺寺　善照寺　淺草中央酒店　雷門　源森川水門
穗本寺　清光寺　淺草タウン　雷門通　墨田區役所
滿照寺　燦路都　ザ・ゲート　リバーサイドホール　つるや
赤札堂　淺草郵局　三井住友　アサヒビール　如意輪寺
田原町站　田原小　ニュー魚眠莊　スーパードライホール　弘法寺
妙見屋ビル　アゴーラプレイス　アネックス　都營淺草線
玉泉寺　悟楽ビル　三島神社　淺草　ふじ川　吾妻橋公園　押上（晴空塔前）站
秋葉原站　銀座線　淺草通　駒形堂　日本橋站

A2　A1　A2a　A3　A4　A5

---

### 地區怎麼逛

**妥善運用免費巡迴巴士**
繞行淺草各主要景點的熊貓巴士是個方便的選擇。從雷門到晴空塔的車程大約10分鐘，1天9班，每50分鐘1班。

**推薦搭人力車觀光**
搭人力車觀光是淺草特有的旅遊方式，途中車侠會解說名勝，推薦私房店家，讓旅途更添樂趣。

---

### 這個也在這區

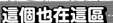

**51 淺草排隊美食** →P.94
美吃排隊的名店也想

**54 淺草咖啡廳** →P.100
在老字號咖啡館小憩

---

**52 觀光船 (TOKYO CRUISE)** →P.96
遊船晴空塔

---

## ＡＣＣＥＳＳ

| 東京站 | | 羽田機場國際線航站樓站 | |
|---|---|---|---|
| JR中央線 2分 | | 京濱急行線 16分 | 京濱急行線（都營淺草線直通）38分 |
| 神田站 | JR京濱東北線 3分 | 品川站 | |
| 地下鐵銀座線 7分 | | JR山手線 15分 | |
| | | 秋葉原站 | |
| 田原町站 | | 筑波快線 5分 | 淺草站 |
| 地下鐵銀座線 1分 | | | 地下鐵銀座線 1分 |
| | 淺草站（筑波快線） | | 田原町站 |
| 淺草站 | | | |

# 49

## 淺草寺
（せんそうじ）

景點
玩樂
美食
咖啡廳
購物

所需時間 約1小時

MAP 附錄③ P.5 C-2

# 在「淺草觀音」補充滿滿能量

擁有長達1400年歷史的淺草寺，是東京最古老的寺院。每年約有3000萬人到訪，也是名聞遐邇的淺草經典觀光聖地。除了知名的雷門之外，境內有多座歷史古蹟，也值得一瞧究竟！

## DATA

¥ 入場 免費
☎ 03-3842-0181
地址 台東区浅草2-3-1　公休日 無休
開放時間 6:00～17:00（10～3月為6:30～）
Mapple Code 1300-2114

吊掛著大型燈籠
淺草的地標

## A 雷門
（かみなりもん）

相當於淺草寺入口的總門，以高3.9m的燈籠為標的，門外側安奉風神、雷神像，內側則是龍神像。

別錯過！

### 仔細觀察門的每個角落

門上包括兩側和燈籠底部等處，都佈滿精美的雕刻。

背著連太鼓的雷神，和風神一起守護淺草寺

**雷神**

風神手中拿著一個可以颳風的大袋子，高2.3m

**風神**

**燈籠底部**

底部刻著張力十足的龍型雕刻

別錯過！

### 寺內還有這樣的石碑…

為紀念《烏龍派出所》單行本發行1億3000萬本所建立的石碑。

→ 石碑上刻著以淺草神社為背景的作品中一幕

江戶三大祭之一
舉辦三社祭的神社

↑ 人稱「三社大人」，自古以來深受民眾信仰

## B 淺草神社
（あさくさじんじゃ）

供奉著發現聖觀世音菩薩的兄弟等人。由德川家光捐款興建的寺殿是日本的國家重要文化財。

☎ 03-3844-1575　地址 台東区浅草2-3-1　休 無休　時 9:00～16:30　交 地下鐵淺草站1號出口步行7分

Mapple Code 1301-0651　MAP 附錄③ P.5 C-2

祀奉「老女弁財天」的佛堂

## C 弁天堂
（べんてんどう）

建造在小高台上的佛堂，與神奈川縣江之島、千葉縣布施的弁天堂並稱為關東三弁天。

← 每朝6時，由僧侶負責敲響鐘聲的「鐘樓」

↑ 建於本堂東南方的「弁天堂」

### 聽說淺草寺的籤裡，「凶」籤真的特別多嗎!?

淺草寺裡的神籤，是從1～100號籤詩中隨機抽出的「觀音百懺」。據說凶籤佔3成，沿用自古以來的比例。即使抽到凶籤，只要踏實度日，也可能逢凶化吉。

## ACCESS

地下鐵銀座線、東武晴空塔線／都營淺草線

最近車站 **淺草站**

6號出口步行5分／A4出口步行7分

門後方是境內最適合眺望晴空塔的觀景地點

↑東京晴空塔®與朱紅的寶藏門相映成趣

## E 寶藏門
ほうぞうもん

兩側各設有阿形、吽形仁王像。名稱由來是此處收藏了如元版一切經等淺草寺的傳世珍寶。

昭和39（19 64）年重建

**別錯過！ 對足部很有療效!? 大草鞋**

門的內側有高約4.5m的大草鞋，不少香客對它祈求腿腳強健。

↑自昭和16（1941）年開始掛起，目前掛的是第七雙

境內聳立的佛塔是淺草寺的象徵

## F 五重塔
ごじゅうのとう

該塔和本堂等，相傳最初皆是於同一時期由平公雅所建。五重塔是座離地高53m（塔身48.3m）的佛塔。

**發現舊五重塔遺址 別錯過！**

↑於昭和20（1945）年焚燬的舊五重塔，高度有33m

五重塔昔日位於境內東側，舊址上現立有石碑。

↑目前的塔是在昭和48（1973）年重建，最頂層還收藏著釋迦牟尼佛的遺骨舍利

**別錯過！ 歷經修整工程更顯美觀的寺門**

右方的神明右手持法器，鎮守南方。

左方的神明左手持密宗法器，鎮守東方。

**成守大門的二天**

門的兩側安奉著由上野寬永寺嚴有院請來的二大天王。

增長天　持國天

---

從遠處看也非常搶眼 陡峭屋頂相當優美的建築

## D 本堂
ほんどう

據傳祈求任何願望都能實現，是保佑現世的知名祈願靈場。通稱「觀音堂」，供奉聖觀音菩薩等神明。

↑2010年秋季完成修葺的本堂，整體更顯美觀

**別錯過！ 天花板上的畫也值得一看**

↑本堂前的常香爐。相傳把煙攬到身上不舒服的部位，病痛就能痊癒

天花板上畫著天人和龍的畫，皆是出自近代畫壇大師之手。

### 境內MAP

六角堂　淺草神社　B　影向堂　淡島堂　藥師堂　D 本堂　石碑群　鴿子咕咕歌碑　常香爐　御水舍　G 二天門　五重塔 F　舊五重塔遺址　E 寶藏門　傳法院　二尊佛　C 弁天堂　時之鐘　仲見世通　（250m）P.92　傳法院通　A　雷門

## G 二天門
にてんもん

祀奉增長天和持國天這兩大天王的門。最初建造的年份眾說紛紜，現今這座是慶安2（1649）年所建，獲指定為重要文化財。

↑位在境內東側，木造紅漆懸山頂式的八腳門

---

### ❖ 境內還有這些景點 ❖

**二尊佛**
にそんぶつ

含基座高度約4.5m，以「濡佛」等名稱著稱，是江戶初期的佛像。

**六角堂**
ろっかくどう

相傳建於室町時代，是全東京最古老的木造建築，以單層六角樣式為特色。

**鴿子咕咕歌碑**

童謠《鴿子咕咕》的石碑，據說是以境內與鴿子玩耍的孩童為原型所作的曲子。

**護身符就選這個！**

↑以蓮花花瓣為意象的蓮瓣守1500日圓。據說具有保佑心想事成的功效

# 50 仲見世通
なかみせどおり

## 在朝氣蓬勃的 人情味大街 自在漫步

由雷門通往淺草寺長250m的參道上，有著和風雜貨和美食等一整排近90家的老字號，是日本最古老的商店街。逛逛這條朝氣蓬勃的街道，感受一下江戶傳統文化吧！

### DATA
¥ 入場 免費
☎ 03-3844-3350（仲見世會館）
公休日 營業時間 因店而異
Mapple Code 1300-2129

景點 / 玩樂 / 美食 / 咖啡廳 / 購物
所需時間 約2小時
MAP 附錄③ P.5 C-3

### 江戶趣味小玩具 仲見世 助六

店面就在淺草寺前方！
●えどしゅみこがんぐなかみせすけろく
全日本唯一一家江戶風格小玩具專賣店將江戶時代的玩具和風俗傳承至現代。手掌大小的玩具，精巧得令人嘆為觀止。
☎03-3844-0577 台東区浅草2-3-1
休無休 10:00～18:00 地下鐵淺草站6號出口步行6分
Mapple Code 1300-2212 MAP 附錄③ P.5 C-2
◎老闆 木村吉隆先生
→陳列多達約3500種的江戶玩具

歌舞伎名門中村家族也愛用

### 荒井文扇堂
●あらいぶんせんどう
眾多歌舞伎演員和落語家都會光顧的摺扇及團扇專賣店。店內從專業規格的高級品到日常使用的商品一應俱全，品項非常豐富。
☎03-3841-0088 台東区浅草1-30-1
休週三 10:30～18:00
地下鐵淺草站6號出口步行4分
Mapple Code 1300-2213 MAP 附錄③ P.5 C-3

→所有商品均為純手工。據說是師傅經約40道工序製作而成
左起「法界坊摺扇」9500日圓、「櫻摺扇」8200日圓

別有韻味的「民藝團扇」各1080日圓

### 帶のみやした
●おびのみやした
販售腰帶、袴、包包等各式和服配件的老店。還有西陣織錢包等利用腰帶布製成的原創配件，是在其他地方買不到的獨家商品。
☎03-3844-0333 台東区浅草1-20-1 休不定休
9:00～18:00 地下鐵淺草站6號出口步行3分
Mapple Code 1300-2210 MAP 附錄③ P.5 C-3

店內商品均為本公司自行生產
簡單地享受西陣織的格調
利用華麗的西陣織腰帶布花紋，「化妝包」842日圓

利用帶有優美日本風情的西陣織腰帶布，「手提包」8100日圓
←老闆 宮下正載先生

和風雜貨
仲見世通上，滿是販售摺扇、和紙等和風雜貨的店家。不妨藉由淺草的伴手禮，將古老而美好的日本文化帶回家吧？

江戶人心目中的英雄

歌舞伎熱門戲碼的主角助六的人偶4500日圓

自古流傳的順產吉祥物「竹籃犬」3800日圓。竹蓋頭和犬正是「笑」，象徵健健康康笑口常開！

傳統玩具「蹦蹦跳跳」的「揚卷」（左）3600日圓）和「助六」（右）3300日圓

### 黑田屋本店
●くろだやほんてん
創立於安政3（1856）年的老字號，除了和紙與千代紙之外，還有用和紙製成的原創便條紙和明信片、書衣等商品。
☎03-3844-7511 台東区浅草1-2-5
休週一（逢假日則翌日休）
10:00～18:00 地下鐵淺草站1號出口步行即到
Mapple Code 1300-2220 MAP 附錄③ P.5 C-3
色彩繽紛的圖樣令人心醉……♥

也是熱門伴手禮的「和紙」各108日圓～

和紙製成的原創商品「紙糊小狗」，2592日圓

封面貼有師傅製造的和紙，「御朱印帳」（左）1404日圓、（右）1620日圓

### ACCESS
地下鐵銀座線、東武晴空塔線／都營淺草線
最近車站 淺草站
1號出口即到／A4出口步行3分

## 舟和 仲見世2號店
●ふなわなかみせにごうてん
創立100多年的和菓子店。僅以甘藷、砂糖、以及少許鹽巴製成的「甘藷羊羹」，口味百吃不膩，人氣歷久不衰。

「甘藷羊羹1個130日圓。甜度適中，口味高雅，是充分發揮甘藷風味的逸品

☎03-3844-2782 　址台東区浅草1-30-1
休無休 ⏰9:00～19:00(週六～20:00，週日、假日為～19:30) 🚇地下鐵淺草站6號出口步行4分
Mapple code 1302-0041
MAP 附錄③ P.5 C-3

用寒天包裹豆沙餡的「餡子玉」1個87日圓。色彩繽紛，外觀也很討喜

代表淺草的和菓子長銷商品

## 淺草きびだんご あづま
●あさくさきびだんごあづま
以小米質樸淡雅的滋味與柔軟的口感而備受好評的小米糰子，是該店的招牌。快來嘗嘗在店頭現煮現做的糰子吧！

☎03-3843-0190 　址台東区浅草1-18-1 休無休 ⏰9:30～19:00(賣完即打烊) 🚇地下鐵淺草站6號出口步行3分
Mapple code 1301-6786
MAP 附錄③ P.5 C-3

●在顧客面前撒上滿滿的黃豆粉

著名的熱騰騰小米糰子

「小米糰子」5枝330日圓。香氣撲鼻的黃豆粉很美味

## 淺草ちょうちんもなか
●あさくさちょうちんもなか
知名商品是以雷門燈籠造型外皮夾著冰淇淋的冰淇淋最中。點單後才將冰淇淋包入餅皮中，口感常保酥脆！

☎03-3842-5060 　址台東区浅草2-3-1 休不定休 ⏰10:00～17:30 🚇地下鐵淺草站6號出口步行5分
Mapple code 1301-1528 MAP 附錄③ P.5 C-2

↑除了經典口味，也推薦當季限定的口味

最中的口感讓人一吃上癮

常備7～8種口味的「冰淇淋最中」1個330日圓～

點心

買現做做點心也是逛仲見世通的樂趣之一。整條街上林立許多豆沙包和糰子店，小心別吃太多了喔！

## 木村家人形燒本舖
●きむらやにんぎょうやきほんぽ
鬆軟的「人形燒」是在店頭烘烤而成，因此隨時都是新鮮出爐。共有包餡的「人形燒」和沒包餡的「蜂蜜蛋糕燒」2種可供選擇。

☎03-3844-9754 　址台東区浅草2-3-1 休無休 ⏰9:30～18:30(週五～週日、假日為～19:00) 🚇地下鐵淺草站6號出口步行6分
Mapple code 1300-2209 MAP 附錄③ P.5 C-2

品嘗現烤出爐的人形燒始祖

循傳統古法烘烤中

散發甜蜜香氣的現烤「人形燒」，8個500日圓～。形狀都和淺草有關

## 仲見世通 MAP

淺草寺

漫步仲見世的注意事項
如果買了食物，就要在店前或店內吃完，才符合這裡的禮貌。

木村家本店(人形燒)
江戶趣味小玩具
仲見世 助六

木村家人形燒本舖
金龍山淺草餅本舖
淺草ちょうちんもなか

ヨロヅヤ(包包)
なかつか(米香・人形燒)
はなや(包包)
中富(炸豆沙包)

TERAO(玩具)
やつめ(摺扇)
カワチヤ(仙貝)
亀屋(仙貝・人形燒)

松ヶ枝屋(和服配件)
壱番屋(仙貝・米香)
コマチヘア(假髮)
中屋(廟會用品)

川崎屋(伴手禮)
瓢たん屋(工藝品)

松寿堂(糕餅)
富士屋(舞蹈服裝)
西島商店(和傘)
松崎屋(帽子)
アオキカメラ(底片)

銀花堂(舞蹈道具)
かもめや(佛具・日本傳統雜貨)
荒井文扇堂
杵屋(米果・仙貝)
舟和 仲見世2號店

舟和(甘藷羊羹)
いせ勘(海苔)
帯のみやした

FUJIYA(紀念品店)
喜久屋(糕餅)

淺草きびだんご あづま

酒井好古堂山藤(浮世繪)
いなば(伴手禮)

本家梅林堂(人形燒)
豆舖 梅林堂(炒豆)

評判屋(和菓子)
福光屋(雜貨)

常盤堂
雷おこし本舖

雷門

黑田屋本店

雷門通

## 金龍山淺草餅本舖
●きんりゅうざんあさくさもちほんぽ
創立於延寶3(1675)年的和菓子店。炸得酥酥脆脆的炸饅頭，是招牌的人氣商品。

☎03-3841-9190 　址台東区浅草2-3-1 休週三 ⏰9:00～17:30 🚇地下鐵淺草站6號出口步行5分
Mapple code 1300-1897 MAP 附錄③ P.5 C-2

酥脆麵衣和豆沙堪稱絕配！

淺草的「元祖・炸饅頭」，6個890日圓

●老闆 吉住泰男先生

我們是仲見世通裡最老的店

↑店內的現烤專區人潮總是絡繹不絕

↑師傅 鳥海輝男先生

## 淺草メンチ
●あさくさメンチ
位在傳法院通上的人氣排隊名店。混合高座豬與牛肉的多汁肉餡，裹上酥脆麵衣油炸而成的「炸肉餅」，堪稱極品美味。

☎03-6231-6629 　址台東区浅草2-3-3 休無休 ⏰10:00～19:00 🚇地下鐵淺草站6號出口步行5分
Mapple code 1302-2620 MAP 附錄③ P.5 B-2

「炸肉排」1個200日圓。在店頭現炸的美味，值得一嘗！

肉汁滿溢的淺草新名產

## 仲見世通周邊的外帶美食

## 雷5656會館
●かみなりゴロゴロかいかん
位在淺草寺後側，有伴手禮專區、免費休息處、餐飲店等設施的淺草觀光據點。2樓的「ごろかふぇ」售有因名人讚譽有佳而蔚為話題的「米香義式冰淇淋」等，30種以上日本各地的在地義式冰淇淋。

☎03-3874-5656 　址台東区浅草3-6-1 休不定休 ⏰10:00～17:30 🚇地下鐵淺草站1、8號出口步行9分
Mapple code 1302-0880 MAP 附錄③ P.5 B-1

新舊名產伴手禮！

開運零嘴「雷米香」，1袋540日圓～

脆脆口感的「米香式冰淇淋」400日圓

# 51

あさくさぎょうれつグルメ

# 淺草排隊美食

景點
玩樂
美食
咖啡廳
購物

所需時間
約2小時

MAP
附錄③
P.5

## 排隊也想吃的名店美味

淺草的人氣排隊名店眾多，舉凡老字號的天麩羅、蕎麥麵、泥鰍、到壽喜燒等的江戶美食及名店洋食都有。正因為這些美食能深受挑嘴的江戶人長年喜愛，口味當然是掛保證！快參考建議前往時間，嚐嚐看相中的那道排隊餐點吧！

擺上野生鮮蝦保證能吃飽的天丼

**排隊餐點**
大入江戶前天丼…
3700日圓

↑選用最頂級芝麻油酥炸

從開店前就大排長龍的江戶前天丼名店人氣。該店著名的大炸蝦，選用當天捕撈上岸的野生鮮蝦，於顧客點餐後才現場處理。此外，完全不添加砂糖和化學調味料的講究醬汁，和天麩羅的搭配也很相得益彰。

↑始終守護著講究口味的老闆高崎先生

📞03-3841-8356 📍台東区浅草1-32-2
🕐11:00～15:00（賣完即打烊）週三、週日
🚇地下鐵淺草站1號出口步行3分
Mapple Code 1300-1845 MAP 附錄③ P.5 C-3

## まさる

**建議前往時間**
11時
商品賣完就打烊，因此建議一開店後就前來吧！

→店面指標就是寫著店名的白色燈籠

## 駒形どぜう

●こまがたどぜう

泥鰍料理專賣店有著風雅的出桁樣式外觀。「泥鰍火鍋」是經獨門處理，再盛在淺鐵鍋裡。從頭到尾都能吃的泥鰍，撒上蔥花，再依個人喜好搭配花椒、七味粉食用。

📞03-3842-4001 📍台東区駒形1-7-12
🕐11:00～21:00（L.O.）休無休
🚇地下鐵淺草站A1出口即到
Mapple Code 1300-1822 MAP 附錄③ P.5 B-4

**建議前往時間**
11時
座位頗多，因此只要在即將開店之前排隊，大多可以立刻進店用餐。

↑保留創立時氛圍的1樓日式大廳

自古不變的江戶庶民滋味

**排隊餐點**
泥鰍火鍋…1人份
1750日圓（未稅）

↑烹調方式從江戶時代起就不曾改變
↑重現創業當時的建築，風雅的商家樣式店面

**51 淺草排隊美食**

## ヨシカミ

不僅廣受觀光客青睞，當地民眾也很喜愛的一家洋食餐館。店長掛保證說「每一道都很推薦」的餐點，包括每日都銷售一空的「牛肉燴飯」、「燉牛肉」（2450日圓）和煎豬排（1450日圓）等，種類繁多！

📞03-3841-1802
址台東区浅草1-41-4
休週四 🕐11:45～22:00（22:30打烊）
🚃地下鐵淺草站6號出口步行7分
Mapple 1300-1804
MAP 附錄③ P.5 B-2

**建議前往時間**
平日20～21時
平日稍晚時段比較常有空位

←寫著「抱歉！實在是太好吃了」的招牌很有名

↓居家風格的店內，陳列著曾經到訪的名人簽名

↑帶有番茄醬酸味「蛋包飯」1300日圓

↓料多豐富，上面淋滿濃郁的醬汁

懷念的滋味讓人食欲大開

**排隊餐點**
牛肉燴飯…1300日圓

## 並木藪蕎麦

●なみきやぶそば

深得許多名人喜愛的藪蕎麥御是三大老店之一，堅持菜單只有蕎麥麵。被譽為東京最鹹的重口味醬汁，凸顯出蕎麥麵的風味。用蕎麥麵稍微沾一點醬汁，再大口地快速吃下吧！

📞03-3841-1340 址台東区雷門2-11-9 休週四 🕐11:00～19:00(19:30打烊)
🚃地下鐵淺草站A4出口步行3分
Mapple 1300-1834 MAP 附錄③ P.5 B-3

←店舖面對著由雷門正面一路往南的大馬路

→站在大鍋前的師傅接連撈起煮好的麵

沾醬汁享用的十割蕎麥麵

東京最鹹的

**建議前往時間**
17時
白天和晚上都很多人，試試提早一點吃晚餐吧

**排隊餐點**
蕎麥涼麵…750日圓

↑建議迅速地沾一下醬汁再吃

---

↓內含黑毛和牛、煎豆腐、大蔥、金針菇等食材

**建議前往時間**
11時半
想要吃限量20份的壽喜燒丼，就要趁剛開門的時候！

**排隊餐點**
明治壽喜燒丼…2160日圓
※11時30分～15時供應，每日限量20份

品嘗文明開化的美味

## 淺草今半 國際通本店

●あさくさいまはんこくさいどおりほんてん

店內供應選用日本黑毛和牛的「壽喜燒」和「涮涮鍋」。「壽喜燒」使用祖傳的湯底醬汁，將肉一片片快速煎過再煮。點「霜降壽喜燒御膳」（8640日圓～）等餐點可大啖極品美味，不過午餐的丼飯菜單則以平價供應而大受好評。

📞03-3841-1114 址台東区西浅草3-1-12
休無休 🕐11:30～20:30(21:30打烊)
🚃筑波快線淺草站A2出口即到
Mapple 1300-1840 MAP 附錄③ P.5 B-2

↑融合老店雅趣與現代風格的建築

↑1樓是桌席與和式座位，可自在地進店用餐

---

\ 稍微走遠一點，嘗嘗這家店 /

滿滿一碗超新鮮的海鮮

**建議前往時間**
16～17時
趁著相中的餐點賣完之前提早來店

**排隊餐點**
上海鮮散壽司…1544日圓

←快要滿出碗公的大份量，吃得好滿足！

## 野口鮮魚店

●のぐちせんぎょてん

選用自築地採購的海鮮，平價供應丼飯和散壽司的人氣店家。別忘了再來碗鮮味滿滿的魚雜味噌湯。

📞03-5608-0636
址墨田区東駒形4-6-9 リバーハイツワコー1F 休週三
🕐11:30～14:00(14:30打烊)，16:00～18:30(19:00打烊)
🚃地下鐵本所吾妻橋站A0出口步行3分
Mapple 1302-7776 MAP 附錄③ P.4 E-4

↑風格休閒，用餐方便

「築地鮪魚店直營」的幾個大字就是標

# 觀光船（TOKYO CRUISE）
かんこうせんトーキョークルーズ

📷 景點
🍙 玩樂
🍴 美食
☕ 咖啡廳
🛍 購物

🕐 所需時間 約1小時

🗺 MAP 附錄③ P.5 C.3

## 在東京的水岸 優雅地觀光巡航！

為您導覽淺草～台場地區為中心的航程！

觀光船連結淺草和日之出棧橋、台場等方向。包括周遊隅田川沿岸名勝，航程約40分鐘的船上旅程「隅田川線」等，共4條路線，可享受從水上觀光的樂趣。各季節航行的預約制特殊活動航程，也很受歡迎。

### POINT 1 　共有4條路線，請在各個上下船處購買船票

除了從淺草啟程、串連4個區域的路線，還有連接日之出棧橋和TOKYO BIG SIGHT、晴海的路線。皆不需預約，只需在售票機選擇目的地即可。

船票就是這個！

- ●隅田川線
- ●淺草、台場直達線（HIMIKO）
- ●台場線
- ●TOKYO BIG SIGHT、調色盤城線

### POINT 2 　現有各具特色的10種船隻航行

觀光船的船隻，內裝大都非常講究，如打造成早期美國風格等，讓人一上船，期待感就立刻倍增！當班航行船隻會依路線及潮位調整，因此會搭上哪一種船，要到當天搭船時才知道。

←隨船人員 諏訪かおり小姐

 道灌
 龍馬
 HIMIKO
 HOTALUNA

※HOTALUNA和HIMIKO的票價：淺草→台場1560日圓

海舟
 御座舟 安宅丸
 IRIS
 OUR TOWN
JUBILEE
RIVER TOWN

### POINT 3 　部份船隻有甲板和商店！

甲板

→如遇天候不佳時可能不開放

搭船過程中也有很多樂趣，不光只是瀏覽風光，還可以在船上商店買個飲料，或到甲板上去看看。建議還可以在停靠站租借語音導覽（1次300日圓）來聽喔！

RIVER TOWN

商店　售限定啤酒 「隅田川線」遠販

座位　內也顯得很明亮

←玻璃天花板讓船內也顯得很明亮

## DATA

💰 乘船 780日圓（淺草→日之出棧橋）

☎ 0120-977-311

地址 台東区花川戸1-1-1　公休日 無休

營業時間 淺草往日之出棧橋 9:50～18:40（18:40班次僅採4/10～10/31期間航行。每小時1～2班次，週六日、假日另有11:05、12:35班次。船班時刻表請參考東京都觀光汽船HP http://www.suijobus.co.jp/）
※16:00以後船班直達日之出棧橋。臨時班次、航行日需另行洽詢。

Mapple 00 1301-6630

### ACCESS

地下鐵銀座線、都營淺草線／東武晴空塔線

最近車站▶ 淺草站

5號出口即到／正面剪票口即到

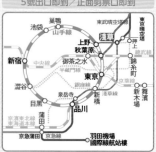

※上述船票費用、所需時間為「隅田川線」之相關資訊。

52

**觀光船〈TOKYO CRUISE〉**

## VIEW POINT 東京晴空塔®

和晴空塔一起 拍張紀念照♪

啟航時看得見雄偉的英姿，又可以看到聳立在河中央的樣貌等，整趟航程可以飽覽晴空塔的各種樣貌！

過了清洲橋之後，又可以看得見！

從大廳可以看到往來的船隻

⬆2樓大廳有整片落地玻璃窗，非常漂亮

還有賣 甜點！

口味清爽的「優格霜淇淋」430日圓。小憩一下吧！

頂樓是極佳的拍照點

⬆頂樓可以同時飽覽東京晴空塔和朝日啤酒大樓

## START 淺草乘船處

緊鄰淺草站旁的乘船處，1樓是售票處和乘船處，2樓則是作為候船室。此外還設有販售伴手禮及限定版咖啡的咖啡廳，買杯飲料到頂樓去等船也很不錯。

準備出發囉！

⬆從乘船處前的棧橋上船出發！

### 這次搭乘的是隅田川線

## VIEW POINT 濱離宮＆東京鐵塔

在濱離宮乘船處，會穿過一道水門！

穿過勝鬨橋之後，就來到了綠島盎然的濱離宮。在濱離宮後方還可以看到宛如迷你模型似的東京鐵塔。

## 日之出棧橋乘船處 GOAL

位於百合海鷗號日之出站、JR濱松站附近的日之出乘船處，是這趟航程的終點。週六、日在棧橋前的還會設置咖啡廳，可在此稍作休息，再前往下一個觀光行程喔！

⬆這裡離濱離宮和東京鐵塔都很近

### 地圖標示

淺草寺雷門
上野方向
秋葉原
新宿方向 總武線
山手線
丸之內大樓
東京站
有樂町
新橋
濱離宮
東京鐵塔
濱松町
日之出棧橋
品川方向
彩虹大橋

淺草
吾妻橋
駒形橋
厩橋
藏前橋
東京晴空塔
兩國橋
千葉方向 兩國
新大橋
清洲橋
隅田川大橋
國技館
江戶東京博物館
永代橋
中央大橋
佃大橋
勝鬨橋
豐洲
TOKYO BIG SIGHT
TOKYO BIG SIGHT(有明)
富士電視台
御台場海濱公園
青海
調色盤城

### 觀光船路線導覽

― 淺草、台場直達線(HIMIKO)
― TOKYO BIG SIGHT、調色盤城線
― 御座船安宅丸、將軍航線

◆ 停泊點
― 隅田川線
― 御台場線

※航行路線及時刻可能隨時更動。

## VIEW POINT 各具特色的橋

緊貼著橋下通過

隅田川又被譽為「橋的博物館」，有許多各具特色的橋。仔細觀察看看它們的特徵吧！

⬆設計華麗的中央大橋，近看會發現橋墩上有雕像

⬆通過橋下時，站在甲板上倍感震撼力

## 御台場海濱公園乘船處

從位在御台場海濱公園裡的乘船處出航的，有往日之出棧橋的台場線、和淺草、台場的直達線。這裡是個可以眺望彩虹大橋的極佳地點。

⬆鄰近富士電視台和狄克斯海濱，交通方便

這是到淺草的直達航線喲！

---

## 這種觀光船也很推薦！

### SKY Duck

從東京晴空塔®腳下的東武橋附近，搭乘結合巴士和船的特殊交通工具觀光去！走陸路周遊下町，再氣勢磅礡地駛入河中，從水上欣賞東京風光。

☎03-3215-0008　地址 墨田区業平1-17-6（集合地點）　不定休
9:00～18:00　2900日圓，兒童（4歲～小學生）1400日圓
東武晴空塔線東京晴空塔站正面出口即到

⬆豪邁地駛入河中的那一刻，氣勢磅礡。最多限乘約36人

Mapple Code 1302-4524
MAP 附錄③P.4 E-4

從水上欣賞的晴空塔頗受歡迎的

**東京晴空塔® 行程**

從東京晴空塔的腳下出發，先以巴士型態在下町周遊後，再駛入舊中川享受水上之旅，行程約100分鐘。

2900日圓

### 屋形船巡航 船清

やかたぶねクルーザーふなせい

該屋形船從交通便利的品川出發。搭乘散發江戶風情的船隻，周遊東京灣同時享用美食佳餚。推薦2人以上可預約搭乘的共乘制屋形船。

坐在日式暖桌座位，悠閒放鬆地享受旅程

☎03-5479-2731　地址 品川区北品川1-16-8　不定休
10:00～19:00（預約、洽詢），乘船時間需另洽
10800日圓～　JR品川站中央剪票口步行13分
※乘船地點／品川

Mapple Code 1302-3033
MAP 附錄③P.2 E-4

⬆從船上可以看得到東京晴空塔®

⬇10800日圓全餐（照片僅供參考）

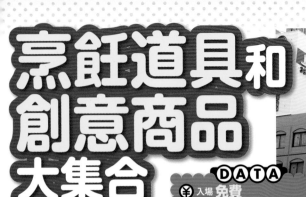

# 烹飪道具和創意商品大集合

連餐飲從業人員也會前來採購的廚房用品專賣店街。全長約800m的街上，開滿了餐具、刀具、鍋具等各式各樣的專賣店。就算不喜歡作菜，光是看看逛逛也很有趣。

我是標的

## 合羽橋道具街 ®
かっぱばしどうぐがい

淺草

### DATA
- ¥ 入場 免費
- ☎ 03-3844-1225（東京合羽橋商店街發展協會）
- 地址 台東区松が谷3-18-2
- 公休日 營業時間 因店而異

- 景點
- 玩樂
- 美食
- 咖啡廳
- 購物
- ⏰ 所需時間 約2小時
- 🗺 MAP 附錄③ P.5 A-2

---

看得到晴空塔

↑從道具街中央處的合羽橋十字路口，可以眺望東京晴空塔

拿張方便的MAP！

↑在東京合羽橋商店街發展協會的加盟店免費發放

↑店頭陳列著大中小各種尺寸的平底鍋

---

### 任何料理都包辦
### 專業到誇張的烹飪器具專賣店
### 飯田 ●いいだ

任何疑難雜症都歡迎洽詢

↑飯田結太專務舌燦蓮花的商品介紹，連電視購物主持人都自嘆弗如

大正元年創立的老店，專售各式烹飪器具。品項之齊全在合羽橋當中可謂首屈一指，還陳列許多專業到誇張的商品。熱情解說的員工也是一絕。

- ☎ 03-3842-3757
- 址 台東区西淺草2-21-6
- 休 無休
- ⏰ 10:00～19:00（週日、假日為～18:00）
- 🚃 地下鐵田原町站3號出口步行7分
- Mapple Code 1301-9149
- MAP 附錄③ P.5 A-2

↑附刮勺，能輕鬆正確測量粉類材料的量的「ラブーンス」2268日圓

↑只要打個蛋放進去，再送進微波爐中，就能煎出荷包蛋的「矽膠煎蛋器」540日圓

↑搗籽就可以切酪梨、挖果肉、切片的「鯊」1944日圓

↑「易切奶油保存盒」（1132日圓）上有金屬絲，只要把奶油放進盒中，就能將奶油切片

↑只要一個動作就能拔除蒂頭的「草莓除蒂器」，西點烘焙店等也很仰賴這款道具

---

### 廚房用品店是合羽橋的地標
### ニイミ洋食器店 ●ニイミようしょっきてん

這個人是誰？

這座巨型廚師像，是以ニイミ（Niimi）洋食器店董事──新實仁先生的祖父，也就是餐具店創辦人為模特兒。順帶一提，據說創辦人實際上並不是廚師。

董事新實仁先生是前任社長的孫子

我就是廚師人像的孫子

餐具及廚房用品的專賣店，以大樓樓頂上的巨大塑像聞名，是一家創業逾百年的老字號，商品品項多達7～8萬。店家以烹飪器具專家的角度提供建議，廣受好評，許多餐飲業者都不遠千里造訪。

- ☎ 03-3842-0213
- 址 台東区松が谷1-1-1
- 休 週日、（1月份的）假日
- ⏰ 10:00～18:00
- 🚃 地下鐵田原町站3號出口步行3分
- Mapple Code 1300-5629
- MAP 附錄③ P.5 A-3

↑位在淺草通、道具街入口的十字路口上。擺滿超低價商品

↑義大利國旗色調、時尚的「焗烤盤」373日圓。同一系列的大盤子也很受歡迎

↑造型「兒童餐盤新幹線」2851日圓

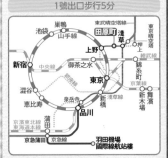

↑仿法國古董車造型的「兒童餐盤 雪鐵龍」2851日圓

---

### ACCESS

地下鐵銀座線
最近車站 **田原町站**
1號出口步行5分

---

## 休息時
## 就到合羽橋的話題美食景點

### Café Otonova
●カフェオトノヴァ

位在小巷內的隱密咖啡廳。店內擺設著鋼琴和黑膠唱片，還會不定期舉辦現場演奏。

☎03-5830-7663

🏠台東区西浅草3-10-4 休週四 🕐12:00～22:00(飲料供應至22:30，23:00打烊)，週日、假日為～20:00(飲料供應至20:30，21:00打烊) 筑波快線淺草站A2出口步行5分

Mapple Code 1302-7211

MAP 附錄③ P.5 A-2

🔼1～2樓挑高，店內非常開闊

🔼「雞肉洋芋蕃茄湯咖哩」1000日圓

### 合羽橋咖啡
●かっぱばしコーヒー

手沖咖啡很受歡迎的咖啡店，每杯咖啡皆在點單後才細心沖泡。聖代等甜點和傳統甜品也都深受好評。

🔼「特調咖啡」470日圓～、「合羽橋風日式聖代」只要720日圓就吃得到

☎03-5828-0308 🏠台東区西浅草3-25-11 休週一 🕐8:00～19:30(20:00打烊) 筑波快線淺草站2號出口步行7分

Mapple Code 1301-9147

MAP 附錄③ P.5 A-1

🔽為讓顧客自在小憩，座位間距設計得特別寬敞

### 合羽橋MAP

0　300m

（略）入谷　千束　生涯学習センター　合羽橋北　合羽橋咖啡　高村製缶　台東區　Kakesu雑貨店　淺草豪景酒店　Café Otonova　とうしょう窯本店　SATO FOOD SAMPLE　飯田　松が谷　西浅草　合羽橋南　合羽橋道具街　ニイミ洋食器店　Dr.Goods　東本願寺　淺草通　淺草郵局　元浅草　新堀通　田原町站　浅草　まるごとにっぽん　浅草站　ROX　國際通　雷門　雷門通　銀座線　菊屋橋　寿

---

### 網羅各式瓶罐等多款容器的方便好店
### 高村製缶
●たかむらせいかん

生產並販售以點心罐為主的各式容器。由熟練師傅手工打造的茶葉罐和設計罐、玻璃容器等，廣受一般消費者及行家的青睞。可從1個購買起，另有網購服務。

☎03-3841-0127

🏠台東区松が谷3-18-12 休週日、假日 🕐9:00～17:00 筑波快線淺草站2號出口步行7分

Mapple Code 1302-0680 MAP 附錄③ P.5 A-1

🔽詼諧幽默的「燈泡瓶」，432日圓(左)、迷你瓶324日圓(右)

🔽有金魚、兔子圖案的「和紙茶罐」各680日圓

🔽很受觀光客喜愛的「富士山瓶」648日圓

🔽懷舊馬口鐵製的「金魚澆花器」，648日圓

---

### 滿懷款待之意的原創日本餐具
### とうしょう窯 本店
●とうしょうがまほんてん

販售傳統技法與摩登設計兼具，別具特色的日本餐具。網羅許多能為餐桌增色的餐具。

☎03-5830-7752 🏠台東区松が谷3-17-13 休無休 🕐10:00～19:00(週日、假日～18:00) 筑波快線淺草站2號出口步行5分

Mapple Code 1302-7810

MAP 附錄③ P.5 A-2

🔼頻繁推出新商品，無論去幾次都很有趣

🔽唐草花紋的「單柄茶壺」2700日圓

🔽「咖哩盤」3024日圓，手繪山茶花很有韻味

---

🔼「草莓泡芙鑰匙圈」977日圓

🔼「草莓奶油蛋糕戒指」1620日圓

🔼「甜點耳環 綜合甜甜圈」1288日圓

### 別錯過連外國人都很喜歡的食品模型！
### SATO FOOD SAMPLE
●サトウサンプル

🔼「迷你刨冰～有水果的藍色夏威夷刨冰」2700日圓

製作並銷售栩栩如生的食品模型。巧奪天工的食品模型，在外國旅客之間也廣受歡迎。建議可選購鑰匙圈之類的小東西當伴手禮。

☎03-3844-1650 🏠台東区西浅草3-7-4 休週五(達假日則營業) 🕐9:00～18:00(週日、假日10:00～17:00) 筑波快線淺草2號出口步行5分

Mapple Code 1301-9148 MAP 附錄③ P.5 A-2

---

### 網羅高品質的日本製商品
### カケス雑貨店
●カケスざっかてん

🔼ZERO JAPAN「茶壺」。黃甜椒(450cc)2484日圓(左)、蕃茄(350cc)2160日圓(右)

店內販售講究材質、設計感和好用的日本製餐具與烹飪器具，還網羅了在國外很受歡迎的品牌——「ZERO JAPAN」的眾多商品。

☎03-5830-3481 🏠台東区西浅草3-24-2 休週三 🕐9:00～18:00 筑波快線淺草站2號出口步行5分

Mapple Code 1302-7861 MAP 附錄③ P.5 A-2

🔼ZERO JAPAN「食物罐S附木湯匙 朝鮮薊」1944日圓，用來保存咖啡等食物都很方便

🔽ZERO JAPAN「圓形收納罐S附佐料匙 藍莓」1620日圓

---

### 匯集來自世界各國設計洗練的品項
### Dr.Goods
●ドクターグッズ

🔼「Staub 鑄鐵鍋24cm」36720日圓～

複合精品店，販售網羅自全世界，兼具設計感和功能性的迷人廚房用品。店內還有許多能將廚房妝點得更華麗的漂亮用品，很受女性顧客的歡迎。

☎03-3847-9002 🏠台東区西浅草1-4-8 休週日、假日、第3週三 🕐9:30～17:30 地下鐵田原町站3號出口步行3分

Mapple Code 1300-5640 MAP 附錄③ P.5 A-3

🔽Silit公司的「Silargan牛奶壺」21600日圓

---

## 找出位在街上各處的河童像！

在道具通和合羽橋本通等地，街頭隨處可以發現到獨特的河童！在購物的同時，順便找找這些站在店門口及小巷的河童吧！

🔽在肉店旁有個河童木雕

🔽在岔路上發現一個只看得到頭的可疑河童！

🔽居酒屋旁有個不知為何被綁住的傢伙

🔽在雜貨小店旁遇見的是個傻愣愣的河童

🔽在藥局和紅綠燈之間拼了命地倒立著

🔽在和菓子店前有個有點可愛的河童

🔽人稱「河童寺」的Gi將石像

🔽棉被店前有個河童呆呆地站著

🔽合羽橋十字路口附近的河童河太郎像

# 54

景點
玩樂
美食
咖啡廳
購物

所需時間 約1小時

MAP 附錄③ P.5

## 在下町咖啡廳度過療癒的片刻

在人氣觀光區域——淺草，有許多懷舊咖啡館和時尚咖啡廳。有些可以近距離欣賞東京晴空塔等美景，位置絕佳。另外也推薦造訪長年人氣不墜的老字號甜品店。

### 在休閒咖啡廳品嘗「舟和」的好味道

## ふなわかふぇ

由「舟和」所推出的咖啡廳，使用甘藷製成的甜點和飲品蔚為話題。推薦添加甘藷羊羹的聖代。外帶商品就選「甘藷布丁」2個裝650日圓吧！

☎03-5828-2703 住台東区雷門2-19-10 休無休 ▶10:00～19:20(19:30打烊)，週六日、假日為～19:50(20:00打烊) 交地下鐵淺草站2號出口即到

Mapple Code 1302-5052 MAP 附錄③ P.5 C-3

←造型可愛、甘藷口味的「甘藷鬆餅＆水果球」600日圓

←「甘藷羊羹霜淇淋聖代」850日圓

療癒POINT
處處可感受到「舟和」特有的用心，例如保留甘藷的原味和口感等。是很誘人的一道甜點。

療癒POINT
好天氣時建議坐在露天雅座

療癒POINT
2、3樓的靠窗座位，看得到從隅田川對岸的大樓上竄出頭來的東京晴空塔。

### 看得到晴空塔的河岸咖啡廳

## CAFE MEURSAULT
○カフェムルソー

可以欣賞隅田川上往來船隻的咖啡廳。店名取自於卡謬小說《異邦人》中主角的名字。嘗嘗他們的手工蛋糕搭配調合茶吧！蛋糕亦可外帶。

☎03-3843-8008 住台東区雷門2-1-5 休不定休 ▶11:00～22:30(23:00打烊)，週六日、假日為(22:00打烊) 交地下鐵淺草站4號出口即到

Mapple Code 1300-3145 MAP 附錄③ P.5 C-4

←所有蛋糕均為自製的「每日蛋糕套餐」1100日圓，每份會有2種不同蛋糕
→店內古典的裝潢，營造出沉穩的風格

### 當地人也愛 老字號甜品店

淺草有許多當地人長年擁戴的傳統甜品店，店裡的氣氛也很迷人。

### 甘藷的滋味暖人心田

## 舟和本店 ○ふなわほんてん

創立一百多年的老店，販售許多以甘藷、砂糖和少許鹽巴所製成，呈現甘藷原來風味的甜品。

☎03-3842-2781 住台東区淺草1-22-10 休無休 ▶商店10:00～19:00(週六為9:30～20:00，週日、假日為9:30～19:30)；咖啡廳10:30～18:30(19:00打烊)，週六為10:00～19:30(20:00打烊)，週日、假日為10:00～19:00(19:30打烊) 交地下鐵淺草站1號出口步行5分

Mapple Code 1300-2218 MAP 附錄③ P.5 B-3

←在店門前嘗一份僅在店頭販售的「甘藷霜淇淋」350日圓！

### 代代相傳的傳統滋味

## 浅草 いづ美 ○あさくさいづみ

位在雷門通上的甜品店。連皮都煮得軟爛的紅豌豆，秘密在於老闆祖母所傳承下來的烹煮方法。吃一碗豌豆或餡蜜，細細品味豆子的韻味吧！

☎03-5806-1620 住台東区淺草1-8-6 休無休 ▶11:30～17:30(18:00打烊) 交筑波快線淺草站A1出口即到

Mapple Code 1302-2689 MAP 附錄③ P.5 B-3

←口感滑順的豆沙，和紅豌豆很相得益彰的「奶油餡蜜」780日圓(照片前方)

### 江戶時代起不曾改變的多層次口味

## 浅草 梅園 ○あさくさうめその

安政元(1854)年，於淺草寺別院梅園院開業。使用小米製成的粟善哉，微澀的小米和甜甜的豆沙堪稱絕配。餡蜜等也是人氣餐點。

☎03-3841-7580 住台東区淺草1-31-12 休每月2次週三不定休 ▶10:00～19:30(20:00打烊) 交地下鐵淺草站1號出口步行5分

Mapple Code 1300-1881 MAP 附錄③ P.5 C-3

→用半去殼的小米做成的麻糬，淋上剛煮好的熱騰騰豆沙，做成「粟善哉」777日圓

療癒POINT
外酥內軟、口感輕爽的厚鬆餅，搭配一杯現磨咖啡，就能沉浸在天堂般的餘韻當中。

←位於淺草六區通上的復古店面

### 嘗一口懷舊的厚鬆餅

## 珈琲天国 ○コーヒーてんごく

小巧雅致的店內，飄著一股現磨咖啡的香氣。厚鬆餅，以及用特製麵包夾特大熱狗的「熱狗堡」360日圓皆可外帶。

☎03-5828-0591 住台東区淺草1-41-9 休週二(逢假日則翌日休) ▶12:00～18:30(19:00打烊) 交筑波快線淺草站A1出口即到

Mapple Code 1302-0727 MAP 附錄③ P.5 B-2

→「厚鬆餅套餐」1000日圓，只搭配奶油和糖漿，簡單美味

### ACCESS

地下鐵銀座線、都營淺草線／東武晴空塔線／筑波快線

最近車站 ▶ 淺草站

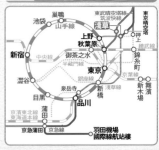

# 銀座·築地·月島

**55～62**

**05** 東急PLAZA銀座 → P.18

新銀座地標的

刊頭特輯 CHECK!

**10** EXITMELSA → P.25

改裝後新開幕 NEW MELSA

刊頭特輯 CHECK!

**62** 日本電視台塔 → P.116

可入內參觀攝影棚

## 這個也在這區

**55** 悠閒漫步銀座大街 → P.102

遊逛老舖和話題景點

**57** 銀座百貨公司 → P.106

買齊伴手禮♪當伴手禮的甜點

**58** 銀座美食&咖啡廳 → P.108

奢華享受一流美味

**59** 銀座伴手禮 → P.110

精品優質入手優質

**61** 月島文字燒 → P.114

初下嘗鮮美食

## 地區怎麼逛

### 新橋站、有樂町站也在步行範圍內

從新橋站步行10分、有樂町站步行5分左右即在抵達銀座中心地區的4丁目附近。

### 銀座～築地也可當成散步路線

銀座～築地約15分鐘路程。建議先到築地飽餐一頓，再沿路走到銀座享受逛街、喝咖啡的樂趣。

往月島站（從銀座一丁目站約3分）

**56** GINZA KABUKIZA → P.104

初體驗歌舞伎世界！

**60** 築地美食 → P.112

到江戶的廚房大飽口福

往月島站（從築地市場站約4分）

## ACCESS

| 東京站 | | | 羽田機場國際線航站樓站 |
|---|---|---|---|
| 地下鐵丸之內線 ↓2分 | JR山手線 ↓2分 | JR山手線 ↓3分 京濱急行線 ↓25分 | 京濱急行線（直通都營淺草線）↓27分 |
| 銀座站 | 有樂町站 | 新橋站 | |
| 地下鐵日比谷線 ↓2分 | | 百合海鷗線 ↓1分 | |
| 東銀座站 | | 汐留站 | 東銀座站 |
| 地下鐵日比谷線 ↓2分 | 地下鐵有樂町線 ↓5分 | 都營大江戶線 ↓6分 | 地下鐵日比谷線 ↓2分 |
| 築地站 | | 月島站 | 築地站 |

# 暢遊傳統&老舖及話題景點

集眾人目光焦點的銀座,除了多家老舖散佈其間,話題景點也陸續誕生中。不妨一次逛遍所有的老店和最新景點吧。

**START 東銀座站 3號出口**

→ 辣度適中的「雞肉咖哩午餐」1500日圓

## 到銀座地標接觸傳統藝能

**傳統①** 明治22(1889)年成立
### 歌舞伎座 〈かぶきざ〉 →P.104

前往能感受傳統氛圍的歌舞伎專門劇場,嘗試挑戰僅觀看單幕表演的「一幕見席」。伴手禮店也不可錯過。

↑除了觀劇外還有展覽館等有趣設施

↑滑稽風格的章魚紙鎮 1404日圓
← 也可當成擺飾的小鴨紙鎮 1728日圓

**步行1分**

## 在正統印度餐廳享用午餐

**老舖②** 昭和24(1949)年創業
### Nair's Restaurant 〈ナイルレストラン〉

日本印度菜的先驅、歷史悠久的店家。最推薦費時7小時燉煮而成的「雞肉咖哩午餐」,清爽的咖哩醬搭配香料飯十分對味。

📞03-3541-8246 🏠中央区銀座4-10-7 休週二 🕐11:30～21:00(21:30打烊),週日、假日～20:00(20:30打烊) 🚇地下鐵東銀座站A2出口即到
Mapple 1300-0969 MAP 附錄③ P.8 E-4

↑以大紅色頂棚為標誌,平日也可見排隊人潮

**步行2分**

## 在人氣店齊聚的新景點購物

**話題③** 2014年10月開幕
### KIRARITO GINZA 〈キラリトギンザ〉

銀座1丁目第一家大型複合商場。有人氣品牌旗艦店、必吃排隊美食等網羅許多雜貨、珠寶飾品、美食的熱門店家,能享受最新潮流的購物樂趣。

📞因店而異 🏠中央区銀座1-8-19 休因店而異 🚇地下鐵銀座一丁目站7號出口即到
Mapple 1302-6208 MAP 附錄③ P.8 F-1

↑以鑽石為意象設計打造的大樓

**5F 貴和製作所**
●きわせいさくじょ
提供原創飾品DIY的店家。有附設咖啡廳,可以邊喝茶邊體驗手作樂趣。
📞03-6264-4811 休不定休 🕐11:00～20:00
Mapple 1302-7659

↑也會推出適合新手參加的工作坊,含材料費1200日圓～

## 在時尚文具店選購伴手禮

**話題④** 2015年6月重新裝潢開幕
### 銀座・伊東屋 〈ぎんざいとうや〉

明治37(1904)年創業的文具專賣店,改裝之後煥然一新。羅列兼具設計感與實用性的商品,廣受各年齡層顧客的喜愛,不論自用還是送禮都很適合。

📞03-3561-8311(代表號) 🏠中央区銀座2-7-15 休無休 🕐10:00～20:00(週日、假日～19:00) 🚇地下鐵銀座站A13出口即到
Mapple 1300-2906 MAP 附錄③ P.8 F-2

← 可繫在行李箱上的吊牌各756日圓
↑伊東屋自製的原子筆 7560日圓
↑印有伊東屋商標的托特包2160日圓
←以「行前準備」為主題的獨創手巾 1296日圓
↓伊東屋的原創筆記本各259日圓

步行1分
大型店舖賣場涵蓋地下1樓到地上12樓的大型店舖

## ACCESS

地下鐵日比谷線、都營淺草線
**最近車站 東銀座站**
直通3號出口

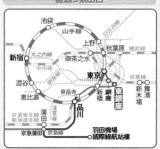

所需時間 約7小時
MAP 附錄③ P.8

景點 玩樂 美食 咖啡廳 購物

## 還有這裡！最新景點

### 2015年9月開幕
### EXITMELSA
●イグジットメルサ
為NEW MELSA改裝後的新面貌，匯集美食、雜貨、服飾等店家。 **→P.25**

### 2016年9月開幕
### GINZA PLACE
●ギンザプレイス
坐落於銀座4丁目交叉路口的複合商業設施，啤酒屋於8月3日開張。
囧中央区銀座5-8　囨因店鋪而異　地下鐵銀座站A3出口即到 **MAP** 附錄③ P.8 E-4

### 預定2017年4月開幕
### 銀座六丁目再開發計畫
●ぎんざろくちょうめプロジェクト
基地涵蓋「松坂屋銀座店」舊址在內的兩個街區，將化身為集結商業、文化等設施的複合大樓。 **→P.7**

## 前往熱門新設施喝咖啡＆購物

**話題** 2016年3月開張
### ⑤ 東急PLAZA銀座
●とうきゅうプラザぎんざ
誕生於數寄屋橋交叉路口的大規模商業設施，是不可錯過的必逛景點。B2F～11F的賣場含首次進軍日本的品牌在內共有125家店，可同時滿足喝咖啡＆購物的需求！

#### 1F PÄRLA ●パーラ
以大人為主力客層的高級可麗餅店。有「玫瑰＆覆盆子」（照片左）、「抹茶甜酒馬斯卡邦乳酪」（照片右，各1404日圓）等，以講究的食材著稱。
☎03-4405-9397　囨無休　⏰11:00～23:00，咖啡廳～21:00
Mapple Code 1302-7770

↑店鋪位於1樓，從大樓外直接進出

→P.18

↑建物外觀以江戶切子玻璃為設計主題

#### 3F TWG Tea
●ティータブリュージーティー
來自新加坡的高級茶葉品牌，嚴選茶葉加上新鮮水果、花草調配成的獨創商品廣受歡迎。
☎03-6264-5758　囨無休　⏰11:00～21:00
Mapple Code 1302-7811

↑1個972日圓～。也會推出季節限定口味

→「TEA PARTY TEA」3996日圓

步行7分

**順道一遊**
### 天賞堂的天使像
立於珠寶飾品、鐘錶老舖「天賞堂」前的小天使雕像，依季節還會替換裝扮相當引人目光。

步行5分

## 來份熟成牛排的豪華晚餐

**話題** 2016年2月開店
### ⑦ 熟成牛かつ 銀座ぎゅう道
●じゅくせいぎゅうかつぎんざぎゅうどう
提供以「炸牛排」方式品嘗熟成肉的新形態店家。嚴選牛肉經過30天熟成後迅速高溫油炸，即可吃到一分熟的牛肉美味。
☎03-6264-5256
囧中央区銀座8-2-11 新銀座大樓11號館
囨無休　⏰11:00～21:00(21:30打烊)
JR新橋站A3出口步行7分
Mapple Code 1302-7778　**MAP** 附錄③ P.9 B-4

→限量的「炸牛排膳」100g 1280日圓

↑位於面朝外堀通的大樓地下1樓

**順道一遊**
### 豐岩稻荷神社
銀座7丁目狹窄巷弄裡的神社，供奉著結緣、保佑免於祝融之災的神明。
**MAP** 附錄③ P.9 C-5

## 選購名店的和菓子

步行6分

**老舖** 室町時代後期創業
### ⑥ 虎屋 銀座店
●とらやぎんざてん
到著名的和菓子老舖挑選大人品味的伴手禮。除了基本款的羊羹、最中外，還能感受季節風情的限定商品。
☎03-3571-3679
囧中央区銀座7-8-6
囨無休　囚商品銷售10:00～20:00(週日、假日～19:00)　地下鐵銀座站A2出口步行5分
Mapple Code 1302-7666
**MAP** 附錄③ P.9 C-5

→仿櫻花造型、內放白餡的最中「御代之春 紅」195日圓
↑1樓是和菓子販售區，2樓為喫茶店

**順道一遊**
### Nakagin Capsule Tower
昭和47（1972）年竣工的獨特風格大樓，也是世界知名建築之一。
**MAP** 附錄③ P.22 B-1

步行7分

### GOAL
### JR新橋站 A3出口

---

↑在店面購買的商品內用也OK

### 瑞士的巧克力老店
### Blondel 銀座
●ブロンデルぎんざ
創業已160年的瑞士名店，秉持傳統製法呈現的溫和口感很受歡迎。
☎03-6228-5985　囧中央区銀座8-10-1　囨不定休　⏰11:00～19:30(20:00打烊)　地下鐵銀座站A3出口步行5分
Mapple Code 1302-4269　**MAP** 附錄③ P.9 C-5

↑「熱巧克力」（共15種）1300日圓

↑宛如酒館吧檯的咖啡空間

### 米其林主廚的創意巧克力
### BbyB. GINZA
●ビーバイビーギンザ
充滿獨創性的巧克力商品羅列，皆出自比利時的米其林二星主廚之手。
☎03-3566-3555　囧中央区銀座3-4-5　囨無休　⏰11:00～19:30(20:00打烊)，週日、假日～18:30(19:00打烊)　地下鐵銀座站A9出口步行3分
Mapple Code 1302-6811　**MAP** 附錄③ P.8 E-2

→「Flemish Waffle」各756日圓

↑調和的時尚空間以巧克力顏色為基

### 2015年12月重新開張
### 比利時王室御用的高級巧克力
### PIERRE MARCOLINI 銀座
●ピエールマルコリーニぎんざ
來自比利時的巧克力名店，從可可豆的採購到烘焙都由店家一手包辦。
☎03-5537-0015　囧中央区銀座5-5-8　囨無休　⏰11:00～19:30(20:00打烊)，週日、假日～18:30(19:00打烊)　地下鐵銀座站B5出口即到
Mapple Code 1301-7850　**MAP** 附錄③ P.9 D-3

→「MARCOLINI巧克力聖代」1728日圓

### 巧克力咖啡廳
銀座當地有好幾家高級巧克力店，設的咖啡廳度過幸福的甜品時光，可於店家附小歇片刻享用美味巧克力

# 體驗歌舞伎的世界

**歌舞伎座塔**

由歌舞伎殿堂「歌舞伎座」、矗立於後方的「歌舞伎座塔」及地下2樓的「木挽町廣場」組成的複合設施，除觀賞歌舞伎外還能到展覽館、伴手禮店逛逛。

**DATA**
¥ 因公演、設施而異
☎ 03-3545-6800
地址 中央区銀座4-12-15
公休日 營業時間 因設施、店鋪而異 Mapple Code

**夜間點燈也不容錯過！**
↑春季（3～5月）和秋季（10～11月）會打上溫白色的燈光裝飾

**直通東銀座站&木挽町廣場**

## 歌舞伎座 ●かぶきざ

傳統藝能「歌舞伎」的專門劇場。自明治22（1889）年成立以來歷經數次的重建，2013年4月以全新面貌重新開張。外觀依然維持之前劇場的樣貌，但增加了無障礙空間等設計讓使用上更趨方便。
☎ 03-3545-6800 地址中央区銀座4-12-15 休□因月份而異
Mapple Code 1302-4749

---

**直通東銀座站** **免費區** **B2F**

↑繪有歌舞伎座徽紋「鳳凰丸」的大燈籠

## 木挽町廣場 ●こびきちょうひろば

連結東銀座站和歌舞伎座的廣場。可自由使用，設有賣店、伴手禮店等。上頭繪有歌舞伎座徽紋「鳳凰丸」的大燈籠也很吸睛。

### 餐廳 歌舞伎茶屋
●おしょくじどころかぶきちゃや
仿江戶時代茶屋的用餐處，現烤麵包（150日圓～）、「冷紅豆年糕湯」（600日圓）等點心類也很推薦。
地址中央区銀座4-12-15 B2 休無休 □10:00～18:15（18:30打烊）※因公演有無而異 Mapple Code 1302-4850

↑人氣輕食丹麥麵包「限取立方體」3個裝1050日圓

### 便當店 やぐら
●おべんとうどころやぐら
備有近20種樣式豐富的便當。名物「烤豆大福」（5個490日圓）也是相當熱賣的伴手禮。
地址中央区銀座4-12-15 B2 休無休 □9:30～18:00 Mapple Code 1302-4851
↑熱賣便當請盡早搶購

### 伴手禮店 かおみせ
●おみやげどころかおみせ
販售糕點、雜貨之類的伴手禮。撒上歌舞伎炸米果顆粒的「揚卷霜淇淋」（350日圓）也很受歡迎。
地址中央区銀座4-12-15 B2 休無休 □9:30～18:30※因公演有無而異 Mapple Code 1302-4849
→將碎花生粒揉入麵團、風味濃郁的「奶油花生夾心」700日圓

---

## 購票Q&A

**Q** 票價會依座席而不同嗎？

**A** 價格範圍落在3樓席4000日圓～1樓棧敷席20000日圓之間。

票價因公演而異，最便宜的是位於3樓後方的3樓B席，最貴的棧敷席為設在1樓左右兩側的特別席。

| 1等席 | 2等席 |
|---|---|
| 18000日圓 | 14000日圓 |

| 3樓A席 | 3樓B席 |
|---|---|
| 6000日圓 | 4000日圓 |

| 1樓棧敷席 | ※2016年5月公演時的票價。 |
|---|---|
| 20000日圓 | |

**Q** 第一次入場觀劇的推薦座席為？

**A** 一幕見席1000日圓左右～。

僅能觀看單幕表演的一幕見席，只限當天排隊購票。位置在4樓，又分為自由席和站席。

入口 →位於1樓的一幕見席售票處與

↑位於1樓的一幕見席售票處

**Q** 哪裡可以購票？

**A** 電話、網路、劇場售票處。

建議透過電話等方式事先預約。若預售票還有剩餘，會於早上10時在地下2樓的售票處販賣當日票。

**電話** Ticket松竹
☎ 0570-000-489
（10:00～18:00）

**網路** Ticket Web松竹
●電腦購票 http://www1.ticket-web-shochiku.com/pc/
●手機購票 http://www1.ticket-web-shochiku.com/

**售票處**（木挽町廣場）
於各公演設定的發售日起開放電話、網路預約票券，木挽町廣場的窗口則要等到發售日兩天後才會開賣。

↑木挽町廣場的售票處

---

**ACCESS**
地下鐵日比谷線、都營淺草線
最近車站 東銀座站
直通3號出口

## 進入劇場內！
付費區 **歌舞伎座內**的參觀焦點！

### 1樓大廳
←絨毯上重現之前劇場的原樣，繪有傳說會招來幸福緣分的鳥銜花枝圖案

### 左右相反的鳳凰
←歌舞伎座的屋頂有一塊瓦片與其他鳳凰的左右方向相反，據說只要找到就能遇到好對象

### 令人懷念的歌舞伎演員
←3樓的走廊上掛有歷代歌舞伎演員的照片，開演前或中場休息一定要來瞧瞧

銀座最高的大樓 高143m！

矗立於歌舞伎座後方　5F

# 歌舞伎座塔 也不容錯過

複合大樓內有辦公室等設施進駐，5樓還有以歌舞伎為中心的展示空間和咖啡廳。即使不到歌舞伎座觀劇也能沉浸在歌舞伎的魅力中。

Mapple Code 1302-7278

付費區 ## 歌舞伎座展覽館
●かぶきざギャラリー

2016年的展示延續了去年度的內容，有許多能讓人更加親近歌舞伎的體驗型活動。不僅能近距離欣賞服裝、假髮，還可以騎上馬背或坐船拍照留念。

📞03-3545-6886
🏠中央区銀座4-12-15 歌舞伎座塔5F
🈳展示替換期間　⏰10:00～17:00(17:30打烊)　💴600日圓，耳機導覽1500日圓

Mapple Code 1302-4614

免費區 ## Studio Alice 歌舞伎寫真館
●スタジオアリスかぶきしゃしんかん

能穿上實際表演時的戲服、戴上假髮和化妝扮成歌舞伎演員，並拍攝紀念照。「歌舞伎扮裝方案」每個月都會提供「羽衣新造」等不同曲目的服裝。

☎0120-137-753
🏠中央区銀座4-12-15 歌舞伎座塔5F
🈳無休　⏰10:00～18:00　Mapple Code 1302-4853

→歌舞伎扮裝的基本費用27864日圓，約需3小時。照片會於2星期後郵寄到指定地址

免費區 ## 壽月堂 銀座 歌舞伎座店
●じゅげつどうぎんざかぶきざてん

有160多年歷史的茶葉和海苔老舖「丸山海苔店」經營的日本茶咖啡廳。店內可眺望庭園景觀，同時品嘗頂級的日本茶和甜點。

📞03-6278-7626　🏠中央区銀座4-12-15 歌舞伎座塔5F　🈳無休
⏰10:00～19:00　Mapple Code 1302-4852

↑「抹茶冰淇淋湯圓紅豆湯 附焙茶」1250日圓

免費區 ## 空中庭園
●おくじょうていえん

歌舞伎座的屋頂有一座回遊式日本庭園，置有象徵之樹阿國櫻、第四期歌舞伎座的獸頭瓦和石燈籠等，別有一番風情。

↑腹地面積約400㎡

---

## 視野變開闊了！
付費區 **參觀劇場！**

### 座位
1樓席的座位跟以前相比，寬度多3cm、前後也增加了6cm

### 舞台
應演員們的要求，舞台寬度等尺寸大小都沿襲舊有的規格

### 花道
能看到以前從3樓席無法瞧見的花道七三，寬度和長度則維持原樣

### 字幕導覽機
以畫面解說場景狀況和劇本，可於櫃台花1000日圓租借

**客席DATA**
1樓席…897席　2樓席…441席
3樓席…470席
一等見席…96席、站席60 總共可容納1964人

---

善用幕間&休息時間

歌舞伎演出時一般會有1～3次15～30分鐘左右稱為幕間的休息時間，可以趁著幕間的空檔去買便當或伴手禮。

推薦 付費區 **便當&伴手禮**

### 便當
劇場賣店
↑「江戶風幕之內」1000日圓，木挽町廣場的「お弁当やぐら」也買得到

### 伴手禮
1F 伴手禮店
↓「清月堂本店銀座だより」1000日圓。派皮內包著滑順口感的栗子餡，為結合和洋食材所孕育出的嶄新風味

↑「THE GINZA KABUKIZA吸油面紙」30張各840日圓，「鳳凰丸」的裝飾設計十分吸睛

↑「GINZA KABUKIZA原創三昧胴」8片裝1500日圓，是與銀座「松崎煎餅」合作推出的瓦煎餅

## 挑選優質美味
# 百貨公司甜點巡禮

銀座地區有歷史悠久的銀座三越、松屋銀座等多家購物商場。每一家都有引以為傲的絕品甜點,可選擇在咖啡廳內享用或是外帶品嘗。

（也有許多銀座店才買得到的限定品項）

# 銀座百貨公司
（ぎんざデパート）

景點
玩樂
美食
咖啡廳
購物
所需時間 約3小時
MAP 附錄③ P.8

## 煥然一新的百貨老店
# 銀座三越
●ぎんざみつこし

網羅高品質、最新流行商品的老字號商場。以頂級時尚環球百貨公司為發展目標,於2015年秋天重新改裝開幕。

☎03-3562-1111(代表號) 地址中央區銀座4-6-16 休不定休 時10:30～20:00
地下鐵銀座站A7出口即到
Mapple Code 1300-2260 MAP 附錄③ P.8 E-3

店內導覽員

## 銀座露台

可眺望藍天白雲的舒適開放空間

---

## 不容錯過的外帶首選!

### 32F CAFE OHZAN

來自秋田的脆皮可頌店,將滿滿奶油的可頌經過二度烘烤後做出酥脆的口感。

時10:30～20:00
Mapple Code 1302-5804

←「脆皮可頌」各432日圓(左:堅果牛奶巧克力、上:草莓白巧克力)

### 32F Frederic Cassel

法國當地的名店「Frederic Cassel」。推出日本銀座三越限定販售的蛋糕等,甜點款式豐富。

時10:30～20:00 →「香草千層派」778日圓
Mapple Code 1302-3316

### 32F HACCI ●ハッチ

販售兼具美容和健康功效的蜂蜜為材料的甜點,還有選用廣受歡迎的「WHITE CLOVER蜂蜜」製作的糖果。

時10:30～20:00
Mapple Code 1302-7547

←「蜂蜜糖」(3顆裝)各432日圓

## 9F MINORI CAFE

由JA全農直營的咖啡廳,能輕鬆品味以季節時蔬、水果搭配的餐點。

☎03-5524-3127
時10:30～22:00(23:00打烊) Mapple Code 1302-4471

↑供應「北海道產小麥熱狗麵包三明治」540日圓～和沙拉、果昔

## 9F TerraceGarden

能一望整片草坪的休憩空間,綠意環繞的木板露台上置有桌椅。

←全農自製的「米牛奶飲料」各540日圓～

↑以木質為基調的幽靜咖啡廳

---

## 6F DAVID MYERS CAFÉ

為美國餐飲界名廚David Myers所開設的第一家咖啡廳。

☎03-3562-1111(代表號)
時10:30～19:30(20:00打烊)
Mapple Code 1302-5569

↑條「1944日圓」 Burger&蒜味美乃滋薯條 ←「Famous David Burger&蒜味美乃滋薯條」1944日圓

→走奢華風格的店內

## 4F Harrods The Plantation Rooms

以茶園主人宅邸為藍圖設計的優雅氛圍店內,能享用以紅茶製作的甜點和司康等點心。

☎03-3562-1111(代表號) 時10:30～19:30(20:00打烊)
Mapple Code 1302-7042

↑裝潢講究的洗鍊時尚空間

↑入口後散發出高雅甜味的「司康」756日圓

---

## ACCESS

地下鐵銀座線、丸之內線、日比谷線
最近車站 銀座站

JR、地下鐵有樂町線
最近車站 有樂町站

## 集結120家商店 "主打大人客層的LUMINE"

# LUMINE有樂町

●ルミネゆうらくちょう

有服飾、美妝、雜貨等約120家時尚店進駐的購物商場，甜點店、咖啡廳的選擇性也很多。

☎03-6268-0730　千代田区有楽町2-5-1
休不定休　11:00～21:30，週六日、假日～21:00，餐廳～22:00(23:00打烊)※部分店家有異　JR有樂町站銀座口即到
Mapple Code 1302-3368　MAP 附錄③ P.9 D-1

### 3F café & books bibliothèque
●カフェアンドブックスビブリオテーク

店內陳列著精選設計雜貨的咖啡廳，甜點和餐點菜單都很齊全。
11:00～21:00(21:30打烊)，週六日、假日～20:30(21:00打烊)
Mapple Code 1302-4797

6
1
0
日
圓
「紅莓奶油蛋糕」

### 4F la petite mercerie

咖啡廳的可愛裝飾造型杯子蛋糕，極具人氣，也提供外帶服務。
☎03-6269-9222　11:00～21:00(21:30打烊)，週六日、假日～20:30(21:00打烊)
Mapple Code 1302-6808

1
1
8
8
日
圓
「莓果奶油起司鬆餅」

## 美食和流行商品應有盡有的複合大樓

# 有樂町ITOCiA

●ゆうらくちょうイトシア

網羅有樂町丸井等商場的複合大樓。地下1樓的ITOCIA FOOD AVENUE內，有多家話題甜點店和餐廳進駐。
☎03-6267-0800　千代田区有楽町2-7-1
休無休　11:00～21:00(餐廳～23:00，部分店家有異)　JR有樂町站中央口即到
Mapple Code 1302-0926　MAP 附錄③ P.9 D-1

### B1F ma couleur

來自神戶的年輪蛋糕店，以嚴選食材一個一個手作現烤而成。還有以年輪蛋糕製作的餅乾。
☎03-5222-3660　11:00～21:00　Mapple Code 1302-7835

1
5
0
0
日
圓
年
輪
蛋
糕

焦
糖
布
蕾

「草莓生巧克力塔」
一片830日圓

### B1F La Maison ensoleille table pâtisserie

以「南島風情別墅」為設計理念，推出多款以當令食材製作的水果塔和甜點。
☎03-6273-4321
11:00～21:00
Mapple Code 1302-7834

## 最新流行商品大集合！

# 松屋銀座

●まつやぎんざ

羅列各式各樣優質商品的銀座代表性百貨公司。地下1、2樓的食品區，有首次在百貨內展店的品牌甜點及多款限定商品。
☎03-3567-1211　中央区銀座3-6-1
休不定休　10:00～20:00
直通地下鐵銀座站A12出口
Mapple Code 1300-2193　MAP 附錄③ P.8 E-3

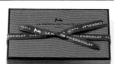

3
9
9
6
日
圓
「Attention 10顆裝」

### B1F DEMEL

擁有220年歷史的維也納甜點老店，包裝也很精美。
Mapple Code 1302-7092

經典的「沙河蛋糕」(3.5號) 2160日圓

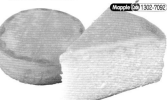

人氣「杏仁奶油蛋糕」1620日圓(松屋原創商品)

### 1F La Maison du Chocolat

被譽為高級精品的巴黎巧克力專賣店，附設咖啡廳內除了巧克力也提供蛋糕類商品。
Mapple Code 1302-6121

### B1F NOAKE TOKYO

巧克力、烘焙糕點等外觀可愛的原創甜點很受歡迎，季節限定商品也很豐富。
Mapple Code 1302-6211

水果煮成焦糖狀後裹上巧克力的「Les Bonbons Caramel」1支 251日圓

左「Earl Grey & Italian」864日圓～、下「si mi mi」864日圓。為松屋限定獨創包裝

### B1F まめや 金澤萬久
●まめやかなざわばんきゅう

將金澤、能登的高品質豆菓子裝在手繪的紙容器內販售。
Mapple Code 1302-4470

### B1F pâtisserie Seiyo Ginza
●パティスリーせいようぎんざ

原本隨著「西洋銀座飯店」落幕而關店的傳統西點再度復活，重現經典的馬卡龍、蒙布朗等美味點心。
Mapple Code 1302-6212

「小鳥造型餅乾」19片裝1728日圓

### B1F 菓子工房ルスルス
●かしこうぼうルスルス

淺草等地設有店鋪的西點店首次在百貨公司拓點，最推薦的產品是仿各種小鳥造型的糖霜餅乾。
Mapple Code 1302-6210

「銀座馬卡龍」6個裝1620日圓，蘭姆葡萄和香濃奶油餡相當美味

# 到美食街飽嘗一流美味

ぎんざグルメアンドカフェ

銀座當地傳統老店、人氣主廚名店等提供高級料理和空間的餐廳＆咖啡廳雲集。以下介紹其中特別推薦的店家，優質的服務與佳餚讓味蕾和心靈都能得到大大滿足。

## 銀座 美食＆咖啡廳

景點
玩樂
美食
咖啡廳
購物

所需時間 約**2**小時

MAP 附錄③ P.8

### 值得光顧的 餐廳

銀座聚集許多深獲美食家好評的店家，有必須預約的義大利餐廳、長年廣受喜愛的洋食等料理種類豐富多元。不論是物超所值的午餐還是優雅氛圍的晚餐，都可任君選擇。

【義大利菜・洋食・日本料理】

#### 超級名店
## LA BETTOLA da Ochiai

由高人氣主廚落合務先生經營的餐廳。能以合理價格品嘗到正統的義大利菜，據說是全日本最難預約的店。受理午餐的電話預約，可從奇數月第3個週日起預定兩個月內的座位。

☎03-3567-5656 址中央区銀座1-21-2 休週日、第1、3週一 ⏰11:30～14:00(L.O.)、18:30～22:00(L.O.)、週六、假日18:00～21:30(L.O.) 🚇地下鐵銀座一丁目站11號出口步行5分

Mapple Code 1300-0972 MAP 附錄③ P.8 G-2

編輯部 推薦

「午間C餐（前菜＋義大利麵＋主菜）」3024日圓

每道餐點的份量都很有飽足感

→店內的氣氛輕鬆活潑

經營者兼主廚／落合務

---

#### 洋食發祥店
## 煉瓦亭
●れんがてい

請盡情享受只在銀座才吃得到的老舖美味

今年即將邁入121周年的老字號西餐廳。招牌菜有炸豬排、炸蝦和元祖蛋包飯等，菜單內容相當豐富。

☎03-3561-3882 址中央区銀座3-5-16 休週日 ⏰11:15～14:15(15:00打烊)、16:40～20:30(21:00打烊)、週六、假日～20:00(20:45打烊) 🚇地下鐵銀座站A9出口步行3分

Mapple Code 1300-1034 MAP 附錄③ P.8 E-2

主廚／大澤正季

淋上伍斯特醬享用的「元祖炸豬排」1700日圓

↑充滿歷史感的沉穩風格店內

編輯部 推薦

---

#### 拉丁菜
## TORO TOKYO
●トロトーキョー

由號稱「墨西哥料理之父」的Richard Sandoval所開設的餐廳。餐點以肉類為主，能品嘗道地的拉丁菜。

☎03-6274-6361 址中央区銀座6-2 銀座Corridor街內 休無休 ⏰11:30～14:00(L.O.)、17:00～22:30(L.O.)、週五、假日前日～翌日2:00(L.O.)、週六～11:00～翌2:00(L.O.)、週日～22:00(L.O.) 🚇地下鐵銀座站C2出口步行3分

Mapple Code 1302-7531 MAP 附錄③ P.9 B-3

↑1、2樓都設有座位的寬敞空間

「雞肉墨西哥玉米脆餅」（3個）1296日圓，微辣的莎莎醬是美味關鍵。也提供牛肉、豬肉等選項

編輯部 推薦

---

#### 近大鮪魚
## 近大卒の魚と紀州の恵み 近畿大學水產研究所 銀座店
●きんだいそつのさかなときしゅうめぐみきんきだいがくすいさんけんきゅうしょぎんざてん

由全世界首次成功以人工完全養殖黑鮪魚的近畿大學水產研究所經營的餐廳，除了黑鮪魚外也供應其他新鮮的養殖魚。

☎03-6228-5863 址中央区銀座6-2 東京高速道路山下大樓2F 休不定休 ⏰11:30～14:00(15:00打烊)、17:00～22:00(23:00打烊)※食材售完即打烊 🚇地下鐵銀座站C2出口步行3分

Mapple Code 1302-5655 MAP 附錄③ P.9 B-3

「近大鮪魚及精選鮮魚的生魚片御膳」2480日圓，為附有近大鮪魚生魚片、小菜等的午間定食

編輯部 推薦

→入口處掛著以黑鮪魚為意象設計的門簾

---

### ACCESS

地下鐵銀座線・丸之內線・日比谷線
最近車站〉銀座站

地下鐵有樂町線
最近車站〉銀座一丁目站

度過片刻奢華的時光

# 時尚咖啡廳

從喫茶老店到流行品牌旗下的咖啡廳都有，可依循自己的喜好挑選。豪華的空間、高品質的甜點和飲品，不妨好好享受一番吧。

## 海島咖啡廳
### Tommy Bahama 銀座店
●トミーバハマぎんざてん

以「海島生活」為主題的流行品牌旗艦店。附設餐廳和酒吧，可一窺品牌背後的價值理念。

☎03-5568-0555（餐廳） ☎03-5568-0666（商店）
🏠中央区銀座7-10-1 休無休 ⏰11:00～21:00(L.O.)，週三～五～22:00(23:00打烊) 🚇地下鐵銀座站A4出口步行5分
Mapple code 1302-5761 MAP 附錄③ P.9 D-5

編輯部 推薦

「鳳梨烤布蕾」1700日圓。利用高甜度的黃金鳳梨當容器，填滿加入煎炒鳳梨果肉的卡士達醬

辣味小排骨（半份）3100日圓

↑附設在流行服飾店內

散發出鳳梨和蘭姆香氣的「鳳梨可樂達蛋糕」1300日圓

## 概念咖啡廳
### 月光荘サロン 月のはなれ
●げっこうそうサロンつきのはなれ

由創業已近百年的畫材店「月光莊」經營的咖啡廳酒吧。運用舊木材等營造出溫暖質感，有樹木環繞的開放式露天座及舒適的室內空間。

☎03-6228-5189 🏠中央区銀座8-7-18 月光莊大樓5F 休週日、假日 ⏰14:00～23:00(23:45打烊)，週六12:30～22:45(23:30打烊) 🚇JR新橋站銀座口步行5分
Mapple code 1302-7534 MAP 附錄③ P.9 C-5

編輯部 推薦

↑位於雜居公寓的屋頂平台上，由畫材倉庫改裝而成

月牙形檸檬蛋糕搭配3種果醬享用的「月亮檸檬蛋糕」700日圓

附沙拉和飲料的「雞肉秋葵濃湯」1500日圓，可自選豆仁飯或玉米麵包

## 經典懷舊風
### 資生堂パーラー 銀座本店 サロン・ド・カフェ
●しせいどうパーラーぎんざほんてんサロンドカフェ

明治35（1902）年開業的銀座老舖喫茶店，能體驗彷彿回到西洋文化大量傳入日本時的優雅時光。除了聖代、蛋糕等甜點外，還提供法式吐司、三明治之類的輕食。

☎03-5537-6231 🏠中央区銀座8-8-3 東京銀座資生堂大樓3F 休週一（逢假日則營業） ⏰11:30～20:30(21:00打烊)，週日、假日～19:30(20:00打烊)※不接受預約 🚇地下鐵銀座站A2出口步行7分
Mapple code 1301-9259 MAP 附錄③ P.9 C-5

編輯部 推薦

鋪上滿滿草莓的「草莓聖代」1730日圓，可再加570日圓變成附咖啡或紅茶的套餐

「法式吐司」1520日圓，搭配採收自銀座當地的蜂蜜一起品嘗

↑時尚典雅的沉穩氛圍店內

## 中國風咖啡廳
### Qi Lin Sweets&Tea
●キリンスイーツアンドティー

以"銀座的巨匠"聞名的松島主廚大展廚藝的中華料理店。1樓的咖啡廳能輕鬆品嘗道地的甜點和中國茶，在銀座貴婦圈中廣受歡迎。

☎03-3572-0039(China Garden 銀座 麒麟) 🏠中央区銀座6-9-15 休無休 ⏰11:30～14:30(15:00打烊)、17:00～21:30(22:30打烊)，週六11:30～16:00(L.O.)、16:00～21:30(22:30打烊)，週日、假日11:30～16:00(L.O.)、16:00～20:00(21:00打烊) 🚇地下鐵銀座站步行5分
Mapple code 1300-4382 MAP 附錄③ P.9 D-4

千日紅和茉莉花的花茶「Over the Rainbow」864日圓

能一次品嘗店家自豪甜點的「招牌甜點拼盤」1296日圓，打不定主意時就選這道吧

啡廳空間 ↑高級感十足的1樓咖

編輯部 推薦

## 高級豪奢風
### GINZA Maison HENRI CHARPENTIER
●ぎんざメゾンアンリシャルパンティエ

以"夢幻仙境"為設計概念，呈現出彷彿另一個世界般的氛圍。1樓設有精品店和Bar Maison，也可在地下1樓的Salon de Thé享用甜點。

☎03-3562-2721 🏠中央区銀座2-8-20 YONEI大樓1F・B1F 休無休 ⏰Salon de Thé、精品店11:00～19:30(20:00打烊)。Bar Maison15:00～22:30(23:00打烊)，週日、假日13:00～19:30(20:00打烊) 🚇地下鐵銀座站A13出口步行3分
Mapple code 1301-8075 MAP 附錄③ P.8 F-2

包廂的店內，也備有個人→時尚洗鍊大人氛圍

編輯部 推薦

端上桌後會在盤內點火燃燒的「蘇塞特可麗餅」1728日圓

↑夜晚打上粉紅色光效更增添豪華的氛圍

# 59

# 銀座伴手禮

ぎんざみやげ

能在高品質商品一應俱全的店內購物，是銀座才有的逛街樂趣。不妨挑個能感受店家歷史和職人精湛手藝的雜貨、甜點，送給自己或身邊重要的人吧。

景點
玩樂
美食
咖啡廳
購物

所需時間
約1小時

MAP
附錄③
P.8

## 將比平常更高一等級的 優質品帶回家

**色鉛筆（12色）**
1047日圓
長約11cm攜帶方便，能隨時透過畫筆將回憶記錄下來

**素描本 291日圓～**
共有6種尺寸，各自又有薄紙（素色、水藍色圓點）和厚紙（厚、特厚）等4款

**後背肩背雙用包 小‧灰白色**
4914日圓
從後面看起來像是選手號碼布的後背包，也可調成肩背包樣式，相當實用

**肩背小包**
3834日圓
可放入畫材的偏長尺寸，也能當成葡萄酒提袋使用

### 將旅遊回憶變成畫作帶回家

## 銀座 月光莊畫材店

●ぎんざげっこうそうがざいてん

由短歌詩人與謝野夫婦命名為「月光莊」的歷史悠久畫材店。所有商品皆是印上「呼朋引伴號角」LOGO的原創設計，除了顏料、畫筆外也售有文具和雜貨。地下樓層還附設咖啡廳和出租藝廊。

☎ 03-3572-5605
🏠 中央区銀座8-7-2 永嘉大樓1‧B1F 🚫 週三（B1F營業），逢假日則翌日休 🕐 11:00～19:00 🚇 地下鐵銀座站A2出口步行7分
Mapple ⓒ 1301-6987 MAP 附錄③ P.9 C-5

→ 小巧的店內擺滿著畫材

### 地下樓還放置了郵筒

B1F有販售明信片。只要將明信片投入該郵筒，就會蓋上特製戳章。

---

## 雜貨

### 既高級又典雅 最適合拿來送禮

## FEILER ginza
●フェイラーぎんざほんてん

為FEILER首家直營店，銷售德國傳統工藝織品「雪尼爾織」的居家用品。擁有全日本最齊全的品項，提供各年齡層客群更優質的生活品味。

☎ 03-5537-3860
🏠 中央区銀座5-5-8 西五番街坂口大樓1‧2F 🚫 無休 🕐 11:00～20:00（週日、假日～19:00）🚇 地下鐵銀座站B3出口即到
Mapple ⓒ 1302-7105 MAP 附錄③ P.9 D-3

↑ 1樓有手帕和包包，2樓為家飾品

**RITA手帕**
2160日圓
印有美麗花卉圖案的手帕，是最受歡迎的贈禮選項

**高爾夫手提包**
19440日圓
以高爾夫為設計主題的包包。重量輕巧，逛街時也很好用

**草莓小物收納袋**
4968日圓
造型可愛的小袋子

**附鉤扣的夾錢包 各2700日圓**
適合穿和服時攜帶的小錢包，外側還有裝銅板的小夾層

**橫長型零錢包**
各4212日圓
可夾在和服腰帶內的零錢包，銅板排成一整列取用時非常方便

### 外出時可使用 的和風小物

## 銀座大和屋
●ぎんざやまとや

販賣手提包、和服配件的老店，以現代風格的素材和用色製成的和服小物廣受好評。

☎ 03-3571-0744
🏠 中央区銀座5-8-20 GINZA CORE 3F 🚫 無休 🕐 11:00～20:00 🚇 地下鐵銀座站A4出口即到
Mapple ⓒ 1302-3546 MAP 附錄③ P.9 D-4

**兔子圖案袱紗 3240日圓**
袱紗上有金線和銀線交織的可愛兔子刺繡。質薄耐用，出席祝賀場合時很實用

↑ 位於GINZA CORE內

## ACCESS

地下鐵銀座線‧丸之內線‧日比谷線
最近車站 ▶ 銀座站

地下鐵日比谷線‧千代田線‧都營三田線
最近車站 ▶ 日比谷站

## 也受藝人青睞的贈答用和菓子
# 銀座菊廼舍
● ぎんざきくのや

明治23（1890）年創業的江戶和菓子店。以喝茶時搭配的乾菓子為靈感的「富貴寄」，還被某國民偶像團體挑選為贈禮銘菓。由現任第五代當家研發的新商品也即將上市。

冨貴寄 江戶伴手禮（120g）1296日圓
集結30幾種可愛的乾菓子，由職人親手一一堆疊而成的美麗精品

📞03-3571-4095
🏠中央区銀座5-8-8 GINZA CORE B1F
🏪無休 🕐11:00～20:00
🚇地下鐵銀座站A3出口即到

Mapple Code 1300-3982  MAP 附錄③ P.9 D-4

↻位於GINZA CORE地下1樓，店後方設有3個位子的內用區

夏威夷豆炸饅頭 216日圓
口感濕潤的饅頭和香濃夏威夷豆，內包清爽甜味豆沙餡下鍋油炸而成

鮮奶油布里歐許
（卡士達／巧克力）各360日圓
在牛奶、蛋黃、鮮奶油製成的麵包內填入滿滿的奶油餡

## 一流店的甜點新作
# The Peninsula Boutique & Café

位於有樂町的豪華飯店「東京半島酒店」內。由甜點行政主廚野島研發的特製甜點和麵包，為銀座社交界極具人氣的伴手禮。

📞03-6270-2717  🏠千代田区有楽町1-8-1 東京半島酒店B1F  🏪無休 🕐11:00～19:00、咖啡廳～18:30(L.O.)  🚇直通地下鐵日比谷線A6、A7出口

Mapple Code 1302-4116  MAP 附錄③ P.9 C-1

↻甜點羅列的展示櫃。附屬於精品店內的咖啡廳，也設有內用區

# 甜點

化妝箱
花鹿子餅 6個裝
1555日圓
由職人一個個在豆沙餡內包入求肥，再以栗子或各種豆類裝飾的華麗和菓子

## 如寶石般華麗的和菓子
# 銀座 鹿乃子
● ぎんざかのこ

包餡傳統糕點「鹿子餅」的專賣店。以獨特創意和職人巧手製成的「花鹿子餅」，為廣受愛戴的銀座銘菓。

↻坐落於銀座4丁目的交叉路口旁。1樓是販售區，2樓為喫茶店

📞03-3572-0013  🏠中央区銀座5-7-19 🏪無休 🕐10:30～19:00、週六、假日前日～20:00。2樓喫茶11:30～18:45(19:00打烊)，週六、假日前日～19:45(20:00打烊)  🚇地下鐵銀座站A1出口即到

Mapple Code 1300-2257  MAP 附錄③ P.9 D-3

## 宛如珠寶般美麗迷人
# GINZA MARQUISE
● ぎんざマルキーズ

將法國流行的甜點改以銀座風格重新呈現的法式蛋糕店。店內陳列著「高跟鞋型巧克力」等造型華麗的甜點，吸引不少銀座女孩們的目光。就如同高級時裝店般，也提供客製化設計蛋糕的服務。

📞03-5537-2522  🏠中央区銀座8-4-21 保坂大樓1F  🏪無休 🕐14:00～翌日1:00(週六日、假日13:00～21:00)  🚇地下鐵銀座站C2出口步行7分

Mapple Code 1302-7058  MAP 附錄③ P.9 B-5

↻可以觀看甜點師現場製作的過程

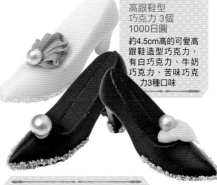

高跟鞋型巧克力 3個 1000日圓
約4.5cm高的可愛高跟鞋造型巧克力，有白巧克力、牛奶巧克力、苦味巧克力3種口味

閃電泡芙 有巧克力（左）、楓糖（右）等數種口味 各500日圓

---

# 銀座かずや
● ぎんざかずや

由廚師出身的店主研發製作的新款和菓子種類眾多。除了「かずやの煉」外，以東京多摩地區產柚子為原料的「東京·多摩柚子蕨餅」（6個裝2000日圓）也很暢銷。

📞03-3503-0080  🏠千代田区有楽町1-6-8 松井大樓1F  🏪週日、假日(有臨時公休) 🕐11:30～15:00  🚇地下鐵銀座線C1出口即到

Mapple Code 1302-1513  MAP 附錄③ P.9 C-2

↻「かずやの煉抹茶」（6個裝）2150日圓，1個月前開始接受電話預約

# たちばな

僅販售細長「さえだ」和粗胖「ころ」兩款花林糖的專賣店。只能親自到店才買得到，因此是很受歡迎的伴手禮。好吃到讓人忍不住一口接一口。

📞03-3571-5661  🏠中央区銀座8-7-19 🏪週日、假日 🕐11:00～19:00(週六～17:00)  🚇JR新橋站銀座口步行5分

Mapple Code 1301-0542  MAP 附錄③ P.9 C-5

↻「袋裝花林糖（270g）900日圓，最好於2～3天前電話預約

為大家介紹在銘菓眾多的銀座也會連日售罄的伴手禮。確認攻略方式後趕緊入手吧。

吃了有滿滿幸福感的銘菓店

這些也不可錯過！

# 60

# 築地美食

つきじグルメ

景點
玩樂
美食
咖啡廳
購物

所需時間
約3小時

MAP
附錄③
P.22
上

# 大口享用海鮮&招牌菜色

新鮮到甚至還會跳動!

為集結國內外食材的中央批發市場。公營的築地市場內也有一般顧客可以上門的店家,能品嘗新鮮的海鮮料理。緊鄰築地市場旁的場外商店街上還有一整排的餐館,可以吃到許多築地特有的招牌菜色。

## 師傅手藝精湛的絕品握壽司
### 寿司大 ●すしだい

受歡迎的理由在於能增添食材美味的巧妙調味。像是將鮪魚刷一下自家製壽司醬油的步驟,正是對魚知無不曉的職人所展現出來的功力。

📞03-3547-6797 🏠中央區築地5-2-1 場內市場6號館 🈳週日、假日、休市日 🕐5:00～16:00(配合打烊時間停止受理顧客入店) 🚇地下鐵築地市場站A1出口步行3分
Mapple Code 1301-9127 MAP 附錄③ P.22 C-2

**店長推薦套餐 4000日圓**
當季食材的握壽司9貫、自選喜愛的食材1貫、捲壽司、玉子燒

**建議前往時間**
最好清晨一開店就到,有時直到打烊前排隊人潮都沒斷過

↑店家門前總是大排長龍

### 大江戶綜合海鮮蓋飯 3500日圓
鋪滿了海膽、鮭魚卵、蝦、鮪魚等8種食材

## 品嘗上等海鮮
# 場內市場
從一大早就充滿活力的市場,「魚河岸橫丁」內有許多知名店家。

**News 2016年11月 市場搬遷至豐洲**
原本位於築地的中央批發市場於2016年11月7日搬遷到豐洲,場內市場大部分的店家也都跟著轉移至豐洲重新營業。

## 飽嘗鮮度超群的道地海鮮蓋飯
### 築地 海鮮丼 大江戶 ●つきじかいせんどんおおえど

有60多種以精選食材製成的蓋飯,鋪上大量海膽和鮪魚的豪華蓋飯也在其中之列。能吃到稀有部位的限定蓋飯隨時都會賣光,要吃請趁早。

📞03-3547-6727 🏠中央區築地5-2-1 場內市場8號館 🈳週日、假日、休市日 🕐4:30～14:30(L.O.) 🚇地下鐵築地市場站A1出口步行3分
Mapple Code 1302-0950 MAP 附錄③ P.22 C-2

**建議前往時間**
清晨和13時以後店內比較有空位,7～12時左右客人最多

↑以橘色門簾為明顯標誌

## 超值的大份量壽司
### 大和寿司 ●だいわずし

以食材份量博得人氣的排隊名店,鮪魚大腹肉生魚片、江戶前星鰻等講究時令與產地的嚴選食材也是有口皆碑。吃的時候請沾壽司醬油享用。

📞03-3547-6807 🏠中央区築地5-2-1 場內市場6號館 🈳週日、假日、休市日 🕐5:30～13:30(L.O.) 🚇地下鐵築地市場站A1出口步行3分
Mapple Code 1300-0430 MAP 附錄③ P.22 C-2

**建議前往時間**
中午時段都要排隊等很久,最好挑早上8～9時左右

**推薦特選菜單 3780日圓**
握壽司7貫、捲壽司1貫,食材又大又厚幾乎快要看不到醋飯

## 東京都中央批發市場
とうきょうとちゅうおうおろしうりしじょう

成立於昭和10(1935)年,為全世界最大的批發市場。來自日本國內外約480種類的水產和約270種類的蔬果都在此地交易,每天從一大早就吸引許多批發業者和觀光客來訪,好不熱鬧。

📞03-3547-7074 🏠中央區築地5-2-1 🈳不定休 🕐因店而異 🚇地下鐵築地市場站A1出口即到
Mapple Code 1301-1145 MAP 附錄③ P.22 C-2

↑地面上一整排剛採購進貨的海鮮

### 築地是這樣的地方

◆**分成「場內市場」和「場外市場」**
場內市場是針對批發業者設立的公營築地市場,其中的「魚河岸橫丁」一般消費者也能進入;場外市場才是以觀光客為對象的商店街。

◆**在場內市場走動時請留意「搬運車」!**
市場內隨時都有電動搬運車來回穿梭,行進間請多留意周遭狀況避免擋到通路。

◆**參觀競標會場**
從清晨5時開始受理入內參觀鮪魚拍賣,限定人數為120人,不過有時還沒到5時就已經額滿了。(時程表請上官網確認)

## ACCESS

| 都營大江戶線 |
|---|
| 最近車站 ▶ 築地市場站 |

| 地下鐵日比谷線 |
|---|
| 最近車站 ▶ 築地站 |

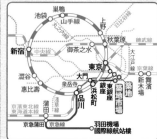

請盡情享用現捕現撈的新鮮美味

## 築地才吃得到的海鮮義大利菜
# Trattoria Tsukiji PARADISO
●トラットリアつきじパラディーゾ

以使用大量新鮮魚貝類烹調的義大利菜為招牌，能感受如"南義大利阿瑪菲喧嘩熱鬧小餐館"般的氛圍。午間時段除吧檯座外，建議預約為佳。

☎03-3545-5550 址中央区築地6-27-3 休週三 ⏰11:00～14:00(L.O.)、18:00～22:00(L.O.)、週六日、假日11:00～16:00(L.O.)、17:30～21:00(L.O.) 💰服務費400日圓 🚇地下鐵築地市場站A1出口步行6分
Mapple Code 1302-5654 MAP 附錄③ P.22 C-2

**PARADISO名物 本日精選貝類與櫻桃番茄的海鮮總匯茄汁細扁麵 1480日圓**
富含蛤蜊、淡菜等鮮甜精華的濃郁醬汁美味絕倫

〉這道也很有人氣〈
**元祖義式水煮魚 200g 2400日圓～**
選用當天進貨的鮮魚烹調，照片中為金目鯛。點餐以200g起跳

## 以實惠價格享用新鮮海鮮蓋飯
# 海鮮問屋 つきじ かんの
●かいせんどんやつきじかんの

以滿滿新鮮食材海鮮蓋飯自豪的店家。有鮪魚、鮭魚卵、蔥鮪魚等多達60種以上的菜單，每一樣都很便宜讓人吃得滿足。也可選擇握壽司套餐。

☎03-3541-9291 址中央区築地4-9-5 休無休 ⏰4:30～16:30(L.O.) 🚇地下鐵築地市場站A1出口步行5分
Mapple Code 1301-9108 MAP 附錄③ P.22 C-1

**三拼蓋飯 900日圓**
新鮮鮪魚、海膽、鮭魚卵盛得滿滿的招牌餐

↑觀光客和本地人都讚不絕口

〉這道也很有人氣〈
**大漁蓋飯 1500日圓**
有鮭魚卵、蝦、鮭魚等10種配料

名物美食琳瑯滿目
# 場外市場
除了海鮮外還有各式各樣的菜色，快來大飽口福吧！

**News 2016年10月**
**新設施「築地魚河岸」開張**
於築地市場遷至豐洲前就開張的新設施「築地魚河岸」。有61家業者進駐，延續了市場熱絡繁華的景象。

## 總是大排長龍的下町內臟料理
# きつねや

平民風味廣受好評，隨時都座無虛席的人氣名店。招牌的「內臟蓋飯」是以好幾種味噌調味而成，秉持著代代相傳的傳統老味道。

☎03-3545-3902 址中央区築地4-9-12 休週日、假日、休市日 ⏰6:30～13:30(L.O.) 🚇地下鐵築地市場站A1出口步行3分
Mapple Code 1302-0744 MAP 附錄③ P.22 C-1

**內臟蓋飯 850日圓**
以八丁味噌為基底的醬料每天燉煮的和牛內臟，與白飯一起入口相當對味

〉這道也很有人氣〈
**牛肉豆腐 650日圓**
煮到入味的牛肉和豆腐實為絕品

**咖哩烏龍麵 800日圓**
香濃的湯汁與嚼勁十足的麵條搭配絕佳，也有附豬肉或小炸蝦的口味

## 以築地特色的烏龍麵當結尾
# 築地虎杖 裏店
つきじいたどり うらみせ

能輕鬆嘗到以海鮮料理為中心的各種菜色，其中最受歡迎的是「咖哩烏龍麵」。使用和風高湯為基底的美味湯頭，讓人忍不住想整碗喝光光。

☎03-5565-4001 址中央区築地4-9-6 ダイヤモンドレジデンス築地1F 休無休 ⏰17:00～23:30(24:00打烊)、週六11:00～，週日、假日10:00～21:30(22:00打烊) 🚇地下鐵築地市場站A1出口步行4分
Mapple Code 1302-3552 MAP 附錄③ P.22 C-1

〉這道也很有人氣〈
**虎杖元祖綜合海鮮蓋飯 2570日圓**
能一次享受海鮮蓋飯、海膽飯、茶泡飯等3種吃法

---

# 築地 山長 ●つきじやまちょう

知名的玉子燒專賣店。使用從千葉匝瑳直送當天早上的新鮮雞蛋製作，柴魚高湯風味濃郁、口感樸實的竹串玉子燒是熱賣商品。

☎03-3248-6002 址中央区築地4-10-10 休無休 ⏰6:00～15:30(週日、假日8:00～) 🚇地下鐵築地市場站A1出口步行3分
Mapple Code 1302-3065 MAP 附錄③ P.22 C-1

**串玉 100日圓**
有冷熱2種風味可選，也提供減低甜度的商品

大口咬下用料講究的玉子燒

# まるー 浜田商店 ●まるいちはまだしょうてん

店裡售有種類豐富的食材與和菓子。除了稍微奢侈的「關門海膽饅頭一極」外，以紅松葉蟹肉製成的「蟹饅頭」（430日圓）也很推薦。

☎03-3541-7667 址中央区築地4-13-3 休週日、假日、休市日 ⏰5:00～12:00 🚇地下鐵築地市場站A1出口步行3分
Mapple Code 1302-7777 MAP 附錄③ P.22 C-1

**關門海膽饅頭 極 860日圓**
在海膽製成的奶油醬上再鋪層生海膽

海膽塞得滿滿的超奢華饅頭

# 築地 さのきや ●つきじさのきや

販售鯛魚燒的鮪魚版「鮪魚燒」。有塞滿餡甜的內餡、外皮酥脆的「黑鮪魚燒」（200日圓）等口味。

☎03-3543-3331 址中央区築地4-11-9 休週日、假日、休市日 ⏰8:00～15:00 🚇地下鐵築地站1號出口步行3分
Mapple Code 1302-2519 MAP 附錄③ P.22 C-1

**中トロ 220日圓**
Q彈餅皮內包著紅豆餡和杏子

獨特的「鮪魚版」鯛魚燒

場外市場 必吃品項

# 外帶美食
逛築地的樂趣之一就是邊走邊吃，盡情享受一口接一口的好滋味。

我們來挑戰囉!!

路地裏もんじゃ
もん吉

# 月島文字燒

つきしまもんじゃ

月島西仲通商店街一帶有70多家文字燒店聚集。當中也不乏名人光顧過的名店，牆上還能見到裝飾的簽名板。不僅可以品嘗下町孕育出的名物美味，還能感受當地特有的風情。

**1** 首先先點餐

將配料放上鐵板
鐵板預熱後，醬汁留在碗內只放上配料

**2**

## 挑戰自己動手做文字燒！

稍微拌炒一下
不需過度翻攪，讓生食稍微加熱即可

倒入醬汁
將剛剛保留的醬汁倒入堤防中央，稍微靜置一下

**4**

**3**
圍成堤防形狀
迅速將中心清空，做出一個甜甜圈狀的堤防

**5** 充分拌炒
在變濃稠之前持續拌炒，平鋪成薄狀

完成～!!

← 用「小煎鏟」享用

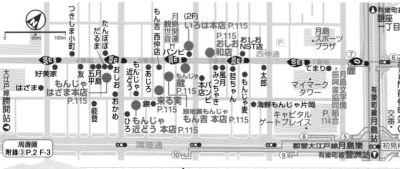

*地圖標示：*
つきしま小町／たんぽぽ／だるま／もん吉西仲店／月島開運観世音／バンビ／いろは本店 P.115／P.115 おしお NST店／月島スポーツプラザ／有楽町線銀座一丁目站／西仲通／好美家／友／五月平／おしお／あじろ／近どう／あじろ／もんじゃ蔵／P.115／風月／みっちき／哲ちゃん／本店／バンビ／太郎／てまり／月島文字燒振興會協同組合 P.114／大江戸線門前仲町站／はざま／もんじゃ はざま本店 P.115／能登／錦／来る実／かめ／海鮮もんじゃ片岡／もんじゃ麦／マイマークタワー／大江戸線勝鬨站／ひろ／もんじゃ近どう 本店 P.115／路地裏もんじゃもん吉 本店 P.115／キャピタルゲートプレイス／有楽町線月島站／清澄通／都営大江戸線月島站 有楽町線豊洲站／初見橋／大江戸線門前仲町站 交番

周遊圖
附錄③P.2 F-3

← 背面印上文字燒製作方法的「T恤」1100日圓

也有伴手禮喔!

← 「月島文字燒」4人份1200日圓

← 醬汁風味的「文字燒煎餅」5片裝380日圓

## 來到月島的第一站！

### 月島文字燒振興會協同組合

● つきしまもんじゃしんこうかいきょうどうくみあい

位於月島西仲通商店街的入口，會提供加盟店的介紹和免費的文字燒地圖。也有販賣伴手禮，總之先進來看看吧。

☎ 03-3532-1990　⊕中央区月島1-8-1-103
休無休　⏰12:00～20:00　🚇地下鐵月島站7號出口即到

Mapple Code 1301-0481

← 振興會協同組合的對街上立有文字燒街地圖的看板

## ACCESS

地下鐵有樂町線、都營大江戶線

最近車站 ▶ **月島站**

「麻糬起司明太子文字燒」1500日圓

➡店內掛著整排排名人簽名板

↑「蛋包飯風文字燒」1500日圓，可加點起司450日圓

## もんじゃ近どう 本店

●もんじゃこんどうほんてん

昭和25（1950）年開業，月島歷史最悠久老店，風味始終如一。「附無限暢飲的套餐」（4人〜，1人3480日圓〜）也很受歡迎，附近還設有2號店和3號店。

### 特製近どう文字燒
**1370日圓**

有烏賊、蝦、章魚、牛肉、麵、玉米等8種配料

☎03-3533-4555　址中央区月島3-12-10　休無休　⏰17:00〜21:30（22:00打烊），週六日、假日12:00〜　🚇地下鐵月島站8號出口步行5分

Mapple Code 1300-0412

## もん吉特製文字燒
**1500日圓**

有章魚、烏賊、扇貝、蝦等豐富海鮮

橋本社長

長時間熬煮的特製醬汁是美味關鍵！

## 路地裏もんじゃ もん吉 本店

●ろじうらもんじゃもんきちほんてん

隱身在下町風情濃郁的巷弄裡。堅持只使用從各專賣店採購的最新鮮食材。「明太子起司文字燒」、加了泡菜和豬肉的「泡菜鍋風文字燒」都很有人氣。

☎03-3531-2380　址中央区月島3-8-10　休無休　⏰11:00〜21:30（22:00打烊）　🚇地下鐵月島站7號出口步行3分

Mapple Code 1301-0172

店家位於充滿風情、情韻味的商店街沿路巷弄間。還有另一家西仲店。

## いろは本店

●いろはほんてん

維持創業以來的傳統味道及新鮮又份量飽滿的肉、魚貝等配料，高品質、香氣濃郁的櫻花蝦則是美味的關鍵角色。

☎03-3531-1668　址中央区月島3-4-5 サングランパ2F　休無休　⏰12:00〜14:30（15:00打烊）、17:00〜翌0:30（翌1:00打烊）　🚇地下鐵月島站7號出口步行5分

Mapple Code 1300-0398

➡桌面寬敞，可以舒適悠閒地用餐

### 綜合文字燒
**1350日圓**

軟嫩的牛肉、大扇貝和蝦都讓人驚艷！

↓「麻糬起司明太子文字燒」1400日圓也很推薦

## もんじゃ蔵

●もんじゃくら

平日從上午就有許多客人上門的人氣店。有海鮮類文字燒、使用店家特製奶油醬的文字燒等，吸引不少回籠客一再造訪。

☎03-3531-5020　址中央区月島3-9-9　休不定休　⏰11:00〜22:30（23:00打烊）　🚇地下鐵月島站7號出口步行3分

Mapple Code 1302-2785

### 蔵特製文字燒
**1350日圓**

能大快朵頤各式海鮮的人氣No.1

➡店內空間大，很適合全家一起來

### 甜蝦文字燒
**1200日圓**

連殼烤成煎餅狀，能充分品嘗鮮蝦的甜味

## 来る実

●くるみ

菜單豐富，光文字燒就多達80種！不只種類多，食物的風味、老闆夫婦的親切態度及輕鬆自在的店家氣氛都很吸引人。

☎03-3531-5733　址中央区月島3-8-5　休週一（逢假日則翌日休）　⏰18:00〜21:30（21:00最後入店、22:00打烊），週六日、假日17:00〜　🚇地下鐵月島站7號出口步行5分

Mapple Code 1302-2471

店位在小路旁的人氣名店，只有20個座位，所以最好事先預約

## おしお和店

●おしおなごみてん

1、2樓合計有140個座位，是月島規模最大的店家。附近還有5家系列店，就算客滿也不用擔心。每年都會舉辦多場活動。

☎03-3532-9000　址中央区月島1-21-5　休無休　⏰11:00〜22:00（22:30打烊）　🚇地下鐵月島站7號出口步行3分

Mapple Code 1302-0664

### 海味特製文字燒
**1400日圓**

有大牡蠣、扇貝、章魚、烏賊、蝦等豐富食材

↑1樓有160個座位，2樓有80個座位

## もんじゃ はざま本店

●もんじゃはざまほんてん

創業於昭和54（1979）年，為廣受好評的人氣名店。有許多運用當地食材的創意菜單，連視覺上都是一種享受。

☎03-3534-1279　址中央区月島3-17-8　休無休　⏰11:00〜21:15（22:00打烊）　🚇地下鐵月島站10號出口步行5分

Mapple Code 1302-3756

➡備有和式座位和桌椅座位

### 番茄羅勒文字燒
**1400日圓**

使用整顆番茄、帶明顯酸味的新風格文字燒

# 62 汐留

## 日本電視台塔
にっテレタワー

內有日本電視台、參觀設施、商店、美食餐廳的複合大樓，以宮崎駿導演設計的「日本電視台大鐘」為象徵標誌。

### 玩遍日本電視台吧！

**時鐘一族「聲音」長男**
●かねいちぞくおとちょうなん
將次男裝入的各種聲音以音叉調整成美妙的旋律

**時鐘一族「聲音」次男**
●かねいちぞくおとじなん
負責將「鐘腦」裝滿聲音

**鐵匠一族「大弟子」**
●かじやいちぞくあにでし
雖是師傅的首席弟子卻經常被忽略，每天盯著師傅的一舉一動邊辛勤工作著

**時鐘一族「聲音」父母**
●かねいちぞくおとふぼ
父親和母親配合旋律轉動把手將「音箱」送交給上方的次男

**前爪**
●まえあし
不知何時握著圓球的前爪已經舉起，其實裡面藏有「時鐘職人」的秘密之物……

**大時砲**
●だいじほう
不僅要報時還負責大鐘的防禦工作，兩支砲管隨時監視著周遭的狀況

**鐵匠一族「動力」**
●かじやいちぞくうごくち
大鐘報時的「動力」來源現場，左邊是師傅、右邊是新進弟子

### 宮崎駿導演設計、監修的大鐘

**2F 日本電視台大鐘**
●にっテレおおどけい
為寬18m、高12m、深3m的機關鐘。每到12、15、18、20時（以及週六日、假日10時）的2分45秒前，鐘上的活動機關就會隨著音樂開始運轉（有時會因維修而暫停）。

---

### 現場觀賞上午時段的資訊節目『PON!』

**B2F 透明攝影棚**
●ゼロスタ

透明玻璃攝影棚位於1樓，可從附近的天橋看到內部的錄影狀況。在攝影棚外參觀無需事先申請或預約。

**日本電視台PLAZA平面圖**

日本電視台塔

My Studio廣場
潮夢來（中華料理）
My Studio
ROSE&CROWN（酒吧）

EXCELSIOR CAFE（咖啡廳）
TULLY'S COFFEE（咖啡廳）

2F / 1F / B1 / B2

手扶梯
大樓梯
公共天橋
新橋站
汐留站

**DATA**
入場 免費
地址 港区東新橋1-6-12
公休日 營業時間 因店、設施而異
☎ 03-6215-4444
Mapple Code 1301-6441

---

### 選購節目官方商品當伴手禮！

**B1F B2F 日テレ屋**
●にっテレや

每月都有新商品上架的日本電視台原創商品店。電視節目、卡通人物等相關商品琳瑯滿目，可當成觀光景點順道來逛逛。

☎ 03-6215-9686
休 無休　🕙 10:00～19:00
Mapple Code 1300-2826

↑「Sorajiro布偶」1944日圓

↑「笑點50周年雷おこし金盒」1296日圓

↑「阿Q冒險每日語錄」1080日圓

↑「笑點馬克杯」864日圓

---

### B2F 來份墨西哥餐小憩片刻

**TACO BELL 日テレプラザ店**
●タコベルにってれプラザてん

起源於美國、全世界約有7000家分店的墨西哥速食店。墨西哥玉米脆餅有提供客製化服務，可自選肉的種類和辣度。墨西哥捲餅也很受歡迎。

☎ 03-6280-6271
休 無休　🕙 7:30～22:00(L.O.)，週六日、假日9:00～21:00(L.O.)
Mapple Code 1302-7812

→「2 TACOS」（附副餐、飲料）853日圓，能吃到正統的好味道

↑設有吧檯座，一個人來吃也很自在

---

### 參觀節目錄影與藝人相見歡！

**『ヒルナンデス!』**
ON AIR 每週一～五11:55～13:55播出
http://www.ntv.co.jp/hirunan/
請上節目官網報名。報名表填寫事項：姓名、年齡、性別、電話號碼、住址、參加人數、希望日期　※報名須滿18歲以上
©NTV

---

景點
玩樂
美食
咖啡廳
購物

所需時間 約2小時
MAP 附錄③ P.22 A-2

**ACCESS**
都營大江戶線 / 百合海鷗線
最近車站 汐留站
5、6號出口即到 / 2號出口即到

池袋　山手線　秋葉原
上野　總武線
新宿　中央線　御茶之水　大江戶線　舞濱
澀谷　東京　新橋
泉岳寺　汐留　豐洲
京濱東北線　蒲田　品川　百合海鷗線
東海道本線
京急蒲田　京急線
羽田機場　國際線航站樓

集結娛樂場所、美食與藝術，充滿國際色彩的地區

# 東京鐵塔・六本木

**63~69**

**67 東京中城** → P.126
享受優雅的都會時光空間

**66 國立新美術館** → P.124
可免費參觀的日本首席美術館

**65 六本木新城** → P.122
六本木地標的設有展望樓層的

**69 虎之門之丘** → P.129
頂52級層的大樓內有許多美食餐廳

**63 東京鐵塔** → P.118
東京地標高塔第一座

**64 東京航海王鐵塔** → P.120
新推出的備受矚目的表演秀

ONE PIECE
©O／S・F・T
©AqTT

**這個也在這區**

**68 六本木世界美食** → P.128
異國美食大評比

地圖內站名標示：青山通・青山一丁目站・赤坂サカス・山王パークタワー・國會議事堂前站・溜池山王站・內閣府・首相官邸・財務省・文部科學省・報土寺・鹿島・赤坂站・赤坂小・乃木神社・表參道站・乃木坂站・赤坂中・三得利美術館・檜町公園・コマツビルディング・日本財團ビル・特許廳・JT・アメリカ大使館・國立印刷局・虎之門病院・虎之門站・新橋站・ANA INTERCONTINENTAL TOKYO・アークヒルズ・谷町Jct・大倉集古館（休館中）・朝日電視台・東京大倉酒店別館・六本木一丁目站・トラストタワー・泉花園・仙石山森タワー・吉田苔竹記念会館・愛宕山・東京電視台・麻布小・麻布郵局・正則高・芝高・中・東京王子大飯店・政策研究大學院大・六本木トンネル・明治屋・麻布署・東洋英和女学院小・六本木中・麻布・廣尾站・東洋英和女学院高・中・飯倉出入口・俄羅斯大使館・六本木高・国際文化会館・麻布署・南山小・中國大使館・麻布高・中・善福寺・都營大江戶線・麻布十番站・東京皇家王子大飯店花園塔・赤羽橋站・一ツ橋Jct・医療福祉大・三田病院・済生会中央病院・さぬき倶楽部・芝公園・赤羽小・芝公園出入口・愛育養護・有栖川宮記念公園・中央図書館・OLYMPIC INN AZABU・白金高輪站・獨國大使館・德國大使館・澳洲大使館・義大利大使館・王田高・三田站

**地區怎麼逛**

**六本木新城離東京鐵塔很近**
搭電車從六本木站到神谷町站3分，然後再步行約15分。若步行前往，距離2.2km約需23分，其實沒差多少時間所以不妨走路過去。

**澀谷~六本木間搭都營巴士最方便**
澀谷~六本木之間電車的轉乘較為複雜。可由澀谷東口搭巴士01系統往六本木新城方向，約15分鐘即可抵達相當便利。

**到六本木欣賞公共藝術**
街道上和公園等處都置有可欣賞、可觸摸的藝術設計作品。

**01 史努比博物館** → P.10・附錄①

刊頭特輯&附線①CHECK!

SNOOPY MUSEUM TOKYO
©Peanuts

**ＡＣＣＥＳＳ**

| 東京站 | | 羽田機場國際線航站樓站 |
|---|---|---|
| 地下鐵丸之內線 ⏱5分 | JR京濱東北線 ⏱6分 | 京濱急行線（直通都營淺草線）⏱23分 |
| | **濱松町站** | |
| **霞關站** | 步行 ⏱8分 | |
| 地下鐵日比谷線 ⏱5分 | **大門站** | |
| | 都營大江戶線 ⏱3分 | 都營大江戶線 ⏱10分 |
| **六本木站** | **赤羽橋站** | **六本木站** |

# 一人獨享超大展望視野！

擁有紅白相間的美麗外觀、高333m的綜合電波塔，自昭和33（1958）年完工以來就是東京最受歡迎的象徵地標。瞭望台等參觀景點都具有高人氣，位於鐵塔底層Foot Town的主題樂園也不可錯過！

## DATA

**¥** 入場 900日圓
**☎** 03-3433-5111
**地址** 港區芝公園4-2-8　**公休日** 無休
**營業時間** 大瞭望台・特別瞭望台9:00～22:30（23:00閉館）※會視擁擠情況提早結束售票，Foot Town則因店而異　**¥** 小國中、小學生500日圓，4歲以上400日圓。特別瞭望台／成人700日圓，國中、小學生500日圓，4歲以上400日圓
Mapple Code 1300-2984

> 由我們倆　來介紹！

赤羽橋

とうきょうタワー

# 東京鐵塔

- 景點
- 玩樂
- 美食
- 咖啡廳
- 購物

所需時間 約 **3** 小時

MAP 附錄③ P・18 F・5

---

**高333m！**
建造當時以世界第一為目標，因此高度超過巴黎的艾菲爾鐵塔。

**特別瞭望台 高250m！**
空氣清澈的日子可以清楚遠眺富士山！

**大瞭望台**
又分為1樓和2樓！
除了瞭望台外，還設有商店和咖啡廳。

**Foot Town**
不僅有藝廊等參觀景點，美食店、伴手禮店也很充實！

## 諾朋PROFILE

諾朋兄弟是東京鐵塔的吉祥物，酷帥的哥哥身穿藍色吊帶褲，開朗活潑的弟弟身穿紅色吊帶褲。在部落格（每日更新中）和Twitter都擁有超高人氣！

## 東京鐵塔的秘密

東京鐵塔的顏色大家都知道是紅與白，但其實一開始也有考慮過黃與黑、綠等顏色，最後則基於航空法規選用了現在的顏色。

**事先知道會更有趣！ 東京鐵塔 TOPICS**

**①** **爬樓梯登上瞭望台！**
週六日、假日會開放從Foot Town屋頂通往大瞭望台的直達樓梯。總共有600階，來挑戰看看吧！

> 挑戰成功的人可以獲得諾朋認證的證書

**②** **購買可不限次數登上大瞭望台的全年通行證！**
只要有「TOWER PASS」在手，就能不限次數登上大瞭望台（150m）以及平日的特別瞭望台（250m）。部分繁忙期除外。
詳情請上http://www.tokyotower.co.jp

**③** **生日壽星可享特別禮**
當天（或前後一天）的生日壽星可以獲得東京鐵塔原創生日卡片等禮物，請記得攜帶有生日資料的證件。

> 生日快樂！

---

## 東京鐵塔的新點燈活動

**彩虹**
若能見到七彩顏色的鐵塔就太幸運了！

> 可是我們只有一種顏色

**「鑽石面紗」**
只限定於週末和特定節日20～22時舉行的特別點燈秀，先來欣賞一下有哪些顏色主題吧。

紅 愛・感謝
紅・粉 夢・幸福
黃 希望・慶祝
白 永遠・傳統
綠 自然・環境
藍綠 地球・和平
藍 水・生命

**置地廣場燈**
最基本的點燈類型。漂浮在夜空中的橘色光芒如夢似幻，不論看幾次依然很感動。

> 紀念活動也會點燈喔！

> 你看…很漂亮吧！

---

**企劃活動** 也要Check

### 諾朋紙劇場

可於大瞭望台1樓的Club333欣賞滑稽有趣的紙劇場。
週一～三11:00～12:00，週六10:30～11:30

> 小孩與大人都能樂在其中的人氣表演

### 冬季燈節

高15m的聖誕樹與東京鐵塔交織閃爍的「光之競演」。

> 浪漫的燈光表演讓人看到出神

### 銀河燈節

大瞭望台整個置身在湛藍的星空中，偶而還會有流星劃過。
2016年6月日～8月31日點燈

## ACCESS

| 最近車站 | 都營大江戶線 赤羽橋站 |
|---|---|
| | 赤羽橋口步行5分 |

| 最近車站 | 地下鐵日比谷線 神谷町站 |
|---|---|
| | 1號出口步行7分 |

©TOKYO TOWER

63

**118**

## 前往特別瞭望台

售票處在
大瞭望台2樓
天氣晴朗時可遠
望富士山和筑波
山是最吸引人的
地方。

**+700日圓能
看到的景色!**

位居東京23區內最高處

### 鐵塔大神宮

除了求取考試順利成績達
「高標」外,也能祈求戀愛
結緣。

## 晚上會推出Club333!!

**晚上可以感受
充滿大人味的
氛圍喔**

大瞭望台限定的點播節
目,可上官網點歌。

週三以Pop和爵士樂為主,週四則
以民謠風演奏「大人的夜景曲」。

### 東京鐵塔的秘密

於每週五的「Club 333 Night View DJ」節目中,會在大瞭望
台內現場直播聽眾點播的歌曲和留言訊息。據說還曾經播過求
婚誓詞……。

**好看又好玩!**

## 東京航海王鐵塔GO!

**請Check P.120!**

3~5樓是要付費的主題樂園,1
樓是可以免費進場的餐廳、咖啡
廳、商店區。為『ONE PIECE』
首次推出的大型主題樂園。

航海王
ONE PIECE

©Eiichiro Oda/Shueisha,Toei Animation  ©Amusequest Tokyo Tower LLP

→邊玩邊體驗草帽一行人的冒險旅程

## 推薦的伴手禮

**首次推出
的限定
甜點!**

杯
等
3
種
款
式
各
850
日
圓
的
「馬
克

有
地
圖、
和
風
圖
案

→重現浪漫東京
街景的「鐵塔玻
璃雪球」各1220
日圓

→「小熊布偶」2160
日圓,為鐵塔限定的
小熊系列商品

←↑包入小倉
紅豆餡和卡士
達醬的「鐵塔
鯛魚燒」180
日圓

## 前往大瞭望台!

搭高速電梯
僅需45秒

由於高速往上爬升,隨之瞬間變
化的景色也讓人眼花撩亂。

抵達大瞭望台的2樓,
東西南北望出去的景
色全都不一樣!

**售票處在外面**
先到外面的售票處購
買大瞭望台的門票。

**2F**

→車道的燈光流線看起來有如
東京鐵塔

→在鐵塔天線支柱內發
現的謎樣軟式棒球,目
前展示中

**WAAO!**

可到1樓
小憩片刻

**呼~**

### Café La Tour

位於西南側的展
望咖啡廳,離窗
戶很近能盡情眺
望美景。

**1F**

### 東京鐵塔的秘密

東京鐵塔坐落於芝公園,其實原本上野公園也是候選
地之一。當時如果選擇蓋在上野公園的話,現在從瞭
望台欣賞到的景色也就完全不同了。

**有點恐怖!?**

### 腳下觀景窗

可透過玻璃地板向下俯
瞰。雖然強化玻璃踩上
去也沒問題,但還是有
點不安!?

**3F** ## 在Foot Town大飽口福

由編劇兼美食家的小山薰堂策畫

### TOKYO CURRY LAB

持續研發咖哩口味的咖哩專賣店。

☎03-5425-2900  🕚11:00~
21:20 (L.O.)
Mapple code 1302-0592

→如LAB(研究室)
般的吧檯座

→最有人氣的「天使鬆軟雞蛋咖
哩」1250日圓

高人氣的東京
鐵塔店限定漢堡!

### 摩斯漢堡

以東京鐵塔為意象、配
料豐富的「東京鐵塔漢
堡」非吃不可!

☎03-5425-6302  🕘9:00~
22:00(L.O.)
Mapple code 1302-7109

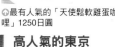

↑店面位於Foot Town 2樓的美
食區內
→特製辣醬為關鍵味道、全部
共14層的「東京鐵塔漢堡」
900日圓

# 持續更新中！
# 與草帽一行人
# 一起去冒險吧！

人氣動漫『ONE PIECE（航海王）』的大型主題樂園。位於東京鐵塔Foot Town的"TONGARI島"上，有許多草帽一行人登場的遊樂設施。現場表演LIVE ATTRACTION也已經更新，相當令人期待。

## 東京航海王鐵塔

とうきょうワンピースタワー

航海王
ONE PIECE
©Eiichico/Shueisha
©Eiichiro Oda/Shueisha,Toei Animation
©Amusequest Tokyo Tower LLP

### DATA

- 入場 3200日圓
- 03-5777-5308
- 地址 港区芝公園4-2-8 東京鐵塔Foot Town內
- 公休日 無休※有臨時休園
- 營業時間 10:00～21:00(22:00閉園)

Mapple Cafe

| 區分 | 19歲以上 | 國、高中生 | 小學生、幼童 | 販售場所 |
|---|---|---|---|---|
| 預售票 | 3000日圓 | 2600日圓 | 1500日圓 | 全日本的7-Eleven售票機 |
| 當日票 | 3200日圓 | 2700日圓 | 1600日圓 | 東京航海王鐵塔3樓入口 |

- 景點
- 玩樂
- 美食
- 咖啡廳
- 購物
- 所需時間 約4小時
- MAP 附錄③ P.18 F.5

---

NEW 2016年4月START

**草帽一行人和托拉法爾加·羅戰鬥到最後的結局是!?**

### A 5F ONE PIECE LIVE ATTRACTION 《2》

●ワンピースライブアトラクションセカンド

高人氣的觀眾參與型現場表演已經邁入第 "2" 季的內容，光雕投影和遊樂設施也都全面升級。托拉法爾加·羅的出現會發展出什麼樣的劇情呢！？絕不可錯過享受這身歷其境的感動！

※每張入場票限取1張整理券，請於預約場次的指定時間前到等候區排隊。

↑悄悄接近草帽一行人的海軍大將黃猿，閃光果實的能力逼得魯夫們窮途末路

→拿出入場時發放的「心石」，聲援草帽一行人吧！

→震撼力十足的結局，大家一起為他們加油吧

---

超級彈珠檯

### C 4F 佛朗基的變～態～！球型軌道

→園區限定、特別設計款的佛朗基將軍

玩1次500日圓的彈珠遊樂設施。通通都有獎，運氣好的話還能拿到限定版公仔。

NEW 2016年4月 兒童遊樂場誕生

家長放心，小朋友也可以開心玩樂的空間。

※示意畫面

↑機台以佛朗基將軍為造型，讓人忍不住驚呼「是機器人耶！好酷！」

---

NEW 2016年6月18日更新

↑會依觀賞位置不同出現不一樣的畫面！

**巨型螢幕上的冒險軌跡！**

### B 3F 360度紀錄劇場
### ～航海王的世界～

●さんろくまるログシアターザワールドオブワンピース

在360度環繞的巨型螢幕上播放草帽一行人冒險紀錄的全新空間。在進入島內前，先來重溫一下『ONE PIECE』的世界吧！

※其中部分演出是配合採訪攝影所需。另外，館內有些地方禁止攝影拍照。

---

## ACCESS

| 都營大江戶線 | |
|---|---|
| 最近車站 | 赤羽橋站 |
| | 赤羽橋站步行5分 |

| 地下鐵日比谷線 | |
|---|---|
| 最近車站 | 神谷町站 |
| | 2號出口步行7分 |

## 紀念品

←「布魯克鹽味糖果」864日圓

→「草帽一行人×TONGARI島友好旗幟T恤」3780日圓

→「TONGARI島LOGO托特包」（右）1944日圓、「TONGARI島LOGO午餐包」（左）1296日圓

### 買份TONGARI島的特產伴手禮吧

**G** **3F** **TONGARI島商店**

島上唯一的伴手禮店，戳章專用護照、LIVE ATTRACTION的加油道具等商品都買得到。

### 與東京鐵塔合作的財寶伴手禮

**H** **1F** **草帽商店 東京航海王鐵塔店**

●むぎわらストアとうきょうワンピースタワーてん

若想留下美好的回憶就來這兒，從基本款到限定商品應有盡有，請小心別買過頭了。

☎03-5473-3737 休無休
⏰10:00～22:00 Mapple Code

↑「惡魔果實軟糖」500日圓，全部有4種。10顆中會有3顆是搞怪口味！

→「夥伴的印記×堅定的情誼鬆餅」各800日圓，也有特製盒裝的套組

## 美食

### 大啖主題特色美食

**I** **1F** **香吉士的俺家餐廳**

●サンジのおれさまレストラン

中午為自助式，晚上為點餐式的餐廳，提供單品與全餐等菜單。

☎03-5473-1500 休無休 ⏰自助式
11:00～15:00（最終入店13:50），點餐式
15:00～22:00（L.O. 21:15） Mapple Code

↑香吉士在門前歡迎大家的到來

←餐桌上還印有角色人物的標誌

### 能輕鬆親近海賊的綠洲

**J** **1F** **Cafe Mugiwara**

●カフェムギワラ

「世界僅只一家的航海王畫廊咖啡廳」。可以一邊看書一邊享受餐點。

☎03-5473-1500 休無休
⏰9:30～21:00（22:00打烊） Mapple Code

←有多達600本以上的『ONE PIECE』相關書籍

### 令人感動的魯夫冒險經典場景！

**D** **5F** **魯夫的無限冒險**

能追溯魯夫與夥伴們相遇以及一路冒險歷程的行走式遊樂設施，最後還設有透過影像等特效增加臨場感的大型4D劇場。

↑同時以三面大螢幕播放影像、極具迫力的新形態劇場

↑可透過雕像和動畫重新回味魯夫決心當航海王時與紅髮傑克的名畫面

### 用"黑兜"打倒海軍！

**E** **4F** **騙人布的目標是狙擊王**

ウソップのめざせそげキング

於騙人布的射擊場挑戰彈弓射擊。只要在限制時間內打倒全部海軍就能當上狙擊王。

↑全部過關後可以得到一個紙面具！

↑將滾落到手前方的小彈珠用特大號彈弓射擊，訣竅是靜下心來好好瞄準再發射

### 拿起電話蟲出發探索謎底

**F** **4F** **羅賓的古代文字之謎探索之旅**

ロビンのこだいもじのなぞをおえ

以考古學者羅賓給的提示為線索，利用電話蟲尋找隱藏於3～5樓的牆壁、地板等處的古代文字。還可製作放上自己大頭照的懸賞單（1000日圓）。

限時間以30分鐘為代表，來趟邊尋找歷史本文的古代文字的旅程吧！

↑發揮腦力和體力努力取得高分吧！

↑領取電話蟲後即可開始，顏色為隨機分配

---

**免費區** **1F** **最下方樓層**

- Ⓘ 香吉士的俺家餐廳
- Ⓗ 草帽商店 東京航海王鐵塔店
- Ⓙ Cafe Mugiwara
- 手扶梯
- 廁所

**付費區** **3F** **入口樓層**

- Ⓖ TONGARI島商店
- TONGARI港口
- Ⓑ 360度紀錄劇場
- 照相館
- 手扶梯
- 售票櫃台
- 入口
- 出口
- 寄物櫃
- 傘架
- 回憶小屋
- 手扶梯

**付費區** **4F** **中央樓層**

- Ⓒ 佛朗基的變～態～！球型軌道
- Ⓕ 羅賓的古代文字之謎探索之旅
- 佛朗基公園
- 佛朗基的可樂吧
- 娜美的賭場
- 佛朗基的兒童遊樂場
- 手扶梯
- 巴奇的四divided by五裂台
- 女廁
- 男廁
- 喬巴的千陽號探險
- 布魯克的鬼屋
- 索隆的一刀兩斷
- 騙人布的目標是狙擊王

**付費區** **5F** **頂層樓層**
※★為拍照點

- Ⓓ 魯夫的無限冒險
- 羅賓的座椅
- 手扶梯
- Ⓔ 騙人布的目標是狙擊王
- 女廁
- 男廁
- Ⓐ ONE PIECE LIVE ATTRACTION ※2
- 表演舞台

**TONGARI島 MAP**

# **65** 六本木新城

ろっぽんぎヒルズ

## 都市型娛樂設施 徹底解析！

集結超過200間走在流行尖端的店家和餐廳，為六本木代表性地標。52、53樓的展望樓層與美術館會舉辦各式各樣的活動及展覽會，絕對不可錯過。

### DATA
- ¥ 入場 免費
- ☎ 03-6406-6000(綜合服務中心)
- 地址 港区六本木6丁目
- 公休日 營業時間 因店、設施而異
- Mapple Code 1301-0482

→能欣賞東京鐵塔及東京屈指的美麗夜景

→開放式的頂樓露台，也十分推薦傍晚時分來訪

### 屋頂 SKYDECK

海拔270m、離地面238m的露天展望台，好天氣時還可望見富士山。雖位居市中心，但夜晚也能享受觀星的樂趣。

- ☎ 03-6406-6652(TOKYO CITY VIEW)
- 休 不定休
- 🕚 11:00〜19:30(最終入場20:00)
- ¥ 500日圓(TOKYO CITY VIEW門票另計)
- Mapple Code 1302-1717

## 展望樓層
### Prospects Floor

獨有的無敵美景

→近在咫尺的東京鐵塔與六本木

### 52F Museum Cafe & Restaurant THE SUN & THE MOON
●ミュージアムカフェアンドレストランザサンアンドザムーン

有氣氛輕鬆悠閒、不分時段皆可入店的咖啡廳，以及結合藝術與美食的餐廳。

- ☎ 03-3470-5235(THE SUN)
- ☎ 03-3470-0052(THE MOON)
- 休 不定休
- 🕚 CafeArea THE SUN11:00〜21:00(飲料〜21:30，22:00打烊)、Restaurant Area THE MOON 11:30〜13:30(15:30打烊)、18:00〜21:00(23:00打烊)
- Mapple Code 1302-7096

→「THE SUN」以西餐為主，咖啡餐點也很充實

### 52F TOKYO CITY VIEW
●とうきょうシティビュー

位於森大樓52F、海拔250m的展望台。整片玻璃帷幕的迴廊式空間擁有360度環繞視野，是連都心街景都清晰可見的熱門景點。

- ☎ 03-6406-6652(TOKYO CITY VIEW)
- 休 不定休
- 🕚 10:00〜22:30(週五六、假日前日〜24:00)※會因活動而變動
- ¥ 1800日圓
- Mapple Code 1301-6607

→晚上的浪漫氛圍深得情侶青睞

→展望樓層

→森美術館
West Walk
Metro Hat
Hill Side
六本木櫸樹坂大道
Hollywood Plaza
朝日電視台
六本木新城 森大樓
六本木新城 North Tower
毛利庭園

### 森美術館
### Mori Art Museum
●もりびじゅつかん

→開館時間很長，可於觀光後再過來慢慢欣賞藝術

以「藝術＆生活」為宗旨的美術館，嶄新企劃展能讓人更加認識亞洲等地的現代藝術，博得好評。置有高4m大型書櫃的博物館商店也很值得一看。

- ☎ 03-5777-8600(NTT語音服務)
- 休 不定休(展期中無休)
- 🕚 10:00〜21:30(22:00打烊)，週二〜16:30(17:00打烊)※會有變動
- ¥ 因企劃展而異
- Mapple Code 1301-6606

→利用江戶時代大名藩邸舊址規劃而成的庭園，入園免費。

### 企劃展日程
宇宙與藝術展：輝夜姬、達文西、teamLab
2016年7月30日(六)〜2017年1月9日(一·假日)
為teamLab「宇宙與藝術展」新製的意象圖

### ACCESS

- 地下鐵日比谷線／都營大江戶線
- 最近車站 **六本木站**
  直通1C出口／3號出口步行4分
- 地下鐵千代田線
- 最近車站 **乃木坂站**
  5號出口步行10分

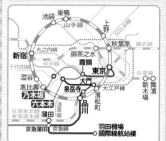

# 六本木欅樹坂大道
## Roppongi Keyakizaka Street

### 1F TORAYA CAFÉ 六本木新城店
●トラヤカフェろっぽんぎヒルズてん

室町時代後期誕生於京都的和菓子店「虎屋」旗下的咖啡廳，能享用融合和洋食材的聖代、蛋糕等充滿嶄新創意的甜點。

☎03-5786-9811　休11:00～19:00(20:00打烊)

Mapple Code 1301-6665

↑紅豆沙餡、小倉紅豆餡和巧克力的濃郁口感超迷人的「紅豆可可蛋糕佐抹茶醬」864日圓

→「紅豆沙抹醬」1080日圓，可塗在吐司吃或搭配冰淇淋享用

←店內大片落地窗的時尚

# 六本木新城 North Tower
## Roppongi Hills North Tower

### B1F sakura食堂
●サクラしょくどう

由蔬菜品味師親自設計菜色，以健康養生為導向的咖啡餐館。提供考量營養均衡、能一次攝取大量蔬菜的定食，也販售外帶用的便當。以豆腐製作的甜點也相當推薦。

☎03-5474-3230　休無休
11:00～20:30(21:00打烊)

Mapple Code 1302-7077

↑「酥炸辣味劍旗魚山藥泥定食」1166日圓

→以白色為基調、充滿木質溫度的店內

# Hill Side
## Hillside

東京首展店

←以輕薄泡芙外皮製成的「Crème de la Crème」410日圓

### 2F Crème de la Crème

↑顏色鮮豔的「水果條泡芙」486日圓～

由京都糕點老店「石田老舖」所推出的泡芙專賣店。有以香濃奶油餡為招牌的「瑞穗卡士達泡芙」（291日圓）、加了果物的「水果長條泡芙」等多款商品。

☎03-3408-4546　休無休　11:00～21:00

Mapple Code 1302-4842

### テレアサショップ

有許多以節目來賓、卡通人物為主題設計的商品。

☎03-6406-2189
休無休　10:00～19:00

Mapple Code 1301-6920

←也有這裡才買得到的限定商品

「相棒 柳橙風味的紅茶費南雪蛋糕（巧克力奶油內餡）」1080日圓
©朝日電視台・東映

# 朝日電視台
テレビあさひ

朝日電視台的總部大樓。1樓的中庭可自由入場，有人氣節目的照片看板等展示。還附設販售伴手禮的「テレアサショップ」。

☎03-6406-1111
休無休　9:30～20:30

Mapple Code 1301-6603

「Go-Chan布偶」1500日圓

↑內容有許多免費的展示

# Metro Hat／Hollywood Plaza
## Metro Hat / Hollywood Plaza

### B1F AS CLASSICS DINER

本店位於東京駒澤的熱門美式餐廳，使用自家製培根和熟成牛肉內餡的漢堡極為美味。

☎03-6721-1581
11:00～22:00(飲料～22:30，23:00打烊)

Mapple Code 1302-4916

←「起司漢堡」1188日圓，搭配的手作醬料讓美味更加升級

### 1F eggcellent

光線明亮、開放感十足的咖啡廳。有招牌餐點班尼迪克蛋、鬆餅等多樣選擇，早午餐和晚餐都吃得到。雞蛋造型的入口也很引人目光。

☎03-3423-0089　休無休
7:00～20:30(21:00打烊)，週六日、假日8:00～

Mapple Code 1302-5679

↑「特製班尼迪克蛋」1450日圓，選用山梨縣黑富士農場直送的新鮮雞蛋製作

### B2F ぴんとこな

店內的裝潢設計以「歌舞伎」世界為主題。除了基本款的壽司菜單外還有各種捲壽司、日式料理，以及新型態的迴轉壽司。

☎03-5771-1133
11:00～22:00(23:00打烊)

Mapple Code 1301-8511

→1盤172日圓～，也有捲壽司、蔬菜握壽司等獨具巧思的菜單

→散發著高級感氛圍的吧檯座，能欣賞到師傅嫻熟俐落的手藝

# West Walk
## West Walk

### 3F ROPPONGI HILLS ART & DESIGN STORE
●ろっぽんぎヒルズアートアンドデザインストア

以「藝術＆生活」為概念的商店。有許多出自現代藝術家之手、富含藝術性＆設計感的原創作品，也有推出六本木新城的限定商品。

☎03-6406-6280　休無休　11:00～21:00

Mapple Code 1301-6798

↑Taiko Matsuo設計的「YOKU MOKU Petit Cigare」1080日圓

→↑草間彌生的「RING-RING玻璃馬克杯」（上）、「TOKO-TON玻璃馬克杯」（左）各1512日圓

### 5F BARBACOA 六本木新城店
●バルバッコアろっぽんぎヒルズてん

在巴西擁有超高人氣的窯烤專門店。備有鮮嫩多汁的牛肉及羊肉、豬肉、雞肉等窯烤菜色，午餐和晚餐都會附種類多樣的沙拉吧讓人吃得滿足。

☎03-5413-3663　休不定休　午餐11:00～14:00(15:00打烊)，週六日、假日～15:00(16:00打烊)，晚餐17:00～22:00(23:00打烊)

Mapple Code 1302-7248

↑沙拉和甜點吃到飽的「巴西窯烤」平日午餐3888日圓，週六日、假日午餐4104日圓

# 到日本規模最大的 美術館 輕鬆品味藝術

世界級建築家 黑川紀章設計

**66**

景點
玩樂
美食
咖啡廳
購物

所需時間 約**4**小時

MAP 附錄③ P.**19**A-2

2007年在藝術之街六本木成立的日本第5間國立美術館，於2017年正式邁入開館10周年。入館免費，除展覽會外皆可自由入內參觀。也設有提供美食的咖啡廳、博物館商店、圖書室等，為東京當地的新藝文沙龍空間。

## Ⓓ Ⓐ Ⓣ Ⓐ

- 入館 **免費**（參觀費因展覽而異）
- **03-5777-8600**（NTT語音服務）
- 地址 港区六本木7-22-2
- 公休日 週二（逢假日則翌平日休）
- 營業時間 10:00～17:30（18:00閉館），企劃展會期中的週五～19:30（20:00閉館）
  
  Mapple Code 1302-0032

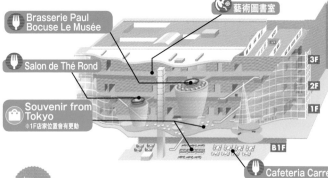

- 🍴 Brasserie Paul Bocuse Le Musée
- 🍴 Salon de Thé Rond
- 🛍 Souvenir from Tokyo ※1F店家位置會有更動
- 藝術圖書室
- 🍴 Cafeteria Carré

3F 2F 1F B1F

### a r t

🎨 **藝 術**

## 日本最大規模 的展示空間!

12間展示室、14000m²的展場空間，規模在全日本數一數二。也因此館內隨時都有數個展覽同時進行，建議可一次參觀多個展覽。

## 3F 藝術圖書室

不只是美術書籍，從設計到建築各領域的珍貴圖書和展覽目錄都一應俱全。圖書室可免費使用，資料雖無法外借但提供影印服務，黑白30日圓、彩色100日圓。

📖 11:00～18:00（開架資料閱覽申請～17:00，影印申請受理～17:15）

Mapple Code 1302-7094

↑收藏約10萬冊展覽會目錄、4萬冊圖書和雜誌等

↑國立新美術館「Artiset File 2013」國安孝昌的展示 ※照片為當時的場景

## Ⓐ Ⓒ Ⓒ Ⓔ Ⓢ Ⓢ

| 地下鐵千代田線 |
|---|
| 最近車站 **乃木坂站** |
| 直通6號出口 |

| 地下鐵日比谷線／都營大江戶線 |
|---|
| 最近車站 **六本木站** |
| 4a出口步行5分／7號出口步行4分 |

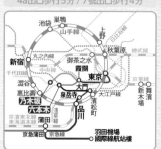

欣賞完藝術後
請來光顧

## g o u r m e t 美食

Monsieur Paul Bocuse

◑與企劃展合作的菜色也很引人注目！（照片為之前推出過的餐點範例：扇貝長槍烏賊的鐵板燒 墨魚汁燉飯與普羅旺斯蔬食）

### 不僅藝術還可享受美食和購物樂趣！

**Salon de Thé ROND** 2F

提供優質紅茶和絕品甜點的茶點沙龍。店內氛圍洗鍊優雅，可以讓人放鬆自在地聊天。

☎03-5770-8162 🕐11:00～17:30
(18:00打烊)，週五～18:30(19:00打烊) Mapple Code 1302-3663

### Brasserie Paul Bocuse Le Musée 3F

能輕鬆品嘗正統法國菜的餐廳，與展覽會合作推出的菜色也很有人氣。

☎03-5770-8161 🕐11:00～19:30(21:00打烊)，週五～20:30(22:00打烊)，午餐～16:00(L.O.) Mapple Code 1302-0615

◑晚間全餐4104日圓～，16時以後可以預約

### B1F Cafétéria CARRÉ

為自行取用餐點形式的輕食自助餐廳，沒有時段限制可自由入店。

☎03-5770-8163
🕐11:00～17:30
(18:00打烊)，週五
～18:30(19:00打烊)
Mapple Code 1302-3061

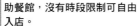
◑與館內其他店一樣，也會推出企劃展特別菜色（照片為之前推出過的餐點範例：番茄燉羔羊肉）

◑「季節義大利麵」950日圓，價格實惠但風味相當道地

◑與企劃展相關的特製甜點（照片為之前推出過的餐點範例：使用加斯科涅產糖煮桃子的慕斯蛋糕，附飲料）

◑「玫瑰荔枝慕斯」864日圓，或是選擇附飲料的蛋糕套餐1360日圓

## s h o p p i n g 購物

◑印上由佐藤可士和設計的博物館商店獨特LOGO的「馬克杯」1728日圓

### B1·1F SOUVENIR FROM TOKYO (SFT)

◑⊙用剪刀裁切即可組合完成的「紙管機器人」822日圓

せんべい あられ

◑與老鋪松崎煎餅共同開發的「煎餅」864日圓（左）和「米果」3種1080日圓（右）

◑以SFT為中心描繪各東京名勝景點的「獨家設計托特包」2160日圓

◑以美術館為主題的SFT特製「玻璃雪球」1944日圓

◑⊙與RYU ITADANI合作開發的原創筆記本各540日圓

除了美術館的原創商品外，還有各種領域和風格樣式、來自全世界藝術家與設計師的作品。

☎03-6812-9933
🕐10:00～18:00(週五～20:00)
Mapple Code 1302-0616

---

**Art Triangle Roppongi** 到六本木藝術金三角盡情享受藝術！

地理位置接近的國立新美術館、三得利美術館和森美術館正積極推出各式各樣的合作計畫，希望將六本木打造成一個能親近藝術的街區。其中一個嘗試就是持三館舉辦中的展覽會票根，即可享有其他兩館參觀費優惠的「ATRo」。不妨來趟六本木，讓自己沉浸在藝術氛圍中吧！

**貼心！** 便利服務

| 托兒服務 | 能坐下來小歇的自由空間 | 免費寄物櫃 |
|---|---|---|
| 每月第2個週四、第3個週日、第4個週一的12時30分～15時30分會實施托兒服務（付費），但必須事先預約！ | 走累了就到設於各樓層的自由空間稍作休息，沙發和椅子全都是選自國外的設計。 | 即使行李太多也不用擔心，館內有提供免費使用的投幣式寄物櫃，請多加利用。 |

# 巡訪最新潮店&享受庭園漫步！

とうきょうミッドタウン

東京中城

景點

玩樂

美食

咖啡廳

購物

所需時間

約2小時

MAP
附錄③
P.19
B-2

由我來為大家介紹東京中城的魅力！

The Ritz-Carlton Tokyo

港區立檜町公園

中城塔

中城庭園

中城東區

中庭

PLAZA

三得利美術館

中城西區

21_21 DESIGN SIGHT

Galleria

大樓相當醒目設立於市中心的

集結海內外知名品牌店家、世界各國美食餐廳等130家店鋪的複合設施。綠意盎然的庭園也很吸睛，最適合悠然漫步其間。還有專業的Live House、人氣美術館，逛上一整天也不會膩。

## DATA

¥ 入場 免費

☎ 03-3475-3100
（受理時間10:00～21:00）

地址 港区赤坂9-7-1等

公休日 無休　營業時間 11:00～21:00（餐廳～24:00，部分店家有異）

Mapple Code 1302-0283

倘佯在**藝術**的世界

接下來介紹街區內的美術館！

## 三得利美術館

●サントリーびじゅつかん

以「生活中的美」為基本理念，隨時推出繪畫、陶瓷器等獨具魅力的企劃展，能輕鬆欣賞到藝術真品之美。也附設商店和咖啡廳。

☎ 03-3479-8600

休 週二、展示替換期間　⏰ 10:00～17:30（18:00打烊），週五、六～19:30（20:00打烊）　¥ 因展覽會而異

Mapple Code 1302-0656

↑位於Galleria 3F

©木奧惠三

## 21_21 DESIGN SIGHT

●トゥーワントゥーワンデザインサイト

由三宅一生、佐藤卓、深澤直人3位設計師擔任策劃，從設計的角度傳達各種訊息和各類提案，還有展覽會、座談會、工作坊等形式多元的活動。

☎ 03-3475-2121　休 週二、展示替換期間
⏰ 10:00～18:30（19:00打烊）　¥ 一般1100日圓

Mapple Code 1302-1475

©Masaya Yoshimura

←由世界知名建築師安藤忠雄設計的建物也是不可錯過的焦點

↑展示空間由2個樓層組成

↑可到咖啡廳享用金澤老舖「加賀麩不室屋」的「麩餡蜜」864日圓

↑商店內售有以美術館所藏重要文化財為主題的「扇子和蘭人」3240日圓等商品

## 企劃活動也要Check

←透過燈飾重現煙火的纖細之美

※圖為去年情況

←煙火與燈河交織讓人感受到日本夏天的清爽涼意

每年夏天會在中城庭園的草坪廣場舉辦煙火燈光秀「SUMMER LIGHT GARDEN」。與日本三大煙火大會之一的「長岡祭煙火大會」和大曲的「全國煙火競技大會」等合作研發，設計出嶄新風格的美麗煙火盛宴。

## ACCESS

地下鐵大江戶線／地下鐵日比谷線

最近車站 六本木站
直通8號出口／直通地下通道

地下鐵千代田線

最近車站 乃木坂站
3號出口步行3分

## B1F 久原本家 茅乃舍(汁や)
●くばらほんけかやのや（しるや）

完全不添加化學成分和防腐劑的高湯、調味料專賣店「茅乃舍」。店內一隅還附設「汁や」提供湯品和飯糰，能享用添加茅乃舍調味料、高湯風味鮮美的餐點。

☎03-3479-0880　🕐11:00～20:30(21:00打烊)
Mapple 🆑 1302-4833

←「茅乃舍」店內高湯、調味醬、洋風醬汁、香辛料等調味料羅列

→「十穀茅汁套餐」910日圓。餐點皆為當場現做，季節限定菜色也很受歡迎

2016年
3月開店
新型態

↑←有食材講究的「沙拉」450日圓～、「燉飯」650日圓等餐點

## B1F RECIPE & MARKET
●レシピアンドマーケット

由南青山的人氣法國餐廳「L'AS」兼子大輔主廚打造的熟食＆咖啡餐廳。下午茶時段會推出超值的套餐＆甜點，外帶菜色也很豐富。

☎03-6438-9598　🕐11:00～20:30 (21:00打烊)
Mapple 🆑 1302-7686

酪的風味十分濃郁「Cream Cheese Mix」480日圓，奶油乳

店內的牆面上繪有蘋果，圖案則每家店都不一樣

↑以洛神花＆蘋果汁為基底，充滿水果香的「Mix East」480日圓

## 2F かぐれ

日本第一家以"綠色時尚"為主題的店，提供有機棉和各種優質舒適的商品。除了服飾外，還有美妝品、內衣、嬰兒用品、雜貨等各種安全又安心的品項。

☎03-5772-3568
🕐11:00～21:00
Mapple 🆑 1302-4835

←使用羅紋織布料、富伸縮性的「絲質細肩帶背心」6480日圓

↑纖細蕾絲花邊很吸睛的「絲質短袖內衣」7884日圓

新型態
## B1F PALETAS
●パレタス

以大量水果為原料、看起來賞心悅目的冰棒專賣店「PALETAS」，首度以咖啡廳的形式登場。不僅提供冰棒外帶服務，還推出時令蔬果製作的水果塔等咖啡廳原創限定餐點。

☎03-6447-4445
🕐11:00～20:30(21:00打烊)
Mapple 🆑 1302-7023

←陳列著約25種口味的冰棒，點杯飲料就能在店內享用

## B1F 粥茶館 糖朝
●かゆさかんとうちょう

由香港人氣甜點餐廳所開設的「粥品＆甜點專門店」。耗時3小時熬煮而成的粥品，濃郁的甘甜美味在口中迴盪開來。心型的「蛋塔」（216日圓）也很推薦。

☎03-5785-2638　🕐11:00～20:30 (21:00打烊)
Mapple 🆑 1302-4922

↑呈摩登時尚中國風的店內

←「粥茶館粥」864日圓，附飲料等的套餐972日圓～

請來品嘗嚴選自世界各國食材的甜點

## 1F Toshi Yoroizuka
●トシヨロイヅカ

人氣甜點師鎧塚俊彥以時令食材為製作原料的蛋糕店，能欣賞甜點師精湛手藝的內用空間也相當推薦！

☎03-5413-3650
🈂無休　🕐11:00～22:00
Mapple 🆑 1302-1594

↑「MONSIEUR KITANO」580日圓

鎧塚俊彥主廚

↑人氣持續不墜的經典小蛋糕「ANJA」560日圓

白天和夜晚會呈現完全不同的樣貌

## 中城庭園

能親近自然與藝術的人氣療癒景點，為地處高樓大廈環繞中的綠洲淨土。保留舊防衛廳原址140棵大樹的庭園共分成4區，可以欣賞到豐富多樣的景色。
Mapple 🆑 1302-7808

↑草坪廣場上會舉辦各式各樣的活動（草坪維護期間禁止進入）

→聖誕節期間能欣賞到絢爛的彩燈盛宴

## 1F NIRVANA New York
●ニルヴァーナニューヨーク

曾經廣受紐約貴婦和名人擁戴的傳奇印度餐廳，以新式印度料理重出江湖。最推薦可以眺望庭園景觀的露天座位。

☎03-5647-8305　🈂無休　🕐11:00～14:30(15:30打烊)、17:00～22:00(23:00打烊)，週六日午餐～15:00(16:00打烊)，週日晚餐～22:00(23:00打烊)
Mapple 🆑 1302-0835

↑從露天座就能眺望迷人夜景，還可同時享受美味佳餚

↑咖哩和烤餅吃到飽的「午間自助餐」2100日圓

**FORTY NINER鬆餅**
1652日圓
加了白脫牛奶的夏威夷式麵糊搭配清爽風味的秘傳醬汁「椰奶」，交織出美味的一品

# 世界美味大評比

流行文化、最新商品齊聚的六本木，由於外國企業眾多因此成為世界各國知名餐廳的激戰區。品嘗各個國家、各個地區的特色美食後，再來決定自己心目中的世界No.1吧！

## 歐胡島數一數二的美味鬆餅

🇺🇸 **FORTY NINER HAWAII**
●フォーティーナイナーハワイ

→「蒜味蝦盤餐」1706日圓

在夏威夷歐胡島已有67年歷史的老店終於進軍日本。能品嘗到獨家夏威夷鬆餅以及當地人也讚不絕口的各式料理。

☎03-5413-4258 🏠港区六本木7-5-11 カサグランデミワビル1F 無休 ⏰9:00～21:00(L.O.)、週六日、假日～21:30(L.O.) 🚇地下鐵六本木站7號出口步行3分

→旁，店面位於街道提供露天的桌椅好天氣時會

Mapple Code 1302-7107 **MAP** 附錄③ P.19 A-2

**Prime Steak (2人份)**
16000日圓
將Prime等級的牛肉放入900℃烤箱燒烤而成的極致美味

## 酥炸口感與醬汁獨具特色的新風味炸雞

🇰🇷 **橋村炸雞 六本木店**
●キョチョンろっぽんぎてん

全世界分店已超過1000多家的炸雞店。獨特的烹調手法加上一嘗就上癮的醬汁，美味到讓人停不了口。

☎03-6455-5103 🏠港区六本木5-1-7 ストリートビル1・2F 無休 ⏰11:00～23:00(24:00打烊) 🚇地下鐵六本木站3號出口步行5分

**原創炸雞翅**
**M (9支) 1080日圓**
使用醬油與大蒜提味的秘傳醬汁相當爽口，讓人停不下手

→現代風格的店內裝潢

Mapple Code 1302-7631 **MAP** 附錄③ P.19 C-3

## 大快朵頤頂級熟成肉

🇺🇸 **Wolfgang's Steakhouse Roppongi**
●ウルフギャングステーキハウスろっぽんぎ

美國人氣牛排店首次在海外的展店。能吃到上等品質的牛肉經過28天熟成後甘甜味濃縮，再以大火迅速煎烤而成的絕品牛排。

☎03-5572-6341 🏠港区六本木5-16-50 六本木DUPLEXM's 1F 無休 ⏰11:30～22:30(23:30打烊) 🚇地下鐵六本木站9號出口步行4分

→奢華的空間

Mapple Code 1302-5912 **MAP** 附錄③ P.19 C-3

**Fresh Deli Lunch 1150日圓**
自製恰巴達麵包和火腿、沙拉，再附馬鈴薯泥等2樣配菜的午間套餐

## 能感受巴黎香氣的可頌麵包

🇫🇷 **Maison Landemaine Tokyo** ●メゾンランドゥメンヌとうきょう

巴黎的人氣麵包蛋糕店，可頌麵包又分為使用日本奶油和法國奶油兩種。

享用→也可在店內

☎03-5797-7387 🏠港区麻布台3-1-5 無休 ⏰7:00～20:30(週六日、假日～19:30) 🚇地下鐵六本木站5號出口步行7分

Mapple Code 1302-7108 **MAP** 附錄③ P.19 D-4

## 備受美國人喜愛的老字號火腿品牌

🇺🇸 **Honey Baked Ham**

道地的火腿是以最高品質的帶骨豬腿肉煙燻後塗上秘傳調味料製成，店內還提供多款使用火腿入菜的餐點。

☎03-6450-1869 🏠港区虎ノ門5-1-5 メトロシティ神谷町1F 週日、假日 ⏰11:00～22:30(23:00打烊)、週六11:00～15:00(L.O.) 🚇地下鐵神谷町站4b出口即到

↑也可以只買火腿，當伴手禮也很適合

Mapple Code 1302-7633 **MAP** 附錄③ P.18 F-3

**法國奶油可頌麵包**
519日圓
使用獲得法國費加洛報高度評價、擁有AOC標章的法國藍絲可發酵奶油製作的可頌麵包

📷 景點
🎡 玩樂
🍴 美食
☕ 咖啡廳
🛍 購物

🕐 所需時間 約1小時

🗺 MAP 附錄③ P.18

**ACCESS**

地下鐵日比谷線、都營大江戶線／地下鐵千代田線

最近車站 **六本木站**

地下鐵日比谷線

最近車站 **神谷町站**

虎之門

景點
玩樂
美食
咖啡廳
購物

所需時間
約2小時

MAP
附錄③
P.18
G i

**69**

とらのもんヒルズ

# 虎之門之丘

體驗上流氛圍的「虎工三」「S」活用術

坐落於繁華商圈、地上52層樓的複合大樓。47～52樓為首次進軍日本的「東京安達仕酒店」，1～4樓設有各種類型的餐廳，提供優質的午餐和晚餐時光。

高247m

## ☞ DATA

- 💰 入場 **免費**
- 🕐 **因店而異**
- 地址 港区虎ノ門1-23-1～4
- 公休日 1月1～3日
- 營業時間 餐廳7:00～23:00、商店・服務11:00～21:00 ※部分店家有異

Mapple Code 1302-5325

---

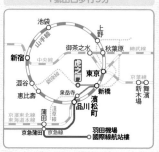

---

## 品嘗頂級美食感受上流氛圍

從近20家餐廳中，嚴選最具魅力的3間為大家做介紹。

### 上流人士也愛吃的法式咖哩

**4F** Toranomon Bar
French cafe&wine

●フレンチカフェアンドワインとらのもんバール
能吃到由「Maxim's de Paris」前總料理長設計的餐點。任職「Maxim's de Paris」時代的隱藏版菜單「銀座白金咖哩」，實為絕品美味。

📞 03-6257-1086
🈺 無休 🕚 11:00～22:30(23:00打烊)，週六日、假日～21:30(22:00打烊)

Mapple Code 1302-6283

↪ 特製主餐、鮮蔬等每週替換菜色的「銀座白金咖哩」1000日圓～，總共有6種。午餐還有咖哩烏龍麵等選項

### 米其林一星主廚坐鎮

**2F** TORANOMON HILLS Café

●とらのもんヒルズカフェ
由米其林一星餐廳的東浩司主廚負責監修製作，提供運用大量蔬菜的養生熟食料理。

📞 03-6206-1407
🈺 不定休 🕗 8:00～22:30(23:00打烊)，週六日、假日～21:30(22:00打烊)

Mapple Code 1302-6284

↪「午間熟食盤餐」850日圓，可挑選主食、副食、配菜和沙拉

### 由渡邊明主廚提案！ 以筷子享用的料理

**2F** above GRILL&BAR

●アバーヴグリルアンドバー
以日本各產地直送的嚴選食材烹調而成的日式義大利料理。

📞 03-3539-4560
🈺 無休 🕚 11:00～22:00(23:00打烊)，午餐～14:00(L.O.)、咖啡廳16:30(L.O.)、週六日、假日晚餐21:00(22:00打烊)

Mapple Code 1302-7854

↪「可自選主菜的午間套餐」1690日圓，照片中為蘑菇漢堡排

## 虎之門之丘吉祥物

### 托啦 NO 夢

從22世紀的東京前來造訪的貓型商務機器人。2樓的中庭有座雕像，為熱門的拍照景點。

©Mori Building ©Fujiko-Pro

---

## 倚伴在都心綠洲感受上流氛圍

為附近上班族休憩好去處的都會綠洲，還能欣賞藝術。

### 充滿藝術氣息的都心綠洲

**2F** 橢圓形廣場

●オーバルひろば
會利用寬敞的空間舉辦瑜珈等活動，也置有Jaume Plensa設計的藝術作品。

Mapple Code 1302-7159

## 挑選人氣伴手禮感受上流氛圍

能輕鬆享受上流氛圍的熱門店舖伴手禮，因好口碑而蔚為風潮。

### 融入和風元素的高級甜點

**1F** Pastry Shop

●ペストリーショップ
有招牌甜點閃電泡芙、以當季水果製作的水果塔和三明治等。

📞 03-6830-7765
🈺 無休 🕗 8:00～20:00

Mapple Code 1302-7106

↪「閃電泡芙」(小)各216日圓

### 以火烤漢堡為招牌

**1F** BeBu ●ビブ

從沙朗牛排、雞肉、鮭魚片等燒烤料理到漢堡類餐點都很豐富，「炸松露」（594日圓）也很有人氣。

📞 03-6830-7739 🕚 11:00～22:30(23:00打烊)，週六、假日～21:30(22:00打烊)、BeBu Lounge～21:00(L.O.)

Mapple Code 1302-6725

↪ 火烤牛肉堡「Cowboy」1296日圓

# 70 東京都廳

とうきょうとちょう

📷 景點
🎈 玩樂
🍴 美食
☕ 咖啡廳
🛍 購物
🕐 所需時間 約3小時
🗺 MAP 附錄③ P.17 A-4

## 從免費瞭望室將美景盡收眼底!

都議會議事堂和第一本廳舍為東京都的行政中樞。從第一本廳舍45樓、高202m處的免費瞭望室,可飽覽東京市區的街景。32樓的都廳員工餐廳,則是一般人也能利用的好去處。

### DATA

¥ 入場 免費
☎ 03-5321-1111(代表號※8:30~18:15)
/ 03-5320-7890(瞭望室專用導覽電話※平日10:00~17:00)
地址 新宿区西新宿2-8-1 公休日 因設施而異(北瞭望室第2·4週一休、南瞭望室第1·3週二休)
營業時間 第一·第二本廳舍8:00~18:45、北瞭望室9:30~22:30、南瞭望室~17:00(北瞭望室公休時~22:30)
交通 直通地下鐵都廳前站A4出口

Mapple Code 1301-6895

### 景點 ZOOMUP!

可免費欣賞新宿高樓群和東京鐵塔美景的瞭望室是必訪景點,已故建築師丹下健三所設計的建物也很值得注目。

⬅ 晚上能眺望都心的浪漫夜景

## 北瞭望室

眼前即一望無際多美景

新宿區的高樓群、豐島區和板橋區的眺望視野都很遼闊

## 南瞭望室

連六本木、銀座都一覽無遺的觀景景點

比北瞭望室來得寬敞,適合想要悠閒放賞景致的人。附設咖啡廳和伴手禮店

### 地圖標示

瞭望室
高度…202m
地上…45樓

第一本廳舍
高度…243m
地上…48樓
地下…3樓

東京凱悅酒店

第二本廳舍
高度…163m
地上…34樓
地下…3樓

第一本廳舍員工餐廳

新宿中央公園

北瞭望室

南瞭望室

GOAL

電梯

大江戶線 都廳前站

都廳通

START

新宿站方向

北

南

## 都民廣場

都民廣場 約5000m²

位於都議會議事堂和本廳舍之間的空間,可在這兒拍照留念!

## 都議會議事堂

都議會議事堂
高度…41m
地上…7樓
地下…1樓

舉行都議會正式會議的議場也有開放參觀,不妨親臨東京都處理政務的現場瞧瞧

### ACCESS

| 東京站 | 羽田機場國際線航站樓站 |
|---|---|
| JR中央線 15分 | 京濱急行線(直通都營淺草線) 23分 |
| 新宿站 | 大門站 |
| 都營大江戶線 2分 | 都營大江戶線 20分 |

最近車站 ▶ 都廳前站

## SHOP
### 博品館TOY PARK都廳店

●はくひんかんトイパークとちょうてん

集結都廳限定、東京限定等種類豐富的特色商品。

📞03-5320-7570 休第2、4週一
(逢假日則翌日休)

🕐9:30～23:00(入店22:30)

Mapple Code 1301-7964

◀「都廳限定都廳Kitty貓吊飾」594日圓

©1976. 2015 SANRIO CO., LTD. TOKYO. JAPAN©

「都廳巧克力麻糬」8個裝540日圓

▲100%高度淨水處理的自來水「東京水」500ml 103日圓

## RESTAURANT
### Good View Tokyo

●グッドビュートウキョウ

提供和風元素的料理。可一望晴空塔和東京鐵塔,尤其以平實價格就能享受夜景的晚餐最具魅力。

◀「Casual Diner Plan」3350日圓

📞03-3345-1250 休第2、4週一(逢假日則翌日休)

🕐9:30～21:30(飲料22:15,22:45打烊)

Mapple Code 1302-6128

博品館TOY PARK都廳店
Good View Tokyo

北瞭望室樓層MAP

# 以北瞭望室為起點的推薦參觀路線

北瞭望室

東南
◭新宿站周邊~代代木方向的景色,後方的NTT DoCoMo代代木大樓有著尖塔狀的特殊造型

西南
◭前方是新宿PARK TOWER和東京歌劇城,後方是住宅區綿延的東京西區

西
◭於空氣清澄的晴天,還能眺望到西側遠方靈峰富士的雄姿

夜景
◭從北瞭望室可一望東京的夜景,高樓群的夜間景致美得讓人屏息

---

## 東京觀光情報中心
### 東京都廳　第一本廳舍1F

要收集都內觀光資料的話這裡最方便。各種觀光小冊子一應俱全,也備有電腦能上網查詢。

📞03-5321-3077

休都廳舍檢修日 🕐9:30～18:30

Mapple Code 1302-5772

## 都議會議事堂&宣傳專區

📞03-5320-7129
(受理都議會宣傳專區)
休週六日、假日
🕐9:00～17:00※團體參觀須事先申請

#### 宣傳專區
有各種照片看板的展示,還可透過DVD和電腦認識東京都和都議會。

#### 預算特別委員會室
進行東京都預算等審議的委員會室,若有拿到委員會當天的旁聽券也可入內旁聽。

#### 議場
會議期間以外可自由參觀。站在挑高天井設計、空間寬敞的議場內,相當具有臨場感。

## 都廳員工餐廳(西洋フード)
第一本廳舍32F

午餐有日式、西式、中式等多樣選擇,每日替換菜色的定食也很有人氣。

📞03-5320-7510 休週六日、假日 🕐11:30～14:00(L.O.)

Mapple Code 1302-0243

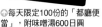
◭每天限定100份的「都廳便當」,附味噌湯600日圓

◭每日定食的其中一例。使用季節食材的石鍋拌飯,附小菜和味噌湯680日圓

---

# 也到南瞭望室瞧瞧吧!

**全景的展望視野連台場也能望見!**

空間規劃比北瞭望室寬敞,若想好好欣賞高空美景就選這裡。平常只開放到傍晚,北瞭望室公休時則會延長至夜間,所以也能欣賞到夜景。

◭能近距離看到東京歌劇城和東京柏悅酒店等建物

CRANK TRUNK
Tokyo Café 202

南瞭望室樓層MAP

◭右手邊可見綠意盎然的明治神宮,左前方是新宿NS大樓

## RESTAURANT
### Tokyo Café 202

●トーキョーカフェにまるに

有使用東京產味噌的義大利麵等餐點,提供以東京食材製作的輕食。

📞03-5909-7945 休第1、3週二 🕐9:30～17:00(17:30打烊),第2、4週一～22:30(23:00打烊) Mapple Code 1302-6126

## SHOP
### CRANK TRUNK

●クランクトランク

販售都廳原創商品、江戶小物等和風雜貨和獨具特色的伴手禮商品。

📞03-5320-7577 休第1、3週二 🕐9:30～17:00(第2、4週一～18:30)

Mapple Code 1302-6127

書籤460日圓

內餡飽滿的芝麻糬390日圓

充滿臨場感的舞台
令全場沸騰！
不論任何年齡層
都能玩得開心

DREAM48

種類多元的
**遊樂景點大集合！**

71 新宿

しんじゅくエンタメ
**新宿娛樂活動**

景點
玩樂
美食
咖啡廳
購物

所需時間
約3小時

MAP
附錄③
P.16

大家一起合唱這首名曲吧！

まねだ聖子
←偶像松田聖子就在眼前！高水準的表演吸引所有人的目光

來，乾一杯吧

穿梭在觀眾席間漫表演的石原裕次郎。還可以一起舉杯暢飲！

筍-TAKENOKO-

蘇達拉拉他蘇一蘇一♪

ジョニー志村
↑植木等登場！場內會架大螢幕，所以後方座位的觀眾也能清楚看到表情

搞笑表演、間諜遊戲、機器人歌舞秀等多采多姿娛樂設施聚集的新宿，可一路從早玩到晚。

不笑的話我要扣板機囉！砰！

→以『骷髏13』迪克東鄉的段子一決勝負！

ジョーク東郷

**親身體驗看看！**

第1場18:00～20:30 附餐點吃到飽

比本人還像!? 絕對爆笑的模仿秀

新宿三丁目 模仿秀

## そっくり館キサラ

●そっくりやかたキサラ
由常在電視上出現的模仿藝人進行的現場表演，整個會場都籠罩在歡笑的氣氛中。若要用餐的話請選擇第1場，＋1000日圓即可坐到前面5排的座位（需預約）。

☎03-3341-0213(15:00～23:30) 🚃新宿區新宿3-17-1 いさみやビル8F 🈚無休
🕐第1場18:00～20:30、第2場21:00～23:00
💴第1場(表演秀＋餐點吃到飽＋無限暢飲)5500日圓、第2場(表演秀＋無限暢飲)4000日圓
🚇地下鐵新宿三丁目站B5出口即到

Mapple Café 1301-0337 MAP 附錄③ P.16 E-3

| 娛樂DATA | |
|---|---|
| 預約 | 需要 |
| 費用 | 4000日圓～ |
| 時段 | |
| 所需時間 | 2～3小時 |

**18:00** 入店

在入口告知預約姓名，就會有人帶到指定座位。若還有空位當天直接來店也行，但先預約比較保險。

**18:10** 享用食物和飲料

第一場有附餐點吃到飽！備有沙拉、義大利麵、甜點等28種菜色。表演開始後就不能再取餐了，請注意。

**19:30** 模仿秀開始！

表演終於要開始了！連續有5～6組模仿藝人上台，會場內爆笑聲不絕而耳。而且竟然可以照相（不可錄影）。

**20:30** 表演結束後的紀念照

充分享受表演帶來的歡樂後，還可以和走下觀眾席的藝人們合照♪再帶著滿滿的精采回憶離開！

**可以見到這些模仿藝人！**

ホリ
模仿對象有木村拓哉等多位不同風格的藝人

キンタロー。
因模仿前AKB48成員前田敦子而人氣爆升

コージー冨田
模仿塔摩利的第一人選就是他！

ニッチロー'
不只長相和動作，連律己甚嚴的形象都與鈴木一朗相似

ダブルネーム
能模仿EXILE等歌手的實力派人氣團體

みかん
擅長模仿多位女藝人，相當活躍

ⒶⒸⒸⒺⓈⓈ

| 東京站 | 羽田機場國際線航站樓站 |
|---|---|
| JR中央線 🚃15分 | 京濱急行線 🚃16分 |
| | **品川站** |
| | JR山手線 🚃20分 |
| 最近車站 | **新宿站** |

# 在直通車站的人氣大樓 搜尋最夯雜貨

與JR新宿站相連接的三棟LUMINE，是集結各式潮店、好逛又好買的購物景點。2016年3月新南口開幕了新型態的「NEWoMan」（→P.20），車站周邊的商圈也更趨充實！

## 72 伊勢丹新宿店

## 73 新宿 LUMINE ／ 新宿 LUMINE EST

**南口** 人氣品牌齊聚！
### 新宿LUMINE 1
ルミネしんじゅくルミネワン

有掌握流行趨勢的選貨店、時尚可愛的雜貨屋，是深得女性喜愛的購物勝地。咖啡廳和餐廳的選擇性也很多。

📞03-3348-5211（代表號） 🏢新宿区西新宿1-1-5 🈺不定休
🕐11:00～22:00，餐廳～23:00（因店而異）
🚇JR新宿站南口即到
Mapple Code 1300-2678 MAP 附錄③ P.17 D-4

**6F** Attaché d'IDÉE
アタッシェドゥイデー
為了讓大家更加認識IDÉE的理念所推出的姊妹品牌，店內陳列著各式各樣能增添生活繽紛色彩的商品。
📞03-6911-0857
Mapple Code 1302-7738
⬅️「IDÉE素色摩洛哥拖鞋」3780日圓
⬆️「MAKOO×IDÉE再造牛皮紙袋」3996日圓

**5F** arenot
アーノット
從海內外廣蒐富設計性的家飾和雜貨的選貨店。
📞03-5322-5885
Mapple Code 1302-7739
⬆️「WOODEN ANIMAL」「PENCIL parrot M」388日圓
「Elsa PAPERNAPKIN」各20張918日圓

**4F** Afternoon Tea TEAROOM
小歇好去處
可在舒適空間內品嘗優質紅茶和甜點，套餐菜單也很充實。
📞03-6279-0829
🕐11:00～21:30(22:00打烊)
Mapple Code 1302-7872
➡️「司康」720日圓，附紅茶的套餐1370日圓

**1F** bonjour records
ボンジュールレコード
結合文化元素的雜貨和小物商品琳瑯滿目。
📞03-5325-3533
Mapple Code 1302-7740
「bonjour bonsoir BB PIN」1296日圓
「Bonjour Girl HEART MIRROR」各1620日圓

小歇好去處
**2F** Sarabeth's LUMINE新宿店
サラベスルミネしんじゅくてん
源自紐約的餐廳，以鬆軟口感的法式吐司最受歡迎。
📞03-5357-7535
🕐9:00～21:00(22:00打烊)
Mapple Code 1302-4519
⬆️「Fluffy French Toast」1250日圓

**2F** roomsSHOP
ルームスショップ
販售日本國內創作者自有品牌為主的可愛雜貨。
📞03-3342-0117
Mapple Code 1302-7550

「KEORAKEORA iPhone6手機殼」5076日圓

「pokefasu啦啦隊小柴犬徽章」2484日圓

**南口、東南口** 個性商店大集合
### 新宿LUMINE 2
ルミネしんじゅくルミネツー

以流行服飾為中心，以及許多販售雜貨、小物的店舖。7樓有「LUMINE the Yoshimoto」進駐，可以入內觀賞有趣的演出。

📞03-3348-5211（代表號） 🏢新宿区新宿3-38-2 🈺不定休
🕐11:00～22:00，餐廳～23:00（因店而異）
🚇JR新宿站南口、東南口即到
Mapple Code 1300-4215 MAP 附錄③ P.17 D-4

**東口** 男性、女性用品都很齊全
### 新宿LUMINE EST
ルミネエストしんじゅく

集結女性人氣品牌、流行男士商品等約270家店舖進駐，提供全方位的生活型態所需。

📞03-5269-1111（代表號） 🏢新宿区新宿3-38-1 🈺不定休
🕐11:00～22:00（週六日、假日10:30～），餐廳～23:00（因店而異）
🚇JR新宿站東口即到
Mapple Code 1300-2701 MAP 附錄③ P.17 D-3

**3F** Accommode
アコモデ
售有上面印著充滿玩心字句的特色雜貨＆包飾，很適合當成送給家人或朋友的禮物。
📞03-5925-8278
Mapple Code 1302-7741

⬆️「HAVE A HANDSOME DAY!」
➡️越用越順手的「微笑紙製手拿包」6372日圓

**B2F** Adam et Rope' Le Magasin
アダムエロペルマガザン
從全世界收集而來的創意新奇商品羅列。
📞03-6273-1334
Mapple Code 1302-7742

➡️由左至右為「相撲不倒翁」M810日圓、「車引不倒翁」中2700日圓、「連獅子不倒翁」大3780日圓

⬆️也可當筆袋使用的「香檳造型袋」3780日圓
Champagne pocchtt ORIGINAL

小歇好去處
**8F** B.B.B.
ビービービー
能吃到以現做酥脆比司吉製成的餐點。
📞03-3341-7092
🕐11:00～22:00(23:00打烊)
Mapple Code 1302-7067

⬆️「起司雞肉盤餐」1380日圓

## ACCESS

| 東京站 | 羽田機場國際線航站樓站 |
|---|---|
| JR中央線 🕐15分 | 京濱急行線 🕐16分 |
| | 品川站 |
| | JR山手線 🕐20分 |
| 最近車站 | 新宿站 |

嘴裡咬著最愛的竹子

真真

# 與可愛動物相見歡!

明治15(1882)年開園的日本第一間動物園,園內有大熊貓、獅子、北極熊等來自世界各地的動物。廣大的園區分為東園和西園,設有移動用的單軌列車。不妨悠閒地環繞一圈,造訪園內的可愛動物們吧!

## 東京都恩賜上野動物園

とうきょうとおんしうえのどうぶつえん

景點
玩樂
美食
咖啡廳
購物

所需時間
約3小時

MAP
附錄③
P·20
A·3

### DATA
¥ 入園 600日圓(高中生以上)
☎ 03-3828-5171
地址 台東區上野公園9-83
公休日 週一(逢假日則翌日休)
營業時間 9:30~16:00(17:00關園)
交通 JR上野站公園口步行5分
まっぷる ID 1300-2346

## 首先是最有人氣的熊貓

真真和力力是上野動物最自豪的超級明星!每天都精神飽滿地迎接眾多來訪的遊客。

在屋內休息一下
真真

力力

力力
吃飽後就是運動時間

食慾旺盛!
力力

開園後馬上就大排長龍了!

## 熊貓舍大解析

我還想玩啊~
我也能清楚地看到大家喔~

竹林
屋外放養場
屋外放養場
屋外放養場
竹林
廚房
屋外放養場
屋外展示場
屋內展示場
參觀通道
輪椅專用
入口
出口

※真真和力力的舍房有時會互換

## 力力&真真有哪些特徵?

個性和善的
美女熊貓
**真真**
(雌·10歲)

2005年7月3日出生,中國名為仙女。從正面看有個漂亮的圓形臉蛋,兩耳的間隔比力力來得小。

我行我素的
活潑男生
**力力**
(雄·10歲)

2005年8月16日出生,中國名為比力。食慾旺盛,經常跑來跑去、爬上爬下,喜歡運動!

### CHECK!
更有趣的動物園遊逛方式

免費 **導覽團**
在45分鐘的行程中,動物解說員會針對動物的習性等做說明。

免費 **上野動物園散步APP**
下載APP後,只需在園內的專用導覽點掃描QR Code即可讀取動物的詳細資料。

## 伴手禮當然就選熊貓商品!

推薦! 👆 熊貓愛心商品

**熊貓便條紙**
680日圓
熊貓造型的可愛立體便條紙,將留言寫在肚子上吧

**雙熊貓磁鐵**
1620日圓
雙手附磁鐵、兩個一組的吉祥物

 UENO ZOO PANDA MEMO

**小熊貓杯**
378日圓
繪有可愛的熊貓及其他人氣動物

商品收益的一部分會捐給「大熊貓保護支援基金」,並運用在國際性的熊貓保育活動上,只要購買商品就能幫助熊貓的生態環境!

## ACCESS

| 東京站 | 羽田機場國際線大樓站 |
|---|---|
| JR山手線 ⏱8分 | 東京單軌電車 ⏱25分 |
| | 濱松町站 |
| | JR山手線 ⏱15分 |

最近車站 **上野站**

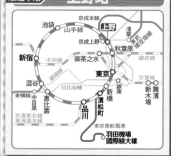

※商品有可能售罄。

**74**

東京都恩賜上野動物園

## 還有還有好多動物們！

從常見的動物到稀有動物都有，除了熊貓外還有許多值得一看的動物。只要事先閱讀"豆知識"，參觀時樂趣也會加倍喔！

### 獅子
勇猛威嚴與氣勢非凡的百獸之王

已瀕臨絕種的亞洲獅。若繞到後方，還有機會能隔著玻璃近距離看到獅子的身影。可以觀察到獅子吃東西或睡覺等各種姿態。

**豆知識** 在用餐時間也許能近距離看到獅子豪邁啃食牛骨的模樣！

### 大象
擅長溝通！感情和睦的大象們

在「大象之森」中有4頭相處和睦的亞洲象，大象之間活潑的姿態、一起玩鬧的模樣相當引人目光！要小心可別被大象的鳴叫聲給嚇著了。

**豆知識** 剛生出來的象寶寶體重竟然高達100 kg！

### 鯨頭鸛
是裝飾物嗎！？一動也不動的奇特動物

以銳利雙眼、巨大的喙嘴為特徵。但不只如此，因為牠竟然幾乎完全不動，是鮮少有機會能見到動態身影的不可思議動物。

**豆知識** 腳趾為所有鳥類中最長者，宛如雪鞋般的形狀走在泥濘中也不會陷入！

### 水豚
發呆的表情相當可愛 個性我行我素的動物

屬於豚鼠科動物，為老鼠的同類，展示在西園的兒童動物園內。悠閒吃著草和曬太陽的模樣十分可愛，光看就很療癒。

**豆知識** 擅長游泳，潛水時間可長達5分鐘以上！夏天能看到悠游於水中的身影

### 北極熊
迫力十足的北極熊！

能見到北極圈動物的「北極熊與海豹區」，還可隔著玻璃觀察北極熊豪邁的潛水英姿。

**豆知識** 屬於肉食性動物，在動物園內會餵食馬肉、麵包、蘋果和魚

### 大猩猩
尋找可愛的Momoka！

2013年4月誕生的Momoka（雌）目前正在6隻大猩猩群中茁壯成長，說不定還能見到2009年出生的姊姊Komomo抱著她的畫面。

**豆知識** 大猩猩會有搥胸的動作，但敲打胸膛時並非緊握拳頭而是呈張開狀

### 長頸鹿
美麗的網紋正是迷人之處

棲息於非洲大草原、陸地上最高的動物，會以近50cm長的舌頭捲起葉子放入口中。只有睡覺的時候會坐在地面上，但睡眠時間最長不會超過1小時。

**豆知識** 擁有強壯的心臟，因此能將血液送往位於高處的腦部

往地下鐵千代田線、根津站
不忍通
池之端門
往地下鐵千代田線、湯島站
西園
不忍池
往京成上野站、阿美橫丁

犀牛・河馬
非洲動物區
長頸鹿 西園餐廳
歐卡皮鹿
斑馬
北非髯羊
可愛動物區
鯨頭鸛
兒童動物園
水豚
紅鶴
袋鼠
單軌列車東園站
鐘魚・烏龜
蛇・青蛙
單軌列車西園站
交流廣場
兒童樂園
不忍池露台
動物園舞台
往東園
往西園
鸕鷀

大猩猩
鳥舍
北極熊
長臂猿
夜之森（蝙蝠）
大猩猩與老虎之森
鶴
獏
老虎
猴山
熊之丘
日本猿猴
獅子
埃及聖䴉
東園餐廳
大象
日和小徑
猴子
大象之森
水瀨
土撥鼠
鷲、鷹
貓頭鷹
綜合服務處
臨時門
五重塔
日本動物區
鹿
大熊貓
導覽團集合場所
前門廣場
前門（出口）
東園

■禁止通行
動物園通
往JR上野站公園口、博物館、美術館

# 國立西洋美術館
こくりつせいようびじゅつかん

景點 玩樂 美食 咖啡廳 購物

所需時間 約2小時

MAP 附錄③ P.20 C-3

## 到世界矚目的美術館 親近藝術

以川崎造船所（今川崎重工）已故社長松方幸次郎的收藏品為中心，展示中世末期到20世紀初的西洋美術。已登錄為世界遺產的本館建物也是參觀焦點。

### 吸引全球目光 科比意設計的建築物

科比意是20世紀最具代表的法國建築師，由他經手的眾多建築作品都留給後世深遠的影響。2016年7月國立西洋美術館已正式列為世界遺產。

↑2樓展示室是只要變換角度就會出現相似場景的不可思議空間

### 科比意的主要建築作品

| 所在國 | 建築物的名稱 | 建設年份 |
|---|---|---|
| 德國 | Maisons de la Weissenhof-Siedlung | 1927 |
| 阿根廷 | Maison du Docteur Curutchet | 1949 |
| 比利時 | Maison Guiette | 1926 |
| 法國 | Villa La Roche-Jeanneret | 1923 |
| | Cité Frugès | 1924 |
| | 薩伏伊別墅 | 1928 |
| | Immeuble locatif à la PorteMolitor | 1931 |
| | 馬賽公寓 | 1945 |
| | Manufacture à Saint-Di | 1946 |
| | 廊香教堂 | 1950 |
| | Cabanon de Le Corbusier | 1951 |
| | Couvent Sainte-Marie-de-la-Tourette | 1953 |
| | Firminy-Vert | 1953 |
| 日本 | 國立西洋美術館 | 1955 |
| 瑞士 | Petite villa au bord du lac Léman | 1923 |
| | ImmeubleClarté | 1930 |
| 印度 | 昌迪加爾議會大廈 | 1952 |

## DATA

¥ 入館 **430日圓**（企劃展另計）

☎ **03-5777-8600**（NTT語音服務）

地址 台東区上野公園7-7
公休日 週一（逢假日則翌日休）
營業時間 9:30〜17:00，週五〜19:30（閉館前30分鐘停止入館）
交通 JR上野站公園口即到

Mapple Code 1300-2429

## 法國近代繪畫 新

館1、2樓是展示以松方收藏為主的19世紀〜20世紀初的近代繪畫，能欣賞到雷諾瓦、莫內、梵谷、高更等多位畫家的作品。

### 企畫展資訊

**盧卡斯展－500年後的誘惑**
2016年10月15日〜2017年1月15日

←盧卡斯·克拉納赫（父）《側臥的泉源仙女》／1537年後／華盛頓國家藝廊 ©Courtesy National Gallery of Art, Washington

↑雷諾瓦『戴花帽子的女人』（1891年）（松方藏品）

↑席涅克『聖卓佩茲港』（1901〜1902年）

↑莫內『睡蓮』（1916年）油彩·畫布（松方藏品）

↑鮑格雷奧『少女』（1878年）※展示作品請洽詢

## ACCESS

| 東京站 | 羽田機場國際線大樓站 |
|---|---|
| JR山手線 ⏱8分 | 東京單軌電車 ⏱25分 |
| | 濱松町站 |
| | JR山手線 ⏱15分 |

最近車站 **上野站**

©國立西洋美術館

## CAFÉすいれん

●カフェすいれん

可在大片落地窗、明亮氛圍的空間內享受用餐時光，除了蛋糕套餐、各種洋食外也提供全餐料理。

「草莓奶油蛋糕」486日圓

可從窗戶望見美麗的中庭

☎03-5814-2891　【休】週一（逢假日則翌日休，準同國立西洋美術館的公休日）【時】10:00～16:30（17:15打烊），週五～19:00（19:45打烊）Mapple 1300-4791

小歇片刻

**本**館2樓展示著活躍於14世紀到18世紀末、被稱為「Old Master」的古代大師之作，大多是以聖經為主題的繪畫，收藏量在日本也是數一數二。

⬆朗克雷『睡著的牧羊女』（1730年左右）

⬆維諾內些『聖凱瑟琳的神秘婚姻』（1547年左右）

## 選購伴手禮

⬆不需美術館門票也能入內消費

### 美術館商店

販售以館藏品為主題的商品和圖錄等，書籍區還陳列了約3000種美術相關圖書。

仿羅丹『地獄之門』的名片座1300日圓

☎03-5685-2122　【休】週一（逢假日則翌日休，準同國立西洋美術館的公休日）【時】準同國立西洋美術館的開館時間　Mapple 1302-7175

⬆附鍊子的「綯綢熊」（睡蓮·玫瑰）各1080日圓

### 至18世紀末的繪畫

⬆福拉歌納德『牧羊人和羊群』（1763～1765年左右）

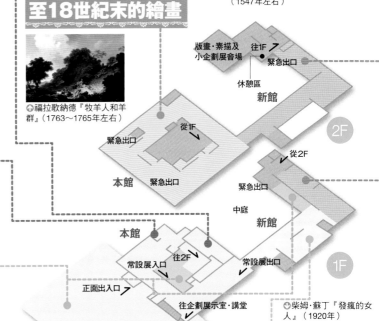

版畫·素描及小企劃展會場　往1F
緊急出口
休憩區
新館
2F
從1F
緊急出口
從2F
本館　緊急出口
緊急出口
中庭
新館
本館
常設展入口　往2F　常設展出口
正面出入口
1F
往企劃展示室·講堂
前庭
入口

⬆柴姆·蘇丁『發瘋的女人』（1920年）

## 彫刻

**前**庭展示有『沉思者（擴大版）』、『地獄之門』、『卡萊市民』等羅丹作品及其他傑出的雕刻，可以免費欣賞。雕刻在本館和新館的部分區域也有展示。

⬆羅丹『沉思者（擴大版）』1881～1882年（原型）、1902～1903年（擴大）、1926年（鑄造）（松方藏品）

⬇羅丹『地獄之門』1880～1890年左右／1917年（原型）、1930～1933年（鑄造）（松方藏品）照片©上野則宏

⬆羅丹『永遠的青春』1881～1884年（松方藏品）照片©上野則宏

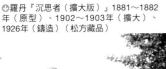

⬇羅丹『卡萊市民』1884～1888年（原型）、1953年（鑄造）（松方藏品）照片©上野則宏

### 20世紀繪畫

**20**世紀的畫作展示在新館1樓，有德朗、馬爾肯、畢卡索、柴姆·蘇丁、雷捷、米羅等多位致力於追求色彩與形態的自律性、新的空間表現方式、抽象可能性的畫家作品。

⬇雷捷『紅色公雞與藍天』（1953年）

©國立西洋美術館

# 到科博一探日本與地球的歷史

以"科博"之暱稱廣為人知的綜合科學博物館，由能認識日本大自然的日本館與能瞭解地球生命史的地球館兩棟建築物組成。熊貓等大家熟悉的動物標本展示也是參觀焦點。

## DATA

- ¥ 入館 **620日圓**（特別展另計）
- ☎ **03-5777-8600**（NTT語音服務）
- 地址 台東區上野公園7-20
- 公休日 週一（逢假日則翌日休）
- 營業時間 9:00～16:30（17:00閉館），週五、週六～19:30（20:00閉館）
- 交通 JR上野站公園口步行5分
- Mapple Code 1300-2339

### 地球館1F
## 大王烏賊

**體長為世界之最！**

體長7～8m，是世界上最龐大的無脊椎動物。據說大型烏賊的體長甚至超過18m，以又粗又長的觸手為特徵。

### 地球館1・3F
## 大熊貓

**上野的熊貓這裡也看得見！**

3樓展示著以前生活在上野動物園的熊貓童童（照片右）與父親飛飛的標本。
→童童的母親歡歡展示在地球館1F

### 日本館3F北翼
## 雙葉鈴木龍

**日本首次發現的蛇頸龍化石**

昭和43（1968）年一名高中生從約8500萬年前的白堊紀地層中發現了蛇頸龍化石。外觀看起來像恐龍，但其實是海生爬蟲類。

### 日本館2F北翼
## 秋田犬八公

**八公本尊現在就在上野！**

展示眾所皆知的澀谷站前忠犬八公的標本。擁有直豎雙耳、尾巴向上捲曲特徵的秋田犬，自古以來就是活躍的獵熊犬。

### 地球館B1F
## 恐龍

**壯觀的恐龍大集合**

伏擊姿勢的暴龍與三角龍的骨骼標本相互對峙，迫力十足的展示相當吸睛。能現場感受恐龍的多樣性。

## 伴手禮看這裡！

### 地球館1F
## 博物館商店

→「卡士達＆紅豆小蛋糕」16個裝 1188日圓

→八公布偶「忠犬八公站立款」 2600日圓

## 直徑約13m的球體劇場也不容錯過！

### 日本館B1F
## 36○劇場

●シアターさんろくまる

擁有360度全景螢幕的劇場，每個月都會上映新的原創影片。

↑觀賞時會站在橋上，可以感受到獨特的浮游感

←一次放映時間約10分鐘，按照先來後到的順序入場

照片提供：國立科學博物館

---

こくりつかがくはくぶつかん

# 國立科學博物館

- 📷 景點
- 🎈 玩樂
- 🍴 美食
- ☕ 咖啡廳
- 🛍 購物
- 🕐 所需時間 約**4**小時
- 🗺 MAP 附錄③ P.20 C-3

## ACCESS

| 東京站 | 羽田機場國際線大樓站 |
|---|---|
| | 東京單軌電車 ⏱25分 |
| | ↓ |
| | 濱松町站 |
| JR山手線 ⏱8分 | JR山手線 ⏱15分 |
| ↓ | ↓ |
| 最近車站 | 上野站 |

# 到日本最古老的博物館欣賞寶物

## 東京國立博物館
とうきょうこくりつはくぶつかん

景點
玩樂
美食
咖啡廳
購物

所需時間 約2小時

MAP 附錄③ P.20 C.2

明治5（1872）年設立的博物館。擁有11萬件以上的收藏品，其中有88件國寶、634件重要文化財（2016年11月時），數量為全日本之最。

### DATA

💰 入館 620日圓
📞 03-5777-8600（NTT語音服務）
地址 台東區上野公園13-9
公休日 週一（逢假日則翌平日休）
營業時間 9:30～16:30(17:00閉館，有季節性變動）
交通 JR上野站公園口步行10分
Mapple Code 1300-2337

### 國內美術作品羅列
## 本館

介紹繩文時代到近世的日本美術發展歷史，以及雕刻、刀劍等各領域別的展示和企劃展。
※展示作品會因展期不同而變動

**十二神將立像辰神**
⬆鎌倉時代・13世紀／京都・淨琉璃寺留傳、東京國立博物館藏
重文

**夏秋草圖屏風**
重文
⬆酒井抱一筆，江戶時代・19世紀／東京國立博物館藏

**褐釉附蟹貼附台座缽**
⬆初代宮川香山之作，明治14（1881）年／國立東京博物館藏
重文

**國寶 太刀 長船景光**
⬆鎌倉時代・元享2（1322）年／東京國立博物館藏

### 表慶館
獲指定為重要文化財的明治末期西洋建築物，只有舉辦展覽時才會開館。

### 法隆寺寶物館
收藏和展示原本法隆寺捐獻給皇室、之後移交給國家保管的300件寶物。

### 黑田紀念館
遵照西畫家黑田清輝的遺言所設立，展示油彩畫等作品。

### 陳列眾多日本國內的考古文物
## 平成館

展示也被列入日本教科書內容的土偶、埴輪等日本國內出土品，可一窺石器時代到近代日本的歷史。

**埴輪挂甲武人**
⬆群馬縣太田市飯塚町出土，古墳時代・6世紀／東京國立博物館藏展示期間：全年展示（考古展示室）
國寶

### 東京國立博物館MAP

九条館　六窗庵 轉合庵
應舉館
平成館
春草廬
庭園
本館
大倉飯店 餐廳應舉亭
商店
西門
資料館
校倉　表慶館
東洋館
法隆寺寶物館
黑田紀念館
大倉飯店 花園陽臺餐廳
鬼瓦
正門
黑門
愛德華・金納像
↓JR上野站

庭園於春秋兩季會各開放1個月

### 展示東洋美術與考古文物
## 東洋館

以「東洋美術巡禮」為概念，展示中國、東南亞、印度、埃及等地的美術工藝品和考古遺物。

**Pasherienptah的木乃伊**

⬆西元前945～前730年左右／埃及底比斯出土、東京國立博物館（埃及考古廳捐贈）展示期間：全年展示（3室）

## 伴手禮看這裡！

**本館1F**
### 博物館商店

➡「埴輪襪」（23～25cm）各432日圓

**銅鐸**
⬆傳為香川縣出土，彌生時代（中期）・西元前2～前1世紀／東京國立博物館藏展示期間：全年展示（考古展示室）
國寶

➡「東京國立博物館原創紙膠帶」20mm各270日圓、30mm各388日圓

## ACCESS

| 東京站 | 羽田機場國際線大樓站 |
|---|---|
| JR山手線 8分 | 東京單軌電車 25分 |
| | 濱松町站 |
| | JR山手線 15分 |

最近車站 ▶ 上野站

池袋　京成本線　上野
山手線
京成上野　日暮里
新宿　秋葉原
中央線　御茶之水
總武線
澀谷　東京
日比谷線　銀座
惠比壽　新橋　舞濱
京濱東北線　濱松町　新木場
東橫線　中目黑　品川
羽田機場國際線大樓
東京單軌電車

# 商品包羅萬象！購物天堂

# 阿美横丁
（アメよこ）

"阿美横丁"位於JR上野站到御徒町站之間的高架橋下，一整排商店比鄰而立、熱鬧非凡。從戰後黑市發展至今的商店街上，食品、美妝品、雜貨、衣飾等各種店家林立。便宜的價格極具吸引力，是最佳的購物勝地！

## DATA

- ¥ 入場 免費
- ☎ 03-3832-5053（阿美横丁商店街連合會）
- 公休日 營業時間 因店而異

Mapple Code 1300-2115

## RED MERCURY 上野店

商品以『星際大戰』的公仔為中心，還有國外影劇的相關玩具和雜貨。連數量稀少的品項也很齊全。

☎ 03-3837-0355 台東區上野4-9-2 小出大樓4F 休無休 11:00～21:00 JR上野站不忍口步行5分
Mapple Code 1302-2778 MAP 附錄③P.20 B-5

↑「蝙蝠俠對超人：正義曙光 蝙蝠車」3040日圓
©2015 Mattel ©&™ DC Comics

↑「星際大戰：原力覺醒 千年鷹號」15552日圓
© & TM Lucasfilm Ltd.

→ 整排的『星際大戰』等商品

有好多充滿活力的店喔

美食名牌 各項好物 應有盡有

我是阿美横丁的「アメどん（Amedon）」！

（地圖標示）
- タイトーステーション（遊樂設施）
- 時計のタツミ（鐘錶）
- 松本清上野阿美横丁店（藥妝品）
- 2號店（食品）
- 百果園（食品）
- 上野OSドラッグ（藥妝品）
- 酒亭じゅらく（餐飲店）
- JR上野站

↑ 逛街購物之餘還能邊買邊吃

↓ 商品數量之多讓人驚訝

## 百果園

販賣切片水果的水果老店。有哈密瓜、鳳梨、西瓜等當季水果，在現場就能大快朵頤。

↑「切片水果」100日圓～

☎ 03-3832-2625 台東區上野6-11-4 休週三（逢假日則翌日休）10:00～19:30 JR上野站不忍口步行4分
Mapple Code 1300-2143 MAP 附錄③P.20 B-5

→ 阿美横丁著名的水果店，以批發價提供新鮮的水果

可以嘗著在路上邊走邊吃

## 茶の君野園

創業已90多年的茶葉批發老舖。除了由該店日本茶講師所嚴選的日本茶外，還有共同合作開發的熊貓系列商品。「香濃抹茶霜淇淋」（350日圓）也很受歡迎。

☎ 03-3831-7706 台東區上野4-9-13 休第3週二 10:00～20:00（霜淇淋19:30）JR上野站不忍口步行5分
Mapple Code 1302-3024 MAP 附錄③P.20 B-5

→「熊貓煎餅（2片裝）」216日圓

↓ 包裝盒很可愛的「熊貓茶」500日圓

↓ 1樓為茶葉賣場，2樓有泡茶器具等商品

2010年11月登場亮相的阿美横丁官方吉祥物。平日神出鬼沒，但常可在活動等場合目擊。

## ACCESS

| 東京站 | 羽田機場國際線大樓站 |
|---|---|
| JR山手線 8分 | 東京單軌電車 25分 |
| | 濱松町站 |
| | JR山手線 15分 |
| 最近車站 ▶ | 上野站 |

# 阿美橫丁中心大樓 內有許多 特別的店家 ！

坐落於阿美橫丁近中央位置的五層樓購物大樓。為阿美橫丁的象徵地標，網羅了許多個性店家進駐。

☎03-3831-0069　地台東区上野4-7-8　休第3週三
⏰10:00～20:00　交JR上野站不忍口步行5分
Mapple Code 1301-8225　MAP 附錄③ P.20 B-5

## モーゼスさんのケバブ

土耳其很常見的沙威瑪店。內夾大量的蔬菜和牛肉、雞肉，辣度有5種選擇。

大口亨用土耳其的名物！

☎03-3835-7297
地阿美橫丁中心大樓1F
休無休　⏰9:00～22:00
Mapple Code 1302-1764
→「沙威瑪」500日圓

## ハナカワ

可以來挖寶看看

開業已60年的美式休閒服飾老店，為日本第一家販售Hanes品牌T恤的店。以商品款式齊全為最大賣點。

樣式豐富的老店

☎03-3833-8905
地阿美橫丁中心大樓2F
休第3週三　⏰10:00～20:00
Mapple Code 1300-2154

→CANTON YMCA的帽T，3800日圓

美式休閒服很便宜！

## cap cpllector one

隨時備有近150種款式的棒球帽、軍帽等商品。

一整排的時尚潮帽

☎03-3835-1376
地阿美橫丁中心大樓3F
休第3週三
⏰10:00～20:00
Mapple Code 1302-3081

→平頂帽 4536日圓
→洋基隊官方限定棒球帽5832日圓

## 野田幸食品

物美價廉的鮮魚

售有每天早上從築地市場（魚河岸）進貨的高級黑鮪魚、河豚、各種活魚和鮮魚。

→除了頂級鮪魚腹肉外，鱉也很有人氣

☎03-3835-9691　地阿美橫丁中心大樓B1F
休第3週三（12月無休）　⏰10:00～19:00
Mapple Code 1302-0669

## mita sneakers

集結超過1000款以上的名牌球鞋，廣受各年齡層的喜愛。

有名ブランドばかり

☎03-3832-8346　地阿美橫丁中心大樓2F　休第3週三
⏰11:00～19:30（週六日、假日10:00～）

→New Balance「MFL 574」15984日圓

→Nike「AIR FORCE107」9720日圓

## 野沢屋

販售中國、泰國、越南、馬來西亞、印尼等亞洲各國的加工食品和調味料、香辛料。

☎03-3833-5212　地阿美橫丁中心大樓B1F　休第3週三　⏰10:00～20:00
Mapple Code 1302-1765
→店內商品多達千種以上

彷彿去了一趟亞洲旅遊般！

→「馬來西亞的雞肉咖哩」600日圓

---

地圖標示：
コクミンドラッグ御徒町店（藥妝品）
伊勢屋（鐘錶）
COFFEEビタール食品
MART（ABC）（鞋）
松本清（藥妝品）
アメ橫センタービル
JR御徒町站
二木ゴルフアメ橫店（運動用品）
GET（包包）
三香園商店（食品）
MIYOSHI（藥妝品）
美都商事（雜貨）
清水商店（食品）
ダイワ靴店（鞋）

---

在購物的空檔小歇片刻

## あんみつ みはし

提供以北海道十勝產紅豆等講究食材製作的甜點，熱賣商品「水果鮮奶油餡蜜」770日圓

☎03-3831-0384　地台東区上野4-9-7　休無休　⏰10:30～21:00（21:30打烊）　交JR上野站不忍口步行3分
Mapple Code 1300-4790
MAP 附錄③ P.20 B-5

## 二木の菓子

以超便宜的價格提供古早味零食、地方菓子等各式餅乾糖果和製作材料，店家自製產品也是非買不可。

☎03-3833-3911　地台東区上野4-1-8
休無休　⏰10:00～20:00　交JR御徒町站北口即到
Mapple Code 1300-2134　MAP 附錄③ P.20 B-5

→「M&M's」362日圓
→還有特大號的美味棒！

## シルクロード化粧品パート4

老字號的化妝品店，CHANEL、ChristianDior等名牌化妝品以市價二折～八折就能買到。

☎03-3836-1706　地台東区上野4-6-11
休無休　⏰10:00～19:00　交JR御徒町站北口即到
Mapple Code 1302-4904　MAP 附錄③ P.20 B-5

→CLARINS的身體按摩霜5400日圓
→LANCOME的防曬乳5680日圓
→CLARINS的美容液6980日圓

## 中田商店

店頭就掛了許多軍用商品

世界各國軍用商品羅列的專門店。有「美軍ACU迷彩褲」（5184日圓）等品項，售價十分便宜。

☎03-3832-8577
地台東区上野6-4-10
休無休　⏰10:00～20:00
交JR御徒町站北口即到
Mapple Code 1300-2145
MAP 附錄③ P.20 B-5

→法國軍用雨衣4104日圓

→俄羅斯軍用防寒帽4428日圓

景點
玩樂
美食
咖啡廳
購物

所需時間 約2小時

MAP 附錄③ P.21 上

## 不論新手、常客都歡迎光臨♥

### @ほぉ～むカフェ

●アットほぉ～むカフェ

據說一年造訪人數高達40萬人，即將迎接12週年的超人氣咖啡廳。除了造型可愛的料理之外，還會舉辦萌萌猜拳大會等活動，有趣得令人去一次就上癮。

☎03-5207-9779（代表） 地千代田区外神田1-11-4 ミツワビル4-7F 休無休 ⏰11:30～20:50（飲料至21:00，22:00打烊），週六、日、假日為10:30～ 🚃JR秋葉原站電氣街口步行5分

Mapple Code 1302-0765 MAP 附錄③ P.21 B-2

➔本店從4到7樓，共有4層樓。唐吉訶德店也不要錯過。

➔女僕會在上面作畫的「啾啾啾啾啾啾啾啾♪小鳥蛋包飯」1188日圓

美食

歡迎回家！主人♪大小姐☆

めるさん

體型嬌小，仰望人的視線令人心動不已♪あっとぐみ的副隊長

➔會突然舉辦的萌萌猜拳。只要獲勝就能得到獎品，請務必參加！

甜點

遠保持17歲 756日圓就能永道「蘿莉星期天」這傳聞只要吃下這

## 第一次來也可放心！

## 2.5次元咖啡廳

能輕鬆體驗秋葉原氛圍，又深受男女老少喜愛的便是咖啡廳。只要一杯茶就能體驗經典女僕、動畫等次文化的世界觀。想大吃一頓的遊客也可前往當地人常去的食堂看看。

人家也有進行偶像活動喔♪

### 曾在電影中登場的老店

### ぴなふぉあ1號店

●ぴなふぉあいちごうてん

位在中央票口側的老字號咖啡廳，僅靠女僕的聊天技巧博得客人喜愛。從常客到喜愛次文化的少女之間，都擁有相當高的人氣。同時也是廣為人知的電視劇《電車男》的拍攝地點。夜晚可享用雞尾酒。

☎03-5295-0123 地千代田区神田佐久間町1-19 山中ビル1F 休無休 ⏰11:00～21:00（22:00打烊），週五、六～翌日5:00（翌日5:00打烊） 🚃JR秋葉原站中央票口即到

Mapple Code 1302-0871 MAP 附錄③ P.21 C-3

しおんさん

最愛JUMP系漫畫！座右銘是「活力、努力、笑容」

附近位在中央票口創雞尾酒」各1200日圓。附女僕卡片。

➔女僕為顧客特調的「原飲料

目前新人研修中！多多支持喑

めるめるさん

擅長裁縫，夢想是成為飯糰（鹽味）！

➔點綴以巧克力醬的「ぴな鬆餅」918日圓

甜點

## 女僕系

道地的義大利麵餐點，請一定要品嘗看看唷

➔「蘋果派佐冰淇淋」700日圓（蛋糕每日替換）。建議搭配講究水質的紅茶套餐

つばきさん

擔任女僕第1年，連廚房的工作都能勝任，是店內倍受期待的新人。個性有點粗心。

### 秋葉原長年受大眾喜愛的經典咖啡廳

## mia cafe

●ミアカフェ

制服造型古典、清純，因此連女孩子都十分支持的正統派女僕咖啡廳。待客方式進退有度，就算作為普通的咖啡廳使用也相當便利。

☎非公開 地千代田区神田須田町2-19-36 THビル1F 休週四 ⏰17:00～21:00（22:00打烊），週六、日、假日為12:00～ 🚃JR秋葉原站電氣街口步行3分

Mapple Code 1302-1862 MAP 附錄③ P.21 B-3

➔播放爵士樂的寧靜店內。點餐時按一下桌上的鈴來呼喚女僕吧

### ACCESS

| 東京站 | 羽田機場國際線大樓站 |
|---|---|
| | 東京單軌電車 25分 |
| | 濱松町站 |
| JR山手線 3分 | JR山手線 10分 |
| 最近車站 秋葉原站 | |

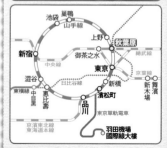

→展示12分之1尺寸的鋼彈

→塑膠模型展示令人情緒隨之高漲
©SOTSU-SUNRISE

→Dear Girl帶來的震撼表演，加上粉絲們的歡呼炒熱現場氣氛

飲料
↑繪有角色或機動戰士的「鋼彈咖啡拿鐵」421日圓

→充滿象徵性的鋼彈天線非常顯眼

↓繪有Super Dear Girl的鐵捲門十分顯眼

3樓的飲料區稍做歇息

↓演唱會結束後可到2、

## 3倍樂趣的新形態咖啡店
# GUNDAM Café 秋葉原店

●ガンダムカフェあきはばらてん
動畫《機動戰士鋼彈》的官方咖啡廳。店內有許多以作品角色為主題的餐點、展示品，是個讓人盡情沉浸在作品世界觀的空間。伴手禮和外帶餐點十分充實。

☎03-3251-0078
址千代田区神田花岡町1-1　休不定休　⌚10:00～21:30(飲料至22:00，22:30打烊)　㊙JR秋葉原站電氣街口步行即到

Mapple Code 1302-2531　MAP 附錄③P.21 B-2

商品
會讓飲料美味程度增加3倍!?這款「鋼彈臉部馬克杯」1234日圓
人氣杯子No.1！

↑「夏亞薩克咖哩一改～一般的3倍辣度，大人專屬的牛肉咖哩」950日圓。亦會推出期間限定餐點，請千萬不要錯過！
©SOTSU-SUNRISE

美食

## 體驗秋葉原最尖端流行的娛樂空間
# Dear Stage

●ディアステージ
目標成為偶像或動漫歌手的Dear girl們工作的咖啡廳＆演唱會酒吧。1樓為表演會場，2、3樓則是酒吧和聊天空間。同時也是知名偶像團體的起源地。

☎03-5207-9181
址千代田区外神田3-10-9 DEMPAビル　休不定休　⌚18:00～22:50，週六、日、假日17:00～(入場費1000日圓附1杯飲料)　㊙JR秋葉原站電氣街口步行6分

Mapple Code 1302-5769　MAP 附錄③P.21 B-1

# 娛樂系

演唱會在這裡！

肉片加上毛豆，營養滿分的「渡邊麻友的むちち加肉和豌豆…」1050日圓

美食

## 享受AKB48的世界觀
# AKB48 CAFE&SHOP AKIHABARA

●エーケービーフォーティーエイトカフェアンドショップアキハバラ
秋葉原誕生的國民級偶像團體「AKB48」的官方咖啡廳＆商店。可盡情享受成員們設計的美食、甜點。

☎03-5297-4848　址千代田区神田花岡町1-1
休不定休　⌚11:00～21:00(L.O.)※週日因區塊而異　㊙JR秋葉原站電氣街口步行即到

Mapple Code 1302-4012　MAP 附錄③P.21 B-2

商品

↑印有「AKB48」字樣的「法蘭酥」950日圓

→應援時使用的「長條毛巾」各1550日圓

TEAM K　TEAM 4

## 觀賞令人憧憬的舞台表演
# AKB48劇場

●エーケービーフォーティーエイトシアター
超人氣偶像團體AKB48舉行公演的專用劇場。

☎03-5298-8648
址千代田区外神田4-3-3 ドンキホーテ唐吉訶德秋葉原8F　休不定休　⌚18:30～(部分公演而異。週六、日、假日因公演而異)　￥一般男性3100日圓、一般女性2100日圓，小學生、國、高中生2100日圓※因部分公演而異　㊙JR秋葉原站電氣街口步行5分

Mapple Code 1302-0342　MAP 附錄③P.21 B-1

↑公演由5個團體（A、K、B、4、8）分別進行
©AKS

| 票券購買方式 | | | | |
|---|---|---|---|---|
| 1 登錄會員 | 2 參加抽籤 | 3 抽到門票 | 4 購買門票 | 5 入場 |
| 至「AKB48團體門票中心」進行會員登錄（免費）。 | 參加想看的公演的門票抽籤。設有「女性」、「小、中學生名額」、「遠方名額」等各種抽籤名額。 | 若抽到門票，登錄信箱會收到通知。 | 公演當天的開演前30分，至劇場的服務台購票。 | 入場順序將透過當天的開演前入場抽籤決定。請排隊按照順序入場。 |

## 當地美食口味大比拼！
# B-1グランプリ食堂 AKI-OKA CARAVANE

●ビーワングランプリしょくどうアキオカキャラバン
每段期間推出「B-1グランプリ」出展團體監製的15款美食（半約400日圓）。

☎03-3254-0777　址千代田区神田練塀町15-1外　休無休　⌚11:00～20:45(21:00打烊)，週六、日、假日～19:45(20:00打烊)　㊙JR秋葉原站電氣街口步行3分

Mapple Code 1302-7085　MAP 附錄③P.21 B-1

↑當試、比較看看岐阜縣郡上市明寶的鄉土料理「明寶炒雞肉」等

## 廣受女性歡迎，口味清爽的拉麵
# 九州じゃんがら　秋葉原本店

●きゅうしゅうじゃんがらあきはばらほんてん
口味濃郁，入喉卻十分清爽。使用豚骨、蔬菜、雞架等燉煮的湯頭，超過30年以來廣受秋葉原居民的喜愛。

☎03-3251-4059　址千代田区外神田3-11-6
休無休　⌚10:30～23:30，週六、日、假日9:30～　㊙JR秋葉原站電氣街口步行5分

Mapple Code 1300-2025　MAP 附錄③P.21 B-1

↑放上所有人氣配菜的「九州じゃんがら全配料拉麵」1080日圓

## 滿滿的白飯令人感受到老闆的豪邁！
# ごはん処あだち

●ごはんどころあだち
普通飯量約1升，少量也多達4合的驚人店家。逢祭典即休店，由這般江戶人氣質的老闆經營。

☎03-3253-3017　址千代田区外神田3-11-6 枝ビル1F　休無休(祭典日臨時休業)　⌚11:30～15:00(L.O.)、17:00～23:00(L.O.)，週六、日午餐11:30～16:00(L.O.)　㊙JR秋葉原站電氣街口步行7分

Mapple Code 1302-3773　MAP 附錄③P.21 B-1

↑放有大量炸雞塊等配料，且可以免費加飯的「大放送午餐」980日圓

### 秋葉原居民齊聚熱門食堂
種類豐富的秋葉原美食，為身體注入活力！

景點
玩樂
美食
咖啡廳
購物
所需時間 約1小時
MAP 附錄③ P.21 上

# 把刺激御宅族內心的萌萌周邊商品帶回家！

# 秋葉原伴手禮 ACCESS

秋葉原如今已轉變為動漫、模型等次文化的聖地。從商品種類豐富的大型商店，到販售稀有、復古商品為主的專門店，各式各樣的商店散布其中。

**A** omamori DANBOARD
648日圓
漫畫《四葉妹妹！》中大受歡迎的角色「阿愣」的御守吉祥物。全5款
©KIYOHIKO AZUMA/YOTUBASUTAZIO

**A** 合金系列 星際大戰 #10 BB-8 1080日圓
因《星際大戰：原力覺醒》而大受歡迎的BB-8，變成手掌尺寸並且具有重量感的金屬模型！

© & ™ Lucasfilm Ltd.

SHINNO OTOWA ／ TSUKASA KIRISHIMA ／ KAITO TSUJI

**A** 心跳餐廳☆☆☆ 徽章套組 Vol.2 3 Majesty 1500日圓
App遊戲「心跳餐廳☆☆☆」的王子系偶像徽章套組。記得把最喜歡的角色擺在正中間喔♪
©Konami Digital Entertainment
©コーエーテクモゲームス

**B** 蛋黃哥 吉祥物 1次200日圓

以「懶洋洋沒有活力的雞蛋」而聞名的慵懶吉祥物「蛋黃哥」在轉蛋機中登場。
©2013,2014 SANRIO CO.LTD TOKYO, JAPAN
(L) APPROVAL NO.S553187

**B** PUTITTO 骷髏13 1次400日圓
裝飾在杯緣就能令人隨時保持緊張感，避免多餘的聊天！千萬別露出背後的破綻！
©さいとう・たかを/リイド社

**C** 〔Hello Kitty〕迷你學生書包 8640日圓
經過共68道手續，精心製作的迷你學生書包。不只可以給小孩子用，大人拿來當作時尚單品也非常可愛。
© 2016 SANRIO CO., LTD.

**C** 〔名偵探柯南〕皮革手機套 for iPhone 6 plus 4980日圓

真牛皮製作的特別商品。設計簡樸，大人也可以輕鬆使用。

**D** MEGA SOFUBI ADVANCE拳四郎 21384日圓
寫實的上色、忠實的重現度，鋒芒畢露的模造、如同特製品般的完成度。
©武論尊・原哲夫/NSP 1983 版權許諾証 GB-606

**D** MEGA SOFUBI ADVANCE非洲象 15984日圓

由動物模型界的第一把交椅——松村忍，為其進行立體化。身體線條及細小皺摺都以驚人的細緻程度重現。
©KAIYODO

---

## 秋葉原最齊全的商品

**A** KOTOBUKIYA 秋葉原館
●コトブキヤあきはばらかん
綜合Hobby Shop，招牌是大量進貨限定商品的特別專區。

☎03-5298-6300　千代田区外神田1-8-8　無休
10:00～20:00　JR秋葉原站電氣街口步行3分
Mapple Code 1302-2626　MAP 附錄③P.21 B-2

## 轉出扭蛋的瞬間，全心全意地祈禱！

**B** 秋葉原 ガチャポン会館
●あきはばらガチャポンかいかん
設有約500台機器的扭蛋專賣店。人氣商品時常會售罄。

☎03-5209-6020　千代田区外神田3-15-5 GEE! STORE・アキバ 1F　無休　11:00～20:00(週五、六、假日前日～22:00，週日、假日～19:00)　JR秋葉原站電氣街口步行10分
Mapple Code 1301-9576　MAP 附錄③P.21 B-1

## 車站附近的綜合Hobby Shop

**C** ASOBITCITY 秋葉原店
●アソビットシティあきはばらてん
販售人氣極高的動漫角色周邊商品、模型等，以豐富的商品為傲。

☎03-5298-3581　千代田区外神田1-15-18　無休
10:00～20:00　JR秋葉原站電氣街口即到
Mapple Code 1302-3031　MAP 附錄③P.21 B-3

## 日本引以為傲的模型公司

**D** 海洋堂Hobby Lobby Tokyo
●かいようどうホビーロビーとうきょう
模型製造商的直營店。除了必備的新商品，還可接收到海洋堂各式各樣的資訊。

☎03-3253-1951　千代田区外神田1-15-16 秋葉原ラジオ会館5F　不定休　11:00～20:00　JR秋葉原站電氣街口即到
Mapple Code 1301-9664　MAP 附錄③P.21 B-3

### ACCESS

東京站 → 羽田機場國際線大樓站
東京單軌電車 25分
JR山手線 3分
濱松町站
JR山手線 10分
最近車站 秋葉原站

81
秋葉原
あきはばらおしゃれスポット

秋葉原
時尚觀光景點

景點
玩樂
美食
咖啡廳
購物
所需時間
約1小時
MAP
附錄③P.21上

# 陸續推陳出新！高品味的商店

利用舊車站、高架橋下、國中校舍等建築翻新而成的時尚設施，如雨後春筍般的增加中。一起探索顛覆秋葉原刻板印象的商店吧。

## 高敏銳度的店家齊聚一堂
### mAAch ecute 神田萬世橋
●マーチエキュートかんだまんせいばし

「萬世橋站」舊址翻新而生的商業設施。設有13家高質感的咖啡廳、餐飲店、商店。

☎03-3257-8910（服務時間 9:00～18:00）　地千代田区神田須町1-25-4　不定休　地JR秋葉原站電氣街口步行4分

Mapple Code 1302-4515
MAP 附錄③P.21 A-3

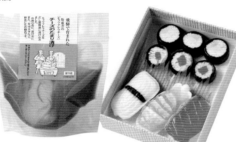

以だしだした醤油醃漬起司691日圓。飛驒牛乳製成的莫札瑞拉起司，一日本的起司。

↑糖果製成的「盒裝壽司糖」，有蘋果味的鮪魚壽司和哈密瓜味的小黃瓜壽司等，540日圓

## 蒐羅全國美食感受微旅行體驗
### 日本百貨店しょくひんかん
にほんひゃっかてんしょくひんかん

全國各地經典、地域性高的「食」齊聚一堂之名產店。售有許多生產直送的稀有商品，讓人透過購物體驗一趟國內旅行。

☎03-3258-0051　休無休（6、11月的第一週三）　地11:00～20:00

Mapple Code 1302-5061

## 把日本全國的極品美食當作伴手禮
### CHABARA AKI-OKA MARCHE
●チャバラアキオカマルシェ

以日本之「食」為主題的商業設施。設有匯集全國各地名產的「日本百貨店しょくひんかん」之外，也有咖啡廳、餐飲店。

地因店而異　地千代田区神田練塀町8-2　休因店而異　地JR秋葉原站電氣街口即到

Mapple Code 1302-4746
MAP 附錄③P.21 B-2

## 高架橋下以日本製造為主題的設施
### 2k540 AKI-OKA ARTISAN
●にーケーごーよんまるアキオカアルチザン

位於秋葉原與御徒町之間，融合工坊和商店的店家齊聚的設施。售有許多令人感受到職人堅持的單品，同時也會舉辦工作坊。

☎03-6806-0254　地台東区上野5-9　休週三（逢假日則營業，因店而異）　地11:00～19:00（公共部份10:00～20:30）　地JR秋葉原站電氣街口步行6分

Mapple Code 1302-2720
MAP 附錄③P.21 C-1

## 世界上絕無僅有的托特包
### @griffe東京　アグリーとうきょう

以法國的報章雜誌為元素，製作包包和小物。聚集了許多「只有這裡才能買的到的獨特商品」。

☎050-7573-7513　Mapple Code 1302-3019

↑「世上獨一無二的書封」5400日圓。以美國漫畫或報紙為印花圖案的個性單品。

## 國中校舍搖身一變成為藝術空間
### 3331 Arts Chiyoda
●さんさんさんいちアーツチヨダ

舊練成中學改建而成的藝術中心。設有藝廊、咖啡廳、商店，並會舉辦展覽。亦可在遼闊的草皮空間休息。

☎03-6803-2441　地千代田区外神田6-11-14　休無休※部分設施、店家有異　地10:00～21:00（部分設施、店家有異）　地免費，因展覽而異　地地下鐵末廣町站4號出口即到

Mapple Code 1302-3107
MAP 附錄③P.2 E-2

## 盡情欣賞藝術家作品和雜貨
### 3331 CUBE shop&gallery
さんさんさんいちキューブ ショップアンドギャラリー

售有3331的原創商品、書籍，以及藝術家親手打造的作品和飾品。

Mapple Code 1302-7800

↑將身障者作品商品化而成的錢包 3024日圓（マジェルカ）

ACCESS

東京站　羽田機場國際線大樓站

JR山手線 3分　東京單軌電車 25分

神田站　濱松町站

地下鐵銀座線 2分　JR山手線 10分

最近車站 末廣町站　秋葉原站

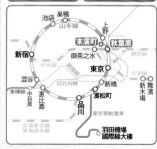

# 82 サンシャインシティ 陽光城

## 玩樂一整天 大型娛樂設施

池袋代表性的大型設施。設有重新開幕的展望台、美食、可體驗遊樂設施的「NAMJA TOWN」、可以體驗《週刊少年JUMP》世界的「J-WORLD TOKYO」等多樣設施，玩一整天都不會膩。

### DATA

¥ 入場 因設施而異
☎ 03-3989-3331
地址 豐島區東池袋3-1
公休日 營業時間 因設施而異
交通 JR池袋站東口步行8分
Mapple Code 1300-2735

©L5/YWP・TX

### WORLD IMPORT MART大廈2F
## NAMJA TOWN
### 結合美食和娛樂的主題樂園

設有13款遊樂設施，並可品嘗煎餃、甜點等美食的室內型主題樂園。園內分為西洋風格、昭和復古、妖怪們的街道等3座街區，各自擁有其獨特的氛圍。

☎ 03-5950-0765
休 無休 ⌚ 10:00～21:00（22:00閉館）¥ 入園費500日圓，4歲～小學生300日圓 HP www.namco.co.jp/namja/
Mapple Code 1300-2741 ©NAMCO

### 妖怪手錶遊樂設施 鬼時間逃離大作戰

¥ 600日圓 ⌚ 約15分

超人氣動畫《妖怪手錶》的通道型逃出遊樂設施。按照妖怪Pad提供的訊息，逃出生天吧！

→「NAMJA TOWN吉祥物可麗餅」800日圓

### 池袋餃子運動場

設有池袋煎餃四天王以外，還有羽根付、宇都宮、濱松等各家店舖，可以讓人每一家都吃吃看比比看的區域。

石松 ●いしまつ

「石松煎餃」4個400日圓

↑昭和復古的氛圍

包王 ●ぱおう
↑「牛豚包」3個470日圓

### 福袋甜點橫丁

販售專業甜點師精心製作的「造型甜點」。快來品嘗看看可愛至極的甜點吧。

Crepe Paw ●クレープパウ
↑蛋糕、可麗餅等6間專賣店齊聚一堂

### WORLD IMPORT MART大廈 屋頂
## 柯尼卡美能達 天象儀館「滿天」
●コニカミノルタプラネタリウムまんてん

### 2015年12月重新開幕

可欣賞圓頂360度、富有臨場感的星空投影。館內設有可躺下的「草皮座位」、以及如同騰雲駕霧的「雲朵座位」。

☎ 03-3989-3546 休 不定休（更換作品期間休館）⌚ 11:00的場次～20:00的場次 ¥ 1200日圓，小、中學生600日圓，幼兒（4歲～）500日圓，草皮／雲朵座位（最多2名）2900日圓，（療癒天象儀館一律1500日圓，草皮／雲朵座位3500日圓）
Mapple Code 1301-7277

### 太陽城館內地圖

```
60F          SKY CIRCUS
59F 空中餐廳   陽光60展望台
58F
     陽光60大廈
                太陽城王子大飯店    陽光水族館  柯尼卡美能達天象儀館「滿天」   文化會館
                Nippon Animation Official Shop ANi★CUTE   屋頂         古代東方博物館
7・8F                                        7F                    7F
東急HANDS池袋店  超東京寶可夢中心
                                          4F        陽光劇場        4F
               4F                          3F                    3F
        3F                                 2F                    2F
     2F         1F  ＡＬＰＡ專門店街         1F  巴士轉運站        1F
池袋站 自動步道                             陽光城ALTA
        B1       B1                         B1      ＡLＰＡ專門店街
              B2・B3  停車場
              NAMJA TOWN       J-WORLD TOKYO
```

### ACCESS

| 東京站 | 羽田機場國際線航站樓站 |
|---|---|
| 地下鐵丸之內線 ⌚ 17分 | 京濱急行線 ⌚ 16分 |
| | 品川站 |
| | JR山手線 ⌚ 25分 |

最近車站 池袋站

影像非常真實，就像真的在飛一樣！

## SKY BRIDGE
## TOKYO 彈丸飛行

戴上護目鏡，乘上大砲造型的機器，體驗4D虛擬實境飛行。大砲的動作加上驚人影像，刺激度滿分！

¥1次600日圓

### 可看到這樣的景色！

護目鏡的另一邊是未來的東京。可以高速的在景點和高樓大廈之間高速移動！

\2016年4月重新開幕/

陽光60大廈 60F

# SKY CIRCUS
# 陽光60展望台

●スカイサーカスサンシャインろくじゅうてんぼうだい

### 重獲新生的體感型展望台！

將歷史悠久的展望台，以「SKY CIRCUS」為概念重新整修。設有使用最新VR技術的設施、透過影像感受奇妙體驗的專區等，提供不僅止於眺望的樂趣。預約資訊請見官方網站。

☎03-3989-3457　休無休　⏰10:00～21:00（22:00閉館）　¥1800日圓，高中、大學生、65歲以上1500日圓，小、中學生900日圓，4歲～未上小學500日圓

Mapple Code 1300-2737

## KALEIDO SCAPE
## 馬賽克SKY

窗戶旁設計的馬賽克鏡片，會將內外景色上下左右顛倒地映照出來。不妨試著拍攝融入景色之中的奇妙照片吧！

## KALEIDO SCAPE
## 無限幻景

將影像投射在上下左右都被鏡子包圍的空間，感覺就像闖進了萬花筒的世界之中。

↑可望見東京晴空塔®

---

還有更多　陽光城
# 遊玩景點

### ALPA 2F
## 超東京寶可夢中心

### 寶可夢官方商店登場

販售遊戲軟體、遊戲卡牌等寶可夢原創商品的官方商店。

☎03-5927-9290　休無休　⏰10:00～20:00　Mapple Code 1302-4881

©2016 Pokémon.
©1995-2016 Nintendo/Creatures Inc./GAMEFREAK inc.
ポケットモンスター・ポケモン・Pokémonは任天堂・クリーチャーズ・ゲームフリークの登録商標です

↑大家熟悉的寶可夢在大門迎接！

### ALPA 2F
### Nippon Animation Official Shop ANi★CUTE

●にほんアニメーションオフィシャルショップアニキュート

### 與動畫的人氣角色見面

製作人氣動畫《小浣熊拉斯卡爾》、《櫻桃小丸子》的日本動畫公司所經營的官方商店。

☎03-6914-2668　休無休　⏰10:00～20:00　Mapple Code 1302-6889

↑大人小孩都樂在其中

「小浣熊拉斯卡爾玩偶S」1944日圓

### 文化會館大廈 7F
## 古代東方博物館

●こだいオリエントはくぶつかん

### 穿越時空回到古代的世界！

展示西亞細亞、埃及的舊石器時代起，至薩桑王朝時代的資料，約5000件品項。

☎03-3989-3491　休無休　⏰10:00～16:30（17:00閉館）

↑可欣賞到貴重的出土物

Mapple Code 1300-2600

---

### WORLD IMPORT MART大廈屋頂
# 陽光水族館

### 空中的綠洲空間　　　●サンシャインすいぞくかん

位於大樓屋頂的都市型高層水族館。共分為大海之旅、水濱之旅、天空之旅等3個區塊，並設有圓環型水槽、日本第一座水母隧道等獨特的展示方式。讓遊客透過五感來體驗水之世界。

☎03-3989-3466　休無休　⏰10:00～19:00（閉館20:00），11～3月～17:00（閉館18:00）　¥2000日圓，孩童（小、中學生）1000日圓，幼兒（4歲以上）700日圓，老人（65歲以上）1700日圓　Mapple Code 1300-2719

### 1F 大海之旅
## 陽光岩礁水槽

藍白調和的海之綠洲。大水槽中悠遊的魚兒和潛水員帶來的水中表演值得注目。

### 屋頂 天空之旅
## 陽光環形水槽

直徑8m的甜甜圈型水槽。從下方仰望時，海獅彷彿飛在天空中一般。公開時間為10～17時（4～8月～18時）。

---

### WORLD IMPORT MART大廈 3F
# J-WORLD TOKYO

●ジェイワールドトーキョー

### 在JUMP的世界觀中盡情暢遊

在《JUMP》作品的世界觀當中盡情遊玩的室內型主題樂園。在此可體驗以《航海王》、《七龍珠》等人氣作品為主題的各種遊樂設施。

☎03-5950-2181　休無休　⏰10:00～21:00（22:00閉園）　¥入園費大人800日圓，4歲～中學生600日圓

Mapple Code 1302-4711

### 航海王區域
## CHOPPER QUEST

帶著躲在背包中的喬巴，一起去尋找拯救魯夫的藥草，其為環繞場地型娛樂設施。

¥800日圓　⏰約20分

©尾田栄一郎／集英社・フジテレビ・東映アニメーション

### 七龍珠區域
## Shoot! "KAMEHAMEHA"!!

可釋放「龜派氣功波」的3D體驗遊樂設施。和悟空一起拯救地球吧！

¥800日圓　⏰約5分

©バードスタジオ／集英社・フジテレビ・東映アニメーション

# 池袋美食

人氣甜點&特產美食大快朵頤！

陸續在JR池袋站內開張的人氣甜點店，以及2大百貨公司地下街眾多的拉麵名店等，池袋可稱得上美食家必訪之地。一起在車站附近尋獵美食、追求多樣的口味吧！

MAP 附錄③ P.21 下

景點
玩樂
美食
咖啡廳
購物

所需時間 約3小時

## JR池袋站 站內
●ジェイアール いけぶくろえきこうない

**站內甜點十分充實！**

近年來，東京都內乘客數名列前茅的池袋站內，甜點店陸續開幕，聚集了在池袋初次展店的品牌以及時常大排長龍的人氣店家，正逐漸吸引眾人的目光。

☎因而異
地 豊島区南池袋1
休 因店而異
MAP 附錄③ P.21 A-5

### BAKE CHEESE TART 池袋店
●ベイクチーズタルトいけぶくろてん

人潮絡繹不絕的當紅起司塔店。混合3種起司的內餡，外表包著雙層酥脆的塔皮可品嘗到剛出爐的美味。

☎03-5956-4580
休無休 🕙10:00～22:00
Mapple Code 1302-7702

↑「現烤起司塔」1個216日圓

### CHOUXCREAM CHOUXCRI
南口

新食感奶油泡芙成為熱門話題。販賣有3層外皮重疊的「シューシュクリ」、還有風味濃郁的「シュー可頌」（290日圓）、巨大無比的「シューグランデ」（1400日圓）。

☎03-3980-8610
休無休 🕙10:00～22:00
Mapple Code 1302-7366

↑口乾酥脆中帶有彈性的「シューシュクリ」1個290日圓

請品嘗144層自製派皮營造出的驚人口感

### RINGO 池袋店
東口
●リンゴいけぶくろてん

2016年3月新開幕的蘋果派專賣店。使用現搾牛乳，在自家工坊製作的綿密奶油和蘋果堪稱絕配。

☎03-5911-7825
休無休 🕙10:00～22:00
Mapple Code 1302-7772

↑令人聯想到蘋果的時尚裝潢

🔴1個399日圓，每人限購4個。店內直接現烤，不會事先製作

### Bean&Pop
4F ●ビーンアンドポップ

可以品嘗到精心沖泡的特調咖啡，以及講究素材的奢侈爆米花的咖啡廳。

☎03-3982-7001 休不定休
🕙11:00～21:00
Mapple Code 1302-7068

↑時尚的店內空間

↑咖啡和爆米花皆可外帶

### sisters
1F ●シスターズ

使用台灣產新鮮珍珠的珍珠飲品專賣店。剛煮好的軟Q珍珠，與嚴選的數十種飲料堪稱絕配。

☎03-6914-1712 休不定休
🕙11:00～21:00
Mapple Code 1302-7069

↑以粉色為基調的店舖設計十分可愛

↑加入牛奶、水果茶的飲品等各300日圓～

## WACCA IKEBUKURO
●ワッカイケブクロ

**以「食與生活」為主題的新觀光景點**

餐廳、咖啡廳、雜貨等各具特色的24家店舖齊聚一堂。5樓用餐樓層時常會舉辦以美食為中心的活動。

☎03-6907-2853
地 豊島区東池袋1-8-1
休無休 🕙11:00～21:00（餐飲店～23:00）※因店而異
🚉JR池袋站東口步行3分
Mapple Code 1302-6703
MAP 附錄③ P.21 B-4

### ACCESS

| 東京站 | 羽田機場國際線航站樓站 |
|---|---|
| 地下鐵丸之內線 17分 | 京濱急行線 16分 |
| | 品川站 |
| | JR山手線 25分 |

最近車站 **池袋站**

##  天のや B1F

●あまのや

↗一般尺寸 1181日圓

麻布十番的甜點店「天のや」裡擁有超高人氣，必定賣到缺貨的「雞蛋三明治」在池袋登場。夾著鬆軟高湯煎蛋捲的三明治，堪稱絕品。

休 不定休
⏰ 10:00～21:00（週日、假日～20:00）
Mapple Code 1302-7071

↘「雞蛋三明治」數量有限，請盡早來店

## Bon+Bonne Anniversary B1F

南青山的人氣甜點店「Anniversary」與西武合作經營的原創店家。供應許多裝飾成動物等造型的可愛甜點。

↗一見鍾情 可愛的甜點令人

休 不定休 ⏰ 10:00～21:00（週日、假日～20:00）
Mapple Code 1302-7072

↙「動物馬卡龍套組」（5個裝）1404日圓

## KIT KAT Chocolatory B1F

「LE PATISSIER TAKAGI」主廚—高木康政全面監修，世界第一間「KIT KAT」甜點專賣店。

休 不定休 ⏰ 10:00～21:00（週日、假日～20:00）
Mapple Code 1302-5914

↗「KIT KAT Chocolatory Sublime苦甜巧克力」1支324日圓

↖Chocolatory限定的商品眾多

## Patisserie KIHACHI B1F

↗「KIHACHI查佛蛋糕卷」（約14㎝）2160日圓

以「四季的食材，在最美味的時刻品嘗」為主題，販售人氣蛋糕卷等各式各樣的甜點。為顧客帶來甜點的新發現和樂趣。

✆ 03-6912-6361
休 準同東武百貨店
Mapple Code 1302-7852

↘排列著滿滿的精緻西點

## YOKUMOKU B1F

除了代表商品原味雪茄蛋捲外，也販售使用巧克力或堅果等種類豐富的餅乾。

↓原味雪茄蛋捲（20根裝，1458日圓）
✆ 03-5951-6138
休 準同東武百貨
Mapple Code 1302-7123

↘也陳列許多季節限定商品

## Mon Loire B1F

本店位在神戶的巧克力專賣店。使用嚴選可可豆製成的黑巧克力等，十分具有人氣。

✆ 03-5951-5073
休 準同東武百貨店
Mapple Code 1302-7124

↗樹葉造型的小巧克力是招牌商品

↙品當伴手禮的商品有許多適合

## 西武池袋本店

●せいぶいけぶくろほんてん

### 充實的地下街為其魅力

池袋東口代表性的直通車站百貨公司。共分為本館、別館、書籍館，並擁有提供最尖端時尚單品、甜點、熟食的充實地下街，以及池袋東口最大規模的美食街等，為旅客帶來多樣的樂趣。

✆ 03-3981-0111 地址 豐島区南池袋1-28-1
休 不定休 ⏰ 10:00～21:00（週日、假日～20:00）
交通 直通JR池袋站東口
Mapple Code 1300-2862 MAP 附錄③ P.21 A-5

## 東武百貨店 池袋店

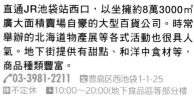

●とうぶひゃっかてんいけぶくろてん

### 人氣甜點伴手禮琳瑯滿目

直通JR池袋站西口，以坐擁約8萬3000㎡廣大面積賣場自豪的大型百貨公司。時常舉辦的北海道物產展等各式活動也很人氣。地下街提供有甜點、和洋中食材等，商品種類豐富。

✆ 03-3981-2211 地址 豐島区西池袋1-1-25
休 不定休 ⏰ 10:00～20:00（地下食品區等部分樓層視星期～21:00）交通 直通JR池袋站西口
Mapple Code 1300-2863 MAP 附錄③ P.21 A-5
※視時節售有限定商品。

---

### 池袋是拉麵的聖地 在激戰區享用 絕品拉麵

池袋是眾所皆知的拉麵激戰區。做好排隊的覺悟，前往這些名店看看吧！

## 東池袋 大勝軒 本店

●ひがしいけぶくろたいしょうけんほんてん

廣為人知的沾麵始祖名店。湯頭以豚骨、豬腳、全雞為基礎，並活用鮮魚和絞肉提昇風味，牢牢抓住了愛好者的心。

✆ 03-3981-9360
地址 豐島区南池袋2-42-8
⏰ 11:00～22:00
※湯頭賣完即打烊
交通 地下鐵東池袋站6號出口即到
↗「特製蕎麥沾麵」750日圓
Mapple Code 1302-1699
MAP 附錄③ P.21 C-6

## 蒙古タンメン中本西池袋

●もうこタンメンなかもとにしいけぶくろ

大量的肉和蔬菜，添加秘傳味噌醬汁細細熬煮，淋上特製辣味麻婆豆腐的「蒙古湯麵」等，可品嘗到極致辛辣美味的拉麵。

✆ 03-3989-1233
地址 豐島区西池袋3-26-6 サンサーラ西池袋ビル2F 休 無休
⏰ 11:00～翌1:00(L.O.)（詳情需洽詢）
交通 JR池袋站西口步行5分
↗「蒙古湯麵」800日圓
Mapple Code 1301-1093 MAP 附錄③ P.21 A-5

## 麵創房 無敵家

●めんそうぼうむてきや

以自稱「池袋最強豚骨精華」的濃郁湯頭為招牌。只使用北海道產小麥粉製成的Q彈麵條，與湯頭十分契合，堪稱「無敵」的味道。

✆ 03-3982-7656
地址 豐島区南池袋1-17-1
休 無休 ⏰ 10:30～翌4:00(L.O.) 交通 JR池袋站東口步行5分
↗「本トロ特丸麵」1030日圓
Mapple Code 1301-6705
MAP 附錄③ P.21 A-6

# 84

## 谷根千漫遊

やねせんさんぽ

景點　玩樂　美食　咖啡廳　購物
所需時間　約4小時
MAP P.153

## 老街風情洋溢的下町漫遊

復古的街道、下町美食、可愛雜貨店等，谷根千擁有許多值得一逛的地方。不妨沉浸在下町情懷中，悠閒享受散步吧。

**START 日暮里站**

步行5分

### 昭和氛圍瀰漫的商店街

**1 谷中銀座商店街**

●やなかぎんざしょうてんがい

位在JR日暮里站與地下鐵千駄木站之間，支持周遭居民生活的商店街。在充滿下町風情的街道上，約60間販賣熟食、點心等的店鋪林立。

🚃 JR日暮里站西口步行5分

Mapple Cafe 1302-3175

↑時常可巧遇貓咪

### 品嘗來自全世界的咖啡

**自家焙煎珈琲 cafe 満満堂**

●じかばいせんコーヒーカフェまんまんどう

嚴選來自世界各國的咖啡豆，講究鮮度地煎焙、蒸餾的咖啡廳。由於種類十分豐富，若不知道該怎麼挑選，可以直接和店長聊聊。

📞 03-3824-4800
🏠 荒川区西日暮里3-15-4　🈺 週一（逢假日則翌日休），每月10號（有所變動）
🕐 10:30～17:30（18:00打烊）
🚃 JR日暮里站西口步行5分

Mapple Cafe 1302-1285

↑知名景色「夕陽階梯」

↑復古風格的店內，貼滿了店主手寫的咖啡豆說明

↑復古的民房風格入口

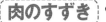
↑咖啡420日圓～。亦供應有「金鍔燒」（150日圓）等和菓子

### 秒殺美食現炸肉餅

**肉のすずき**

●にくのすずき

該肉店使用高級絞肉製作的「元氣炸肉餅」很受歡迎。時常在打烊前就賣光，想買請趁早。

📞 03-3821-4526　🏠 荒川区西日暮里3-15-5　🈺 週一　🕐 10:30～18:00（炸物賣完即打烊）　🚃 JR日暮里站西口步行5分

Mapple Cafe 1301-9924

↑「元氣炸肉餅」1個230日圓

↑可樂餅和叉燒都頗具人氣

### 以貓咪為主題的烤甜甜圈

**やなかしっぽや**

以貓尾為主題的烤甜甜圈專賣店。共有巧克力、紅糖等約15種口味。商品還取有「虎斑」等貓的名字。

📞 03-3822-9517
🏠 台東区谷中3-11-12　🈺 不定休　🕐 10:00～18:00（週六、日、假日～19:00）　🚃 JR日暮里站西口步行5分

Mapple Cafe 1302-3301

↑可愛的甜甜圈琳瑯滿目

↓取有貓咪名稱的甜甜圈各100日圓～

步行10分

### 知名人士長眠的遼闊靈園

**2 谷中靈園**

●やなかれいえん

1874（明治7）年開設，腹地廣達10萬㎡的靈園。橫山大觀、澀澤榮一等，多不勝數的知名人士長眠於此。腹地內綠意盎然，十分適合散步。周圍林立的寺院也是看點之一。

📞 03-3821-4456
🏠 台東区谷中7-5-24　🕐 自由入園
🚃 JR日暮里站西口步行5分

Mapple Cafe 1300-5602

↓可欣賞到東京晴空塔®

↑約10萬㎡的廣大腹地

### ⒶⒸⒸⒺⓈⓈ

| 東京站 | 羽田機場國際線航站樓站 |
|---|---|
| JR山手線 🕐12分 | 京濱急行線 🕐16分 |
| | 品川站 |
| | JR山手線 🕐23分 |

**最近車站 日暮里站**

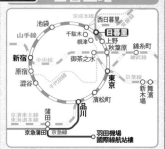

## 有溫度的手工藝品

### ④ たそがれ堂

↑鳥籠吊飾2500日圓

步行4分

●たそがれどう
展示、販售陶器和布織品等手工藝品的店家。容器、擺設品等，店內排列著許多有特色的作品。若有發現喜歡的物品，請千萬不要錯過。

↑原創造型玩偶各3000日圓

☎080-6746-8975
🏠文京区根津2-21-5
🈺週一、四、日、第3週六 ▣11:00～16:30 🚇地下鐵根津站1號出口步行4分
Mapple Code 1302-3813

↑手工製品琳瑯滿目　↑陶器杯子2500日圓

## 口感Q彈的釜揚烏龍麵

### ③ 根津 釜竹

步行15分

●ねづかまちく
烏龍麵共有「釜揚烏龍麵」（918日圓）、「竹籠烏龍麵」（900日圓）2種。麵條保留著小麥的甘甜和口感，可以品嘗到烏龍麵最純粹的味道。店主具備調酒師資格，也供應豐富的酒類和下酒菜。

☎03-5815-4675 🏠文京区根津2-14-18 🈺週一 ▣11:30～14:00(14:30打烊)、17:30～20:30(21:00打烊)、週日11:30～14:00(14:30打烊)※烏龍麵賣完即打烊 🚇地下鐵根津站2號出口步行5分
Mapple Code 1302-4154

↑欣賞庭園的同時，享受閒暇時光

↑以Q彈口感為傲的「釜揚烏龍麵」

步行6分

## 文豪也喜愛的美麗古老神社

### ⑤ 根津神社

●ねづじんじゃ
據傳起源於祭祀日本武尊（やまとたけるのみこと）而傳承下來的神社，同時也是現存江戶時代的神社建築當中，規模最大的一座。綠意盎然、氣氛嚴整的境內，共有8項日本重要文化財。

☎03-3822-0753 🏠文京区根津1-28-9 🈺無休 ▣6:00～17:00(夏季5:00～18:00) 💴免費 🚇地下鐵根津站1號出口步行5分
Mapple Code 1300-5606

GOAL
根津站

步行5分

↑通往乙女稻荷神社社殿的大量鳥居

↑樓門前架著巨大的拱橋

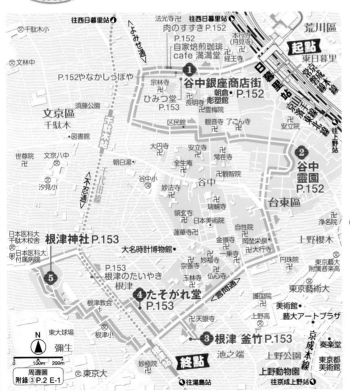

## 排隊美食

不妨也到這裡走走！

下町美食的寶庫——谷根千，有著許多大排長龍的受歡迎店家。若打算在散步途中順便看看，記得要預留好時間。

### ひみつ堂 ●ひみつどう

全年暢銷！剉冰名店

使用日光天然冰產處——三ツ星氷室的天然冰，透過古老的手動式剉冰機來製作的冰店。在口中融化的口感令人欲罷不能。

☎03-3824-4132 🏠台東区谷中3-11-18 🈺週一(10～4月為週一、二) ▣10:00～18:00左右(需確認) 🚇JR日暮里站西口步行5分
Mapple Code 1302-5656

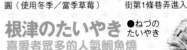
↑「ひみつ草莓牛奶冰」900日圓（使用冬季/當季草莓）
↑從谷中銀座商店街第1條巷弄進入

### 根津のたいやき ●ねづのたいやき

喜愛者眾多的人氣鯛魚燒

以口感酥脆的薄皮為特徵的「鯛魚燒」，使用北海道特選紅豆，甜味恰到好處的內餡與外皮十分搭配。

☎03-3823-6277 ※忙碌時無法接聽 🏠文京区根津1-23-9-104 🈺不定休 ▣10:30～賣完即打烊 🚇地下鐵根津站1號出口步行5分
Mapple Code 1300-5610

↑塞滿餡料的「鯛魚燒」170日圓

↑建議在等待時間較短的剛開店時段前來購買

# 在傳統下町出道成為「相撲女子」

國技館在1、5、9月會舉辦東京場所（比賽），可以欣賞到力士之間的認真對決。觀戰後，喜歡相撲的女性急遽增加，力士出沒的地點也開始廣受注目，稍微前往一遊吧。

**85**

## 兩國&國技館

りょうごくアンどこくぎかん

景點
玩樂
美食
咖啡廳
購物

所需時間 約 **3** 小時

MAP P **155**

---

### 力士間的認真對決令人熱血沸騰

## 國技館 ●こくぎかん

可以欣賞日本國技——相撲的設施。1909（明治42）年，建設於回向院內，曾暫時轉移至藏前，1985（昭和60）年才於目前的地點重建。除了可以欣賞相撲外，還會舉辦格鬥技等的比賽。

☎03-3623-5111
墨田区橫網1-3-28
休 L 羊 因活動而異
JR兩國站西口即到
HP http://www.sumo.or.jp/
Mapple 1300-2604

約可容納1萬1000人的大型設施

### 觀戰前來逛逛

## 相撲博物館 ●すもうはくぶつかん

國技館1樓的常設展，收集、保存歷代橫綱的錦繪和腰帶，以及相撲的相關資料。讓人實際感受延續1500年以上的相撲歷史。可免費參觀，但在東京場所舉辦期間需要出示大相撲的參觀券。

☎03-3622-0366
墨田区橫網1-3-28 國技館內
休 週六、日、假日（東京場所舉辦期間，僅國技館入場者可入館）
L 10:00～16:30
Mapple 1300-2590

每年舉辦多達6次的企劃展

---

## 大相撲觀戰

### 觀戰入場券GET

千秋樂、中日等週末的入場券，很容易在開賣當天就售罄。雙人座的枡席以及量少的溜席的入場券也很難購得。建議把目標放在平日或椅子席入場券吧。

#### 入場券費用 （皆為1人）

- ●枡席 …………………………… 9500～11700日圓
- ●溜席 …………………………… 14800日圓
- ●椅子席 …………………………… 3800～8500日圓

※當日、預售券皆可在國技館入場券賣場購得。自由席2200日圓（最後列14席）僅販售限當日券。3歲以下的小孩免費入場。入場券的販賣期間等資訊請洽詢國技館

### 購入窗口

- ●日本相撲協會 票券賣場 售票處販賣（枡席、椅子席）
- ●相撲服務處
- ☎03-3622-3300 （枡席）
  ※僅限團體購買
- ●チケット大相撲
- ☎0570-02-9310 （枡席、椅子席）
- ●溜席抽籤販售專用電話
- ☎0570-02-9933 （溜席）

### 觀戰中填飽肚子

可以在座位上邊吃東西邊觀賞相撲。不妨品嘗一下在國技館地下製作的知名美食烤雞串、相撲部屋特製的相撲火鍋等。

「力士便當」1150日圓。橫綱、大關力士為主題的便當有7種。照片中為白鵬便當

「烤雞串」650日圓（小）。國技館地下的工廠製作的人氣小吃

「相撲火鍋」250日圓。僅在比賽舉辦時開店的「ちゃんこ屋台」才能品嘗得到

### 開始觀戰！

溜席、枡席、椅子席依照順序，距離土俵越近越能感受比賽的魄力。第一次參戰的旅客，建議可以收聽播放解說的館內限定收音機頻道「ドスコイFM」。收音機的租借請至綜合服務處辦理。

#### 枡席
四周圍繞柵欄的觀戰高台座位。每區間分別為3、4人席或5、6人席

#### 溜席
1樓前排到第6列的座位，亦稱為「吃砂席」。需透過專用電話抽籤購買

---

### 本場所的一天

|  |  |
|---|---|
| 18:00左右～ | **弓取式**<br>壓軸戰結束後，會由幕內力士進行弓頭儀式，希望觀眾再度前來打力<br>**觀小太鼓戰**<br>士進行弓力 |
| 16:10左右～ | **幕內對戰**<br>17時30分左右，大關、關脇、小結三個階段的力士之間進行激烈戰鬥。力士之間進行的窮極相撲競技正式對戰 |
| 16:00左右～ | **橫綱入場**<br>橫綱手持太刀，跟隨打頭陣的進入土俵。入場型式分為雲龍型和不知火型。踏上土俵後，橫綱四股、觀賞時不妨挑戰一下大喊「よいしょ」！ |
| 15:30左右～ | **幕內入場**<br>相撲界有著數百名的高階成員，所有人都進入土俵後，會被稱為關。觀眾席圍成圓陣。等力士們熱烈的掌聲和歡呼 |
| 14:30左右～ | **十兩力士入場&對戰**<br>相撲界從十兩力士開始，才會被視為獨當一面，髮型也會梳成大銀杏造型。此時力士會穿著腰帶進入土俵 |
| 8:30左右～ | **前相撲**<br>**幕下對戰**<br>未有級別稱號的新弟子之間的對戰開始，從序之口的對戰開始，依照序二段、三段目、幕下的順序到高位階的對戰 |

---

### ACCESS

| 東京站 | 羽田機場國際線大樓站 |
|---|---|
| JR山手線 L4分 | 東京單軌電車 L25分 |
| | **濱松町站** |
| **秋葉原站** | JR山手線 L10分 |
| JR總武線 L4分 | **秋葉原站** |
| | JR總武線 L4分 |

最近車站 **兩國站**

# 力士景點漫遊

**以力士為主題的周邊商品都在這裡**

## 兩國 高はし
●りょうごくたかはし

原本為棉被、座墊的專賣店，但如今已成為力士日用品也十分齊全的店家。從傳統商品到文具都有，相撲相關產品也十分豐富。

見印式一馬克杯「決勝式一49 5日圓「決勝到罕。招有基礎招式圖樣的過肩摔圖樣

↻描繪相撲進入高潮的近身對決，造型十分時尚的「風呂敷」645日圓

📞03-3631-2420
🏠墨田区両国4-31-15　🈺週日(東京場所舉辦期間無休)　🕐9:30～19:00　🚃JR兩國站東口步行8分

Mapple 1300-5804

↻「紅包袋」303日圓可以放點小心意給國技館內負責帶位的服務人員

↻大正時代創業的老店　廣受當地人喜愛的。

---

**觀戰後最值得期待的就是相撲火鍋**

## 相撲茶屋 寺尾
●すもうちゃややてらお

由前關脇、現任綴山部屋指導的寺尾關的哥哥經營的相撲火鍋店。提供從經典口味到原創的柚子醋口味共五種相撲火鍋。午餐時刻推薦點選「A套餐」（1200圓）。

📞03-5600-1466
🏠墨田区両国2-16-5　あづまビル1F　🈺週一・1、5、9、12月無休　🕐11:30～13:30(L.O.)、17:00～21:00(22:00打烊)　🚃JR兩國站西口步行5分

Mapple 1301-8536

↻混合蛋黃和大蒜的特製雞豬混和絞肉，搭配讓眾多愛好者一吃上癮的「醬油相撲火鍋」1人份2500日圓（照片中為2人份）。高湯使用雞骨熬煮，口味清爽

↻以座位分隔區塊，令人安心，內店裝飾有寺尾關的腰帶

---

**力士也會光臨的甜點店**

## 兩國 國技堂
●りょうごくこくぎどう

齊備回向院、相撲相關的和菓子＆伴手禮。店內的甜點店以力士們時常光臨而知名。第2代老闆企劃的「紅豆霰餅」是非常適合在相撲觀戰後作為伴手禮送人的人氣商品。若是時間剛好，還有機會聽到老闆聊起力士！

📞03-3631-3856
🏠墨田区両国2-17-3　🈺無休　🕐10:00～19:30(20:00打烊)　🚃JR兩國站西口步行2分

Mapple 1300-4298

↻將香氣濃郁的霰餅混入冰淇淋之中的「鮮奶油餡蜜加霰餅冰淇淋」730日圓

↻「元祖烤製 紅豆霰餅」400日圓。在霰餅凹槽中加入紅豆餡的專家手工和菓子

---

## 兩國MAP

旧安田庭園　横網郵局　NTTドコモ　國際ファッションセンター・A1　藏前站
圖示
●…景點
●…美食
●…購物
水上バス・發着所　6
相撲協會　國技館 P.154
相撲博物館 P.154
ライオン　パール　WC　駅西口
江戶東京博物館 P.155
墨田区　八角部屋
日大・高・中　江戶東京博前
両国中　両国站　ほそ川
横網1　亀沢1　總武線　明治
ちゃんこ霧島　ちゃんこ川崎　両国ビュー
散佈著力士銅像、兩國特有的街道
ドトール
両国 國技堂 P.155　ちゃんこ友路　兩國 高はし
相撲茶屋 寺尾 P.155　ちゃんこ巴潟　両国3
京葉道路　都営大江戶線　みずほ　錦糸町站　吉野家
浅草橋站　三國橋　三菱東京UFJ　緑1
両国1　両国2　シティコア　吉良邸跡(本所松坂町公園)　両国小　やきとり専門店　三菱東京UFJ　清澄通り
0　100m　向院　回向院　春日野部屋　両国3　両国4　足袋資料館(喜久や足袋本舖)
周邊圖附錄③P.2 F-2　両国2　森下站　勝海舟誕生地紀念碑　二之橋北詰

---

↻使用欅木和檜木重現原物尺寸的江戶時代日本橋。長度是當時的2分之1，約25m，寬約8m

### 6F 日本橋 にほんばし

1603（慶長8）年，據說是當時最初建設的橋樑，江戶的象徵。在館內可以實際走過橋樑，體驗穿越時空回到江戶時代的感覺。

---

### 凌雲閣 りょううんかく

建立於明治時代，約67m的12層樓建築。展示品每隔5分鐘便有夜景表演，窗戶還會浮現剪影。

↻明治到大正期間，曾為淺草象徵性地標的凌雲閣（十二層）

### 尼古拉教堂 ニコライどう

如今仍矗立在御茶之水的大教堂。展示品為關東大地震受災前的模樣。

↻參與東京站設計的辰野金吾之師——喬賽亞・康德所設計

| 企劃展、特別展日程表 | |
|---|---|
| 2016年6月4日～7月24日 | 被發掘的日本列島2016 |
| 2016年7月5日～8月28日 | 大妖怪展 從土偶到妖怪手錶 |

---

**喜歡歷史的女性不容錯過！**
**「江戶博」的歷史之旅**

## 江戶東京博物館
●えどとうきょうはくぶつかん

專門介紹江戶、東京歷史文化的博物館。日本橋的原尺寸模型、江戶＆東京的街道模型等展示品都忠實重現了當時風貌，非常值得一看。館內設有餐廳和甜點店，設施非常充實，光是這邊就可以玩上一整天。

📞03-3626-9974
🏠墨田区横網1-4-1　🈺週一　🕐9:30～17:30(週六～19:30)　💴600日圓(特別展另外計費)　🚃地下鐵兩國站A3、A4出口即到

Mapple 1300-2630

↻考慮與國技館之間的調和，採用高床式的獨特構造

ログロードダイカンヤマ

# LOG ROAD DAIKANYAMA

# 熱門店家林立的時尚景點

2015年4月，在過去東橫線運行的線路遺址上誕生的複合設施。細長型腹地上1～5號棟店舖林立。於日本首次展店，美國西海岸代表性的複合品牌店「Fred Segal」、麒麟啤酒餐廳等，值得注目的店家多不勝數。

### DATA
- ¥ 入場 **免費**
- ⏰ 因店而異
- 地址 渋谷区代官山町13-1
- 公休日 營業時間 因店而異
- 交通 東急東橫線代官山站正面口步行4分

Mapple Code

---

## 1號棟 暢飲現釀的手工啤酒
### SPRING VALLEY BREWERY TOKYO

●スプリングバレーブルワリートウキョウ
麒麟啤酒打造的釀造場併設全天候餐廳。除了提供6種全年供應的餐點，還有季節限定的各種手工啤酒。不論是試喝啤酒的種類、下酒小菜、餐點都十分充實。

📞03-6416-4960
休 無休 ⏰8:00～22:30(24:00打烊)，週日、假日～21:00(22:00打烊)
Mapple Code 1302-7110

→如同身處啤酒工廠般的奇妙空間

← 「Beer Flight 6種類(各120ml)+配菜6種類」2000日圓

---

## 3號棟 西海岸代表性的流行品牌
### Fred Segal WOMAN
**日本初登陸**

●フレッドシーガルウーマン
源於美國西海岸的人氣複合品牌店。販售服飾、美妝、雜貨等時下最流行的產品。

📞03-3464-3962
休 不定休 ⏰11:00～20:00
Mapple Code 1302-7111

→以「祕密的奢侈」為主題的商品

---

## 2號棟 講究食材的新鮮甜甜圈
### CAMDEN'S BLUE ★ DONUTS
**日本初登陸**

●カムデンズブルースタードーナツ
起源於美國波特蘭，獲選為全美BEST10甜甜圈的人氣店家。以店內手工製作的布里歐麵團為基底，能享用各種創新口味為其魅力。

📞03-3464-3961 (THE MART AT FRED SEGAL)
休 不定休
⏰9:00～20:00
Mapple Code 1302-7112

→店內擺滿「THE MART AT FRED SEGAL」精選的食品、雜貨

←五彩繽紛的甜甜圈，隨時供應約10種

→「君度橙酒鮮奶油烤布蕾」410日圓。以烤布蕾包裏添加香草布丁的外皮。附君度橙酒液滴管

→裏著藍莓果泥的「藍莓波本羅勒」410日圓

---

## 5號棟 大量使用嚴選新鮮食材
### GARDEN HOUSE CRAFTS

●ガーデンハウスクラフツ
鎌倉的人氣餐廳2號店。供應使用有機食材的熟食、現烤麵包手工三明治，還可品嘗到自製烘焙甜點、講究的咖啡等。提供外帶服務。

📞03-6452-5200
休 不定休 ⏰8:00～19:00(20:00打烊)
Mapple Code

→設有寬闊露天席的舒適空間

←可品嘗到堅持使用國產素材和製法的道地麵包

↑「香辣羅勒烤雞＆莫札瑞拉起司」1500日圓

---

## ACCESS

| 東京站 | 羽田機場國際線航站樓站 |
|---|---|
| JR山手線 ⏰25分 | 京濱急行線 ⏰16分 |
| | 品川站 |
| 澀谷站 | JR山手線 ⏰12分 |
| 東急東橫線 ⏰2分 | 澀谷站 |
| | 東急東橫線 ⏰2分 |

最近車站 ▶ 代官山站

二子玉川

87

二子玉川 rise
購物中心、露台市場
ふたこたまがわライズショッピングセンターテラスマーケット

景點
玩樂
美食
咖啡廳
購物
所需時間 約3小時
MAP 附錄③ P·3·4

## 種類豐富的備受矚目店家齊聚一堂！

二子玉川站前的購物中心，在2015年4月開張的新區域。日本初次展店的美食店舖、「Rakuten CAFE」2號店等，設有許多絕對要造訪一次的店家。除此之外，電影院、餐廳、新型態的「二子玉川蔦屋家電」等，廣大腹地上聚集了各式各樣的設施。

### DATA
入場 免費
☎ 03-3709-9109
地址 世田谷区玉川1-14-1
公休日 無休　營業時間 因店而異
交通 東急田園都市線、大井町線二子玉川站東口即到
Mapple Code 1302-2836

### 西班牙王室御用的美食店家
**2F Mallorca**
日本初登陸
●マヨルカ
以在馬德里擁有超過80年歷史為傲的老字號美食店家。對食材極為講究，店內手工製作的麵包和蛋糕看似簡樸，卻可讓人感受到王室御用的高品質。
☎ 03-6432-7220　無休
9:00～22:00（23:00打烊）
Mapple Code 1302-7113

↑展示櫃擺放著琳瑯滿目的麵包和甜點

↓馬約卡島的傳統點心「螺旋麵包 巧克力拿鐵」280日圓※商品可能會有季節性變動

↑五彩繽紛的迷你甜點也十分豐富

↑經典的「螺旋麵包 原味」228日圓

### 實際品嘗樂天市場的人氣商品
**2F Rakuten CAFE**
●らくてんカフェ
由「樂天」經營的咖啡廳。店內可品嘗到樂天市場的人氣甜點。
☎ 03-5717-9133
無休　8:00～20:30（21:00打烊），週六、日、假日10:00～
Mapple Code 1302-7084
↑可在享用咖啡的同時閱覽電子書籍

### 現烤肉桂捲
**2F CINNABON／SEATTLE'S BEST COFFEE**
1985年於西雅圖誕生的肉桂捲人氣店家。溼潤有彈性的口感為特徵的各種現烤肉桂捲，可搭配豐富的飲料菜單一起享用。
☎ 03-6431-0955
無休　10:00～21:00
Mapple Code 1302-7114

↑提供外帶服務，作為伴手禮也十分方便

←將一口大小的肉桂捲放在可愛杯子裡加熱的「Roll On The Go」360日圓

### 提供體驗的DIY商店
**2F DIY FACTORY FUTAKOTAMAGAWA**
●ディーアイワイファクトリーふたこたまがわ
起源於大阪的DIY商店，首次在關東展店。幾乎每天都會舉辦工作坊，並且可以實際嘗試店內販售的工具。
☎ 03-6432-7025
無休　10:00～21:00
Mapple Code 1302-7116

↑工作人員會詳細解釋使用方式，請放心詢問

→各式DIY用品齊全

### 重點看過來
**1·2F 二子玉川 蔦屋家電**
●ふたこたまがわつたやかでん
以「購買生活型態的家電店」為概念。店內採用Book&Café模式，服務人員不只會介紹家電，還會為顧客推薦室內裝潢和書籍、雜貨等，轉型為充滿藝術&科技的時尚空間。
☎ 03-5491-8550　無休
9:30～22:30（部分店家有異）
Mapple Code 1302-7179

### ACCESS
**東京站**
JR山手線 25分
→ 澀谷站
東急田園都市線 12分

**羽田機場國際線航站樓站**
京濱急行線 16分
→ 品川站
JR山手線 12分
→ 澀谷站
東急田園都市線 12分

最近車站 ▶ 二子玉川站

## 吉祥寺漫遊

景點
玩樂
美食
咖啡廳
購物

所需時間 約3小時

MAP 附錄③P.23上

---

咖啡廳

### 1日售出超過200份的法式土司
## AMT CAFE 吉祥寺店
エーエムティーカフェきちじょうじてん

表皮酥脆，內部濕潤，長度超過30cm的法式土司專賣咖啡廳。浸泡於特製牛奶中，口感更加多汁柔軟。

☎0422-27-6091　武藏野市吉祥寺本町1-10-1 いなりやビル1F
休無休　11:00～19:30(20:00打烊)　JR吉祥寺站北口即到
Mapple 1302-7061　MAP 附錄③P.23 B-1

←以白色為基調，充滿居家氣息
←店面提供外帶服務

「原味美式牛奶土司」550日圓（前方）、「火腿&雞蛋」700日圓+「高麗菜沙拉」180日圓（後方）

夢幻 point
人氣的法式土司價格親民，讓顧客可以放下心來大快朵頤

---

## 夢幻咖啡廳&多樣雜貨

### 在時尚地區體驗

說這裡的時尚&個性店家之多為東京第一也不為過，光是走走看看就很有趣。

←焙茶聖代套餐1286日圓

### 居家感十足的小咖啡廳
## 「茶の愉」
ちゃのゆ

提供各種日本茶到紅茶、花茶等精選茶葉以及適合配茶的甜點，在舒緩環境裡享用的咖啡廳。店內最受歡迎的是「焙茶聖代（ほうじ茶パフェ）」，焙茶凍的芳醇香味加上日式甘甜，清爽無比的好滋味。

☎0422-22-6444　武藏野市吉祥寺本町2-15-3　休不定休
11:00～19:00(LO18:30)，週六～19:30(LO19:00)
JR、京王井之頭線吉祥寺站中央口步行7分
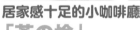
MAP 附錄③P.23 B-1

---

←外觀十分可愛的「溫馨咖啡拿鐵」（左），以及「594日圓（左），以及「鬆軟戚風香蕉蛋糕」680日圓（右）

夢幻 point
宛如童話中兒童房間的空間，可品嘗到可愛的拿鐵和蛋糕

### 充滿可愛元素的咖啡廳
## HATTIFNATT 吉祥寺のおうち
ハティフナットきちじょうじのおうち

宛如繪本中森林祕密基地般的咖啡廳。除了基本的甜點以外，簡餐菜色也十分充實。

☎0422-26-6773　武藏野市吉祥寺南町2-22-1　休不定休　12:00～22:00(23:00打烊)，週日～21:00(22:00打烊)
JR吉祥寺站北口步行5分
Mapple 1302-2814　MAP 附錄③P.23 C-2

←宛如身處繪本之中的店內裝潢。2樓為咖啡空間

---

### 欣賞可愛小鳥享受咖啡時光
## ことりカフェ吉祥寺
ことりカフェきちじょうじ

欣賞文鳥、鸚鵡的同時，悠閒地品嘗咖啡。還能吃到在當地很受歡迎的「JUN HONMA」特製蛋糕！

☎0422-29-9224　三鷹市下連雀1-14-7　休週二(逢假日則翌日休)
10:30～17:30(18:00打烊)
JR吉祥寺站公園口步行15分
Mapple 1302-7060　MAP 附錄③P.23 A-3

↓「蛋糕飲料套餐」1620日圓。仿造鳥兒模樣的蛋糕，共有貓頭鷹等3款

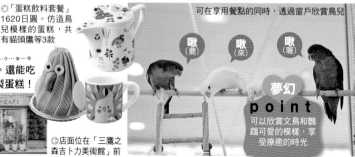
←店面位在「三鷹之森吉卜力美術館」前

可在享用餐點的同時，透過窗戶欣賞鳥兒

啾（要） 啾（來） 啾（喔）

夢幻 point
可以欣賞文鳥和鸚鵡可愛的模樣，享受療癒的時光

---

### ⒶⒸⒸⒺⓈⓈ

| 東京站 | 羽田機場國際線航站樓站 |
|---|---|
| | 京浜急行線 16分 |
| JR中央線 29分 | 品川站 |
| | JR山手線 12分 |
| | 澀谷站 |
| | 京王井之頭線 19分 |

最近車站 吉祥寺站

# 雜貨

⤴重現樂譜封面的懷舊風筆記本「兒童的拜爾鋼琴教本附底線線筆記本」各281日圓

## 懷舊獨特的文具
# 36 Sublo サブロ

專門販售外表可愛、設計獨特的文具。商品不只可愛，實用性也無可挑剔。用來送人對方應該也會很開心！

☎0422-21-8118 🏠武蔵野市吉祥寺本町2-4-16 原ビル2F
休週二 ⌚12:00～20:00 🚃JR吉祥寺站中央口步行5分

Mapple Code 1302-0957 MAP 附錄③ P.23 B-1

⤴位在住商混合大樓的2樓，請多加留意招牌喔

⤴印有插畫家makomo描繪的吉祥寺非官方吉祥物「吉ゾウ」的「吉ゾウ記事本」388日圓

⤴印有「36大叔」和文具的「文具花紋毛巾」1080日圓

**夢幻 point**
除原創商品外，還有眾多只有在這裡才買得到的獨特文具

---

## 來自歐洲的精美雜貨
# SIGNA シグナ

專門販售歐洲雜貨和手工藝用品的店家。透過古早機器製作的提花緞帶、藝術家作品等，擁有許多其他地方難以購得的商品。

☎0422-28-7110 🏠武蔵野市吉祥寺本町2-28-3 KMNビル1F 休週一（達假日則營業） ⌚11:00～19:00 🚃JR吉祥寺站北口步行7分

Mapple Code 1302-7062 MAP 附錄③ P.23 B-1

⤴充滿特色的圖樣為特徵的「HILDAHILDA午餐袋」7776日圓

⤴使用與100年前相同的方法製作的「提花緞帶」各1m1836日圓～

**夢幻 point**
無關流行，販售著滿溢創作者心意的商品

---

## 來自全世界的高品質雜貨
# Free Design

以「Quality Living」為主題，從世界各地蒐集各種方便使用、設計獨到的雜貨。每年舉辦5次的特集展示會相當值得注目。

☎0422-21-2070 🏠武蔵野市吉祥寺本町2-18-2 2F 休無休 ⌚11:00～20:00 🚃JR吉祥寺站北口步行5分

Mapple Code 1302-2274 MAP 附錄③ P.23 B-1

⤴手工設計的皺摺頗具品味的「Free Design×SIWA紙和 書套」1404日圓

⤴使用真正鳥羽製作的「PUEBCO BIRDS系列 貓頭鷹」1296日圓

⤴印有《嚕嚕米》與夥伴們，附專用外盒的「嚕嚕米馬克杯」各3240日圓

便籤600日圓

⤴鳥兒造型記事本1500日圓。附磁鐵，可貼在冰箱上

**夢幻 point**
擺放從各地進貨的商品，有許多在日本無法見到的東西

---

## 重現柏林少女的房間
# Gemütlich ゲミュートリヒ

位在中道通第一條巷弄內住宅街的德國雜貨店。店內琳瑯滿目的商品，都是田中老闆從當地市場等蒐集而來。時尚可愛的各種雜貨令人看得入迷。

☎0422-21-7797 🏠武蔵野市吉祥寺本町2-26-5-101 休週一、不定休 ⌚12:00～19:00 🚃JR吉祥寺站中央口步行7分

Mapple Code 1302-5666 MAP 附錄③ P.23 B-1

啤酒、香腸造型的

⤴繪有福斯汽車初期車款的馬克杯2700日圓

**夢幻 point**
一次便可買到來自世界各地，方便使用且設計講究的雜貨

---

讓人想順便一逛的勝地多不勝數

# 吉祥寺的人氣景點

公園、人氣商店入駐的複合設施、講究的餐飲店林立的小巷等，景點多不勝數！

### 想邊走邊吃就到這裡
## 口琴橫丁 ハーモニカよこちょう

位於JR吉祥寺站北口前複雜的巷弄內，多達90間餐飲店等店舖林立於廣大腹地之中。建議可以一家家到處嘗鮮。

🏠武蔵野市吉祥寺本町1 休因店而異 🚃JR吉祥寺站北口即到

Mapple Code 1302-2049 MAP 附錄③ P.23 B-1

光是散步其中便令人愉悅

### 人氣店駐紮的車站大樓
## kirarina京王吉祥寺 キラリナけいおうきちじょうじ

吉祥寺站併設，9層樓高的商業設施。以時尚單品、有機美妝、生活雜貨為中心，駐紮著各式各樣的店舖。

☎0422-29-8240 🏠武蔵野市吉祥寺2-1-25 休不定休 ⌚10:00～21:00（部分店家有異） 🚃直通京王井之頭線吉祥寺站

Mapple Code 1302-5324 MAP 附錄③ P.23 B-2

### 樹木圍繞的綠洲
## 井之頭恩賜公園 いのかしらおんしこうえん

約1萬6000顆樹木圍繞四周，大量野鳥、四季花朵在此生息，宛如西東京的綠洲。散步的同時，還可欣賞各個季節的景色。

☎0422-47-6900 🏠武蔵野市御殿山1-18-31 休自由入園 🚃JR、京王井之頭線吉祥寺站公園口步行5分

Mapple Code 1300-5347 MAP 附錄③ P.23 A-2

⤴乘著小船漫遊約250顆櫻花樹圍繞的湖泊

# 砂町銀座商店街

## 留有昭和風貌的熱鬧街道

すなまちぎんざしょうてんがい

二次大戰前約30家的店面在戰後增加，1963年前後成為現在的樣子。在明治通和丸八通之間約長670公尺的街道旁，匯集了鮮魚和蔬菜、服飾等商店。

景點
玩樂
美食
咖啡廳
購物

所需時間 約1小時

MAP 附錄③ P·2 F-3

---

## 佐野みそ 砂町銀座店

さのみそすなまちぎんざてん

### 本店是龜戶的味噌專門店

1939年創業。除了味噌之外，還有販售有著些許味噌風味的味噌麵包，和可以作為下飯香鬆的蔵出しひしほ等人氣商品。

☎03-3647-8249

Mapple Code 1302-2565

休無休　⏰10:00～18:00　P無　址江東區北砂3-36-18　🚌北砂2丁目巴士站步行4分

→本店在龜戶的味噌漬物和調味料　蔵出しひしほ
為味噌包507日圓　味噌包150日圓361日圓～

---

## 地雞の店 鳥光

じどりのみせとりみつ

### 使用土雞的熟菜店

店內擺滿了使用放山飼養土雞做的各式熟菜。柔嫩還沾有醬汁的烤雞串十分美味。沾滿糖醋醬的肉丸人氣也很高。

☎03-3645-1637

Mapple Code 1302-2566

休週一　⏰8:00～19:00　P無　址江東區北砂3-38-14　🚌北砂2丁目巴士站步行5分

→在店前現烤的雞串可以接一支烤好串130日圓等　雞肉丸75日圓、烤雞串一支

---

## MOKA D'OR

### 每週出爐2次的德國麵包美味

西點店老闆「希望大家吃到真正的美味」心願下烤出的德國麵包備受好評。週六日、假日的11點起上架。約60種的德國、法國西點和甜點也值得一嘗。

☎03-3646-7813

Mapple Code 1302-2567

休週二　⏰9:30～19:30　P無　址江東區北砂5-1-28　🚌北砂2丁目巴士站步行7分

→受到當地人喜愛的西點店　燕麥麵包645日圓（左）、榛子麵包540日圓（右）

---

Mapple Code 1302-4205　MAP 140 161

🚌錦糸町站搭乘都巴士都07、兩28路12分／龜戶站搭乘龜29路7分／地下鐵西大島站搭乘都07、兩28、龜29路4分，北砂2丁目巴士站下車

### 「砂町」名稱的由來是?

名稱來自於江戶時代開拓一帶的砂村新左衛門。實行町制之後，由「砂村」改為「砂町」。

---

（商店街地圖標示）
おかしのまおかノ様おかし／やきとり岡田／伊勢信酒店／ニコーラック靴店（鞋）／モン・シェリー（流行女裝）／ベルミラン／まからんや（衣服）／サンラック卵焼屋／はちみつ（青果屋）／東吉青果／ハチハチ韓國料理／横浜家系双葉家ラーメン／みどりのおかず／とんぱち熟菜／手づくりの店さかい（熟菜）／染紙食品店（熟菜）／お吉の古民家／お茶の秋山園（茶）／大国屋（關東煮食材）／竹井（洋子服）／リペアHOT／修繕／MOCKA D'OR／田巻屋（和服）／スーパーやおマル（熟菜）／魚丞（鮮魚）／や第魚／サロンド・マツモト（美容）／ちよこぼ（外帶壽司）／佛光（炸物）／赤札堂（超市）／リズ砂町店（流行服飾）／あさ日屋さん（海苔子）／花家（五金行）／アンデス（雜貨）／アポロ玩具店／砂町總合整復院／石橋商店（雜貨）／石井商店／飯塚商店（麻糬和菓子）／惣菜なかふじ（熟菜）／ブランシュ（流行服飾）／いしぢや37（珈琲）／ジュエリーいしぢや（珠寶）／佛具／森田總本家／まいはすけっと／肉の金井（肉）／肉の若狭屋（熟菜）／超市／とんかつ新谷まさん（炸物）／焼肉スタミナ苑／北砂信用組合／ジェラートや／とんかつ／銀座軒（中國菜）／S-ワールド／お茶の岩野園（茶）／くだもの井口（水果）／竹沢商店（熟菜）／日本橋燒餃子（餃子）／S-ワールド（洋包）／花（餃子）／鳥平（雞肉・熟菜）／Sunkus超商／龜戶／丸八通／砂町銀座／北砂7丁目巴士站／南砂町／北砂7丁目巴士站

---

## 增英かまぼこ店

ますえいかまぼこてん

### 滿是做關東煮的食材

以進貨生魚，並在店內處理的古老製法做成。炸蔬菜餅3片108日圓和微辣的炸中華餅1片86日圓，直接吃就很美味。

☎03-3645-1802

Mapple Code 1302-2569

休週一　⏰11:00～19:00　P無　址江東區北砂4-24-5　🚌北砂2丁目巴士站步行6分

↑店裡全年販售關東煮食材
→加了辣椒的微辣炸中華餅

---

## 三善豆腐工房

みつよしとうふこうぼう

### 講究黃豆的豆腐店

生產販售特上木棉豆腐270日圓等可以吃到黃豆風味的豆腐。自製的豆渣蛋糕十分受歡迎，值得推薦。

☎03-3644-7062

Mapple Code 1302-2570

休週日　⏰13:00～19:00　P無　址江東區北砂4-24-8　🚌北砂2丁目巴士站步行7分

→使用生豆渣製成的豆渣蛋糕150日圓　→也放了很多油豆腐和油炸豆皮等必買商品

---

## 花十○十

はなとまと

### 水果番茄的專門店

深深被水果番茄美味感動的店長，精選出最當令的番茄上架。不知道買哪一種時，可以選擇1000日圓的綜合番茄。

☎03-3640-3103

Mapple Code 1302-2571

休週三　⏰11:00～18:00　P無　址江東區北砂4-40-13　🚌北砂7丁目巴士站即到

→真想直接拿來一口咬下
→擺滿了顏色大小形形色色的水果番茄

## 再走遠一些 去天神的街區 龜戶

龜戶天神社鎮守的龜戶，有許多當地人喜愛的甜點店和B級美食等的商店。

↑占地內可以看到東京晴空塔®

太鼓橋
↑架在心字池上的3座橋，分別表示了過去、現在、未來

心字池
↑有著廣闊心字池的神社內是休憩的空間

### ■■■ かめいどてんじんしゃ
### 龜戶天神社
**梅花和藤花的季節更是美不勝收**

祭祀菅原道真，是老街居民熟知的天神神社。廣闊的心字池和鮮艷的太鼓橋，都是仿九州太宰府天滿宮打造而成。

📞03-3681-0010　Mapple Code 1302-2558
休自由參觀　P免費　址江東區龜戶3-6-1
🚃JR龜戶站步行15分

●藤藤花祭在黃金週左右

P字4字池15月的下旬棚14藤藤花齊花極光美極開美花花倒映在心花

### ■■■ ふなばしやかめいどてんじんまえほんてん
### 船橋屋 龜戶天神前本店
**參觀後小憩片刻**

著名的葛餅，會加上黑糖蜜和黃豆粉，可以吃到老店的講究口味。

📞03-3681-2784　Mapple Code 1300-1885
休無休　⏰9:00～18:00（內用～17:00）　P無
址江東區龜戶3-2-14　🚃JR龜戶站步行15分

↑1805年創業的老字號甜點店
↑葛餅545日圓之外，還吃得到餡蜜

### ■■■ かとりじんじゃ
### 香取神社　祈求運動比賽的勝利

每年5月會舉辦勝矢祭，據說有許多運動選手來參拜祈求勝利。

📞03-3684-2813　Mapple Code 1302-2559
休無休　⏰9:00～17:00　¥免費　P免費　址江東區龜戶3-57-22　🚃JR龜戶站步行10分

↑還有龜戶蘿蔔之碑

↑餃子（1盤5個）250日圓。點幾2盤～

### ■■■ かめいどぎょうざかめいどほんてん
### 亀戶ぎょうざ 亀戶本店
**龜戶第一名店**

1955年創業。滿是蔬菜內餡的餃子，有著清爽的滋味。

📞03-3681-8854　Mapple Code 1300-1869
休無休　⏰11:00～賣完即打烊　P無
址江東區龜戶5-3-3　🚃JR龜戶站即到

---

## 每月10日是 呆子價市集
**店家會變呆嗎？**

每月10日舉行的超便宜市集「呆子價市集」，是1976年前後開始舉辦的，在「老闆們都以變身呆子的心情來賣東西」下，推出重點商品發揮集客作用。

↑早上10時到處都排起了隊

### うおかつ
### 魚勝
**都是當天進貨的魚**

砂町銀座首屈一指的人氣鮮魚店。開店前就來了一堆人，一開店就擠進店內。砂町銀座入口處另有賣蔬菜為主的分店，切片鮭魚風評也很好。

📞03-3645-0620
Mapple Code 1302-4183
休週三、日、假日　⏰11:45～售完（分店為10:00～）　P無
址江東區北砂4-6-18　🚃北砂2丁目巴士站即到

↑商店街內有2家店面，這間是分店

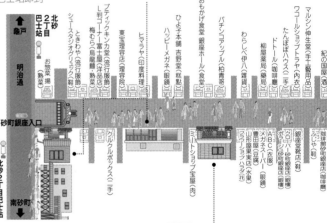

### まつばや
### 松ばや
**都是懷舊口味的熟菜**

店前擺放著約20道的熟菜。煮物和天麩羅、沙拉等大家熟悉的菜色，都是在店內手工做成；而最受歡迎的就是滷蛋。

📞03-3646-2551
Mapple Code 1302-2568
休不定休　⏰11:00～19:00　P無
址江東區北砂4-7-19　🚃北砂2丁目巴士站即到

↑滷蛋5個220日圓，味道都吃進去，極美味

↑都不知道該買哪道才好

# TRICK ART MUSEUM
トリックアートびじゅつかん

從古代宮殿飛往空中

拍照OK

## 體驗一下不可思議的藝術

可以感受奇妙體驗的高尾山的美術館。看起來像是立體的立體錯視畫、讓自己成為作品一部分的體驗型設計等，擁有多種有趣的展示品。為迎接開館20週年，推出許多與高尾山相關的新展示品。不妨在此拍照留念、體驗有趣的展示品。

飛起來了～

看我看我，就像小鳥一樣吧？

### DATA

- ￥ 入場 1300日圓
- ☎ 0426-67-1081
- 地址 八王子市高尾町1786　公休日 不定休
- 營業時間 10:00～18:15(19:00閉館)、12～3月～17:15(18:00閉館)　費用 國、高中生1000日圓，小學生700日圓，4歲～未就學兒童500日圓，3歲以下免費　交通 京王高尾線高尾山口站即到　Mapple Code 1300-3898

優惠INFO
列印官方網站的網路優惠頁面，即可享受入館費200日圓折價！

**1F 古代埃及樓層**

### 空中神殿
くうちゅうしんでん

開啟祕密的門扉，即可來到漂浮空中的神殿。體驗如同鳥兒一般，朝著天空飛翔的感受。房間的角落，設有猜謎專區。

**拍照的技巧**
從通往2樓的樓梯拍攝，可以拍出更具臨場感的照片

獅子！好、好可怕～

**B2F NEW樓層**

### 恐怖的阿拉伯牢獄
きょうふのアラブのろうごく

封閉的監牢地板，突然冒出兇猛的獅子。抓緊監牢的鐵欄杆，逃過危機吧。

逐漸逼近的獅子！退無可退的危機！

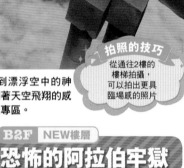

**拍照的技巧**
擺姿勢的時候可以多注意一下手腳攀住鐵欄杆的方式

**1F 古代埃及樓層**

坐上王座，體驗女王的感覺♪

### 圖坦卡門的黃金王座
ツタンカーメンおうごんのぎょくざ

原以為自己坐上了豪華的王座，但沒想到這居然也是錯覺藝術。記得擺出冷酷的表情、翹起二郎腿喔。

**拍照的技巧**
腰部靠牆支撐身體，以半彎腰的姿勢拍攝

**2016年10月完成！新展示品不容錯過！**

建築外觀
外觀的預計完成圖。外牆描繪有趣的錯覺藝術新作品

**2F 錯覺體驗樓層**

### 錯覺屋
エイムズのへや

大小扭曲！不可思議的房間

好大好嚇人

好大好嚇人

看起來比平時更大了吧？

難道是高尾山的天狗從天而降！？右邊的人看起來會變大，左邊的人看起來會變小，可謂錯覺藝術的代表作。

**拍照的技巧**
房間內部和外面都設有螢幕，可以請別人從外面透過螢幕拍照

令作品 **更加有趣的重點**

◇使用遮眼棒
使用單眼欣賞，能使展示作品看起來更加具有立體感，樂趣也隨之倍增。遮眼棒可於櫃台領取。

◇細微的設計也不要錯過
地板邊緣、柱子的後側、廁所等，館內到處都藏有錯覺藝術。

### ACCESS

| 東京站 | 羽田機場國際線航站樓站 |
|---|---|
| JR中央線通勤快速 63分 | 京濱急行線 16分 |
| 高尾站 | 品川站 |
| 京王高尾線 3分 | JR山手線 19分 |
| | 新宿站 |
| | 京王線 48分 |

最近車站 高尾山口站

提供：TRICK ART MUSEUM

# 91 川崎市 藤子·F·不二雄博物館

かわさきしふじこエフふじおミュージアム

## 一起去見哆啦A夢一行人

描繪出《哆啦A夢》、《小超人帕門》等名作的著名漫畫家——藤子·F·不二雄的博物館。館內展示貴重的原畫、作品相關物品，還可以見到哆啦A夢等人氣角色，是粉絲們千萬不能錯過的景點。

**任意門**
穿過任意門，傳送到喜歡的地方！

**瞧瞧水泥管之中！**
水泥管之中可以發現有趣的塗鴉

### DATA

- 💴 入場1000日圓　📞 0570-055-245
- 地址 神奈川県川崎市多摩区長尾2-8-1
- 公休日 週二　營業時間 10:00～18:00(入館1日4次指定時間。請於入場指定時間30分鐘內入場)
- 費用 國、高中生700日圓，4歲～小學生500日圓
- 交通 JR、小田急線登戶站生田綠地口搭乘川崎市營接駁巴士(付費)約9分

Mapple Code 1401-3992

**票券購入方法**
博物館採取完全預約制，現場的窗口並沒有販售入場券 發售日期 每月30日開始販售至下下月份的入場券 購入方法 HP http://l-tike.com/fujiko-m/ 或是使用LAWSON店面的Loppi進行預約。　※洽詢電話 📞 0570-000-777(專員接聽10:00～20:00，自動語音服務24小時)

### 3F 大草原

頂樓的廣場是作品中廣為人知的空地。同時也是全館最多角色聚集的地區。

**哆啦A夢**
與大家最喜愛的哆啦A夢見面。由於開放拍攝，請記得跟哆啦A夢拍張雙人照唷。

**小超人帕門1號、2號**
小超人帕門1號、2號正在草皮上一起午睡。不妨躺在旁邊一起休息？

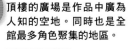

**哆啦美**
發現可愛的哆啦美。緞帶和心型尾巴是她最迷人的特色。

**Q太郎**
小鬼Q太郎也有登場。附近設有方便拍照的邊框。

### 2F 樵夫之泉

可與 這個角色 相遇 ★

哆啦A夢以童話故事《金斧頭》為主題的祕密道具。拉動一旁的手桿，水中就會出現帥氣的胖虎！

**胖虎**
重現胖虎掉進泉水後變帥的人氣橋段。請多加留意他英挺的表情。

### 3F 嘩之助的水池

大長篇『大雄的恐龍』中登場的嘩之助居住的水池。嘩之助高達5m，震撼威十足。

可與 這個角色 相遇
**哆啦A夢&大雄**
坐在嘩之助背上的哆啦A夢和大雄十分可愛。

### 遠遠不只這些
**一起尋找躲藏起來的角色吧！**

→仔細找找現小小的大雄！以發現曾出場過的「阿一

→在樹叢中可以發現哆啦A夢的房間，可以發現小小的大雄！

### 1F 展示室Ⅰ

展示《哆啦A夢》、《奇天烈大百科》等眾多貴重的原畫。抽屜當中也設有各式各樣的機關。

可與 這個角色 相遇
**叮噹貓**
叮噹貓就在其中一個抽屜裡！看見牠可愛的笑容，會忍不住揚起笑意

### 伴手禮GET

#### 3F 伴手禮專區 藤子屋

小木屋風格的店內，售有許多可愛的點心。

記憶土司麵包脆餅 12枚裝 1650日圓
糖口味 憶土司一樣，將祕密道具「記土司」重現成楓麵包脆餅

#### 1F 博物館商店

販售限定原創周邊產品等，約400種類的商品。

哆啦A夢玩偶(初期版本) 1296日圓
在期初連載時，哆啦A夢的樣貌其實和現在不太一樣，但還是很可愛。

### 美食在這裡

#### 3F 博物館咖啡廳

以角色作為主題的有趣菜單齊聚一堂。

叮噹貓拿坡里義大利麵 1200日圓
會讓女性顧客很開心的奶油義大利麵。並附有叮噹貓尾巴造型的美式熱狗

新哆啦A夢焗飯+ 1600日圓
博物館的招牌餐點「哆啦A夢焗飯」翻新！以哆啦A夢最喜歡的銅鑼燒為發想來提味，是其魅力所在。

咖啡廳容易人潮擁擠，想消費的旅客建議入館後馬上去領取號碼排。

### ACCESS

| 東京站 | 羽田機場國際線航站樓站 |
|---|---|
| JR中央線 15分 | 京濱急行線 17分 |
| **新宿站** | **京急川崎站** |
| 小田急線 20分 | 步行5分 |
| | **川崎站** |
| | JR南武線 28分 |

**最近車站** → 登戶站

# 不只這些！東京&近郊 外出賞遊勝地

東京&近郊還有許多令人「現在就想去」的景點。從有趣的娛樂設施，到可以浸染歷史、文化的觀光勝地，下面將依主題分類介紹各式各樣的景點。

## 近距離體驗宇宙的博物館

**水道橋** うちゅうミュージアムテンキュー

### 92 宇宙博物館 TeNQ

🕐 所需時間 **1**小時　💴 入館 **1800**日圓
📞 **03-3814-0109**

以「感動宇宙」為主題，設於東京圓頂城內的設施。讓遊客可以透過高解析影像的劇場等使用新技術的展示品，深入了解宇宙的知識。🏠文京区後楽1-3-62　🈺無休　🕐11:00〜21:00(閉館)，週六、日、假日、黃金週、春、暑、寒、假期間10:00〜　🚃JR水道橋站西口即到

Mapple Code 1302-5997
**MAP** 附錄③P.2 E-2

➡衝擊度滿分的火星影像等，可以了解宇宙科學最先進資訊的「Science」

➡投射4K超高解析度影像的「Theater Sora」
⬆透過影像回顧人類對宇宙的憧憬「Starting Room」

## 欣賞世上罕有藝術家的作品

**表參道** おかもとたろうきねんかん

### 93 岡本太郎紀念館

🕐 所需時間 約**1**小時　💴 入館 **620**日圓
📞 **03-3406-0801**

因《太陽之塔》等作品而廣為人知的已故藝術家——岡本太郎的工作室兼住所，作為紀念館對外公開。展示繪畫及雕刻作品，工作室中的畫材也保留著當時的模樣。讓人能近距離感受天才畫家打造的各種藝術作品。🏠港区南青山6-1-19　🈺週二(逢假日則開館)　🕐10:00〜17:30(18:00閉館)　🚃地下鐵表參道站A5出口步行8分

Mapple Code 1300-2629　**MAP** 附錄③P.3 D-3

➡中庭也緊密地展示著各種作品

## 博物館、美術館

介紹企劃展頗受好評的美術館、主題獨特的博物館、供兒童遊樂的設施等。其中還有可以免費入場的設施。

## 日本少數的日本刀專門博物館

**參宮橋** とうけんはくぶつかん

### 95 刀劍博物館

🕐 所需時間 約**45**分　💴 入館 **600**日圓(因展示內容而異)
📞 **03-3379-1386**

收藏名列國寶、重要文化財的刀劍、刀裝、甲冑等約190件項目，配合主題進行展示。平安時代至江戶時代為止的各時代作品齊聚一堂，讓遊客接觸日本刀的歷史。🏠渋谷区代々木4-25-10　🈺週一(逢假日則開館)　🕐10:00〜16:00(16:30閉館)　🚃小田急線參宮橋站步行7分

Mapple Code 1300-5043
**MAP** 附錄③P.3 D-2

➡展示國寶「國行」以及歷史知名武將相關的名刀

照片提供：刀劍博物館

## 展示國際性的現代美術作品

**外苑前** ワタリウムびじゅつかん

### 94 華達琉美術館

🕐 所需時間 約**1**小時　💴 入館 **1000**日圓
📞 **03-3402-3001**

嶄新的企劃展，加上建築家瑪利歐‧波塔設計的外觀而廣受注目的個性派美術館。併設的販售藝術書籍和雜貨的商店「On Sundays」也很受歡迎。🏠渋谷区神宮前3-7-6　🈺週一(逢假日則開館)　🕐11:00〜19:00(閉館)，週三〜21:00　🚃地下鐵外苑前站3號出口步行8分

Mapple Code 1300-2647
**MAP** 附錄③P.12 F-2

➡1990年作為美術館開幕。收藏許多現代藝術和照片

## 多樣的體驗型娛樂設施為其魅力

有明　とうきょうとみずのかがくかん

### 98 東京都水的科學館

🕐 所需時間 約1小時　💴 入館 免費

☎ 03-3528-2366

以科學角度介紹水的奇妙及重要性的設施。設有50種以上的體驗型娛樂設施，給水所的探險行程也頗受好評。🏠江東區有明3-1-8　🈺週一（逢假日則翌日休）　🕘9:30~16:30（17:00閉館）　🚃臨海線國際展示場站、百合海鷗線國際展示場正門站步行8分

Mapple Code 1300-2592
MAP 附錄③ P.11 C-3

➔可體驗化身成水的「Aqua Trip水之旅程劇院」

## 展示國內外各式各樣的貨幣

日本橋　かへいはくぶつかん

### 97 貨幣博物館

🕐 所需時間 約30分　💴 入館 免費

☎ 03-3277-3037

主要展示從古至今的日本貨幣。2015年11月翻新後，新增適合兒童的體驗展示。🏠中央区日本橋本石町1-3-1 日本銀行分館內　🈺週一（逢假日則開館）、展示品更換期間　🕘9:30~16:00（16:30閉館）　🚃地下鐵三越前站B1出口即到

Mapple Code 1300-2295
MAP 附錄③ P.6 E-1

➔和同開珎、慶長小判等，展示許多日本教課書中時常看到的貨幣

## 舉辦試喝2種惠比壽啤酒的行程

惠比壽　エビスビールきねんかん

### 96 惠比壽啤酒紀念館

🕐 所需時間 約40分　💴 入館 免費

☎ 03-5423-7255

介紹惠比壽啤酒的歷史和享用方式。會舉辦附贈試喝的導覽行程（500日圓）。🏠渋谷区恵比寿4-20-1 Yebisu Garden Place內　🈺週一（逢假日翌日休）　🕘11:00~18:30（19:00閉館，最後一次行程為17:10，週六、日、假日17:30，試喝沙龍~18:30）　🚃JR惠比壽站東口步行5分

Mapple Code 1300-3131
MAP 附錄③ P.3 D-4

➔行程可透過電話或專用網站申請。若有空位也可當日補缺

## 日本歷史最悠久的公立美術館

上野　とうきょうとびじゅつかん

### 101 東京都美術館

🕐 所需時間 約1小時　💴 入館 因覽展而異

☎ 03-3823-6921

1926（大正15）年開館的美術館。作為「通往藝術的入口」，每年舉辦近300檔展覽。各有特色的2間餐廳和咖啡廳也頗受好評。🏠台東区上野公園8-36　🈺第1、3週一、特別展、企劃展休週一（逢假日則翌日休）　🕘因展覽而異　🚃JR上野站公園口步行7分

Mapple Code 1300-2446
MAP 附錄③ P.20 B-2

➔由現代主義建築巨匠——前川國男設計的建築物也是亮點之一

## 日本唯一能欣賞那件名作的美術館

新宿　とうごうせいじきねんそんぽジャパン　にっぽんこうあびじゅつかん

### 100 日本財產保險公司東鄉青兒美術館

🕐 所需時間 約40分　💴 入館 因覽展而異

☎ 03-5777-8600（Hello Dial）

因展示梵谷的『向日葵』而聞名的美術館。位處高層的館內可將市中心的街道景色盡收眼底。🏠新宿区西新宿1-26-1 損保ジャパン日本興亜本社ビル42F　🈺週一（逢假日、彈性休假則開館），展示品更換期間　🕘10:00~17:30（18:00閉館）　🚃JR新宿站西口步行5分

Mapple Code 1300-2890
MAP 附錄③ P.17 B-2

➔每年舉辦6次展覽。梵谷的《向日葵》為常設展示品

## 展示共鳴於每個世代的詩與書籍

有樂町　あいだみつをびじゅつかん

### 99 相田Mitsuo美術館

🕐 所需時間 約1小時　💴 入館 800日圓

☎ 03-6212-3200

因作品集《にんげんだもの》出名的書法家、詩人——相田Mitsuo的美術館。常設展示約100件作品，並重現其當時的工作室。🏠千代田区丸の内3-5-1 東京國際論壇B1F　🈺週一（逢假日則休館）　🕘10:00~17:00（17:30休館）　🚃JR有樂町站國際論壇口即到

Mapple Code 1300-2607
MAP 附錄③ P.7 C-5

➔美術館的入口。館內設有咖啡廳，可在參觀後稍事歇息

## 名列重要文化財的裝飾藝術風格建築

白金台　とうきょうとていえんびじゅつかん

### 104 東京都庭園美術館

🕐 所需時間 約1小時　💴 入館 因覽展而異

☎ 03-5777-8600（Hello Dial）

將知名裝飾藝術風格建築的本館（舊朝香宮邸）作為美術館使用。可欣賞與新館的白盒子展覽室之間的對比。十分推薦在綠意盎然的庭園內散步。🏠港区白金台5-21-9　🈺第2、4週三（逢假日則翌日休）　🕘10:00~17:00（18:00閉館）　🚃地下鐵白金台站1號出口步行6分

Mapple Code 1300-2447
MAP 附錄③ P.3 D-4

➔本館的大客廳。內部裝潢可謂舊朝香宮邸之中，集裝飾藝術精華之大成

## 重現過去下町的生活景象

上野　たいとうくりつしたまちふうぞくしりょうかん

### 103 台東區立下町風俗資料館

🕐 所需時間 約30分　💴 入館 300日圓

☎ 03-3823-7451

展示過往下町文化和生活相關的重要資料。忠實重現大正時代的商家、長屋、公共浴池的櫃台等。還可以體驗以前的玩具。🏠台東区上野公園2-1　🈺週一（逢假日則翌日休）　🕘9:30~16:00（16:30閉館）　🚃JR上野站不忍口步行5分

Mapple Code 1300-2606
MAP 附錄③ P.20 B-5

➔重現大正時代職人的長屋生活。可實際進入參觀

## 獨特的企劃展頗受好評的美術館

上野　うえののもりびじゅつかん

### 102 上野之森美術館

🕐 所需時間 約1小時　💴 入館 因展覽而異

☎ 03-3833-4191

1972（昭和47）年開館以來，介紹各種不同領域的美術。現代美術展（VOCA展）、以漫畫作品為主題的展覽等，因舉辦各種獨特的企劃展，時常引起人們的注目。🏠台東区上野公園1-2　🈺不定休　🕘10:00~16:30（17:00閉館）　🚃JR上野站公園口步行3分

Mapple Code 1301-1522
MAP 附錄③ P.20 B-4

➔上野恩賜公園內樹木圍繞的一角，眾所皆知的西鄉隆盛像就位在附近

## 沉浸在最先端的現代藝術

**品川** はらびじゅつかん

### 106 原美術館

🕐 所需時間 約1小時　💴 入館 **1100** 日圓
📞 **03-3445-0651**

包浩斯主義風格建築令人印象深刻的現代藝術專門美術館。展示主要以每年舉辦3、4次的企劃展為中心，並常設奈良美智、野口勇的展示品。🏠品川區北品川4-7-25 🈺週一（逢假日則翌日休）、展示品更換期間 🕐11:00~16:30（17:00閉館）、週三~19:30（20:00閉館）🚃JR品川站高輪口步行15分

Mapple Code 1300-2439
**MAP** 附錄③ P.2 E-4

➡鋪著草皮的後院展示著野口勇的作品等。設有面向中庭的咖啡廳

## 復古建築物林立的博物館

**小金井** えどとうきょうたてものえん

### 105 江戶東京建築園

🕐 所需時間 約2小時　💴 入館 **400** 日圓
📞 **042-388-3300**

位於都立小金井公園內的野外博物館。園內共分為3個區域，移建、復原江戶時代到昭和時代的歷史性建築物。由復古建築改建而成的食堂、咖啡廳也十分值得推薦。🏠小金井市櫻町3-7-1 都立小金井公園內 🈺週一（逢假日則翌日休）🕐9:30~17:00（17:30閉園）、10~3月~16:00（16:30閉園）🚃JR武藏小金井站北口搭乘西武巴士往東久留米站西口方向約5分，小金井公園西口下車步行5分

Mapple Code 1300-5440

東京澡堂的代表性建築物「子寶湯」黃色復古風的車身令人印象深刻的「都電7500系」

## 大量陳列棒球相關展示品

**水道橋** やきゅうでんどうはくぶつかん

### 109 野球殿堂博物館

🕐 所需時間 約1小時　💴 入館 **600** 日圓
📞 **03-3811-3600**

位於東京巨蛋外圍，日本首座棒球專門博物館。不論職業、業餘，常態展示2000餘件國內外棒球相關資料。🏠文京區後樂1-3-61 🈺週一（假日、東京巨蛋棒球開賽日，春、暑假期間開館）🕐10:00~17:30（18:00閉館）、10~2月~16:30（17:00閉館）🚃JR水道橋站西口步行5分

Mapple Code 1300-2618
**MAP** 附錄③ P.2 E-2

➡展示王貞治等在日本職棒史中名留青史的選手的相關物品

## 東武鐵道相關的各式展示引人注目

**東向島** とうぶはくぶつかん

### 108 東武博物館

🕐 所需時間 約1小時　💴 入館 **200** 日圓
📞 **03-3614-8811**

展示蒸氣火車等實際車輛，介紹東武鐵道的歷史以及角色。設有體驗模擬駕駛、近距離欣賞東武線電車的專區。🏠墨田區東向島4-28-16 🈺週一（逢假日則翌日休）🕐10:00~16:00（16:30休館）🚃東武晴空塔線東向島站即到

Mapple Code 1301-1590
**MAP** 附錄③ P.2 F-1

➡可在實際操作席體驗電車操作的模擬設施。採用全高清影像

## 透過舊時的專賣品追溯歷史

**押上** たばことしおのはくぶつかん

### 107 菸草與鹽博物館

🕐 所需時間 約1小時20分　💴 入館 **100** 日圓 (特別展另外收費)
📞 **03-3622-8801**

將「菸草」和「鹽」的歷史流傳至今。展示有重現墨西哥遺跡中描繪的《吸煙之神》的浮雕、移建自能登半島的製鹽釜屋等。🏠墨田區橫川1-16-3 🈺週一（逢假日則翌日休）🕐10:00~17:30（18:00閉館）🚃地下鐵押上（晴空塔前）站B2出口步行10分

Mapple Code 1300-2595
**MAP** 附錄③ P.4 E-5

➡展示精巧的岩鹽雕刻的「鹽之世界」專區

## 親身接觸科學的魅力

**竹橋** かがくぎじゅつかん

### 112 科學技術館

🕐 所需時間 約1小時　💴 入館 **720** 日圓
📞 **03-3212-8544**

展示生活周邊的奇妙科學、產業技術的發展等相關項目。設有許多能實際體驗的展示品，讓人可以在娛樂的同時，加深科學的知識。🏠千代田區北の丸公園2-1 🈺週三不定休（逢假日則翌平日休）🕐9:30~16:00（16:50閉館）🚃地下鐵竹橋站1B出口步行8分

Mapple Code 1300-5499
**MAP** 附錄③ P.2 E-2

➡每日各層皆會舉辦利用手邊的物品來進行科學實驗的工作坊

## 獨特的展示蔚為話題的博物館

**駒込** とうようぶんこミュージアム

### 111 東洋文庫博物館

🕐 所需時間 約30分　💴 入館 **900** 日圓
📞 **03-3942-0280**

展示東洋學專門圖書館「東洋文庫」，所蒐藏的書籍和資料。擺放約2萬4000冊書籍的書架、將照明降低到極限的展示方式等都相當值得一見。🏠文京區本駒込2-28-21 🈺週二（逢假日則翌日休）🕐10:00~18:30（19:00閉館）🚃JR駒込站南口步行8分

Mapple Code 1301-0688
**MAP** 附錄③ P.2 E-1

➡「莫理循書庫」，展示創立者岩崎久彌從莫理循博士手中購買的書籍

## 了解日本足球代表隊的足跡

**御茶之水** にほんサッカーミュージアム

### 110 日本足球博物館

🕐 所需時間 約1小時　💴 入館 **500** 日圓
📞 **03-3830-2002**

透過影像、壁版等方式，介紹2002年日韓世界杯以及日本足球的歷史。1F和地下1F為免費欣賞區。🏠文京區本鄉3-10-15 JFAハウス 🈺週一（逢假日則翌日休）🕐13:00~17:30（18:00閉館），週六、日、假日10:00~ 🚃JR御茶之水站御茶之水橋口步行7分

Mapple Code 1301-7103
**MAP** 附錄③ P.2 E-2

➡可以加入2002年世界杯首次獲勝的日本代表們組成的圍陣之中

©JFA

166

## 沉浸在《男人真命苦》的世界

柴又　かつしかしばまたとらさんきねんかん

### 115 葛飾柴又寅次郎紀念館

🕐 所需時間 約**30**分　💴 入館**500**日圓（與山田洋次博物館共通）

📞 03-3657-3455

重現《男人真命苦》世界觀的紀念館。設有拍攝背景、影片、帝釋天參道模型等，值得一看的展示品滿載。🏠葛飾區柴又6-22-19　🈺第3週二（逢假日則翌日休），12月第3週二～四　🕐9:00～16:30(17:00閉館)　🚃京成金町線柴又站步行8分

Mapple Code 1300-2627

◀拍攝時曾使用過的糰子屋布景

## 讓人了解地下鐵的歷史及安全設計

葛西　ちかてつはくぶつかん

### 114 地下鐵博物館

🕐 所需時間 約**1**小時　💴 入館**210**日圓

📞 03-3878-5011

介紹地下鐵所有相關知識的展示品林立。設有可體驗4路線運行的模擬器，以及地下鐵解謎專區。通過自動驗票機入館的設計也很獨特。🏠江戶川區東葛西6-3-1　🈺週一(逢假日則翌日休)　🕐10:00～16:30(17:00閉館)　🚃地下鐵葛西站中央出口即到

Mapple Code 1300-2594

MAP 附錄③ P.2 G-3

➡展示日本最初的地下鐵車輛以及過去的丸之內線車輛。可實際體驗乘車

## 介紹20世紀～現代的日本美術史

竹橋　とうきょうこくりつきんだいびじゅつかん

### 113 東京國立近代美術館

🕐 所需時間 約**1**小時　💴 入館**430**日圓（企劃展另外收費）

📞 03-5777-8600 (Hello Dial)

收藏油彩、日本畫、雕刻等約1萬2500件作品，並展示約200件作品。每年舉辦4、5次主題廣泛的企劃展。🏠千代田區北の丸公園3-1　🈺週一(逢假日則翌日休)　🕐10:00～16:30(17:00閉館)，週五～19:30(20:00閉館)　🚃地下鐵竹橋站1b出口步行3分

Mapple Code 1301-0778

MAP 附錄③ P.2 E-2

➡本館擁有日本首屈一指的展示空間。位於北之丸公園內

攝影：上野則宏

## 學習科學的同時享受玩樂

川崎　とうしばみらいかがくかん

### 118 東芝未来科學館

🕐 所需時間 約**1**小時　💴 入館**免費**

📞 044-549-2200

保存、展示產業遺產，並介紹貼近生活的科學及技術。每日舉辦的科學表演和供兒童玩樂的體驗型展示很受歡迎。🏠神奈川縣川崎市幸區堀川町72-34 ラゾーナ川崎東芝ビル2F　🈺週一　🕐10:00～17:30(週六、日、假日～18:00)　🚃JR川崎站即到

Mapple Code 1401-5258

◀搭乘型的展示品「奈米騎士」

## 綜合性地介紹動漫的設施

荻窪　すぎなみアニメーションミュージアム

### 117 杉並動畫博物館

🕐 所需時間 約**1**小時　💴 入館**免費**

📞 03-3396-1510

設有介紹日本動畫歷史的展示、大螢幕播放動畫等，還可以嘗試配音、作畫等體驗。🏠杉並區上荻3-29-5 杉並會館3F　🈺週一(逢假日則翌日休)　🕐10:00～17:30(18:00閉館)　🚃JR荻窪站北口搭乘關東巴士往北裏經7分，荻窪警察署前下車即到

Mapple Code 1302-6436

MAP 附錄③ P.3 B-2

➡3樓的展示空間主要介紹日本的動畫歷史和原理等

## 展示長谷川町子的漫畫原稿等資料

櫻新町　はせがわまちこびじゅつかん

### 116 長谷川町子美術館

🕐 所需時間 約**1**小時　💴 入館**600**日圓

📞 03-3701-8766

展示由漫畫《海螺小姐》的作者長谷川町子，以及其姊姊收集的美術品。其中包含《海螺小姐》等作品的漫畫原稿、町子製作的繪畫和陶藝。🏠世田谷區桜新町1-30-6　🈺週一(逢假日則翌日休)　🕐10:00～17:00(17:30閉館)　🚃東急田園都市線櫻新町站西口步行7分

Mapple Code 1300-2450

MAP 附錄③ P.3 C-4

➡展示磯野家隔間的迷你模型。亦展示有磯野家的家譜

©長谷川町子美術館

## 鐵道迷的聖地「鐵博」

大宮　てつどうはくぶつかん

### 120 鐵道博物館

🕐 所需時間 約**3**小時　💴 入館**1000**日圓

📞 048-651-0088

以暱稱「鐵博」而聞名的鐵道博物館。擁有日本國內最大級的仿真模型、展示歷代名車輛的專區，除此之外，駕駛迷你列車等體驗設施也相當充實。在設有以車輛為主題的玩具廣場，可以品嘗到便當。＊因翻新工程部分設施可能無法使用🏠埼玉縣さいたま市大宮區大成町3-47　🈺週二　🕐10:00～17:30(18:00閉館)　🚃新都市交通鐵道博物館站步行即到

Mapple Code 1101-0904

區室外空間設有迷你駕駛列車等體驗型設施

排列著36輛知名車款的歷史專區。轉車台1天會迴轉2次

## 2016年2月重新開幕

川崎　でんしゃとバスのはくぶつかん

### 119 電車與巴士博物館

🕐 所需時間 約**1**小時　💴 入館**200**日圓 ※部分、特別設施另外收費

📞 044-861-6787

展示電車、巴士的車輛，以及電車模型以西洋鏡方式行駛的全景劇場。親子一起操作的駕駛模擬器也頗受好評。🏠神奈川縣川崎市宮前區宮崎2-10-12　🈺週四(逢假日則翌日休)　🕐10:00～16:00(16:30閉館)　🚃直通東急田園都市線宮崎台站

Mapple Code 1400-1175

MAP 附錄③ P.3 B-5

➡圓弧外觀為特徵的路面電車「玉電」。作為休息區對外開放

## 遊樂園、主題樂園

活動身體的戶外型樂園、表演充實的室內型樂園等，從各式各樣的娛樂設施當中，精選出推薦家族一同遊玩的設施。

↑可以體驗卡通明星世界觀的「三麗鷗明星家族飄飄船」
←可以體驗卡通遊行「Miracle Gift Parade」25週年紀念遊行

©2016 SANRIO CO., LTD.

### 三麗鷗明星們迎接遊客的到來♥

多摩　サンリオピューロランド

# 121 三麗鷗彩虹樂園

🕐 所需時間 約5小時　¥ 入園 3300日圓～
📞 042-339-1111

可遇見三麗鷗超人氣卡通明星們的室內型主題樂園。逼真的表演、遊行都相當值得一看。＊菜單及表演內容可能有所變更。🏠多摩市落合1-31　休週三、四不定休　⏰因日期而異※請至官方網站確認　🚃京王線多摩中心站西口步行5分

Mapple Code 1300-3936

→「布丁狗漢堡排咖哩」1300日圓。為提供許多以卡通明星為主題的餐點。

### 位於市中心的代表性遊樂園！

水道橋　とうきょうドームシティアトラクションズ

# 122 東京圓頂城遊樂園

🕐 所需時間 約3小時　¥ 入館 免費
📞 03-3817-6001

可體驗從刺激型到兒童適宜的25項遊樂設施，鄰近東京巨蛋的遊樂園。特攝英雄秀以逼真的武打動作廣受好評。🏠文京区後楽1-3-61　休無休　⏰10:00～21:00(因季節、活動而異)　¥一日護照3900日圓(自由搭乘)　🚃JR水道橋站A3出口步行3分

Mapple Code 1300-2651　MAP 附錄③ P.2 E-2

→穿過大樓和摩天輪的「Thunder Dolphin」

### 在復古的遊樂園享受情懷與刺激

淺草　あさくさはなやしき

# 124 淺草花屋敷

🕐 所需時間 約4小時　¥ 入館 1000日圓
📞 03-3842-8780

1853（嘉永6）年開幕的老字號遊樂園。殘留有懷舊氣氛的園內，設有可眺望淺草街道和東京晴空塔®以及驚叫類的遊樂設施等。🏠台東区浅草2-28-1　休無休(有維修性休園)　⏰10:00～18:00(有季節性、天候差異)　¥Free Pass 2300日圓(無限搭乘，入園費另計)　🚃筑波快線淺草站A1出口步行3分

Mapple Code 1300-2119
MAP 附錄③ P.5 B-2

→日本現存最古老的雲霄飛車

### 在娛樂之都享受期間限定活動

赤坂　あかさかサカス

# 123 赤坂Sacas

🕐 所需時間 約3小時　¥ 入館 免費
📞 非公開

TBS放送中心前的Sacas廣場，會定期舉辦活動。以TBS節目及贊助商活動為主，冬季有溜冰場，可欣賞到美麗的霓虹燈飾。🏠港区赤坂5-3-1　休因活動而異　HP http://sacas.net/　🚃直通地下鐵赤坂站

Mapple Code 1302-2716
MAP 附錄③ P.2 E-3

→過去曾舉辦過的活動「Delicious Sacas 2015」

### 在充滿親切感的遊樂園自由自在享受一整天

荒川　あらかわゆうえん

# 127 荒川遊園

🕐 所需時間 約4小時　¥ 入園 200日圓
📞 03-3893-6003

東京市內唯一的區營遊樂園。遼闊的園內設有摩天輪、咖啡杯、旋轉木馬等可以悠閒享受的設施。同時還有可以親近兔子、山羊的廣場和釣魚廣場。🏠荒川区西尾久6-35-11　休週二(逢假日則翌日休)　⏰9:00～17:00　¥Free Pass平日1200日圓(無限搭乘，包含入園費)　🚃都電荒川線荒川遊園地前站步行3分

Mapple Code
MAP 附錄③ P.2 E-1

→象徵整座遊樂園的摩天輪。晴天時有機會看見富士山

### 根據季節有不同玩樂方式的遊樂園♪

練馬　としまえん

# 126 豐島園

🕐 所需時間 約5小時　¥ 入館 1000日圓
📞 03-3990-8800

設有從驚叫系到旋轉木馬等，共33種遊樂設施的遊樂園。夏季開放泳池、冬季則有溜冰場，並設有昆蟲館、釣魚場，讓遊客可以體會四季不同的樂趣。🏠練馬区向山3-25-1　休週二、三(有季節性差異)　⏰10:00～16:00(有季節性差異)　¥設施1日券4200日圓(包含入園費)　🚃西武豐島線豐島園站即到

Mapple Code 1300-2655
MAP 附錄③ P.3 C-1

→擁有超過100年歷史的旋轉木馬「Carousel El Dorado」

### 可以體驗夢想的職業！

豐洲　キッザニアとうきょう

# 125 KidZania東京

🕐 所需時間 約5小時　¥ 入館 小學生 3402日圓～
📞 0570-06-4646

讓3～15歲的兒童體驗約100種以上工作或技術的職業、社會體驗設施。🏠江東区豊洲2-4-9 アーバンドック ららぽーと豊洲 NORTH PORT 3F　休不定休　⏰第1部9:00～15:00，第2部16:00～21:00(採完全替換制)　¥成人1998日圓、未就學兒童3078日圓～、國中生3510日圓　🚃地下鐵豐洲站2號出口步行8分

Mapple Code 1302-0030
MAP 附錄③ P.2 F-3

→穿上夢寐以求的制服，體驗成為飛行員的感覺

## 電車迷絕對喜愛的展示物滿載

日野　けいおうれーるランド

### 130 京王鐵道樂園

🕐 所需時間 約3小時　💴 入館 250日圓（部分設施費用另計）

☎ 042-593-3526

學習鐵道的構造、並可實際接觸車輛，體驗成為駕駛和車掌的設施。除了各種兒童專用設施，室外展示的車輛也千萬不要錯過。

🏠 日野市程久保3-36-39　🈺 週三（逢假日則翌日休）🕐 9:30～17:00（17:30閉館）🚃 京王動物園線多摩動物公園站即到　Mapple Code 1302-4899

## 在泳池、在遊樂設施盡情玩耍

秋留野　とうきょうサマーランド

### 129 TOKYO SUMMERLAND

🕐 所需時間 約5時　💴 入園 2000日圓

☎ 042-558-6511

一年四季皆可遊玩的日本最大級室內、室外型游泳設施。園內也有驚叫系等遊樂設施、高爾夫練習場，泳池以外的設施也相當充實。

🏠 あきる野市上代継600　🈺 週四　🕐 10:00～17:00（有季節性差異）💴 Free Pass 3000日圓（自由搭乘、包含入園費）🚃 JR八王子站搭乘經由サマーランド往秋川站的巴士35分，サマーランド下車即到　Mapple Code 1300-3953

## 隨著新地區誕生樂趣也更加升級！

稻城　よみうりランド

### 128 讀賣樂園

🕐 所需時間 約7小時　💴 入園 1800日圓

☎ 044-966-1111

設有全43種的遊樂設施，同時可欣賞海獅秀的遊樂園。2016年3月開幕，讓遊客體驗「製造」之趣的體感新遊樂園地區「Goodjoba!!」也相當值得注目！

🏠 稻城市矢野口4015-1　🈺 不定休　🕐 10:00～20:00（有季節性差異）💴 一日券5400日圓（自由搭乘、包含入園費）🚃 京王相模原線京王よみうりラン站搭乘空中纜車或巴士5～10分　Mapple Code 1300-3917

## 元氣100倍！和麵包超人一起玩吧！

橫濱　よこはまアンパンマンこどもミュージアムアンドモール

### 133 橫濱麵包超人兒童博物館＆購物商城

🕐 所需時間 約4小時　💴 入館 1500日圓

☎ 045-227-8855

開展麵包超人世界觀的主題館。分別設有可以欣賞舞台表演和擬真模型的博物館區域，以及購物商城區域（免費入場）。

🏠 神奈川縣橫浜市西區みなとみらい4-3-1　🈺 無休　🕐 10:00～17:00（18:00閉館，購物商城～19:00）🚃 港未來線新高島站2號出口步行7分　Mapple Code 1401-3379

©Takashi Yanase／Froebel-kan,TMS,NT

## 透過全身感受大自然

橫濱　オービィよこはま

### 132 Orbi Yokohama

🕐 所需時間 約2小時　💴 入館800日圓、通行證（入館費＋通票）2000日圓

☎ 045-319-6543

由SEGA和全世界最大的自然影像製作公司『BBC Earth』共同開發，世界第一座體驗自然的娛樂設施。讓人身處都市，卻能感受到大自然。🏠 神奈川縣橫浜市西區みなとみらい3-5-1 マークイズみなとみらい5F　🈺 不定休　🕐 10:00～21:00（23:00閉館）2017年1月有更動　🚃 直通港未來線港未來站　Mapple Code 1401-4852

## 三麗歐明星造型的設施千萬不要錯過

所澤　せいぶえんゆうえんち

### 131 西武園遊樂園

🕐 所需時間 約5小時　💴 入園 1100日圓

☎ 04-2922-1371

距離新宿約50分，位在崎玉，貼近大自然的遊樂園。設有許多以三麗歐卡通明星為主題的可愛遊樂設施。夏季開放泳池、秋～冬季則可欣賞霓虹燈飾，樂趣十足。🏠 埼玉縣所沢市山口2964　🈺 週三、四（有節季性差異）🕐 10:00～17:00（有季節性差異）💴 一日暢遊券3300日圓（自由搭乘、包含入園費）🚃 西武多摩湖線西武遊園地站即到　Mapple Code 1100-0711

©'76,'88,'93,'96,'98,'16 SANRIO APPROVAL No.SP561832

## 親子三代齊樂的工作體驗設施

幕張　カンドゥー

### 136 Kandu

🕐 所需時間 約4小時　💴 入館 3～15歲3200日圓～

☎ 0570-085-117

兒童職業體驗設施。有些職業成人也可參加，因此有機會體驗到親子同樂之趣。🏠 千葉縣千葉市美浜區豐砂1-5 AEON MALL 幕張新都心 FAMILY MALL 3F　🈺 不定休　🕐 第1部10:00～14:30，第2部15:30～20:00　💴 成人2500日圓　🚃 JR海濱幕張站搭乘往AEON MALL方向的巴士8分，イオンモールバスターミナル下車即到

Mapple Code 1201-2027

MAP 附錄③ P.2 H-6

→ 變身為警察，在Kandu街道上巡邏。發生事件時，大家合力追拿犯人

## 歷代假面騎士＆戰隊英雄們齊聚一堂

幕張　とうえいヒーローワールド

### 135 東映HERO WORLD

🕐 所需時間 約3小時　💴 入館 1400日圓

☎ 043-306-7270

可與歷代假面騎士和超級戰隊見面的體驗型設施。也可遊玩遊樂設施。🏠 千葉縣千葉市美浜區豐砂1-5 AEON MALL 幕張新都心 FAMILY MALL 3F　🈺 不定休　🕐 10:00～17:00（18:00休館）🚃 JR海濱幕張站搭乘往AEON MALL方向的巴士8分，イオンモールバスターミナル下車即到

Mapple Code 1201-1791

MAP 附錄③ P.2 H-6

→ 欣賞歷代英雄們的勇姿，展示數量約150件，十分壯觀！

©I・T・A・T・T・T

## 玩樂方式多采多姿!和自然一起嬉戲吧

橫濱　こどものくに

### 134 兒童王國

🕐 所需時間 約5小時　💴 入園 600日圓

☎ 045-961-2111

充滿可以接觸大自然的遊樂設施。設有遊樂設施、「迷你SL」等搭乘設施；放養牛、羊、小馬的牧場，讓人能愉快地度過一整天。🏠 神奈川縣橫浜市青葉區奈良町700　🈺 週三（逢假日則開園）🕐 9:30～15:30（7、8月為～16:00，閉園為各1小時後）🚃 設施搭乘回數券1000日圓（50日圓券、22張）🚃 こどもの國線こどもの國站即到　Mapple Code 1400-1043

## 與松鼠、天竺鼠親密接觸

**吉祥寺** いのかしらしぜんぶんかえん

### 138 井之頭自然文化園

🕐 所需時間 約**3**小時　💴 入館**400**日圓

📞 **0422-46-1100**

鄰近井之頭恩賜公園的動物園。可以抱抱天竺鼠的「天竺鼠親近專區」、放養松鼠的「松鼠小徑」都很受歡迎。

🏠武藏野市御殿山1-17-6　🚫週一(逢假日則翌日休)
🕐9:30～16:00(17:00閉園)　🚃JR、京王井之頭線吉祥寺站南口步行10分

Mapple Code 1300-4893

MAP 附錄③P.23 A-2

➡園內設有日本松鼠自由生活的「松鼠小徑」，以及水中生物館和迷你遊樂園

## 散步在全長22m的海底隧道♪

**大森海岸** しながわすいぞくかん

### 137 品川水族館

🕐 所需時間 約**4**小時　💴 入館**1350**日圓

📞 **03-3762-3433**

擁有人氣的海豚表演，約450種、共1萬隻魚群可供欣賞。500噸水槽中悠游著60種900隻魚群的「隧道水槽」相當值得一看。

🏠品川区勝島3-2-1 しながわ区民公園内　🚫週二(假日，春、暑、寒假期間，黃金周開館)　🕐10:00～16:30(17:00閉館)　🚃京急本線大森海岸站步行8分

Mapple Code 1300-2634

MAP 附錄③P.2 E-5

➡行走於「隧道水槽」時，宛如身在大海之中

可以近距離欣賞充滿活力且各有特色的生物的景點，不論大人還是小孩都能樂在其中！

## 復活的黑鮪魚群泳千萬不可錯過

**葛西臨海公園** かさいりんかいすいぞくえん

### 139 葛西臨海水族園

🕐 所需時間 約**3**小時　💴 入館**700**日圓

📞 **03-3869-5152**

水族館內玻璃打造的圓頂十分美麗。從「世界之海」到「東京之海」展示各種特色十足的魚群。有可以慢慢欣賞的日本最大規模企鵝展示，相當受歡迎。　🏠江戶川区臨海町6-2-3　🚫週三(逢假日則翌日休)　🕐9:30～16:00(17:00閉館)　🚃JR葛西臨海公園站步行5分　Mapple Code 1300-2656　MAP 附錄③P.2 G-4

➡看起來宛如漂浮於海上

🔵可近距離欣賞自在悠游的黑鮪魚群，以及多樣的海中生物

## 邂逅多采多姿生物的場所

**竹之塚** あだちくせいぶつえん

### 141 足立區生物園

🕐 所需時間 約**2**小時　💴 入館**300**日圓

📞 **03-3884-5577**

位在綠意盎然的元渕江公園內的設施。可近距離觀察稀有昆蟲、海中生物等多種多樣的生物，還可與天竺鼠、兔子一起玩耍。🏠足立区保木間2-17-1　🚫週一(逢假日則翌日休)　🕐9:30～16:30(17:00休館)、11～1月～16:00(16:30閉園)　🚃東武晴空塔線竹之塚站東口步行20分

Mapple Code 1302-7731

⬆大水槽中數百隻金魚優雅地悠游

## 免費接觸各式各樣的動物！

**西葛西** えどがわくしぜんどうぶつえん

### 140 江戶川區自然動物園

🕐 所需時間 約**1**小時　💴 入館**無料**

📞 **03-3680-0777**

以「欣賞！傾聽！接觸！發現！」為主題的動物園。漢波德企鵝、小熊貓、土撥鼠等，共飼養了57種的動物。🏠江戶川区北葛西3-2-1 行船公園内　🚫週一(逢假日則翌日休)　🕐10:00～16:30，週六、日、假日9:30～、11～2月～16:00　🚃地下鐵西葛西站北口步行15分

Mapple Code 1300-2436

MAP 附錄③P.2 G-3

➡小貓熊最愛爬樹，不妨找找看樹上

## 凝聚海洋整體的水族館

**橫濱** よこはまはっけいじまシーパラダイス

### 144 橫濱八景島海島樂園

🕐 所需時間 約**5**小時　💴 入館**3000**日圓

📞 **045-788-8888**

由4個不同主題的水族館組成的「海上娛樂之島」。可以愉快地欣賞、接觸各種獨特的海中生物。🏠神奈川県横浜市金沢区八景島　🚫無休　🕐10:00～18:00(有設施、季節性差異)　🚃金澤Seaside Line八景島站步行即到

Mapple Code 1401-0262

🔵可欣賞到海獅和海豚秀的「AQUA STU DIO」

## 完整體驗野生生態的空間

**橫濱** よこはまどうぶつえんズーラシア

### 143 橫濱動物園 Zoorasia

🕐 所需時間 約**6**小時　💴 入館**800**日圓

📞 **045-959-1000**

以「生命的共存、與自然調和」為主題的動物園。遼闊的腹地內分為重現世界各地氣候的8個區域。🏠神奈川県横浜市旭区上白根町1175-1　🚫週二(逢假日則翌日休)　🕐9:30～16:00(16:30閉園)　🚃JR、橫濱市營地下鐵中山站，相鐵線鶴峰站搭乘往橫濱動物園的巴士15分，終點下車即到

Mapple Code 1400-1034

🔵可看見野生氣息的動物

## 在武藏野自然環境中悠閒巡覽動物

**多摩動物公園** とうきょうとたまどうつこうえん

### 142 東京都多摩動物公園

🕐 所需時間 約**6**小時　💴 入館**600**日圓

📞 **042-591-1611**

遼闊的園內共分為4個區域，以最接近自然的狀態，飼養約180種動物和150種昆蟲。🏠日野市程久保7-1-1　🚫週三(逢假日則翌日休)　🕐9:30～16:00(17:00閉園)　🚃京王動物園線、多摩單軌電車多摩動物公園站即到

Mapple Code 1300-3822

🔵動物充滿活力的模樣近在眼前！

## 新人偶像的舞台表演

原宿　はらじゅくえきまえステージ

### 146 原宿站前舞台

⏰ 所需時間 約**2**小時　💴 入場 4團體 3000日圓　3團體、單獨 2500日圓

☎ 03-5411-3030

近距離觀賞由4支團體組成的「原宿站前Parties」所帶來的歌曲、舞蹈、時尚秀。不斷有人為其高品質所傾倒！2016年4月已有2支團體成功出道。🏠渋谷区神宮前1-19-11 原宿アッシュ6F　🈺不定休　📋因公演而異　🚉JR原宿站竹下口即到

Mapple Code 1302-7729
MAP 附錄③P.13 B-1

➡在觸手可及的距離進行表演，令人熱血沸騰！

## 吸引觀眾的正統音樂劇！

濱松町　しきげきじょうはるあき

### 149 四季劇場[春]·[秋]

⏰ 所需時間 約**3**小時　💴 入場 S席～**10800**日圓

☎ 03-5776-6730(劇團四季東京事務所)

「劇團四季」的專用劇場。[春]、[秋]兩座劇場緊鄰，[春]長期上演《獅子王》，[秋]則上演原創音樂劇或海外名作等。🏠港区海岸1-10-48　🈺不定休　📋因公演而異　🚉JR松濱町站北口步行7分

Mapple Code 1301-1235
MAP 附錄③P.2 E-3

撮影：上原タカシ ©Disney

➡持續上演超過15年的《獅子王》，公演日程表請至官方網站查詢

## 最熱門的娛樂表演都在這裡！

天王洲Isle　てんのうずぎんがげきじょう

### 152 天王洲 銀河劇場

⏰ 所需時間 因公演而異　💴 入場 因公演而異

☎ 03-5769-0011 ※2017年3月為止

座位與舞台之間的距離相當短，讓觀眾直接感受到現場演出的震撼感的理想空間，在此可欣賞到種類廣泛的娛樂表演。🏠品川区東品川2-3-16 シーフォートスクエア2F　🈺不定休　📋因公演而異　🚉東京單軌電車天王洲Isle站即到

Mapple Code 1302-7732
MAP 附錄③P.2 E-4

➡除了基本的戲劇和音樂劇，有時也會舉辦載歌載舞的娛樂
名稱※2017年4月預定更改

## 近距離欣賞落語、相聲等大眾演藝

淺草　あさくさえんげいホール

### 145 淺草演藝廳

⏰ 所需時間 約**4**小時　💴 入場 **2800**日圓

☎ 03-3841-6545

由三遊亭圓歌、春風亭小朝等藝人所屬的落語協會，以及桂歌丸、ナイツ所屬的落語藝術協會輪流進行公演。🏠台東区浅草1-43-12　🈺無休　🕐白天時段11:40～16:30(週日、假日11:30～)，夜間時段16:40～21:00　🚉筑波快線淺草站A1出口即到

Mapple Code 1300-5628
MAP 附錄③P.5 B-2

➡許多電視上時常出現的知名藝人也會登場。可帶著輕鬆的心情吃便當邊看表演

## 大正時代的品格延續至今的劇場

築地市場　しんばしえんぶじょう

### 148 新橋演舞場

⏰ 所需時間 約**3**小時　💴 入場 因公演而異

☎ 03-3541-2600

歌舞伎、新派等曾上演過無數表演的悠久劇場。充滿豪華威的大廳、餐廳、酒吧等設施也十分具有魅力。🏠中央区銀座6-18-2　🈺不定休　📋因公演而異　🚉地下鐵築地市場站A3出口步行3分

Mapple Code 1300-5747
MAP 附錄③P.22 B-1

➡1982(昭和57)年改裝成現在的模樣。總座位數多達1428席

## 新手藝人帶來多樣的戲劇

神保町　じんぼうちょうかげつ

### 151 神保町花月

⏰ 所需時間 約**2**小時　💴 入場 **1000**日圓～

☎ 03-3219-0678

以吉本興業的新進藝人為中心，表演戲劇、綜藝節目，而非搞笑短劇或漫才。舞台與座位的間隔較短，可以近距離欣賞藝人充滿震撼力的演技。🏠千代田区神田神保町1-23 神保町シアタービル2F　🈺不定休　📋因公演而異　🚉地下鐵神保町站A7出口步行3分

Mapple Code 1302-0771
MAP 附錄③P.2 E-2

➡現今活躍中的眾多藝人也會在此累積戲劇經驗

## 劇場、表演廳

從歌舞伎到音樂劇、搞笑Live，每座劇場都會舉辦各式各樣的公演。不妨帶著輕鬆的心情，前往有興趣的劇場。

## 以Live的方式感受2次元作品的世界觀！

澀谷　アイアにてんごシアタートーキョー

### 147 AiiA 2.5 Theater Tokyo

⏰ 所需時間 因公演而異　💴 費用 因公演而異

☎ 03-6758-0871(日本2.5次元音樂劇協會)

將漫畫、動畫、遊戲等原作舞台化的「2.5次元音樂劇(包含舞台劇)」專用劇場。讓觀眾可在真實舞台欣賞到人氣作品。🏠渋谷区神南2-1-1 国立代々木競技場渋谷プラザ　🈺因公演而異　🚉JR澀谷站八公口步行10分

Mapple Code 1302-6899　MAP 附錄③P.15 C-1

↑位在NHK附近

➡2016年夏季公演的Live Spectacle《火影忍者》
©岸本斉史 スコット／集英社
©ライブ・スペクタクル「NARUTO-ナルト-」製作委員会2016

## 從名演員到新手都會出演的小劇場

新宿　きのくにやホール

### 150 紀伊國屋劇場

⏰ 所需時間 因公演而異　💴 入場 因公演而異

☎ 03-3354-0141

位於紀伊國書店新宿本店4樓的劇場。除了「文學座」、「俳優座」等人氣劇團以外，也會舉辦許多新人劇團的公演，亦被稱為「新劇的甲子園」。🏠新宿区新宿3-17-7 紀伊國屋書店新宿本店4F　🈺不定休　📋因公演而異　🚉JR新宿站東口步行5分

Mapple Code 1301-0345
MAP 附錄③P.16 E-2

➡總座位數418席。有時也會舉行寄席、落語的公演

## 參觀、體驗設施

分別有可以愉快參觀想了解的企業、行政現場的社會部門參觀景點、以及輕鬆體驗傳統文化設施。

---

### 學習飛機的歷史和工作！

**羽田** ジャルこうじょうけんがく スカイミュージアム

**153 JAL航空教室 ~SKY MUSEUM~**

🕐 所需時間 約**1**小時**40**分　¥ 入場 **免費**

🌐 www.jal.co.jp/kengaku/ 〔須預約〕

在此可以學習JAL和飛機的歷史、構造等知識，以及參觀機體整備工廠。
🏠 大田区羽田空港3-5-1 JALメインテナンスセンター1　🈚 無休　🕐 10:00～、11:30～、13:00～、14:30～　🚃 東京單軌電車新整備場站即到　🈯 參觀6個月前的同一日9:30～於官方網站開始預約

Mapple Code 1302-2678
**MAP** 附錄③ P.2 F-6

➡ 可購買JAL限定的飛機相關原創商品

況近距離參觀飛機實際整備的情
↷穿上機師或服務人員的制服，拍照留念吧

---

### 在經濟的中心地體驗股票市場的熱絡

**茅場町** とうしょうアローズけんがく とうきょうしょうけんとりひきじょ

**156 東証Arrows參觀（東京證券交易所）**

🕐 所需時間 約**1**小時　¥ 入場 **免費**

☎ 050-3377-7254

可參觀電視當中時常看到的證券交易中心，國內最大的證券交易所。設有股票投資體驗專區（須預約）、證券史料館。🏠 中央区日本橋兜町2-1　🈚 週六、日、假日　🕐 9:00～16:00(16:30閉館)※可能有所變動　🚃 地下鐵茅場町站11號出口步行5分

Mapple Code 1300-2327
**MAP** 附錄③ P.6 G-3

➡ 可參觀交易中心內進行股票買賣管理業務的模樣

---

### 新聞記者都在做些什麼事呢？

**大手町** よみうりしんぶんとうきょうほんしゃかいしゃけんがく

**155 讀賣新聞東京本社公司參觀**

🕐 所需時間 約**1**小時**40**分　¥ 入場 **免費**

☎ 03-3217-8399 〔須預約〕

可以學習到採訪、記者會等各式各樣新聞記者的工作。小學4年級生以上即可參加。
🏠 千代田区大手町1-7-1　🈚 週六、日、假日　🕐 10:30～12:10、14:00～15:40　🚃 直通地下鐵大手町站C3出口　🈯 透過電話、官方網站在希望參觀月的4個月前的1號開始兩個禮拜內預約　🌐 yomi.otemachi-hall.com/kengaku/

Mapple Code 1302-7807
**MAP** 附錄③ P.7 C-1

➡ 透過平板電腦體驗採訪的「News Lab」
照片提供：讀賣新聞社

---

### 愉快學習關於美乃滋的祕密

**仙川** マヨテラス

**154 Mayo Terrace**

🕐 所需時間 約**1**小時**30**分　¥ 入場 **免費**

☎ 03-5384-7770 〔須預約〕

館內共分為4個區域，透過導覽可以學習美乃滋的歷史，以及美味秘訣的QP參觀設施。🏠 調布市仙川町2-5-7　🈚 週六、日、假日(週六有臨時開館)　🕐 10:00～、11:50～、13:40～、15:30～　🚃 京王線仙川站步行7分　🈯 透過電話、官方網站在希望參觀月份的2個月前的第1個營業日預約　🌐 www.kewpie.co.jp/mayoterrace/

Mapple Code 1302-6001　**MAP** 附錄③ P.3 A-3

⬆ 巨大美乃滋瓶蓋和蔬菜座椅在門口迎接

➡ 1分鐘可敲破600顆雞蛋，並且自動分離蛋黃蛋白的機器相當震撼

---

### 預防震災學習防災知識

**有明** そなエリアとうきょう とうきょうりんかいこういきぼうさいこうえん

**159 SONA AREA TOKYO（東京臨海廣域防災公園）**

🕐 所需時間 約**1**小時**30**分　¥ 入場 **免費**

☎ 03-3529-2180 (東京臨海廣域坊災公園管理中心)

1樓設有解開謎題的同時，引導遊客不斷往避難場所前進的體驗設施「東京直下72hTOUR」、以及透過動畫學習防災知識的迷你電影院。🏠 江東区有明3-8-35　🈚 週一(逢假日則翌日休)　🕐 9:30～16:30(17:00閉館)　🚃 百合海鷗線有明站即到

Mapple Code 1302-4878
**MAP** 附錄③ P.11 A-3

➡ 透過平板電腦解答「防災問答」同時往避難場所移動

---

### 參觀保護安全的警視廳的工作模樣

**霞關** けいしちょうほんぶけんがく

**158 警視廳本部 參觀**

🕐 所需時間 約**1**小時**15**分　¥ 入場 **免費**

☎ 03-3581-4321 (代表) 〔須預約〕

設有搭配猜謎和問卷來介紹關於警視廳職責的教室，並可參觀約1000件的展示資料、110接到報案時的模樣。🏠 千代田区霞が関2-1-1　🈚 週六、日、假日　🕐 9:00～、10:45～、13:00～、14:45～　🚃 地下鐵櫻田門站4號出口即到　🈯 6個月前的1號到參觀前一天透過電話預約

Mapple Code 1300-5775
**MAP** 附錄③ P.2 E-3

➡ 隨著CG化的ピーポ君一起學習警視廳工作的「親近廣場警視廳教室」

---

### 體驗參觀政治中樞的行程！

**永田町** こっかいぎじどうさんぎいん

**157 國會議事堂(參議院)**

🕐 所需時間 約**1**小時　¥ 入場 **免費**

☎ 03-5521-7445 (參議院警務部旁聽參觀服務處)

可參觀位在國會議事堂右側的參議院。除了原本舉辦會議的議場之外，天皇陛下的休息所、大廳等看點十足。裝飾精緻的柱子和牆壁也千萬別錯過。🏠 千代田区永田町1-7-1　🈚 週六、日、假日、過年期間　🕐 9:00～17:00(申請時間8:00～16:00)，行程每小時1次　🚃 地下鐵永田町站1號出口步行3分　🈯 參議院參觀櫃台

Mapple Code 1300-2945
**MAP** 附錄③ P.2 E-3

➡ 電視轉播時常可看到的參議院本會議場，天窗裝飾有彩繪玻璃

---

🈯=預約方式　標示預約方式、申請期間等。

## 製作能當成一輩子回憶的玻璃藝品

錦糸町　すみだえどきりこかん

### 162 墨田江戶切子館

🕐 所需時間 約1小時30分　💰 體驗 4320日圓～

📞 03-3623-4148 （須預約）

能輕鬆體驗江戶末期發源於江戶的傳統工藝「江戶切子」。工作人員會仔細指導製作方式。📍墨田区太平2-10-9 週日、假日 🕙10:00～18:00，體驗10:30～、13:00～、15:00～ 🚃JR錦糸町站北口步行6分 🗓電話、官方網站預約 🔗www.edokiriko.net/school/index.html

Mapple Code 1301-8945　MAP 附錄③ P.4 F-6

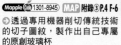

➔透過專用機器削切傳統技術的切子圖紋，製作出自己專屬的原創玻璃杯

## 在江戶下町嘗試製作行燈

淺草　あさくさじだいや

### 161 淺草 時代屋

🕐 所需時間 約1小時　💰 行燈體驗 5400日圓

📞 03-3843-0890 （須預約）

可製作江戶時代普遍的照明工具「行燈」。不妨在行燈的和紙上留下喜歡的文字或插畫，帶回家當作留念吧。📍台東区雷門2-3-5 🈺週一(逢假日則營業) 🕙10:00～17:00 🚃地下鐵淺草站A4出口步行3分 🗓電話提前預約制

Mapple Code 1302-7220　MAP 附錄③ P.5 C-3

➔嘗試製作屬於自己的行燈，可選擇是否要搭配燈泡

## 江戶風鈴的匠人技術令人大開眼界

瑞江　しのはらふうりんほんぽ

### 160 篠原風鈴本舖

🕐 所需時間 約1小時　💰 體驗 1200日圓～

📞 03-3670-2512 （須預約）

江戶風鈴的工廠。可體驗吹玻璃和彩繪製作，當天就能將完成的風鈴帶回家。📍江戶川区南篠崎町4-22-5 🈺週日、假日、繁忙期(7～9月上旬)不開放參觀 🕙9:30～12:00、13:00～17:00 💰免費參觀 🚃地下鐵瑞江站北口步行13分 🗓電話提前預約制

Mapple Code 1300-3893　MAP 附錄③ P.2 H-2

➔體驗吹玻璃、彩繪玻璃的「吹玻璃體驗」1700日圓

## 在歷史悠久的茶室體驗「點茶」

白金台　ちゃしつむあん

### 165 茶室「夢庵」

🕐 所需時間 約30分　💰 體驗 2160日圓～

📞 03-3443-3775 （代表）（須預約）

位於八芳園，在江戶時代初期殘留至今的日本庭院內的悠久茶室「夢庵」，輕鬆體驗正統點茶。體驗後，不妨在庭院內享受散步。📍港区白金台1-1-1 八芳園內 🈺無休 🕙11:00～15:00(16:00打烊) 🚃地下鐵白金台站2號出口即到 🗓前一天之前以電話預約

Mapple Code 1302-7802　MAP 附錄③ P.3 D-4

➔四周綠意盎然的茶室，在裡面享用抹茶及和菓子，度過幸福的時光

## 真假難辨!令人吃驚的食品模型

池袋　やまとサンプルせいさくじょ

### 164 大和樣品製作所

🕐 所需時間 約40分　💰 體驗 1080日圓～

📞 03-5980-8099 （須預約）

可以自己製作擺設在餐飲店店面的食物樣品的工坊。📍豊島区上池袋4-18-2 立松マンション101 🈺週三、四 🕙體驗10:00～16:00的各次，天婦羅蛋糕組合為週六、日、假日11:00～、12:00～、13:00～ 🗓僅於官方網站預約，每月1號的9:00左右開始接受下個月的預約 🔗yamato-sample.com

Mapple Code 1302-7801　MAP 附錄③ P.3 D-1

➔聖代、杯子蛋糕、天婦羅等，樣品種類十分豐富
※價格有所差異

## 見識一下鉛筆的製造現場吧

葛飾　きたぼしえんぴつとうきょうペンシルラボ

### 163 北星鉛筆
### 東京Pencil Lab

🕐 所需時間 約1小時　💰 參觀 400日圓

📞 03-3693-0777 （須預約）

讓遊客徹底理解鉛筆的設施。在參觀製造的同時，工作人員會簡單地解說鉛筆的由來以及製作方式。📍葛飾区四つ木1-23-11 🈺週六、日、假日 🕙10:00～17:00 400日圓，3～17歲300日圓 🚃京成押上線四木站步行5分 🗓電話、FAX預約※有人數限制

Mapple Code 1302-2722　MAP 附錄③ P.2 F-1

➔削切木材製作鉛筆的筆桿。裝上橡皮擦的工程千萬不能錯過!

## 參觀後就能成為可口可樂博士!

多摩　コカコーライーストジャパンたまこうじょう

### 168 可口可樂東日本
### 多摩工廠

🕐 所需時間 約1小時　💰 入場 免費

📞 042-471-0463 （須預約）

學習「可口可樂」誕生的祕密、歷史，以及對地球環境的保護。附贈可口可樂公司產品試喝和紀念品。📍東久留米市野火止1-2-9 🈺週六、日、工廠公休日 🕙參觀10:00～11:30、11:30～ 🚃西武池袋線東久留米站搭乘經銀城高中往武藏小金井站方向的巴士8分，八幡町1丁目下車即到 🗓2個月前的同日開始接受電話預約，按先後順序

Mapple Code 1301-1096

➔涼飲料

➔製作出各式各樣的清

## 牛奶、果汁的生產線令人吃驚

東大和　もりながにゅうぎょうとうきょうたまこうじょう

### 167 森永乳業
### 東京多摩工場

🕐 所需時間 約1小時30分　💰 入場 免費

📞 0120-369-017 （須預約）

參觀製造牛奶、果汁等約60款產品的工廠，還可體驗起司製作。📍東大和市立野4-515 🈺週六、日、假日 🕙參觀10:00～、13:00～ 🚃多摩都市單軌電車櫻街道站步行7分 🗓電話、官方網站5天前預約 🔗www.morinagamilk.co.jp/learn_enjoy/factory_tour

Mapple Code 1301-9493

➔運作

➔透過玻璃欣賞生產線

## 體驗啤酒製作的講究

府中　サントリーむさしのビールこうじょう

### 166 三得利武藏野
### 啤酒工廠

🕐 所需時間 約1小時10分　💰 入場 免費

📞 042-360-9591 （須預約）

參觀完啤酒的原料和製作過程後，還可試喝「The PREMIUM MALT'S」。📍府中市矢崎町3-1 🈺工廠公休日、有臨時公休 🕙導覽行程10:00～最終回15:15，週六、日、假日10:00～、11:00～、14:00～ 🚃JR、京王線分倍河原站南側站前圓環搭乘免費接駁巴士10分 🗓電話、官方網站接受包含當月的3個月份預約 🔗http://suntory.jp/MUSASHINO-B/

Mapple Code 1300-3802

➔罐或木桶

➔啤酒快速地注入鐵

## ☆公園、庭園

位於東京都內各地，綠意盎然的公園以及充滿歷史感的庭園。遠離都市塵囂，享受閒暇時光。

### 令人感受到四季轉變的美麗

新宿　しんじゅくぎょえん

**169 新宿御苑**

🕐 所需時間 約2小時　💴 入場 200日圓
☎ 03-3350-0151

利用江戶時代信州高遠藩主內藤家宅邸所在土地的一部分改建而成，廣達58.3ha的庭園。設有春秋兩季玫瑰盛開的法式造形庭園，以及回遊式日本庭園。🏠新宿區內藤町11　🚫週一　🕐9:00～16:00 (16:30閉園)　🚇地下鐵新宿御苑前站1號出口步行5分 ※園內禁止攜帶酒類、飲酒、使用遊戲器具類物品

Mapple Code 1300-2892
**MAP** 附錄③P.16 G-5

➡可供休息的英國風景式庭園的草皮。遠處可見到新宿的大樓群。玫瑰花壇的法式造型庭園，設有懸鈴木行道樹十分美麗

➡新宿御苑的根源──起源於江戶時代內藤家庭園的玉藻池

### 去欣賞美麗的盛名庭園吧

新橋　はまりきゅうおんしていえん

**172 濱離宮恩賜庭園**

🕐 所需時間 約1小時　💴 入場 300日圓
☎ 03-3541-0200

江戶時代建造的德川將軍家別邸。在東京現存的江戶時代庭園之中，唯一擁有引入海水的水池，並設有2座獵鴨場。已指定為特別名勝、特別史跡。🏠中央區浜離宮庭園1-1　🚫無休　🕐9:00～16:30(17:00閉園)　🚇JR新橋站烏森口步行12分

Mapple Code 1301-8832
**MAP** 附錄③P.22 B-3

➡引入海水的「潮入之池」中，生存著許多烏魚、黑鯛等魚類

### 因音樂堂而聞名的歷史悠久公園

霞關　ひびやこうえん

**171 日比谷公園**

🕐 所需時間 約1小時　💴 入場 免費
☎ 03-3501-6428

鄰近霞關、有樂町等商業街區的公園。園內設有日比谷公會堂、野外音樂堂，是座廣為人知的現場表演、活動舉辦地。作為公園已擁有超過110年的歷史。🏠千代田區日比谷公園1　🕐自由入園　🚇地下鐵霞關站A10出口即到

Mapple Code 1300-2310
**MAP** 附錄③P.9 A-1

➡可噴達12m的公園象徵性設施「大噴水池」。運作時間8點至21點

### 綠意盎然的都民休憩之所

原宿　よよぎこうえん

**170 代代木公園**

🕐 所需時間 約1小時　💴 入場 免費
☎ 03-3469-6081

有可以享受賞鳥的森林公園、田徑競技場、室外舞台等，設施完備的遼闊公園。櫻花、楓葉、銀杏等季節性花朵也十分美麗。時常可看到野餐或慢跑的人的身影，是都內首屈一指的休憩場所。🏠渋谷區代々木神園町2-1　🕐自由入園　🚇地下鐵代代木公園站4號出口步行3分

Mapple Code 1300-3067　**MAP** 附錄③P.13 A-2

➡公園的中央廣場設有巨大噴水池

### 日本最古老的公園之一

芝公園　しばこうえん

**175 芝公園**

🕐 所需時間 約40分　💴 入場 免費
☎ 03-3431-4359

1873（明治6）年開幕的歷史悠久公園。位處東京鐵塔附近，從園內可欣賞到壯觀的塔景。銀杏、櫸樹、楠樹等巨大樹木眾多也是其特徵之一。🏠港區芝公園1～4　🕐自由入園　🚇地下鐵芝公園站A4出口即到

Mapple Code 1300-2976
**MAP** 附錄③P.18 G-6

➡園內可近距離欣賞東京鐵塔，同時也是極受歡迎的拍攝景點

### 滿足享受文化與藝術

上野　うえのおんしこうえん

**174 上野恩賜公園**

🕐 所需時間 約3小時　💴 入場 免費
☎ 03-3828-5644

於明治初期將江戶時代原為寬永寺境內的地點改建成總面積53萬㎡的公園。園內設有上野動物園、博物館、美術館、遊樂園、寺社等。位在西側的不忍池也相當有名。🏠台東區上野公園5-20　🚫無休　🕐5:00～23:00(時間外禁止進入)　🚇JR上野站公園口即到

Mapple Code 1300-2116
**MAP** 附錄③P.20 B-3

➡都內知名賞花景點，賞櫻時節有許多來園客，十分熱鬧

### 在都會中的靜謐海邊享受悠閒

台場　おだいばかいひんこうえん

**173 台場海濱公園**

🕐 所需時間 約40分　💴 入場 免費
☎ 03-5531-0852

圍繞著台場公園側河口的公園。雖身處熱鬧非凡的台場地區，卻處處充滿寧靜之感。從沙灘和草皮上眺望的夕陽和夜景十分美麗，同時也是極受歡迎的約會場所。🏠港區台場1　🕐自由入園　🚇百合海鷗線台場海濱公園站步行3分

Mapple Code 1300-2116
**MAP** 附錄③P.10 F-4

➡在海風舒適，位在都會之中卻十分靜謐的海邊享受悠哉時光

## 在市中心悠閒享受森林浴

等等力　とどろきけいこくこうえん

**178 等等力溪谷公園**

🕐 所需時間 約**1**小時　¥ 入場 **免費**

☎ 03-3704-4972（玉川公園管理事務所）

東京都23區內唯一的溪谷。可沿著架有木橋的河川散步、欣賞野鳥，有種野餐的氣氛。附近還有傳說能夠締結良緣的等等力不動尊。🚩世田谷区等々力1-22、26、2-37~38　休🚻自由入園※部分、日本庭園夜間關閉　🚉東急等等力站南口步行3分

Mapple Code 1300-5351

MAP 附錄③ P.3 C-5

➡聆聽溪谷淙淙的流水聲，供人度過閒暇時光的綠洲

## 代表明治時代的日本庭園

清澄白河　きよすみていえん

**177 清澄庭園**

🕐 所需時間 約**40**分　¥ 入場 **150**日圓

☎ 03-3641-5892

據說是江戶時代的富商紀伊國屋文左衛門所留下的宅邸遺跡，並於明治時代由岩崎彌太郎改建成庭園。採用「回遊式林泉庭園」設計，可欣賞到渡池石塊、人造山等充滿日式風格的庭園風景。🚩江東区清澄2~3　休無休　🕐9:00~16:30（17:00閉園）　🚉地下鐵清澄白河站A3出口步行3分

Mapple Code 1300-5822

MAP 附錄③ P.2 F-3

➡野鳥眾多，廣為人知的賞鳥景點

## 矗立著讓人回想起明治時期的古典洋館

湯島　きゅういわさきていていえん

**176 舊岩崎邸庭園**

🕐 所需時間 約**50**分　¥ 入場 **400**日圓

☎ 03-3823-8340

三菱財閥第3代社長岩崎久彌的舊宅邸建於其中的庭園。1896（明治29）年建立的洋館是由英國建築家喬賽亞‧康德設計。洋館、撞球室、和館大廳3棟建築仍存留至今。🚩台東区池之端1　休無休　🕐9:00~16:30（17:00閉園）　🚉地下鐵湯島站1號出口步行3分

Mapple Code 1301-6985

MAP 附錄③ P.20 A-5

➡曾作為私人迎賓館的洋館，散發出華麗的氣息

## 亮點多多!電車愛好者必訪景點

王子　あすかやまこうえん

**181 飛鳥山公園**

🕐 所需時間 約**2**小時　¥ 入場 **免費**

☎ 03-3908-9275

SL和都電的展示、紙的博物館（收費）、城堡造型的大溜滑梯等，亮點非常多，不論大人小孩都能樂在其中。連接公園入口到山頂，高地差約18m的免費「飛鳥公園電車」也相當具有人氣。🚩北区王子1-1-3　休🚻自由入園　🚉JR王子站中央口即到

Mapple Code 1300-6135

MAP 附錄③ P.2 E-1

➡展示都電的老舊車輛。可進入車內，坐上駕駛座讓孩子們樂翻天

## 季節性花朵盛開的國家指定特別名勝

駒込　りくぎえん

**180 六義園**

🕐 所需時間 約**1**小時　¥ 入場 **300**日圓

☎ 03-3941-2222

江戶幕府5代將軍德川綱吉的側用人——柳澤吉保花費7年歲月打造的回遊式人造山泉水庭園。細緻地重現了被和歌詠頌的名勝景觀。春季時枝垂櫻會美麗地綻放。🚩文京区本駒込6-16-3　休無休　🕐9:00~16:30（17:00閉園）　🚉JR駒込站南口步行7分

Mapple Code 1301-8834

MAP 附錄③ P.2 E-1

➡秋季一到，約560顆楓樹剎那染上色彩。同時會舉行夜間點燈

## 適合親子一同前往的人氣臨海公園

葛西　かさいりんかいこうえん

**179 葛西臨海公園**

🕐 所需時間 約**2**小時　¥ 入場 **免費**

☎ 03-5696-1331

以綠意、水、人的互動為主題，由5個區域組成的公園。鳥類園區、摩天輪等，適合親子同遊的設施齊全。在散步的同時，欣賞東京灣的景色吧。🚩江戶川区臨海町6-2　休🚻自由入園　🚉JR葛西臨海公園站即到

Mapple Code 1300-2781

MAP 附錄③ P.2 G-4

➡近距離欣賞東京灣。可享受海濱之趣的葛西海濱公園也在旁邊

## 東京都內最遼闊的公園

立川　こくえいしょうわきねんこうえん

**184 國營昭和紀念公園**

🕐 所需時間 約**3**小時　¥ 入場 **410**日圓

☎ 042-528-1751

四季花朵美豔動人的廣大公園內，設有大廣場、泳池、烤肉區、遊樂設施眾多的兒童之森等，各式各樣的設施齊聚一堂。🚩立川市綠町3173　休2月第4週和翌日　🕐9:30~17:00、11~2月~16:30、4~9月的週六、日、假日~18:00※部分區域有差異　🚉JR立川站北口步行10分　Mapple Code 1301-8837

日本庭園也設有氣氛安祥的

## 鑑賞西洋、日本兩座庭園和洋館

上中里　きゅうふるかわていえん

**183 舊古河庭園**

🕐 所需時間 約**1**小時　¥ 入場 **150**日圓

☎ 03-3910-0394

利用武藏野台地的斜坡和低地打造而成。在山丘上建造洋館；斜坡建造洋風庭園、低地則配置了日式庭園。由喬賽亞‧康德設計的洋館和洋風庭園令人印象深刻，庭園中綻放著約100種199株的玫瑰。🚩北区西ヶ原1　休無休　🕐9:00~16:30（17:00閉園）　🚉JR上中里站步行7分

Mapple Code 1300-5946

MAP 附錄③ P.2 E-1

➡大正時期曾為古河財閥的宅邸。只要事先預約即可入內參觀

## 中國風濃郁的歷史悠久庭園

飯田橋　こいしかわこうらくえん

**182 小石川後樂園**

🕐 所需時間 約**1**小時　¥ 入場 **300**日圓

☎ 03-3811-3015

名列日本特別史蹟、特別名勝的回遊式人造山泉水庭園。完工於德川光圀時代。造庭時吸取明朝儒學家的意見，隨處都可看到景點取有中國和日本各地名勝的名字。🚩文京区後楽1-6-6　休無休　🕐9:00~16:30（17:00閉園）　🚉地下鐵飯田橋站C3出口步行3分

Mapple Code 1300-4186

MAP 附錄③ P.2 E-2

➡透過巧妙手法展現海、山、川、田園景觀的庭園，可看見許多四季花朵

## 寺社、能量景點

前往擁有壯觀文化財的寺院參觀、並參拜有各種保佑的神社，讓人一口氣充滿能量！

---

### 位於東京中心的能量景點

原宿　めいじじんぐう

**185 明治神宮**

🕐 所需時間 約**1**小時　💴 入場 **免費**（御苑維護協力金500日圓）

☎ **03-3379-5511**（代）

1920（大正9）年，建以供奉明治天皇和昭憲皇太后的神社。神社四周圍繞著廣達70萬㎡的森林，許多地方值得一看。

🏠 渋谷区代々木神園町1-1　🈺 無休　🕐 日出～日落（有月份性差異），御苑9:00～16:00（有季節性差異）　🚉 JR原宿站表參道口即到

Mapple Code **1300-2696**

**MAP** 附錄③P.13 A-1

➡ 傳說設為待機畫面即可獲得幸福的「清正井」

本殿在東京大空襲中燒毀，後於1958（昭和33）年重建，御苑自江戶時代起，曾為加藤家、井伊家別墅的庭園

---

### 眾多將軍曾前往祈禱的古社

赤坂　ひえじんじゃ

**188 日枝神社**

🕐 所需時間 約**30**分　💴 入場 **免費**

☎ **03-3581-2471**

從除厄、結緣到社運隆昌，能保佑許多事情的神社。境內的寶物殿收藏許多與德川將軍家有淵源的物品。🏠 千代田区永田町2-10-5　🈺 無休，寶物殿週二、五休　🕐 6:00～17:00、4～9月5:00～18:00，寶物殿10:00～16:00　🚉 地下鐵赤坂站2號出口步行3分

Mapple Code **1300-2926**

**MAP** 附錄③P.2 E-3

➡ 1958（昭和33）年重建的莊嚴社殿

---

### 印度風格的石造建築千萬別錯過！

築地　つきじほんがんじ

**187 築地本願寺**

🕐 所需時間 約**30**分　💴 入場 **免費**

☎ **03-3541-1131**

作為京都西本院寺的別院，最初建立於淺草橫山町。現在的本堂是於1934（昭和9）年建立。與宛如印度寺院的外觀不同，本堂內部採用傳統淨土真宗寺院的設計。🏠 中央区築地3-15-1　🈺 無休　🕐 6:00～17:30、10～3月～17:00　🚉 地下鐵築地站1號出口即到

Mapple Code **1300-2297**

**MAP** 附錄③P.22 C-1

➡ 指定為日本重要文化財的本堂

---

### 在祈求戀愛的女性當中相當具有人氣

淺草　いまどじんじゃ

**186 今戶神社**

🕐 所需時間 約**30**分　💴 入場 **免費**

☎ **03-3872-2703**

1063（康平6）年創建的神社，祭祀著七福神中的福祿壽。作為求姻緣、婚姻的神社，有許多希望締結良緣的女性前來參拜。🏠 台東区今戶1-5-22　🈺 無休　🕐 境內自由（御守、繪馬等的販售9:00～16:00）　🚉 地下鐵淺草站6號出口步行15分

Mapple Code **1301-0737**　**MAP** 附錄③P.5 D-1

➡ 傳說沖田總司罹患肺疾歿於此地
➡ 本殿門口有著罕見的成對公、母招財貓

---

### 代表東京的天滿宮

湯島　ゆしまてんじん

**191 湯島天神**

🕐 所需時間 約**30**分　💴 入場 **免費**

☎ **03-3836-0753**

祭祀學問之神——菅原道真公的關東三天神之一。據傳創立於458（雄略天皇2）年。採用本殿與拜殿連結的權現造，可盡情欣賞傳統建築之美。🏠 文京区湯島3-30-1　🈺 無休　🕐 8:30～19:00　🚉 地下鐵湯島站3號出口即到

Mapple Code **1300-2334**

**MAP** 附錄③P.20 A-5

➡ 1995年重建的社殿。同時也是賞梅名勝

---

### 守護新宿繁榮的總鎮守

新宿　はなぞのじんじゃ

**190 花園神社**

🕐 所需時間 約**30**分　💴 入場 **免費**

☎ **03-3209-5265**

江戶開府以前，便作為新宿的總鎮守聚集了眾多信眾。11月的酉日舉辦的傳統酉之市相當有名，舉辦日在境內可看到許多販售竹耙子的攤販，且被眾多參拜者擠得水洩不通。🏠 新宿区新宿5-17-3　🕐 境內自由　🚉 地下鐵新宿三丁目站E2出口即到

Mapple Code **1301-0671**

**MAP** 附錄③P.16 F-2

➡ 現今的社殿建造於1965（昭和40）年

---

### 擁有600年歷史的淨土宗大本山

芝公園　ぞうじょうじ

**189 增上寺**

🕐 所需時間 約**1**小時　💴 入場 **免費**（部分收費）

☎ **03-3432-1431**

1393（明德4）年建立的淨土宗大本山。以德川2代將軍秀忠公為首，共有6位將軍長眠的墓地，開放一般參觀。🏠 港区芝公園4-7-35　🈺 無休，德川家墓地、寶物展示室週二休（逢假日則開館）　🕐 9:00～17:00，德川家墓地10:00～15:45（16:00關門），寶物展示室10:00～16:45（17:00閉館）　🚉 地下鐵芝公園站A4出口即到

Mapple Code **1300-2979**　**MAP** 附錄③P.18 G-5

➡ 隔著本尊坐鎮的大殿，可望見東京鐵塔

## 在牛込的總鎮守稍做歇息

**神樂坂** あかぎじんじゃ

### 194 赤城神社

🕐 所需時間 約**30**分　💰 入場 **免費**

📞 03-3260-5071

1300（正安2）年，祭祀上野國（現今的群馬縣）赤城山的赤城神社的分靈為其起源。以「稍做歇息」為主題，提供人們交流的場所。📍新宿區赤城元町1-10　🕐境內自由　🚃地下鐵神樂坂站1號出口即到

Mapple Code 1302-0949

MAP 附錄③ P.2 E-2

➡每月舉辦1次「赤城寄席」和「赤城市場」

## 廣受民眾喜愛的「東京伊勢神宮」

**飯田橋** とうきょうだいじんぐう

### 193 東京大神宮

🕐 所需時間 約**30**分　💰 入場 **免費**

📞 03-3262-3566

1880（明治13）年，作為伊勢神宮的遙拜殿而創建。由於祭祀著伊勢神宮的眾神，以及掌控天地萬物之間關係的「造化三神」，因此作為求姻緣的神社也十分有名。📍千代田區富士見2-4-1　🈚無休　🕐6:00～21:00(詳情須洽詢)

Mapple Code 1301-8099

MAP 附錄③ P.2 E-2

➡以年輕女性為中心，全年皆有眾多參拜者造訪

## 可祈求各種緣分的東京守護神

**御茶水** かんだじんじゃ(かんだみょうじん)

### 192 神田神社（神田明神）

🕐 所需時間 約**1**小時　💰 入場 **免費**(資料館300日圓)

📞 03-3254-0753

江戶時代作為守護將軍、庶民的江戶總鎮守受到崇拜，1616（元和2）年遷移到表鬼門守護的地點，也就是現在的位置。📍千代田區外神田2-16-2　🈚無休，資料館週一～五休　🕐境內自由，資料館10:00～16:00　🚃JR御茶水站聖橋口步行5分

Mapple Code 1300-5516

MAP 附錄③ P.21 A-1

➡供奉大國主、惠比壽、平將門命三尊神明的社殿。距離JR秋葉原站很近

## 感受清澈水源與綠意的療癒吧

**調布** じんだいじ

### 197 深大寺

🕐 所需時間 約**1**小時　💰 入場 **免費**

📞 042-486-5511

傳說於733（天平5）年開創的古刹。山明水秀的境內有著本堂、元三大師堂等眾多景點。「深大寺蕎麥麵」、日本三大達摩市之一、「厄除元三大師大祭」也都相當知名。📍調布市深大寺元町5-15-1　🈚無休　🕐9:00～17:00　🚃京王線調布站北口搭乘往深大寺方向的巴士15分，終點下車即到

Mapple Code 1300-5091

MAP 附錄③ P.3 A-3

➡穿過山門即可看見本堂

## 擁有遼闊腹地的江戶最大八幡宮

**門前仲町** とみおかはちまんぐう

### 196 富岡八幡宮

🕐 所需時間 約**30**分　💰 入場 **免費**

📞 03-3642-1315

1672（寬永4）年，由傳說為菅原道真子孫的長盛法印創建。由於這裡是江戶勸進相撲的發源地，因此境內設有橫綱力士碑等，許多與大相撲有關的石碑。📍江東區富岡1-20-3　🈚無休　🕐9:00～17:00　🚃地下鐵門前仲町站1號出口步行3分

Mapple Code 1300-5825

MAP 附錄③ P.2 F-3

➡穿過舉辦古董市場的參道前往本殿參拜

## 因《男人真命苦》而廣為人知

**柴又** しばまたたいしゃくてん(だいきょうじ)

### 195 柴又帝釋天（題經寺）

🕐 所需時間 約**1**小時　💰 入場 **免費**(邃溪園、雕刻藝廊共通400日圓)

📞 03-3657-2886

1629（寬永6）年創立，代表著柴又的古刹。由於祭祀帝釋天板本尊，因此民眾皆稱其為帝釋天。📍葛飾區柴又7-10-3　🈚無休　🕐9:00～18:00，邃溪園、雕刻藝廊～16:00　🚃京成金町線柴又站步行5分

Mapple Code 1300-3583

➡堂，供奉帝釋天板本尊的帝釋堂，併設庭園和藝廊

## 關東首屈一指的能量景點

**高尾山** たかおさん

### 200 高尾山

🕐 所需時間 約**3**小時　💰 入場 **免費**

📞 042-661-1115 (高尾山藥王院)

眾多國內外觀光客造訪，標高599m的靈山。不妨利用共6處的登山道或纜車登頂看看吧。📍八王子市高尾町2177　🈚無休　🕐8:30～16:00(閉門)　🚃京王高尾線高尾山口站步行5分

Mapple Code 1301-8836

➡位在山中的「高尾山藥王院」為真言宗智山派的三大據點之一

## 關東三大不動之一

**高幡不動** たかはたふどうそんこんごうじ

### 199 高幡不動尊金剛寺

🕐 所需時間 約**1**小時　💰 入場 **免費**

📞 042-591-0032 (代)

擁有指定為日本重要文化財的不動三尊、仁王門、不動堂，以及廣大腹地中數量眾多的建築物和寺寶。四季不同的自然景色也相當值得一看，也會舉辦「紫陽花祭」、「紅葉祭」。📍日野市高幡733　🈚無休　🕐9:00～16:00　🚃京王線、多摩單軌電車高幡不動南口步行3分

Mapple Code 1300-5106

➡亦是新選組土方歲三的菩提寺

## 巨大御神木守護的武藏國總社

**府中** おおくにたまじんじゃ

### 198 大國魂神社

🕐 所需時間 約**1**小時　💰 入場 **免費**

📞 042-362-2130

祭祀武藏國的守護神——大國魂大神的神社。每年5月舉行的例大祭——「暗闇祭」名列關東三大奇祭之一。📍府中市宮町3-1　🈚無休　🕐6:00～18:00、9/15～3/31為6:30～17:00　🚃京王線府中站南口步行5分

Mapple Code 1300-3765

➡眾多信徒參拜的結緣、除厄之神

©Disney

最新情報

第一手報導！！

最新情報

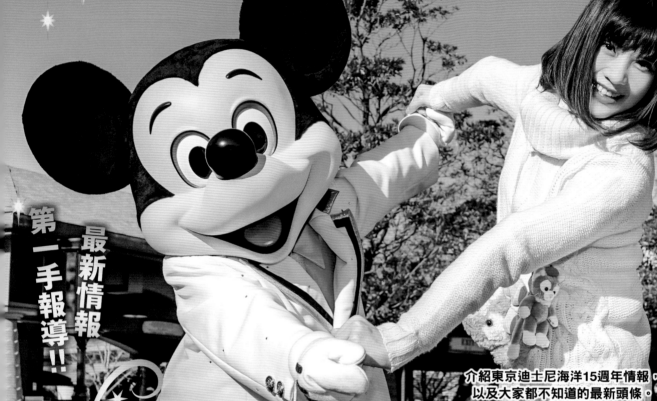

介紹東京迪士尼海洋15週年情報，
以及大家都不知道的最新頭條。
看完之後必能徹底了解迪士尼的最新情況！

# 迪士尼度假區

交通方式
東京迪士尼度假區

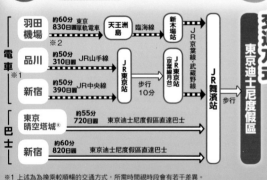

羽田機場 → 約60分 830日圓 東京單軌電車 → 天王洲島 → 臨海線 → 新木場站 → JR京葉線、武藏野線 →

電車 ※1

品川 → 約50分 310日圓 JR山手線 → JR東京站 → 步行10分 → JR東京站（京葉線月台）→ JR京葉線、武藏野線 → JR舞濱站 → 步行 → 東京迪士尼度假區

新宿 → 約50分 390日圓 JR中央線 →

巴士 ※1

東京晴空塔城® → 約55分 720日圓 東京迪士尼度假區直達巴士 →

新宿 → 約60分 820日圓 東京迪士尼度假區直達巴士 →

※2

※1 上述為為採乘較順暢的交通方式，所需時間視時段會有若干差異。
※2 羽田機場國際線大樓站出發的費用和所需時間

| 券種 | | 全票 18歲以上 | 學生票 12～17歲 (國・高中生) | 兒童票 4～11歲 (幼兒・小學生) | 內容 |
|---|---|---|---|---|---|
| 一日護照 | | 7400日圓 | 6400日圓 | 4800日圓 | 可選擇於東京迪士尼樂園或東京迪士尼海洋一票玩到底的單日票券。敬老護照為65歲以上，6700日圓 |
| 連日護照 | 兩日護照 | 13200日圓 | 11600日圓 | 8600日圓 | 連續暢遊數日的護照。但是第1、2 天每日僅可暢遊其中一座園區，無法供遊客自由進出兩座園區。第3天以後才可自由往來兩座園區 |
| | 三日魔法護照 | 17800日圓 | 15500日圓 | 11500日圓 | |
| | 四日魔法護照 | 22400日圓 | 19400日圓 | 14400日圓 | |
| 夜間護照 | 傍晚六點後護照※ | | 4200日圓 | | 星期一至星期五（日本國定假日除外）18：00 起可使用的護照 ※僅限適用日期 |
| | 星光護照※ | 5400日圓 | 4700日圓 | 3500日圓 | 星期六、星期日、日本國定假日的15：00 起可使用的護照 ※僅限適用日期 |

入場券

基本情報

洽詢處

| 資訊種類 | 洽詢處 | | 資訊種類 | 洽詢處 |
|---|---|---|---|---|
| 綜合服務 (9:00～19:00) | 東京迪士尼度假區諮詢中心 ☎0570-00-8632 | | 餐廳預約 (10:00～18:00) | 東京迪士尼度假區預約中心 ☎0570-05-1118 （預約住宿搭配餐廳9：00～18：00） |
| 語音資訊 (24小時) | 東京迪士尼度假區諮詢中心 ☎0570-00-3932 | | 官方網站 | 東京迪士尼度假區官方網站 http://www.tokyodisneyresort.jp/tc/ |
| 交通諮詢 (24小時) | 東京迪士尼度假區交通資訊電話服務中心 ☎0570-00-3388 | | | |

■千葉縣浦安市舞浜1-1 ■因季節、星期幾有所差異，須另行洽詢 ■約計2萬輛（一般汽車1日2500日圓，週六、日、假日3000日圓） Mapple 1201-0898 MAP 附錄③ P.23 B-5

※東京迪士尼度假區內設施的運營和休息狀況，請事前於東京迪士尼度假區官方網站（www.tokyodisneyresort.jp/tc/）確認。

# 2016年~ 最新NEWS

2016年後誕生的新景點和活動匯總。
讓人現在就翹首以盼！

**2016.4.15~2017.3.17** 東京迪士尼海洋
## 15週年活動
## 美好心願年 開辦

橫跨337天盛大慶祝開園15週年。
園內將比平時更加熱鬧！
→P.12

**2016.3.21** 東京迪士尼樂園
## 米奇七彩晚宴
## 正式開始

全新的晚餐秀，迪士尼明星們
會穿著以熱帶南方島嶼慶典為
主題的華麗服飾。
→P.183

**2016.6.1** 迪士尼飯店
## 東京迪士尼
## 樂祥飯店 誕生

2棟建築組成的第4座迪士尼飯
店，讓遊客輕鬆享受舒適住宿為
其魅力。
→P.190

**2017年春** 東京迪士尼樂園
## 美妝沙龍「神仙教母
## 美容院」二號店開幕

讓女孩子變身為迪士尼
公主的沙龍，是接續東
京迪士尼樂園大飯店裡
的本店開張後的第二間
分店。預定併設可以讓
全家人一起拍照的攝影
棚。

**2017年春** 東京迪士尼海洋
## 尼莫們的新娛樂設施登場！
## 「Nemo&Friends Searider」

以《海底總動員》及
《海底總動員2》世
界觀為舞台的全新遊
樂設施。遊客將搭上
潛水艇，在銀幕裡的
海底世界展開冒險。

Artist concept only ©Disney/Pixar

**2017年開始** 東京迪士尼樂園
## 夢幻樂園等地區
## 的再開發計畫十分驚人！

隨著夢幻樂園的擴
張，已完成了《美女
與野獸》為主題的專
區。明日樂園也預計
新增《大英雄天團》
的遊樂設施。

**2017年開始** 東京迪士尼海洋
## 包括《冰雪奇緣》專區
## 北歐的新主題港口 令人滿心期待！

以北歐為主題的新主
題港口預定完工，其
中一部分區域將以超
人氣的《冰雪奇緣》
為主題。豪華的構想
令人期待不斷膨脹！

↓東京迪士尼海洋15週年慶
舉辦許多豪華活動

↑東京迪士尼樂園的
象徵──灰姑娘城堡
的前方是絕佳的拍照
地點

↑「叢林遊樂坊（→P.189）」等新設施陸續登場

---

## 樂園玩透透 攻略法！
傳授徹～底玩透迪士尼樂園的聰明技巧！

**出發前**

### 迪士尼e票券
### 即可輕鬆入園

只要在官方網站使用信用
卡購買，並將票券印出，
就不必在售票口排隊，可
直接入園。

### 下載表演抽籤APP

不論身在園內何處，都能
透過智慧型手機抽籤參觀
表演。請記得事先下載。

**實施表演**

| 東京迪士尼海洋 | 東京迪士尼樂園 |
| --- | --- |
| ◆動感大樂團 | ◆童話之夜 |
| | ◆一個人的夢想II 之魔法長青 |

### 東京迪士尼樂園的
### 娛樂表演餐廳請盡早預約

園內2座可以在用餐的同時欣賞迪士尼
明星表演的餐廳，皆採用完全預約
制。官方網站
預約從1個月
前開放到至用
餐前一天。

### 想體驗順暢的用餐
### 就使用優先入席服務

只要透過官方網站或電話
事前預約，餐廳一有空位
便可優先用餐。

**當天**

### 遊覽樂園不可或缺的
### 導覽地圖&Today

標記全設施所在位置的導
覽地圖，以及記載娛樂表演
時間表的Today。

### 透過智慧型手機&行動裝置網頁接收最新資訊

可確認遊樂設施和迪士尼明星迎賓會
地點的等待時間，以及快速通行券的
排號狀況。

### 大幅度降低等待時間
### 迪士尼快速通行券

在發券機領取迪士尼快速
通行券，並在登記的時間
回來，便能僅花費短短的
等待時間便可體驗設施。

**行動裝置網頁**
http://www.tokyodisneyresort.co.jp

**智慧型手機網頁**
http://tokyodisneyresort.jp

---

東京迪士尼海洋
祝15th 東京

## 東京迪士尼度假區 MAP

迪士尼度假區線

東京迪士尼海洋 P.184

東京迪士尼樂園 P.180

東京迪士尼
樂園大飯店 P.191

東京迪士尼度假區
售票中心

旅途愉快

東京迪士尼海洋
觀海景大飯店 P.191

迪士尼大使大飯店 P.190

伊克斯皮兒莉

舞濱站

東京迪士尼度假區
迎賓中心

※本書刊載的內容若無特別註記，皆為2016年5月時的資訊。

**TOPICS**
**幫助史迪奇逃脫**
在幫助史迪奇逃離太空船的場景中，記得告訴牠們的顏色。

## 東京 東京迪士尼樂園

充滿童話式的夢想與魔法的王國

以灰姑娘城堡為中心，由夢幻的童話世界、宇宙、未來為主題的7座專區組成的迪士尼樂園。一起體驗各具特色的遊樂設施以及最知名的遊行吧。

---

**A** 明日樂園 劇場型
### 幸會史迪奇

可與史迪奇即時通訊！
與螢幕上喜歡搗蛋的史迪奇通訊，充滿幽默感及驚喜。被史迪奇點名的遊客可以直接與之對話也是此設施的魅力之一。

所需時間 約12分 人數 160人

↖螢幕中的史迪奇以及牆壁上的海報都值得注意

說明會房間

↑要仔細聆聽演藝人員講解遊樂設施的玩法喔

**史迪奇實況轉播中心**
被捲入意外之中，太空船內的史迪奇將在大螢幕上登場！

史迪奇的故事非常有趣喔！

---

## 令人興奮不已、心跳加速的設施總是人滿為患！

# 遊樂設施 全部玩透透！

包含2015年開幕的新遊樂設施，介紹大家最想知道的各種NEWS。各位能體驗到幾項呢？

---

**C** 夢幻樂園 3D劇場型
### 米奇魔法交響樂

圍繞電影世界的魔法演奏會
欣賞演奏會時，觀眾會被捲進唐老鴨引起的意外之中，來到迪士尼電影的世界。魔法的演奏會就此開始。

所需時間 約15分(上映時間約11分)
人數 454人

↑阿拉丁和茉莉公主將出現在觀眾面前！

**TOPICS**
**刺激五官的特殊效果**
有香味與風等許多可以五官享受的演出。超棒的臨場感令人沉迷電影世界中。

↑『美女與野獸』的盧米亞將大展歌喉

---

Disney &TM Lucasfilm Ltd.

↖電影曾出現的熟悉場景陸續登場，令人興奮不已！

**B** 明日樂園 3D劇場型 **FP**
### 星際旅行：
冒險續航

電影般的宇宙之旅
逼真的3D影像和乘坐設施，將帶大家前往刺激度十足的銀河之旅。共有超過50種以上的故事路線，每次都能享受到不同的旅程。

所需時間 約4分30秒 人數 40人

**2016年9月7日為止**

**News!**
可享受最新作品的世界特別版本

隨機出現『星際大戰：原力覺醒』的新角色、代表性鏡頭，請千萬不要錯過。

---

## 外帶美食

在遊樂設施附近 **GET！**

**C** 的附近夢幻樂園
**鄉村西點**

**吉拿棒**
(巧克力／蕃薯) 各360日圓
口感酥脆的派皮，包裹甜味高雅內餡的甜點。

**b** 的附近明日樂園
**汎銀河披薩港**

**三眼仔饅頭，附造型圓桶** 880日圓
含有巧克力、草莓、卡士達醬內餡。
© Disney / Pixar

**a** 的附近明日樂園
**太空站糧食港**

**小金饅頭** 400日圓
芒果、香蕉、紫芋3種饅頭，口感Q彈。

---

Mapple 📞 1200-0385 **MAP** 附錄③ P.23 B-5

### 東京迪士尼樂園MAP

動物天地　夢幻樂園
卡通城
西部樂園
明日樂園
探險樂園
世界市集

※ **FP** 為設有快速通行(→P.179)的遊樂設施

## 年度活動曆

確認充滿季節感的多樣活動日程。

### 2016.11.8～12.25
### 聖誕夢幻

以聖誕節故事書為主題，以繪本為原型的遊行千萬不可錯過！

### 2016.11.22
### 新專區以及新迪士尼明星迎賓會地點開幕

能見到唐老鴨等人的新設施「土撥鼠小徑」誕生。

### 2017.1.1～5
### 新年特別節目

穿上華麗新年服飾的迪士尼明星們，將出現在園內向大家祝賀新年。

### 2017.1.13～3.17
### 特別活動「安娜與艾莎的冰雪夢幻」

《冰雪奇緣》為主題的人氣活動。可見到安娜與艾莎。

### 2017.6.15～7.7
### 迪士尼迎七夕

異國情調洋溢的七夕祭典舉辦長達23天，有扮成牛郎與織女的米奇米妮登場。

### 2017.7.11～8.31
### 迪士尼和風夏慶

充滿能量的和風夏季。2017年也有極受歡迎的Water Program！

### 2017.9.8～10.31
### 迪士尼萬聖節

換上新主題，極度盛大的萬聖節活動即將開始，請拭目以待。

---

俯衝而下時可能會淋得一身濕，最適合夏季遊玩

**TOPICS** 設有定點照相機！

拍攝落下瞬間的照片1張1300日圓～，可在遊樂設施的出口購買。

### F 動物天地 搭乘型 FP
### 飛濺山

**最高時速62km從瀑布頂端俯衝而下！**

乘著大圓木舟，伴隨尋找"微笑之國"的布雷爾兔一起冒險。突然，高達16m、最大傾斜45度的瀑布出現眼前，以最高時速62km的速度俯衝而下。

所需時間 約10分　人數 8人

↑俯衝後會來到布雷爾兔的故鄉

---

### D 西部樂園 搭乘型 FP
### 巨雷山

高速俯衝竄進洞窟彎道

**無人的礦山列車將在岩山中瘋狂奔馳！**

礦山列車在寂靜無聲的岩山中奔馳縱橫。逼近眼前的岩石，加上車輪刺耳的聲音會加深乘客的恐懼心，刺激度100%！

所需時間 約4分　人數 30人

**TOPICS** 四處充滿著小動物！

能見到許多居住在岩山之中的稀奇小動物。若有閒情逸致不妨找找看。大家能找到幾隻呢？

---

↑也可看見小豬、跳跳虎等大家熟悉的角色

### E 夢幻樂園 搭乘型 FP
### 小熊維尼獵蜜記

**與小熊維尼一起出發尋找蜂蜜**

舞台位在各種森林夥伴們居住的百畝森林，搭乘無法預測動向的有趣蜂蜜罐，和小熊維尼一起尋找蜂蜜吧。

所需時間 約4分30秒　人數 5人

**TOPICS** 被蜂蜜的香味吸引

在抵達蜂蜜洞窟的最後一幕，會有蜂蜜香甜的味道竄入鼻中。說不定還會因此感到肚子餓呢！

---

淋水的大象十分逼真，令人誤以為是真的大象

船長的解說十分有趣！

### G 探險樂園 遊船型
### 叢林巡航：
### 勇闖野生世界

**參加叢林探險之旅**

搭乘有活力又勇敢的船長的小船，前往叢林冒險。小船會在大家觀察大象、獅子等野生動物的同時不斷前進，最後抵達的神殿會…。其中有未知的體驗在等待著大家，非常值得期待。

所需時間 約10分　人數 32人
※2016/9/1～16暫停使用

**TOPICS** 夜間巡航也很受歡迎

2014年9月開始的夜間巡航。可以欣賞到與白天不同樣貌的叢林而大受好評。

---

G的附近探險樂園
### 蒸氣鍋爐房小吃

**米奇饅頭**
（豬肉＆照燒雞肉）
**美妮饅頭**
（草莓＆牛奶）各450日圓

臉部和耳朵都塞滿著不同的餡料和醬汁

F的附近動物天地
### 羅克蒂浣熊吧

**墨西哥薄餅・起司熱狗** 390日圓

用墨西哥薄餅包裹長型香腸的小吃

E的附近夢幻樂園
### 爆米花販賣車
（小熊維尼獵蜜記前）

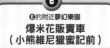

**爆米花、附造型爆米花桶** 2000日圓

與「小熊維尼獵蜜記」當中聞到的蜂蜜味相同

D的附近西部樂園
### 廚房馬車

**煙燻火雞腿** 700日圓

煙燻火雞腿肉。不妨大口咬下

---

劇場型 透過大螢幕觀賞影像的類型　3D劇場型 戴上3D眼鏡觀賞立體影像的類型　遊船型 搭乘小型船欣賞景色的類型　搭乘型 設施搭乘類型

**START**

**米奇、美妮、高飛狗**
⬆花車上揮手的米奇、美妮。駕駛列車的則是高飛狗

2015年7月重新改版

**小飛俠的海盜船**
⬆海盜船之上，彼得潘正和虎克船長決鬥，讓人目不轉睛！

2015年7月重新改版

**藍色妖精**
⬆當領頭的藍色妖精灑下魔法之粉，就代表著遊行開始

2015年7月重新改版

**神燈精靈**
展示他擅長的變身表演。皮諾丘、笑臉貓等，多達30種類以上的姿態！

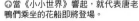
**唐老鴨、黛絲**
⬆當《小小世界》響起，就代表唐老鴨們乘坐的花船即將登場。

**小仙子們**
⬆聚集在花朵上的是奇妙仙子等精靈們。

2015年7月NEW

**魔髮奇緣**
樂佩公主的長髮也散發出金色光芒！她的戀人費林·雷德也會一起登場。

園區全域 夜間遊行

**東京迪士尼樂園
電子大遊行～
夢之光**

經過第3次改版，閃耀程度大幅增加！2015年7月改版的光與聲音祭典中，樂佩公主首次出演。包含變得更加閃亮的7輛花車在內，更有23輛花車登場，讓夜晚的迪士尼樂園充滿閃亮光芒！

演出地點 遊行路徑　演出次數 1天1次
演出時間 約45分

觀賞說明書
會配合遊行發光的周邊商品GET
會配合遊行發光的「魔法夢之光」2500日圓，是觀賞遊行時不可或缺的道具。

雨天限定遊行
**夜幕彩輝**
4輛花車登場。穿著雨衣的米奇十分難得一見！

**浪漫氣氛令人陶醉♡**

# 遊行表演&娛樂表演
## 盡情觀賞！

提供讓觀賞2大遊行和「童話之夜」時能歡樂加倍的觀賞說明書，以及介紹其他人氣表演。

※遊行路徑目夜共通

遊行MAP

遊行起始地點，可以用最短的時間欣賞。推薦給希望有效利用時間的遊客。

終點附近只有單側可以欣賞遊行，因此有很高的機率可與迪士尼明星們面對面

以灰姑娘城堡為背景的欣賞地點，想拍攝好看的照片務必要到這裡。

想欣賞遊行全體就必須來到位在高處的「好伙伴雕像」周邊

**米奇、美妮**
米奇、美妮乘坐的彩色熱氣球高達12m！2人淘氣的動作也很可愛♡

**皮諾丘**
⬆點綴著樂器和音符的火車。皮諾丘身邊還會飄出泡泡

**胡迪、巴斯光年、翠絲**
⬆彩色的巨大三輪車上，載著滿滿的玩具 ©Disney/Pixar

**START**

園區全域 日間遊行
**幸福在這裡**

以「幸福」為主題的
華麗絢爛日間遊行

從迪士尼電影中出現的角色，總數高達55名。讓人感受到各種不同的「幸福」，顏色鮮艷、令人興奮的13輛花車連細節都非常的講究。壓軸登場的巨大氣球花車令人驚豔。

演出地點 遊行路徑　演出次數 1天1次
公演時間 約45分

觀賞說明書
開始1小時前再佔位就OK
遊行開始1小時前，就會鋪好野餐墊等待各位觀眾，想要觀賞的人請記得尋找喜歡的場所。

身穿迪士尼產品吸引明星們的目光
務必穿著喜歡的明星的周邊產品，尤其是日間遊行能看得特別清楚，請一定要試試看。

卡通城
想更近距離接觸的話就到迎賓會地點

**米奇公館會米奇**

米奇為粉絲們開放自己的家。在後院攝影棚拍攝電影的米奇，會趁休息的時候過來與客人們拍照喔！

⬆米奇的電影服裝也值得注意

⬆別忘了在門口拍攝紀念照

⬆擺放米奇珍貴寶物的客廳

※表演活動可能會因天候等因素變更或中止

遊行 迪士尼明星們搭乘花車繞行園區

## 童話之夜

夢幻樂園 ｜ 城堡光雕投影

### 夜晚的灰姑娘城堡將變成巨大的繪本

使用20台投影機，將影像投射在夜晚的灰姑娘城堡。迪士尼名作的世界將隨著名曲復甦，規模可謂前所未見。

演出地點 灰姑娘城堡　演出次數 1天1～2次　演出時間 約15分

**Story**

當《美女與野獸》的茶煲太太對兒子阿齊輕聲說話，如同進入故事書般的迪士尼旅程便會展開。

**START**

↑追趕著白兔的愛麗絲，來到了不可思議之國

**愛麗絲夢遊仙境**

↑長頭髮的樂佩公主，在湖邊展現美妙的歌喉。

**魔髮奇緣**

**小飛俠彼得潘**

↑飛行在大笨鐘鐘聲迴響的倫敦高空，出發前往夢幻島

**白雪公主**

↑白雪公主和七個小矮人會在森林深處的小木屋跳舞

**美女與野獸**

↑貝兒和野獸在美麗城堡前跳著華爾茲的一幕令人陶醉不已。之後展開的野獸與加斯頓之間的決鬥鏡頭也相當震撼，令人目不轉睛！

**終曲**

↑《冰雪奇緣》的艾莎與雪寶將在最後壓軸登場

**觀賞說明書**

**想在最佳地點欣賞必須挑戰抽籤！**

想在灰姑娘城堡前的中央欣賞專區欣賞必須抽籤。入園後，透過智慧型手機下載APP，便會持續抽籤到每場娛樂表演開始的前1小時。抽籤場地是明日樂園大廳（下面MAP的★）舉行，各次表演開始的30分鐘前皆可參加。兩種方法皆須持有當日入園的門票。

**沒抽到怎麼辦？站著看的觀賞地點**

即使沒抽到籤也可站著觀賞，請放心。站著觀賞時，請盡量選擇鄰近可從正面看到城堡全體以及左右兩側柱子的位置。

角度略斜，影像容易看不清楚，但可欣賞到側面的影像以及特殊效果

距離稍遠，但位置比城堡略高，可清楚看到童話之夜整體

位於中央觀賞區後方，影像十分清晰，但很早就開始人潮擁擠

---

**News!**

2016年3月21日開始的新晚餐秀

探險樂園 ｜ 娛樂表演

### 米奇 七彩晚宴

呈獻波里尼西亞風格的祝福派對。演出夏威夷、大溪地、紐西蘭、薩摩亞等島嶼的歌曲和舞蹈，慶祝各式各樣紀念日的表演。

演出次數 1天4次　演出時間 約65分（上演時間約50分）　費用 S席4940日圓、A席4530日圓、B席4110日圓／4～8歲S席3600日圓、A席3190日圓、B席2780日圓　預約方式 可於一個月前至前一天透過網站預約。僅限當天有空席時，可透過智慧型手機網站預約。

**波里尼西亞草壇餐廳**

在欣賞迪士尼明星們演出的同時，還可品嘗到波里尼西亞風的料理。

➔餐廳大門也充滿十足的南洋氣氛！

---

↑以米奇、美妮為中心，迪士尼主要明星陸續登場並大秀舞技

明日樂園 ｜ 娛樂表演

### 一個人的夢想 II 之魔法長青

**獻上電影中多不勝數的知名場景**

上演迪士尼電影的知名鏡頭，充滿夢想與魔法的音樂劇表演。從單色調的世界瞬間轉為五彩繽紛的序曲不容錯過。

演出地點 歌舞基地　演出次數 預計1天4～5次　演出時間 約30分

※表演觀賞有可能需要抽籤。請務必至官方網站確認抽籤日日程。抽籤方式與童話之夜相同。

↑舞台上靈活飛舞的小飛俠等人

---

西部樂園 ｜ 娛樂表演

### 超級跳跳跳

**可與米奇等明星接觸的兒童取向表演**

與迪士尼的夥伴們一起玩畫畫遊戲、演出布偶戲，令現場熱鬧非凡，專為小朋友設計的歡樂表演。舞台前設有兒童專用的觀賞專區。

演出地點 廣場樓閣舞台　演出次數 預計1天3次　演出時間 約30分

↑走到觀賞區的米奇等人

←活力四射的表演，配合音樂一起跳起來！

---

探險樂園 ｜ 娛樂表演

### 美妮 噢！美妮

↑米奇一登場就把整個表演引領到最高潮

**以美妮為主角的拉丁嘉年華**

充滿拉丁旋律的熱鬧嘉年華。美妮會換穿4套服裝，其快速換衣也相當值得注目。開放遊客參加的跳舞時間也很具人氣。

演出地點 奧爾良劇場　演出次數 預計1天4～5次　演出時間 約30分

↑唐老鴨等人表演曼波舞

城堡光雕投影 在灰姑娘城堡投射立體光雕　娛樂表演 迪士尼明星登台表演的劇場型設施

**Ⓐ** 美國海濱 3D搭乘型 **FP**

## 玩具總動員瘋狂遊戲屋

**玩具總動員世界的射擊遊戲**

使用絕對不會沒有子彈的射擊器,對3D影像中不斷出現的目標射擊!最後還會公布得分,一定要和朋友一起合作拿到高分。

**所需時間** 約5分 **人數** 8人

©Disney/Pixar

### TOPICS 👉
**畫面後方的目標分數較高!**

高分目標就藏在最難瞄準的地方。也有一些需要和旁邊的人一起合作才能得到的高分目標。

**暖身區域**

→巨大玩具林立,在此可領取3D眼鏡

**主要設施**

→坐上搭載2台發射器的機器參加遊戲

充滿獨特體驗的設施滿載

## 遊樂設施 全部玩透透!

充滿驚喜與探索的刺激搭乘型設施、獨具特色的劇場型設施、氣氛浪漫的娛樂表演等,選擇性十足。

東京迪士尼海洋 祝15th

# 東京迪士尼海洋

## 15週年慶祝活動激發大家的想像力!

不僅開園15週年的活動,常設的遊樂設施和娛樂表演也都十分具有人氣。只有在東京迪士尼海洋才能見到的迪士尼小熊的資訊也千萬不要錯過。

進入玩具的世界與胡迪們一起玩耍

進入高達8m的胡迪頭入口,變身為玩具尺寸

←高約59m的豪華飯店。頂樓有時會有出現閃電般的光芒

**Ⓒ** 美國海濱 搭乘型 **FP**

## 驚魂古塔

**恐怖的旅館中,電梯將突然落下!**

參加主人離奇失蹤後就被封鎖的飯店參觀行程。當電梯抵達飯店頂樓,門打開的瞬間,電梯將會突然不斷地重覆上升、下降。

**所需時間** 約2分 **人數** 22人

### TOPICS 👉
**Shiriki Utundu的詛咒**

聆聽飯店主人失蹤前接受的記者會錄音。發生離奇現象的原因,是因為詛咒的關係嗎?

**Ⓑ** 失落河三角洲 搭乘型 **FP**

## 印第安納瓊斯冒險旅程:
### 水晶骷髏頭魔宮

**恐怖的魔宮探險**

參加由印第安納瓊斯的助手所企劃的尋找「年輕之泉」的旅程。但是會惹得守護神水晶骷髏頭憤怒不已。

**所需時間** 約3分 **人數** 12人

### TOPICS 👉
**發現年輕之泉!?**

承受守護神攻擊的同時,不妨找看看年輕之泉,說不定就找到了。

←落下那一瞬間,園區景色突然在眼前展開

場的吊橋

要走過看起來隨時會崩

©Disney/Lucasfilm Ltd.

Mapple Code 1200-1706 **MAP** 附錄③ P.23 B-6

**東京迪士尼海洋MAP**

在遊樂設施附近GET!

## 外帶美食

**ⓒ**的附近美國海濱

### 自由碼頭
#### 小吃

**豬肉飯捲** 500日圓

多汁的肉捲飯糰。長條狀非常適合邊走邊吃

**Ⓑ**的附近失落河三角洲

### 探險隊
#### 伙食

**猶加敦香腸熱狗堡** 450日圓

以口感偏硬的麵包包裹香辣的粗絞肉香腸

**Ⓐ**的附近美國海濱

### 德倫
#### 西餐車

**熱狗堡** 390日圓

飽滿多汁的熱狗令人食指大動。最適合有點餓時品嘗

※可能有價格變動或售完的情況

※**FP**為設有快速通行(→P.179)的遊樂設施

**184**

# 東京迪士尼海洋

## 遊樂設施

**E 神秘島 搭乘型** **FP**

### 地心探險之旅

探險地底世界的途中，突然火山爆發！

搭乘尼默船長發明的自動駕駛汽車，遊覽地下800m的地底世界。可是出乎預料的火山爆發，導致一行人必須以度假區設施最高時速——約75km衝出地面。

↑地底世界充滿著水晶洞窟等，許多前所未見的神秘事物

所需時間 約3分　人數 6人

---

**G 失落河三角洲 搭乘型** **FP**

### 忿怒雙神

在瀕臨崩塌的遺跡之中感受天旋地轉的旅程

穿梭在古代神明石像挖掘現場的雲霄飛車。最後等待乘客們的是充滿刺激感的環形旋轉軌道，肯定令人驚聲尖叫。

所需時間 約1分30秒　人數 12人

**TOPICS** 只有這裡才能體驗到的圓形軌道

東京迪士尼唯一能體驗360度旋轉的設施。難得的體驗令人心跳飆升！？

---

←一下跳出螢幕、一下表演魔術，接二連三地表演特技

**F 阿拉伯海岸 3D劇場型** **FP**

### 神燈劇場

出人意表的奇妙魔術表演

等到被關在箱子裡的神燈精靈一登場，全世界最有趣的表演即將開始。

所需時間 約23分（上演時間約9分30秒）
人數 322人

**TOPICS** 配合表演的特殊效果

座位會配合表演晃動等，設有各式各樣的機關，令人驚喜連連♪

---

↑普羅米修斯火山近在眼前，營造出的壯觀景色令人陶醉♡

↓感受威尼斯旅行氣氛，十分推薦傍晚和夜晚的景色

**D 地中海港灣 遊船型**

### 威尼斯貢多拉遊船

充滿浪漫氣氛的運河船旅♡

在活潑健談的擺渡者帶領下，從威尼斯運河駛往地中海港灣的大海。途中，擺渡者還會演唱短歌，請記得仔細聆聽喔。

所需時間 約11分30秒　人數 16人

**TOPICS** 實現願望的橋！？

傳說通過橋下時閉上眼睛許願，願望就能成真。記得在抵達之前想好自己的願望喔。

---

**H 美人魚礁湖 劇場型** **FP**

### 美人魚礁湖劇場

震撼內心，海底世界的音樂演奏會

艾莉兒主演的音樂劇《川頓王的音樂會》。舞台和照明等裝置全部翻新，讓觀眾可以在更閃亮的空間內，體驗充滿震撼性的表演。

所需時間 約14分　人數 700人

艾莉兒的姊姊會在觀眾席周圍的6面螢幕上登場

艾莉兒超級美麗♡

觀眾席以圍繞中央舞台的方式設置，不論哪個角度都能看得一清二楚

**TOPICS** 近距離接觸艾莉兒！

艾莉兒在表演的同時，會在會場內自由地游來游去。甚至還會來到觀眾身邊打招呼，記得要揮手回應喔。

---

**h** Ⓗ的附近美人魚礁湖
### 賽巴斯丁 加力騷廚房

**芒果優格慕司蛋糕 附造型圓杯** 880日圓

熱帶風情的口味令人感動。一起把小比目魚帶回家吧

---

**g** Ⓖ的附近失落河三角洲
### 失落河 小廚

**香辣煙燻 雞腿** 500日圓

外皮酥脆、裡頭肉汁豐富，其香辣過癮，是成人會喜歡的煙燻雞腿

---

**f** Ⓕ的附近阿拉伯海岸
### 蘇丹 綠洲

**小老虎尾巴 （奶油燉雞）** 450日圓

小老虎的尾巴變成了肉包。奶油燉雞的餡料非常美味！

---

**e** Ⓔ的附近神秘島
### 鸚鵡螺號 小廚

**水餃堡** 500日圓

以豆皮包裹薑味十足的餃子餡而成的包子。長度約20cm

---

**d** Ⓓ的附近地中海港灣
### 威尼斯 船夫小吃

**義式冰淇淋 雙球** 390日圓

甜味優雅的義式冰淇淋約有10種口味可選擇。容器也可選擇餅乾或杯裝

---

**185** 劇場型 透過大螢幕觀賞影像的類型　3D劇場型 戴上3D眼鏡觀賞立體影像的類型　遊船型 搭乘小型船欣賞景色的類型　搭乘型 設施搭乘類型

## 最喜歡的角色接連登場！
# 盡情觀賞 娛樂表演！

精選東京迪士尼海洋受歡迎的水上表演和舞台表演。
能在用餐的時候見到米奇的迪士尼明星餐也很具人氣。

**神燈精靈**
↑透過輕鬆的談話和律動十足的歌曲，帶來愉快的個人表演

**米奇**
扮演魔法師學徒的米奇登場，邀請大家前往幻想的世界

魔法師造型的米奇好帥氣

---

**地中海港灣** **水上表演**
## Fantasmic!

充滿港灣特色的演出十分精彩

夢幻般的壯觀華麗夜間表演。水幕、煙火、火焰、水花等特殊效果十足，令人目不轉睛！米奇的決鬥鏡頭也千萬不可錯過。

演出次數 1日1～2次　演出時間 約20分

**米奇與巨龍之戰**
↑米奇挑戰化身為巨大惡龍的黑魔女。火焰四射的模樣十分壯觀

**公主與王子**
↑沉浸在羅曼蒂克且美麗的迪士尼公主的世界

**表演結束後…**
**心願寄星空**

↑煙火表演正適合為樂園的一天劃上終點。伴隨著名曲，欣賞巨大煙火射向夜空。

**終曲**
←最後大批的迪士尼夥伴們將一起登場。還能看到經過苦戰的米奇的身影！

### 觀賞說明書

可從飯店餐廳的露臺觀賞
僅限在東京迪士尼海洋觀海景飯店「海洋宮」的用餐者才能進入的露臺。

依據欣賞位置會大有改變
推薦欣賞地點
表演是在地中海港灣舉行，因此這個地區的任何一個角落都能欣賞得到。一起來找最中意的地點吧。

老橋上是鮮為人知的觀賞地點

觀眾較少的神秘島入口

人工離島「里多島」，距離很近，臨場感十足

參加導覽行程遊客專用的觀賞地區

螢幕的影像十分清楚，最具人氣的觀賞地點

---

**美國海濱** **舞台表演**
## 開筵宴客

世界各國美食的展示會

介紹米奇遊遍世界後所帶回的各地美食的表演。墨西哥薄餅、幕之內便當等美味料理將陸續登場，讓人看著不禁肚子也餓了起來！？

演出場所 船塢邊舞台　演出次數 1日4～5次（預定）　演出時間 約30分

### 觀賞說明書

若想在前方的座位觀看建議1小時前抵達等待專區

雖然也可以站著欣賞表演，不過還是推薦能夠近距離看見明星們的前方座位。

**終曲**
↑表演成員全體登場，完成豪華晚宴的精彩終曲，將在現場颳起感動的風暴！

**高飛狗**
↑抬著幕之內便當風格的神轎登場，日本的代表——高飛狗

**奇奇與蒂蒂**
↑穿著墨西哥的民族服飾，演唱墨西哥薄餅製作方式的歌曲

---

## 還有許多！人氣餐廳

**地中海港灣**
### 麥哲倫

取名自目標環遊世界的偉大冒險家麥哲倫的餐廳。可品嘗到套餐料理。

←可選擇前菜等的晚餐「麥哲倫套餐」7710日圓

**美國海濱**
### 櫻花餐廳

欣賞紐約港的同時，品嘗以魚、肉為主且菜色豐富的和食。

→海鮮散壽司十分美味的「魚介のまぶし膳」2180日圓

附美味的燒烤料理

→造型可愛的『開心莓果』覆盆子慕斯蛋糕」1600日圓

短時間獨占美妮♡

→愛黏人的布魯托

**發現港**
### 水平線海灣餐廳

園內唯一可以近距離接觸迪士尼明星的餐廳。迪士尼明星餐，成人3020日圓。

享受料理＋與迪士尼明星相見歡的迪士尼明星餐

↑穿著近未來風格服飾的米奇

---

**水上表演** 以地中海港灣為舞台的表演　　**舞台表演** 迪士尼明星登台演出的劇場型表演

## 達菲餐點

陸續推出的新餐點所附贈的紀念品都很受歡迎，必須盡早入手。

**開心好朋友**
（巧克力＆藍莓）430日圓
2個一組。口味不同的美味內餡加上綿密的外皮，要有一吃就上癮的覺悟

**這裡可以買到！**
美國海濱
鱈魚岬錦標美食／鱈魚岬甜品

**綜合莓果牛奶慕斯、附造型圓杯** 820日圓
杯子令人一見鍾情
※內容和杯子造型會有時期性變動

**這裡可以買到！**
美國海濱
鱈魚岬錦標美食

**彩色巧克力
附贈迷你點心盒** 920日圓
坐在行李箱上，以手拿調色盤畫畫的小東尼為造型的小盒子中，塞滿著如同顏料般五彩繽紛的巧克力。

**這裡可以買到！**
地中海港灣
威尼斯船夫小吃

## 達菲商品

可愛到連大人都不禁想購買的周邊商品，新商品仍陸續推陳出新，請千萬別錯過。

**布偶
(S)**
3900日圓
適合抱著走在園內的S尺寸

**布偶(M)** 11000日圓
坐姿高度約50cm的大尺寸小東尼新登場！

**托特包** 3900日圓
與雪莉玫一起出門。可肩背

**托特包** 3600日圓
剛好可放入S尺寸布偶的托特包

**糖果** 1500日圓
內含10顆草莓口味的糖果

**這裡可以買到！**
美國海濱
裴葛姑媽村莊商店

※刊載的菜單及商品內容、價格、販賣店舖、販賣期間可能會有變動或售完的情況

擺好姿勢與達菲一起拍照（上）。如果想要抱抱，達菲也會樂於答應（右下）

達菲好溫暖～

**美國海濱** キャラクターグリーティング
### 迪士尼明星迎賓會地點

**漁村迎賓小屋**
在裝飾著達菲相關展示品、鱈魚岬地圖等的房屋裡，達菲已經久候各位多時。記得注意達菲隨著季節變換的服裝喔！

↑鱈魚岬的蒸氣船搭乘處建物

↑展示迪士尼粉絲們製作的服裝

*毛茸茸，軟綿綿，大家的最愛*

# 好想見到達菲！

除了明星迎賓會、娛樂表演以外，最新菜單＆商品也全都一手掌握！

**人氣拍照地點**

**鱈魚岬錦標美食前的燈塔**
以燈塔為背景，與達菲的玩偶一起拍照留念

**威尼斯運河**
位在威尼斯街道，裝飾著達菲和小東尼圖片的拍照地點

**★達菲與夥伴們★**

**達菲**
↑美妮為了米奇親手縫製的玩偶

**雪莉玫**
↑達菲的好朋友。藍色瞳孔加上長長的睫毛很具魅力

**小東尼**
↑達菲打翻義式冰淇淋時所遇見、擅長畫畫的貓

**雪莉玫誕生**
↑拉開布幕的繩子後，雪莉玫現身

**感動的重逢**
↑從旅途歸來的米奇和達菲，與美妮重逢時演出開心的舞蹈

**美國海濱** 舞台表演
### 摯友達菲

**以達菲和米奇為主角的溫馨表演**
在餐廳的用餐區舞台交互上演2段小故事。第1部是講述米奇和達菲一起踏上航海之旅，第2部則是敘述雪莉玫誕生的故事。

**演出場所** 鱈魚岬錦標美食（美國海濱）

**演出時間** 約30分（各故事10分，有5分鐘中場休息）

**終曲**
↑因新夥伴雪莉玫的誕生，歡天喜地的達菲等人一起唱歌的模樣讓人心動♡

**A** 吊飾 890日圓
→最喜歡夏天的雪寶舉手歡呼。約15cm

東京迪士尼樂園限定

**E** **A** 座墊 各2200日圓
↑→可愛的糖果造型座墊，非常適合用來裝飾房間

東京迪士尼海洋限定

東京迪士尼樂園限定

**E** **A** 布偶 2200日圓
↑美妮很適合穿著糖果店般的五彩繽紛服飾

**F** 襪子 700日圓
↑奧斯華的襪子為25～27cm。可以搭配自己最愛的鞋子

**G** 智慧型手機外殼 各2900日圓
↓共有安娜和愛莎兩款。內部還有可以收藏卡片的設計

**C** **C** 零錢包 2300日圓
↑點綴的黑色蝴蝶結讓零錢包充滿高級感，設計十分出色

**E** **E** 像框 2800日圓
↑放進在樂園內拍攝的紀念照片，裝飾在房間裡吧。

**H** **E** 室內鞋 1800日圓
↓展露笑容的史迪奇陪伴身邊♪　約23～25cm

**H** **E** 盤子套組 1400日圓
↓直徑約13cm的塑膠製盤子3入套組

**TOPICS**
數量限定的迪士尼明星周邊商品
**公主學習筆記本**
免費發送教導如何散發公主魅力的筆記本。發送地點請至官方網站確認。

東京迪士尼樂園｜夢幻樂園

---

## 一旦看到就要立即買下！

精選只有在東京迪士尼度假區才能買到的新款人氣商品。不論是自己用，還是買來分送朋友都很方便，不妨多買一點。

# 商品

**C** **C** 長版上衣 5600日圓
↑白雪公主的設計令人印象深刻。輕輕鬆鬆只穿1件也非常Good

**C** **C** 肩背包 4800日圓
→寬約53cmX高約40cm的小皮包，適合用來當作打扮時的時尚亮點

**A** **A** 快速通行票券夾 1500日圓
→附有隨意伸縮的拉繩，拿放票券超級輕鬆♪

**A** **A** 髮箍 1400日圓
↑巨大蝴蝶結帶來強烈的視覺衝擊。除了黃色以外，也有紅色、藍色。

**C** **T-shirt** 3600日圓
→將《美女與野獸》的貝兒公主的美麗姿態印滿整面衣服。F size

**C** **C** 托特包 3000日圓
↓寬約50cmX高約32cmX底寬約19cm，擁有超大容量

**A** **A** 布偶徽章 各1600日圓
↑↓可別在衣服或包包上，讓米奇和美妮陪你一起遊玩

**C** **C** 連帽外套(S、M、L、LL) 各4300日圓
↓時髦的黛西跳躍著的圖片，非常好看♡

**C** **C** T-shirt 1900日圓
↗彩色的心型圖案為其亮點。穿上後能吸引所有人的目光♡

**C** **C** 托特包 3000日圓
↑把小美人魚印在整個包面上。非常適合用來裝伴手禮

**H E 杯子套組**
1800日圓

←不只圖案不一樣，每一款杯子外內顏色各自不同是其特徵

**東京迪士尼樂園 限定**

**I 原子筆** 各1200日圓

←有黑武士、帝國風暴兵、尤達大師可供選擇。大家喜歡哪一款呢？

# 雜貨・文具

**E A 護手霜套組**
1800日圓

↑有香草檸檬、草莓、薄荷蘇打香味，3入套組

**D D 色筆套組**
1000日圓

→有粉紅色、橘色、藍色、紫色、紅色，5色套組

**E E 抹布套組** 800日圓

→美式休閒風格的帥氣設計十分出色

**D D 筆芯套組**
1380日圓

←被五彩繽紛甜點圍繞的美妮插圖十分可愛，6入套組

**E E 紋章圖案徽章套組**
1400日圓

↑使用丹寧布料的一種——直條紋布料製成的徽章

**News!**

**到「聚寶彗星」GET季節限定的扭蛋**

以宇宙為主題的商店裡，新推出販售扭蛋玩具的機器。玩具會依活動和季節更換種類，敬請期待。

東京迪士尼樂園　明日樂園

↓極有人氣的轉蛋玩具，一個300日圓

↓投入銅板後，按下按鈕，玩具就會掉出來

# 迪士尼最新

**分送朋友最適合**

# 零食

**B B Pasta 零嘴**
780日圓

→最適合當零食的青醬Pasta零嘴，3入

**東京迪士尼樂園 限定**

**B 綜合茶包**
1100日圓

↑→每盒裝有大吉嶺紅茶等3種茶包。6盒一組

**E B 棒棒糖** 900日圓

→有草莓、葡萄、青蘋果等不同口味，5支一組

**B B 酥脆起司零嘴**
1100日圓

→滋味濃郁的混合起司口味零嘴。40g4個裝

**東京迪士尼樂園 限定**

**H 彈珠汽水** 780日圓

↑葡萄口味＆蘇打口味彈珠汽水6瓶裝。史迪奇的包裝非常可愛

**F B 糖果** 1700日圓

→T-shirt造型的5個罐子中，裝有口味各異的糖果

**B B 綜合巧克力**
1000日圓

↑有草莓口味、牛奶糖口味等，13入盒裝巧克力

---

**東京迪士尼海洋 商店列表**

| 商店 | 區域 |
| --- | --- |
| A 恩波利歐商場 | 地中海港灣 |
| B 情人甜點 | 地中海港灣 |
| C 費加洛服飾專櫃 | 地中海港灣 |
| D 郵局文具店 | 地中海港灣 |
| E 唐老鴨家庭用品店 | 地中海港灣 |
| F 蒸氣船米奇商號 | 美國海濱 |

**東京迪士尼樂園 商店列表**

| 商店 | 區域 |
| --- | --- |
| A 格蘭恩典商場 | 世界市集 |
| B 世界市集點心坊 | 世界市集 |
| C 小鎮時尚店 | 世界市集 |
| D 致賀屋 | 世界市集 |
| E 家用百貨 | 世界市集 |
| F 西餅城 | 世界市集 |
| G 王國寶藏 | 夢幻樂園 |
| H 聚寶彗星 | 明日樂園 |
| I 外太空接觸 | 明日樂園 |

**News!**

共有2種遊戲可以體驗

**「叢林遊樂坊」開幕**

叢林中的商店挑戰遊戲。只要能通過挑戰，就能拿到豪華獎品。同時還有參加獎的紀念品！1次500日圓

東京迪士尼樂園　探險樂園

# 迪士尼飯店

## NEW飯店加入後服務更上一層樓！

在大家翹首以盼的全新迪士尼飯店誕生後，遊客能比以前更輕易享受住宿！接著將帶大家一訪被魔法圍繞，如同夢幻般的飯店。

**經濟型**

第4座迪士尼飯店誕生

# 東京迪士尼樂祥飯店

## 主題各異的2棟飯店

改建「Palm & Fountain Terrace Hotel」而成，以迪士尼主題樂園為構想，由2座不同名稱的飯店構成。簡便的設備讓旅客享受舒適的住宿。

☎0570-05-1118(東京迪士尼度假區綜合預約中心)※部分PHS、IP電話、國際電話須撥打
☎045-330-5711 地千葉縣浦安市明海7-1-1(心願館)、浦安市日の出7-1-1(探索館)
IN 15:00 OUT 11:00 ¥23000日圓～(1間) 交JR舞濱站南口下車，從東京迪士尼樂園巴士、計程車總站搭乘免費接駁公車約15分
HP http://www.disneyhotels.jp/dch/
Mapple 1201-2365 MAP 附錄③ P.2 H-4

↑大廳放有以遊樂設施為主題的家具

**2016年6月1日開幕**

**東京迪士尼樂祥飯店：心願館**

以「夢想」、「奇幻」為主題。中庭設有造型剪樹，一到晚上霓虹燈飾便會亮起。

←色調五彩繽紛的客房，共352室（照片為預想圖）

**2016年9月10日開幕**

**東京迪士尼樂祥飯店：探索館**

**6個月前開始接受預約**

以在迪士尼主題樂園能體驗的「冒險」、「發現」為主題。設有最多可容納5名成人的客房。

↑讓人興奮的內心再度高漲的大廳

---

→紅色和黃色的床罩、留有米奇足跡的地毯也十分獨特

## 米奇客房
**1間 61800日圓～**
（加床+6200日圓，包含加床最多可容納4人）
各個角落皆以米奇為主題的客房。繪有米奇各種姿勢的壁紙令人印象深刻。

←統一使用清爽線色的盥洗台

**麗緻型**

# 迪士尼大使大飯店

## 充滿好萊塢黃金時代的奢華氣息

以孕育出迪士尼明星們的1930年代美國為主題的飯店。快樂有趣的米奇等迪士尼明星客房十分具有人氣。

☎0570-05-1118(東京迪士尼度假區綜合預約中心)※部分PHS、IP電話、國際電話須撥打☎045-330-5711 地千葉縣浦安市舞濱2-11 IN 15:00 OUT 12:00 ¥30000日圓～(1間) 交JR舞濱站步行8分
HP http://www.disneyhotels.jp/dah/
Mapple 1200-1308 MAP 附錄③ P.23 B-5

↑裝飾巨大天花板畫的大廳十分美麗

## 美妮客房
**1間 61800日圓～**
（加床+6200日圓，包含加床最多可容納4人）
搭配美妮洋裝上的點點圖案以及蝴蝶結，是女孩子最喜歡的空間。

←紅色緞帶造型的抱枕十分可愛 ♡

## 唐老鴨客房
**1間 53500日圓～**
（加床+6200日圓，包含加床最多可容納4人）
以唐老鴨水手服上的藍、紅、黃為基礎色調的繽紛客房。

對唐老鴨愛好者來說難以抵擋的夢幻空間→

**當日來回利用OK★ 館內景點**

會跟用餐的米奇打招呼
**休閒餐飲**
**大廚米奇**
迪士尼明星們會前來與各位打招呼的夢幻級餐廳。採自助餐形式的料理也相當美味。
↑主廚打扮的米奇

**商店**
**節慶迪士尼**
以原創商品為首，供應多款迪士尼明星商品的伴手禮商店。

←「吊飾＆鑰匙」各1200日圓

---

**事前確認飯店類型！**

**麗緻型**
位在東京迪士尼度假區內的高級空間，可感受優雅的度假村住宿的迪士尼飯店。
◆迪士尼大使大飯店
◆東京迪士尼海洋觀海景大飯店
◆東京迪士尼樂園大飯店

**經濟型**
位於新浦安地區，提供較基本的服務，能以親民的價格感受度假村體驗的迪士尼飯店。
◆東京迪士尼樂祥飯店

---

# 住宿特惠

**① 歡樂15優先入園**
使用住宿旅客專用的入口，可在開園15鐘前進入部分區域。
※遊樂設施可能會有無預警暫停使用的情況。
※快速通行券的發券時間為正常開園時間開始。

**可使用設施列表**

**東京迪士尼樂園**
●巴斯光年星際歷險
●格蘭恩波商場
●大街服務所
（預約導覽行程也OK）等

**東京迪士尼海洋**
●玩具總動員瘋狂遊戲屋
●驚魂古塔
●迪士尼商場
●費加洛服飾專櫃
●來賓服務所
（預約導覽行程也OK）等

**② 提前辦理入住手續**
可在Check in開始的15點之前，辦理好住宿手續。

**③ 入園保證**
即使2座樂園皆因人潮眾多而限制入場，還是可以入園。

**④ 直接在飯店購買園區票券**
販售一日護照或從第一天就可進入兩園區的特別票券。

**⑤ 單軌列車的免費車票**
可領取住宿中搭乘「迪士尼度假區線」的免費車票。
※僅限東京迪士尼海洋觀海景大飯店和東京迪士尼樂園大飯店。

**⑥ 免費接駁巴士**
可搭乘輕鬆從飯店前往2座園區的接駁巴士。
※僅限迪士尼大使大飯店和東京迪士尼樂祥飯店。

※費用可能因修改或時期不同而有所變動

↑感覺自己變成了妖精一樣♡

## 麗緻型
# 東京迪士尼樂園大飯店

### 正對東京迪士尼樂園

維多利亞式設計的飯店，裝潢十分優雅。以182間可以體驗故事主角感受的奇幻客房為首，客房數量為迪士尼飯店中首屈一指，共有706間客房。

📞0570-05-1118（東京迪士尼度假區綜合預約中心）※部分PHS、IP電話、國際電話須撥打📞045-330-5711　址千葉縣浦安市舞浜29-1　IN 15:00　OUT 12:00　¥39000日圓～（1間）　JR舞濱站南口步行8分　HP http://www.disneyhotels.jp/tdh/
Mapple 1201-1403　MAP 附錄③ P.23 A-4

↑壯觀的中庭大廳

### 當日來回利用OK★ 館內景點

工作人員會幫參加兒童梳妝打扮！

**美容沙龍**
**神仙教母美容院**
專為3歲～小學6年級孩童設置的美妝沙龍，搖身一變成為公主。

**商店**
**迪士尼精品店**
3座迪士尼飯店中，擁有最大規模的店舖。

↑飯店服務人員造型的「布偶」各2800日圓

### 迪士尼小仙子客房
1間 48200日圓～（最多可容納3人）
1間 52300日圓～（最多可容納4人）
以奇妙仙子居住的「仙子王國」為主題的客房。

↑欣賞貝兒當時所看到的景色

### 迪士尼美女與野獸客房
1間 55400日圓～（最多可容納3人）
1間 58500日圓～（最多可容納4人）
採用電影中的經典場景作為設計要素，高級感十足的客房。

↑彷彿被邀請到王子等待著的城堡，盡情享受優雅時光

### 迪士尼仙履奇緣客房
1間 62600日圓～（加床+6200日圓，包含加床最多可容納4人）
統一以高雅的藍色布置而成的客房，很受女性歡迎。這個空間會讓人想起灰姑娘前往城堡參加舞會時，身上穿的禮服。

### 迪士尼愛麗絲夢遊仙境客房
1間 48200日圓～（最多可容納3人）
1間 52300日圓～（最多可容納4人）
愛麗絲所闖入的夢遊仙境在房裡擴展開來，也擺設了讓人想起白兔的可愛家具。

↑紅心女王庭園風造型的床舖

---

↑描繪蓋倫帆船航海時的模樣，是幅藝術性頗高的繪畫

↑天花板彩繪著點綴夜空的星座

### 米奇船長精緻客房
1間 52200日圓～
（最多可容納3人）
以米奇和同伴們的航海之旅為主題的客房。

### 威尼斯區精緻客房

1間 49400日圓～
（最多可容納3人）
以「舊時美好的義大利」為主題，轉變為讓人更能感受到威尼斯氣息的客房。

↑窗外可看到威尼斯的街道

## 麗緻型
# 東京迪士尼海洋觀海景大飯店

### 重新裝修過，樂園一體型飯店

如同在樂園中睡去般的夢幻飯店在2015年重新裝修。除了新誕生的客房，既有的客房和走廊，都增加了與東京迪士尼海洋之間的協調性以及享受冒險餘韻的要素，進化成讓航海之旅延續下去的飯店。

📞0570-05-1118（東京迪士尼度假區綜合預約中心）※部分PHS、IP電話、國際電話須撥打📞045-330-5711　址千葉縣浦安市舞浜1-13　IN 15:00　OUT 12:00　¥44200日圓～（1間）　迪士尼度假區線東京迪士尼海洋站即到　HP http://www.disneyhotels.jp/dhm/
Mapple 1201-0238　MAP 附錄③ P.23 B-6

↑裝飾著蓋倫帆船的挑高大廳，開放感十足

### 當日來回利用OK★ 館內景點

**酒吧**
**美景廳**
提供義大利風格的料理與飲品。透過整面落地窗可欣賞到壯觀的景色！
↑東京迪士尼海洋近在眼前

**餐廳**
**海洋宮**
只要時間湊巧，即可從專用露台欣賞園區舉辦的水上表演。

↑可選擇採用自助餐或套餐方式享用地中海料理

---

## 麗緻型的飯店還有這些特典！

### 購入方法
住宿日的1個月～2天前透過線上預約，或是住宿當天於客房的需求用紙上註記後，前往櫃台申請。

**14**
唯有住宿遊客才能購買的托特包
以各飯店為主題設計的「托特包」&「行李箱標籤」各6900日圓

↑米奇造型的包包吊飾各2500日圓

**13**
迪士尼明星客房備品
各飯店都準備了許多不同設計的客房備品。當然，要帶回家也沒問題。

↑迪士尼飯店的客房備品

**12**
回程行李遞送服務
將住宿遊客的行李，從住宿飯店遞送到「東京迪士尼度假區迎賓中心」。

**11**
商品遞送服務
將住宿遊客於兩座園區內或「旅途愉快」購買的商品，直接送到飯店

**10**
免費觀賞迪士尼頻道
播放迪士尼電影等的迪士尼頻道，在客房內可24小時免費觀賞♪

**9**
東京迪士尼度假區最新資訊
樂園的開園、閉園時間、活動等度假區的最新資訊，皆可在飯店內得知。

**8**
享受飯店內的購物樂趣
各飯店皆設有店舖，販售原創或只有樂園內才有的商品，更售有僅限住宿遊客購買的商品。

**7**
行李遞送服務
將住宿遊客寄放於JR舞濱站前「東京迪士尼度假區迎賓中心」的行李，直接遞送到住宿的迪士尼飯店（免費）。
※除了東京迪士尼樂祥飯店以外

## 東京迪士尼度假區 公認飯店

### 必能派上用場的強力推薦服務

位在東京迪士尼度假區周邊的合作飯店，也有許多住宿遊客特惠。除此之外，飯店本身的服務、推薦資訊都將標注於「強力推薦POINT」，請一定要確認喔。

---

## 東京燦路都廣場大飯店
サンルートプラザ東京

### 特色多樣的客房齊聚一堂

由3棟建築組成，擁有各種特色十足的主題客房，迪士尼度假區®首座公認飯店。主題獨特的客房眾多，價格親民也是魅力之一。

📞 047-355-1111
🏠 千葉縣浦安市舞浜1-6
IN 15:00　OUT 12:00
💴 8964日圓～（費用為2人住宿時的單人費用，1泊附早餐）
🚃 JR舞濱站南口搭乘免費接駁巴士約4分

從客房可看見東京迪士尼度假區®和東京灣

Mapple Code 1200-0109
MAP 附錄③ P.23 A-5

彷彿進入夢中城堡一樣的「城堡客房」

**強力推薦POINT** 👉
**Decoration Room**
全年依季節設計的客房即將登場。
※照片為人氣的「海盜客房」

---

## 東京灣 喜來登大飯店

### 景觀良好的客房受人喜愛

飯店位置極佳，每間客房都設有陽台，可以眺望迪士尼樂園及海洋。同時也是擁有超過840間客房的大型飯店，不論家庭還是情侶出遊，都有各種適合的房型。

📞 047-355-5555　🏠 千葉縣浦安市舞浜1-9　IN 15:00　OUT 12:00
💴 43000日圓～（1間）　🚃 搭乘迪士尼度假區線至海濱站，步行或轉搭接駁巴士即到

Mapple Code 1200-0113　MAP 附錄③ P.23 A-6

仿造東京灣海浪的飯店外觀

「海景夢幻客房」，配置船用燈造型燈等

「喜來登行政客房」，可在高品質空間裡悠閒放鬆

**強力推薦POINT**
**住宿旅客服務專員**
不論樂園活動資訊或度假區整體資訊，什麼都知道。

---

## 住宿遊客特惠

**1 直接在飯店購買樂園票券**
除了可在飯店購買兩樂園的票券，還可將旅行社的觀光券兌換成樂園票券。

**2 入園保證**
即使2座樂園皆因人潮眾多而限制入場，還是可以入園。

**3 東京迪士尼度假區最新資訊**
樂園的開園、閉園時間、活動等度假區的最新資訊，皆可在飯店內得知。

**4 可搭乘免費接駁巴士**
可免費搭乘連結飯店與海濱站的接駁巴士「迪士尼度假區巡遊巴士」。

**5 可再度入園**
只要請工作人員蓋上再入園章，即可回飯店用餐或休息。※若要再次入園須持入場券。

**6 享受飯店內的購物樂趣**
飯店內店舖「迪士尼度假區迎賓中心」，售有園內限定的迪士尼明星商品。

**7 行李遞送服務**
將住宿遊客寄放於「東京迪士尼度假區迎賓中心」的行李，直接遞送到住宿的飯店。

**8 回程行李遞送服務**
Check out時可寄放行李，之後再到「東京迪士尼度假區迎賓中心」1樓的行李領取櫃台領取。※服務時間7時～12時30分，領取時間因務放時間而異（收費）。

**9 宅配服務**
設有可宅配園內購買的伴手禮及行李的櫃台（收費）。

---

## 東京灣東方飯店
オリエンタルホテル 東京ベイ

### 綠意盎然、光線充足的度假空間

仿造普羅旺斯街道的大廳非常具有療癒氣息。適合幼兒的客房、併設兒童遊樂室的餐廳等，是座對攜家帶眷的旅客十分貼心的飯店。

📞 047-350-8111　🏠 千葉縣浦安市美浜1-8-2　IN 15:00　OUT 12:00
💴 18800日圓～（1間）　🚃 東京迪士尼樂園®巴士轉運站搭乘好夥伴飯店接駁巴士約20分

Mapple Code 1200-0099　MAP 附錄③ P.2 H-3

兒童也能安心住宿，處處展現設計巧思的「寶貝套房」
➡直通新浦安站的南法風都市型度假村飯店

---

## Urayasu Brighton Hotel Tokyo Bay
浦安ブライトンホテル東京ベイ

### 最適合想小小奢侈一番的遊客

奢華威恰到好處的豪華飯店。半個房間大的浴室、面窗的床鋪等，擁有各式各樣充滿度假區感的客房。

📞 047-355-7777　🏠 千葉縣浦安市美浜1-9　IN 15:00　OUT 12:00
💴 38000日圓～（1間）　🚃 直通JR京葉線新浦安站

Mapple Code 1200-0098　MAP 附錄③ P.2 H-3

讓家人把喜歡的鞋子脫掉。盡情放鬆的「ROOM DANRAN」
➡連結JR新浦安站與飯店之間的有屋內通道，即使刮風下雨也不必撐傘

---

## 東京迪士尼度假區 好夥伴飯店

位於東京迪士尼度假區周邊，設有免費接送巴士的合作飯店。並附有部分與公認飯店相同的特惠！

↑可選擇靠樂園或靠海的「舒適精緻客房」

## 東京灣舞濱酒店度假俱樂部
東京ベイ舞浜ホテルクラブリゾート

### 充滿開放感的度假區氛圍

挑高9層樓，度假感十足的中庭大廳，以及2015年秋季重新開幕，可眺望東京灣的餐廳都很具人氣。全館皆可使用Wi-Fi。

☎047-355-2411　🏠千葉縣浦安市舞浜1-7　IN15:00　OUT12:00　¥42768日圓～（2人1間）　🚌迪士尼度假區線海濱站步行4分

Mapple Code 1200-0110　MAP 附錄③P.23 A-5

↑飯店外牆由客房附設的白色陽台排列而成

### 強力推薦 POINT 👉
**晚餐專區「THE ATRIUM」**

併設現做廚房的餐廳。透過各式各樣的料理方式，讓顧客盡情享用和、洋、中式的自助餐。

---

## 東京灣大倉飯店
ホテルオークラ東京ベイ

### 宮殿般的氣氛令人愉悅

設計優雅，如同歐洲宮殿般的飯店。全大理石的浴室、44㎡以上的舒適客房令人感到放鬆。

☎047-355-3333　🏠千葉縣浦安市舞浜1-8　IN15:00　OUT12:00　¥28600日圓～（1間）　🚌迪士尼度假區線海濱站步行3分

Mapple Code 1200-0112　MAP 附錄③P.23 A-6

↑飯店的象徵——海豚會在門口迎接住宿旅客

### 強力推薦 POINT 👉
**自助早餐**

各個旅行網站的早餐類皆擁有高人氣排名。

↑設有優雅沙發和間接照明的「豪華客房」

---

氣氛溫馨的2～4人客房『Symphony Room』

## 東京灣舞濱酒店
東京ベイ舞浜ホテル

### 附沖澡區的浴室頗受好評

以挑高11層的中庭大廳為中心，空間寬闊的飯店。可選擇靠海或靠樂園側的房間。女性專用化妝室等以女性角度出發的設備也十分豐富。

☎047-355-1222　🏠千葉縣浦安市舞浜1-34　IN15:00　OUT12:00　¥75600日圓～（1間）　🚌迪士尼度假區線海濱站搭乘接駁巴士約4分

Mapple Code 1201-1150　MAP 附錄③P.23 A-5

↑圓形的外觀十分顯眼，從遠處就可看到

### 強力推薦 POINT 👉
**SPA**

營業至翌日1點的「浴池 薔薇」提供護膚服務，讓住宿遊客體驗療癒的時光。

---

位於飯店高樓層，充滿藝術氣息的「CELEBRIO 園景房」

## 希爾頓東京灣大飯店
ヒルトン東京ベイ

### 各式各樣的概念客房

除「Celebrio客房」以外，還有以飯店原創童話為主題，充滿許多趣味設計的「快樂魔法房」等，擁有各式各樣令人興奮的獨特客房。

☎047-355-5000　🏠千葉縣浦安市舞浜1-8　IN15:00　OUT12:00　¥21773日圓～（2人1間）　🚌迪士尼度假區線海濱站即到

Mapple Code 1200-0111　MAP 附錄③P.23 A-6

↑深受成人喜愛的時尚外觀為其特徵

### 強力推薦 POINT 👉
**lounge O〈ラウンジ・オー〉**

可享用供應千層蛋糕、巧克力噴泉等的甜點Buffet。

---

## 東京灣Emion飯店
ホテル エミオン 東京ベイ

### 為兒童著想的貼心服務

以家庭類型的寬闊客房為中心，全部的客房浴室皆附有沖澡區。從地底1500m汲取的天然溫泉大浴場（收費）也很具人氣。

☎047-304-2727　🏠千葉縣浦安市日の出1-1-1　IN15:00　OUT12:00　¥19000日圓～（1間）　🚌東京迪士尼度假區搭乘接駁巴士約15分

Mapple Code 1201-0969　MAP 附錄③P.2 H-3

→度假感十足的外觀

←輕鬆悠哉，寬達28㎡的「標準客房」

---

## 三井花園飯店 PRANA東京灣
三井ガーデンホテル プラナ東京ベイ

### 攜家帶眷也能舒適住宿

2015年7月全客房翻新。全客房皆超過30㎡，浴室附有沖澡區，讓攜家帶眷的旅客，體驗更加便利的住宿。

☎047-382-3331　🏠千葉縣浦安市明海6-2-1　IN15:00　OUT12:00　¥28000日圓～（1間）　🚌東京迪士尼樂園 巴士轉運站搭乘好夥伴飯店接駁巴士約20分

Mapple Code 1201-1164　MAP 附錄③P.2 H-4

↑可住宿2～4人的附陽台客房

→位於沿海地區，充滿濃濃的南洋度假區風格

# 伴手禮指南

沒有時間買伴手禮？交通便利的東京各轉乘站，皆有可以解決這個問題的的強力夥伴。編輯部將嚴選集結於各轉乘站的東京伴手禮！從限定到熱門商品都有，人氣伴手禮詳盡購買指南！

**東京站限定**

## 東京巨型馬卡龍

5個裝1404日圓～ 保存期限 14日

### ARDEUR

本店位在福岡的洋菓子店。使用嚴選素材的馬卡龍頗受好評，而且受歡迎的「東京巨型馬卡龍」還使用了罕見的可爾必思奶油。

Mapple Code 1302-4422

## 不斷進化的巨大車站 東京站

站內設施和周邊設施有著各式各樣的伴手禮，每一款都擁有非常好的品質！

**剪票口內 B1F GRANSTA**

**選購 POINT**
繪有丸之內站舍的包裝非常適合用來送禮。紅色磚瓦的花紋也很可愛。

↑奶油霜搭配蘭姆葡萄，適合成人的口味，馬卡龍微微溼潤的外皮也非常美味

**選購 POINT**
鈴鐺造型的最中，收到的人會有小小的意外驚喜感，這點非常棒！

## 御手洗豆

972日圓 保存期限 60日

### まめや 金澤萬久

●まめやかなざわばんきゅう
有機大豆、能登大納言等，吸收金澤美食文化之精華的豆類點心齊聚一堂。九谷燒匠人手繪的外盒，也因時髦的設計廣受歡迎。

Mapple Code 1302-7325

↑將大豆炒過後，加入金澤大野醬油、砂糖以及一點點的辣椒調味

## 巧克力Collection

1盒411日圓 保存期限 60日～※因種類而異

↑共有15種可愛的包裝。內包有堅果或水果乾的一口大小巧克力

**東京站限定**

### Marché du chocolat

由Mary's chocolate所經營的專賣店。外型令人躍躍欲試的巧克力點心，只要親民的價格即可品嘗。

Mapple Code 1302-6109

**東京站限定**

## 東京鈴鐺最中

2個×4袋裝1030日圓 保存期限 14日

### 元町 香炉庵

●もとまちこうろあん
販售活用傳統技藝，獨創性豐富的和菓子。使用北海道產紅豆、沖繩鹽等精選素材製作而成，不論男女老幼都十分喜愛。

↑以東京站的「銀鈴」為主題所製作的人氣商品。口感彈牙的求肥餅和紅豆餡堪稱絕配！

Mapple Code 1302-7667

## 東京Gianduja巧克力派

4個裝648日圓 保存期限 製造日起45日

### Caffarel

1826年創業的義大利老字號巧克力品牌。調和榛果醬和可可的Gianduja巧克力最具名氣。

Mapple Code 1302-7367

↑添加濃郁Gianduja的酥脆巧克力派

## 長條鬆餅

10支裝1388日圓 保存期限 30日

### R.L waffle cake

●ワッフルケーキのみせエールエル
神戶起源的鬆餅專賣店。除了車站造型包裝的「長條鬆餅」之外，還有一次享受10種口味的「東京站限定當月鬆餅10個組合」（1134日圓）也相當值得推薦。

Mapple Code 1302-6312

**東京站限定**

↑裏上巧克力、杏仁等，包裝為東京站限定，共有5種

↑以極薄酥脆巧克力外皮包裹牛奶和白巧克力的2款巧克力夾心餅

## GRANSTA是這樣的地方！

☎03-6212-1740（鐵道會館）
址千代田區丸の内1-9-1 JR東京站剪票口內B1 休無休 └8:00～22:00，週日、連休最後一個假日～21:00（部分店家有異）JR東京站內

Mapple Code 1302-1432 MAP 附錄③P.25 B-2

**當紅家店聚集的車站地下賣場**
連結丸之內和八重洲而形成，剪票口內首屈一指的人氣區域。甜點、便當等商品豐富，亦售有許多限定產品。設有可內用的店家，除了購買伴手禮之外也可多加利用。

## 銀のぶどう巧克力夾心餅
〈杏仁口味〉

保存期限 30日 12枚裝1080日圓

### marshmallow elegance

甜點店「銀のぶどう」企劃的棉花糖專賣店。除了棉花糖之外，還可買到姊妹品牌的商品。

Mapple Code 1302-6231

**東京**

**編輯人員S**
大阪出身，非常喜歡嶄新的事物。現正把家人和朋友當成實驗對象，研究東京伴手禮中。

**編輯人員M**
眾所皆知的甜點愛好家。甜點資訊通，總是能第一手嘗到熱門甜點。

**編輯人員K**
超喜歡祭典和老街的編輯部第一祭典男。最推薦的是上野特有的貓熊造型美食。

**編輯人員N**
北陸出生，對「限定商品」最沒轍。每次回老家都一定會調查羽田機場限定的新商品！

---

東京伴手禮指南

---

中央通路 閘票口內 1F
# Central Street

JR列車君
E7系 1200日圓
保存期限 約6個月

→北陸新幹線「光輝號列車」造型的罐子，裝有16片巧克力餅乾

蘇加上蜂蜜糖漿的法蘭口感酥脆的

**東京蜂蜜餅**
6個裝594日圓
保存期限 約50日

**Select Market 東京百貨**
●セレクトマーケットとうきょうひゃっか
除伴手禮、便當之外，也售有麵包、美妝、藥妝等，產品種類多樣的選貨店。
☎03-5221-8121 ⏰7:00～22:30
Mapple Code 1302-5869

選購POINT
新幹線造型的罐裝餅乾，不只大受小孩子喜愛，送給電車愛好者也十分合適。

## Central Street是這樣的地方！

☎03-6212-1740（鐵道會館）
址千代田区丸の内1-9-1 JR東京站閘票口內1F中央通路 休無休 因店而異
Mapple Code 1302-4501 MAP 附錄③P.24 B-3

**閘票口內的購物區**
東京站閘票口內的「中央通路」已然成為一大購物區。限定商品十分充實。整體由甜點、車站便當、旅遊商品等5大區域組成。

---

八重洲側 閘票口內 1F
# KeiyoStreet

選購POINT
多種造型的餅乾，收到的人一定會很高興。時髦的包裝也十分值得推薦。

**東京站丸之內站舍包裝餅乾禮盒**
20枚裝1857日圓
保存期限 約180日

→內含人氣的「鹽味卡芒貝爾起司餅乾」和「蜂蜜古岡左拉起司餅乾」

東京站限定

**東京散步餅乾**
1盒1500日圓 保存期限 30日

**東京ミルクチーズ工場**
●とうきょうミルクチーズこうじょう
販售使用嚴選牛乳以及優質起司製作的點心。商品中最具人氣的是餅乾等烤製點心。
Mapple Code 1302-5543

**ANDERSEN SELECT**
店內供應「ANDERSEN」麵包店的人氣商品和經典商品。
Mapple Code 1302-7733

→東京鐵塔、熊貓等，仿造東京知名景點以及人氣角色的綜合餅乾

## Keiyo Street是這樣的地方！

☎03-3218-8001
址千代田区丸の内1-9-1 JR東京站閘票口內1F 休無休 ⏰8:00～22:00（部分店家有異）JR東京站內
Mapple Code 1302-3116 MAP 附錄③P.24 C-2

**各種情況下都能利用**
位於八重洲南口附近的購物區。除了基本的便當店和甜點店之外，書店、雜貨舖等，各具特色的22家店舖齊聚一堂。

---

# 大丸東京店
八重洲側 閘票口外 1F・B1F
だいまるとうきょうてん

**迷你蘋果派**
100g330日圓
保存期限 2日

→自製卡士達醬，加上用肉桂燉煮的信州產蘋果為招牌。12點開始限量販售

大丸限定

**mammies an sourire**
堅持7分酥脆、3分綿密口感的蘋果派專賣店。從經典到創新商品都有，種類十分豐富。
Mapple Code 1302-7236

→內含「麻布海鹽」、「國味噌相撲火鍋」、「淺草海苔」、「月島」四種口味的套組

**炸麻糬迷你組合**
4袋裝1080日圓
保存期限 約55日

大丸限定

**麻布十番あげもち屋**
●あざぶじゅうばんあげもちや
外皮酥脆的一口炸麻糬專賣店。「炸麻糬迷你組合」是以東京口味為主的限定組合。
Mapple Code 1302-7028

→口感酥脆的餅乾裡，夾著內含牛奶糖的巧克力

**N.Y. 牛奶糖夾心餅**
4個裝540日圓 保存期限 約2～3週間

選購POINT
牛奶糖在口中融化，讓人一吃就無法忘懷的味道。

**N.Y.C.SAND** ●ニューヨークシティサンド
販售以紐約的Havana Sand為基礎，花費10年研發的「N.Y.牛奶糖夾心餅」。店面天天大排長龍。
Mapple Code 1302-7341

**森幸四郎** ●もりこうしろう
美食專家──森幸四郎先生打造的和菓子店。外皮和內餡合而為一的銅鑼燒，展現出絕妙的口味。
Mapple Code 1302-4489

**森幸四郎的銅鑼燒**
新鮮現做 1個216日圓
保存期限 2日

大丸限定

→充滿蛋香的外皮包裹著滿滿的顆粒紅豆餡

**番薯微烤蛋糕『Lindo』**
5個裝783日圓
保存期限 7日（冷藏保存）

→商品內混合了7種口感絲滑的紫番薯

大丸限定

**Festivalo**
使用鹿兒島產番薯製作的甜點專賣店。店內陳列著許多能品嘗到芋頭本身美味的商品。
Mapple Code 1301-2040

## 大丸東京店是這樣的地方！

☎03-3212-8011
址千代田区丸の内1-9-1
休無休 ⏰10:00～20:00（假日以外的週四、五全館，以及平日的B1、1F～21:00，12F11:00～23:00，13F11:00～24:00）直通JR東京站八重洲北口
Mapple Code 1300-2357 MAP 附錄③P.6 E-3

**鄰近東京站 伴手禮充實的百貨公司**
直通東京站的百貨公司，地下1F和1F的食品樓層「ほっぺタウン」頗受好評。1樓集結約70間和洋甜點專賣店，限定甜點也十分豐富。

## 新・品川蛋糕捲 1512日圓

保存期限 當天／須冷藏

品川站限定

### BOBBY JUCHHEIM

●ボビーユーハイム

JUCHHEIM親手打造的站內專賣店品牌。「新・品川蛋糕捲」是由3種蛋糕捲表現出品川的「品」字。

Mapple Code 1302-6067

**選購POINT**

竟然使用甜點來表現文字！送人時還能有話題多聊兩句呢。

↑可品嘗到小倉紅豆、黑糖紅豆、黑糖芝麻、白豆餡、芝麻的招牌商品味。

## 車站內滿滿的人氣店舖

# 品川站

車站內有2座設施，可以有效率的選購伴手禮，十分方便。熱門的人氣店眾多也是品川站的特徵。

↓一次享受到草莓、栗子等3種不同的口味

中央閘票口側 閘票口內 1・2F

# ecute品川

## 繭最中禮盒彩

10個裝1134日圓

保存期限 約14日

### 自由が丘蜂の家

●じゆうがおかはちのや

造型可愛的一口尺寸最中，以「繭最中」聞名的和菓子店。

Mapple Code 1302-6947

←口感濕潤的麵包內有著滿滿的紅豌豆

## 豆子麵包 1個170日圓

保存期限 翌日

### 小麦と酵母 満

●こむぎとこうぼ みつる

三軒茶屋知名麵包店「濱田家」的姊妹店。人氣的「豆子麵包」是由綿密軟嫩的麵包加上甜甜鹹鹹的豆子，堪稱絕配。

Mapple Code 1302-7170

↑口感濕潤的麵包內有著滿滿的紅豌豆

蛋糕濃郁，口感綿密的風費南雪蛋糕→蜂蜜和奶油的風味十分

## 蜂蜜費南雪蛋糕禮盒

5個裝1250日圓 保存期限 約20日

### Patisserie QBG

●パティスリーキュービージー

店內有許多使用蜂蜜和楓糖漿，活用素材原味，口感溫潤的微甜甜點。

Mapple Code 1302-4800

## A TRAIN

12個裝1543日圓

保存期限 約20日

↑精心烤製而成的巧克力、草莓和起司小蛋糕

### BUZZ SEARCH

僅在關東地區展店的「BUZZ SEARCH」。包裝充滿高級感的一口蛋糕，十分具有人氣。

Mapple Code 1301-9813

## 炸饅頭 10個裝1188日圓

保存期限 10日

### 御門屋

●みかどや

擁有創業約50年歷史的炸甜點專賣店。使用自家混合的新鮮沙拉油炸出來的「炸饅頭」最為有名。

Mapple Code 1302-7727

↓內含兩種口味，「紅豆餡」包裹著口感滑順的紅豆餡、以及外皮混入芝麻的「胡麻」

---

## ecute品川是這樣的地方！

☎ 03-3444-8910

址 港区高輪3-26-27 休 無休 ⏰ 甜點＆麵包店8:00〜22:00，週日、假日至20:30（部分店家有異）🚉 JR品川站站內

Mapple Code 1301-9289 MAP 附錄③ P.22 B-5

### 在車站內悠閒享受購物

進入JR品川站中央閘票口後，位在左手邊的站內設施。1樓是甜點、熟食的店舖，2樓則是雜貨店和餐廳。

---

中央閘票口側 閘票口內

# ecute品川 south

## かきたねキッチン列車

3盒1134日圓 保存期限 約120日

### かきたねキッチン

研發新口味柿種米果的專賣店。可以自由搭配出自己喜歡的口味，繽紛的外盒也很具魅力。

Mapple Code 1302-4431

↑柿種米果裝在品川站限定的電車造型外盒裡，可選擇3種口味，令人十分開心

品川站限定

## 砂糖奶油樹

14個裝1029日圓

保存期限 30日

↑酥脆的麥片外皮，包夾著奶香濃郁的白巧克力

### シュガーバターの木

●シュガーバターのき

「銀のぶどう」企劃的麥片甜點專賣店。麥片餅乾獨特的口感搭配濃郁的巧克力。

Mapple Code 1302-7648

↑內含僅使用沖繩產黑糖製成，風味純樸的「黑糖蜜」和「蜂蜜」2種口味

## 東京 蜂蜜甜甜圈

14個裝1080日圓

保存期限 約14日

## Terra Saison

重視素材、時令、鮮度，僅使用來源明確的米粉等，十分有原則的點心店。

Mapple Code 1302-6969

↑卡士達醬搭配廣島檸檬的酸味，1日3次限時販售

## 廣島檸檬麵包 1個220日圓

保存期限 翌日14時

### 八天堂

●はってんどう

起源於廣島專賣「奶油麵包」的人氣名家。入口即化的麵包口感，搭配上奶油恰到好處的甜味，好吃到令人上癮。

Mapple Code 1302-6068

## 單人份蕨餅

529日圓 保存期限 約1〜2日

**選購POINT**

蕨餅的柔軟程度令人驚艷♪大小適中，不會吃太飽。

### 目黑東山 菓匠雅庵

●めぐろひがしやまかしょうみやびあん

講究素材的和菓子店。小尺寸的「單人份蕨餅」是只有在Ecute品川south才能買到的限定商品。

Mapple Code 1302-6948

↓口感柔軟水嫩的蕨餅，加上大量香味濃郁的黃豆粉

品川站限定

---

## ecute品川 south是這樣的地方！

☎ 03-5421-8001

址 港区高輪3-26-27 休 無休 ⏰ 甜點8:00〜22:00，週日、假日〜21:00（部分店家有異）🚉 JR品川站站內

Mapple Code 1301-2100 MAP 附錄③ P.22 B-5

### 廣受好評的店家集結

位於JR品川站中央閘票口正面的站內設施。「Sunny Court」無論休息或是等人都十分方便。

## KAWAII貓熊餅乾

8片裝各**500日圓**　保存期限 約40日

上野站限定

選購**POINT**
不只餅乾可愛，包裝的圖案也十分令人心動。送給女孩子的話就選這個！

↷印有貓熊圖樣的奶油夾心餅乾，共有草莓、巧克力等3種口味

### 和樂紅屋 ●わらくべにや

甜點師辻口博啟親手打造的日式甜點店。販售麵包脆餅、融合和洋素材的新風格點心。
Mapple Code 1302-7728

## 想找貓熊造型美食就交給我吧！

# 上野站

上野站伴手禮的魅力在於貓熊造型美食的充實度。除了造型可愛，味道也非常講究！

入谷閘票口側
閘票口內
3F

# ecute上野

## 巧克力麵包餅乾

（うえきゅん圖案包裝）

6袋裝**650日圓**

保存期限 約20日

↷以講究的麵包製作而成的麵包脆餅。單面塗抹的微苦巧克力為整體亮點。造型、價格有季節性差異

### OGGI ●オッジ

堅持使用純手工製作、優良的食材，起源於東京的巧克力點心製造商。以代表性的生巧克力蛋糕為代表，充滿獨創性的口味吸引了許多愛好者。
Mapple Code 1302-7860

## 司康餅各種口味

（原味、楓糖、巧克力豆、紅茶等）

各**185日圓～**　保存期限 3日

### La boulangerie Quignon

麵包店裡大量使用鮮奶油的司康餅最具人氣。經典商品加上季節限定商品，隨時供應有8種口味的司康餅。
Mapple Code 1302-7172

↷購買5個司康餅，店員便會免費把商品裝進貓熊造型的盒子裡

選購**POINT**
淺草老店和貓熊合作！年紀大的顧客也十分喜愛。

↷「浅草舟和」本店的紅豆餡丸搖身一變，成為可愛的貓熊造型！外層寒天滑順的口感十分出色

上野站限定

## 笑容滿面うえきゅんMIX

18個裝**950日圓**

保存期限 購買日起5日

上野站限定

### siretoco factory

使用北海道知床產的新鮮素材製成的甜甜圈，口感蓬鬆綿密。小貓熊造型是上野限定！
Mapple Code 1302-6104

↷將方便食用的迷你甜甜圈，裝在うえきゅん的杯子中，還可看見小貓熊探頭迎接

## 手作貓熊丸

2個裝**540日圓**　保存期限 約3日／須冷藏

### みやげ 菓撰 ●みやげかせん

尋找伴手禮十分方便，東京名點集結的店舖。只有在這裡才能買到的貓熊丸數量有限，請盡早購買。
Mapple Code 1302-6945

## 貓熊丹麥麵包各種

各**190日圓**　保存期限 翌日

上野站限定

### danish Panda

於店內廚房烤製而成，丹麥麵包專賣店。供應有許多季節性口味的丹麥麵包。
Mapple Code 1302-7173

↷仿造貓熊造型的可愛丹麥麵包為上野限定，口感十分酥脆

## 上野什錦餅乾

**1296日圓**

保存期限 製造日起90日

### JUCHHEIM

除了日本首度烤製的傳統年輪蛋糕之外，其他德國甜點也十分充實。
Mapple Code 1302-6943

上野站限定

↷以印有Ecute上野的吉祥物——うえきゅん圖案的餅乾為代表，共有六種餅乾的什錦禮盒

## 熊貓馬卡龍　5個裝**1080日圓**

上野站限定

保存期限 約2週

### BOUL'MICH

在日本打開法國點心市場的店家。除了重現宮廷御用的希布斯特泡芙塔等，也販售傳統點心。
Mapple Code 1302-6944

↷可愛貓熊圖樣的盒子中，放著的也是印有可愛貓熊圖樣的馬卡龍。內容、包裝可能有所變更

## ecute上野是這樣的地方！

☎03-5826-5600　址台東区上野7-1-1
休無休　⏰甜點8:00～22:00，週五～22:30，週日、假日～21:00(部分店家有異)　⊕JR上野站站內
Mapple Code 1302-2779　MAP 附錄③ P.20 C-3

**「貓熊商品」十分充實**
位於JR上野站3樓的設施。貓熊造型甜點、上野原創的貓熊產品等十分充實！

東京伴手禮指南

機場甜點＆機場便當GET♪

# 羽田機場

喜歡搭乘飛機的旅客，可以購買種類豐富的機場甜點當作伴手禮。也有許多極美味的機場便當，千萬別錯過！

## Anniversary
### 造型馬卡龍
5個裝 1404日圓

保存期限　約28日

羽田機場限定

↑外皮酥脆的馬卡龍，裝飾著上野貓熊、東京晴空塔等圖樣

挑嘴POINT
小小顆的馬卡龍上繪有可愛的圖案，女孩子收到一定都很開心！

在這裡買得到
第1旅客航廈　PIER 1、PIER 4
第2旅客航廈　SMILE TOKYO

## Gateaux de Voyage
### 小惡魔巧克力蛋糕 702日圓

保存期限　約3日／須冷藏

羽田機場限定

↑濃醇的甘納許加入鮮奶油、蛋黃製作而成，入口即化的口感

在這裡買得到
第1旅客航廈　特選洋菓子館
第2旅客航廈　FOOD Plaza

## ARINCO
### 羽田蛋糕捲
1條 1650日圓

保存期限　2日／須冷藏

羽田機場限定

似酸奶油
↓包著的奶油風味近，
→Q嫩蛋糕卷中，

在這裡買得到
第1旅客航廈　BLUE SKY
（7・9・14・15・22號登機門商店）

全部都是羽田機場限定！

# 機場甜點

↑巧克力米果由濃郁的牛奶風味和酸甜清爽蔓越莓組成

## 東京どりぃむ
### 白巧克力
（牛奶＆蔓越莓）
18個裝 1080日圓

保存期限　約180日

羽田機場限定

在這裡買得到
第1旅客航廈　PIER 1、PIER 4等
第2旅客航廈　SMILE TOKYO等

## Tante Marie
### 卡芒貝爾起司舒芙蕾
一個 1296日圓

保存期限　約3日／須冷藏

羽田機場限定

↑大量使用法國諾曼第產卡芒貝爾起司的鬆軟濃郁舒芙蕾

在這裡買得到
第2旅客航廈　金の翼

## Pastel
### 羽田飛機布丁
1個 432日圓

保存期限　2日／須冷藏

羽田機場限定

↑口感滑順的布丁上，繪有飛機的插圖。週五～日限定販售

在這裡買得到
第1旅客航廈　特選洋菓子館
第2旅客航廈　東京食賓館3號大時鐘前

## KARL JUCHHEIM
### 蜂蜜蘋果年輪蛋糕
1728日圓

保存期限　約7日

羽田機場限定

↓綿密的年輪蛋糕包裹著整顆口感爽脆的蘋果，口感絕妙

在這裡買得到
第1旅客航廈　特選洋菓子館

挑嘴POINT
將整顆蘋果放進經典的年輪蛋糕之中，技巧性十足的伴手禮！

## Times Cross
### 烤起司蛋糕麵包脆乾
10片裝 1080日圓

保存期限　約30日

↑將使用奶油起司和帕馬森起司製作成的起司蛋糕烤製成麵包脆餅

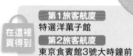

↑富榛果柔和風味的外皮，包裹著苦甜巧克力甘納許

## Pierre Marcolini
### 達克瓦茲
6個裝 2916日圓

保存期限　約20日

在這裡買得到
第2旅客航廈　東京食賓館3號大時鐘塔前

## 御麻所 無冴庵
### 芝麻丸子
16個裝 810日圓

羽田機場限定

保存期限　約2日

↓圓木盒中裝有16個柔嫩的麻糬，上頭撒有大量香味濃郁的芝麻粉

在這裡買得到
第2旅客航廈　FOOD Plaza

在這裡買得到
第1旅客航廈　PIER 1、PIER 4等
第2旅客航廈　SMILE TOKYO

**羽田機場限定**

## 人形町
### 今半壽喜燒重
**1674日圓** 保存期限 當天

↑明治時代創業，位於東京人形町的老店「今半」以嚴選黑毛和牛製作的壽喜燒便當

選購**POINT**

和牛高級的味道會充滿整個口腔。是款能用便宜價格享受到老店口味的奢侈便當。

**羽田機場限定**

↑高級油脂的甜味瞬間充滿口腔，石垣牛的燒肉便當。牛肉分量十足，令人大飽口福

### 石垣牛燒肉便當
**1188日圓** 保存期限 當天

在這裡買得到｜第1旅客航廈 第2旅客航廈｜空弁工房

**羽田機場限定**

選購**POINT**

每賣出1個便當，就會捐出50日圓支持災區的復興活動喔。

## 復興支援便當
**1051日圓** 保存期限 當天

↑鹽燒三陸產鮭魚和和炸青森產扇貝等，使用東北產食材的色彩豐富便當

在這裡買得到｜第1旅客航廈 第2旅客航廈｜空弁工房

**羽田機場限定**

**羽田機場的特產千萬別錯過！**

# 機場便當

### 旬菜青山機場便當
**1296日圓** 保存期限 當天

↑以水煮類、蟹肉壽司、燒烤類、粗卷壽司奢侈地點綴，由「旬菜青山」監製的原創便當。

在這裡買得到｜第1旅客航廈 第2旅客航廈｜空弁工房等

**羽田機場限定**

## なすび亭
### 飯糰便當
**1188日圓** 保存期限 當天

↑日本料理店「なすび亭」監製的機場便當。內含3種一口大小的飯糰、2種油炸蓮藕等菜色，把便當塞得滿滿的。內容有季節性差異

在這裡買得到｜第1旅客航廈｜空弁工房 ART DELI PIER 1、PIER 4等

## 石狩鮨
**950日圓**

保存期限 當天

↑高級北海道秋鮭搭配鮮美去殼松葉蟹肉的長期熱銷商品

在這裡買得到｜第1旅客航廈 第2旅客航廈｜空弁工房

選購**POINT**

外觀十分華麗，有各種菜色可以品嘗，令人開心♪

**羽田機場限定**

### 贊否両論
### 季節雙層便當
**1620日圓** 保存期限 當天

↑由和食料理店「贊否両論」監製，使用嚴選食材精心製作的雙層便當。內容有季節性差異

在這裡買得到｜第1旅客航廈 第2旅客航廈｜空弁工房等

東京伴手禮指南

---

● **羽田機場**是這樣的地方！

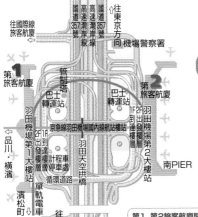

往國際線旅客航廈
往東京方向
機場警察署
管制塔
巴士轉運站
巴士轉運站
羽田機場第1大樓站
羽田機場第2大樓站
京急線羽田機場國內線航站樓站
羽田天空拱橋
循環道路
往品川・橫濱
第1旅客航廈
南PIER
第2旅客航廈
單軌電車
濱松町
往橫濱方向

### 第1旅客航廈
【航空公司】
✈JAL
✈JTA
✈SKY
✈SFJ
（往北九州機場方向）

### 第2旅客航廈
【航空公司】
✈ANA
✈ADO
✈亞洲天網航空
✈SFJ
（往福岡、山口宇部、關西機場方向）

**設施充實的巨大空中入口**

正式名稱為東京國際機場。設有2座國內線旅客航廈，以及國際線旅客航廈的空中入口。航廈內商店、餐廳充實。國內線旅客航廈依搭乘的航空公司劃分，請記得事先確認。

☎**03-5757-8111**
（羽田機場國內線綜合服務處）
〈第1旅客航廈〉大田区羽田空港3-3-2 第1旅客航廈大樓，〈第2旅客航廈〉大田区羽田空港3-4-2 第2旅客航廈大樓 無休 因店而異 〈第1旅客航廈〉東京單軌電車羽田機場第1大樓站、直通京濱急行羽田機場國內線航站樓站，〈第2旅客航廈〉東京單軌電車羽田機場第2大樓站、直通京濱急行羽田機場國內線航站樓站，〈國際線旅客航廈〉東京單軌電車羽田機場國際線大樓站、直通京濱急行羽田機場國際線航站樓站

Mapple code 1300-2783 **MAP** 附錄③P.2 E-6

第1、第2旅客航廈間如何移動？
步　行　全長400m的航廈聯絡地下通路（設有電動步道）
單軌電車　羽田機場第1大樓站～羽田機場第2大樓站　1站2分／150日圓
巴　士　航廈間免費聯絡巴士約5分鐘一班。於第1旅客航廈、第2旅客航廈間循環

# 靠近觀光景點的飯店

是否方便前往觀光景點，對選擇飯店來說是不可或缺的重點之一。下面將介紹直通或鄰近車站，交通極為方便的飯店！

↑早晚皆可欣賞近在眼前的絕佳景緻

↑「Star Road」這裡可以邊觀賞絕佳景緻，邊享受美味的自助式早餐

↑彩虹大橋、東京鐵塔等，可一覽無遺其絕佳的景緻

位在30樓的餐廳＆酒吧

最適合台場觀光
靠近市中心的
東京度假村飯店

↑瀰漫成熟氣氛的特別樓層——Club President樓層的「雙人精緻客房 彩虹大橋側」31700日圓（33㎡）

### 台場 ［直通台場站］

## 東京台場日航大酒店
●グランドニッコー東京台場

位於距離市中心15分鐘路程的城市度假村——台場，可盡情享受度假氣氛的飯店。直通台場站，作為東京觀光的根據地也十分方便。東京鐵塔、彩虹大橋、東京灣等景點皆可盡收眼底，不論住在哪個房間都能欣賞到東京最佳夜景為其魅力。

☎03-5500-6711 址港区台場2-6-1
IN 15:00 OUT 12:00 ¥S37200日圓／T・W23700日圓 ※2016年6月底之前以台場格蘭太平洋大酒店名義營業
MAP 附錄③ P.10 F-4 Mapple 1300-0932

### 淺草 ［直通淺草站］

## 淺草豪景酒店
●浅草ビューホテル

淺草唯一的高層豪華飯店。客房正面可望見東京晴空塔®以及淺草街道。除此之外，飯店前方還有晴空塔接駁巴士運行（須另付費）。

☎03-3847-1111 IN 14:00 OUT 11:00
址台東区西浅草3-17-1
¥S・T20790日圓／W14256日圓
直通筑波快線淺草站
MAP 附錄③ P.5 B-2 Mapple 1300-0870

淺草寺步行即到！
可望見東京晴空塔的景緻
是其招牌特色！

↑「豪華雙人套房」可清楚看見東京晴空塔

↑自助早餐餐廳也可望見東京晴空塔

↑位在27樓的主要餐廳「THE DINING シノワ 唐紅花＆鉄板 フレンチ蒔絵」

↑作為淺草的地標，存在感非常強。十分適合作為觀光的據點

以推薦家庭住宿的飯店為中心，按照種類分別介紹。有觀光方便且交通發達的飯店、令住宿體驗更加愉快的人氣角色飯店、提供平價住宿的親民飯店，建議按照目的尋找適合的飯店。

## 汐留 [直通汐留站]

# Park Hotel Tokyo
●パークホテル東京

近日本電視台塔！
在設計性極高的空間
享受片刻的療癒

以「日本的美意識」為主題，飯店內各個角落皆可欣賞到藝術。位於31樓充滿藝術感的客房，以及東京都內最高——高達10層樓的挑高中庭酒吧，千萬不要錯過。通往台場、東京站、銀座的交通都非常發達，十分適合購物。

☎ 03-6252-1111
址 港区東新橋1-7-1 汐留Media Tower 25～34F IN 14:00 OUT 12:00 ¥ S29000日圓～／T・W17500日圓 地下鐵汐留站步行即到

Mapple Cab 1301-5833
MAP 附錄③ P.22 A-2

↑位在直通車站的汐留Media Tower 25～34F。

↑由巴黎設計師擔任總設計的客房

↑31樓設有藝術家客房。照片中為「櫻」

↑「櫻」到了夜晚，映照在窗戶上的櫻樹畫會將東京鐵塔的景色襯托得更加美麗

---

## 赤坂 [溜池山王站步行5分]

# ANA InterContinental Tokyo
ANAインターコンチネンタルホテル東京

鄰近溜池山王、六本木一丁目各站，位在ARK Hills的高樓層飯店。除了六本木新城、東京中城等商業設施，國立新美術館也在短距離內。館內除了擁有11間餐廳、酒吧之外，附設設施也十分充實。

☎ 03-3505-1111
址 港区赤坂1-12-33 IN 15:00 OUT 12:00 ¥ S・T・W30000日圓～ 地下鐵溜池山王站13號出口即到

Mapple Cab 1300-0857
MAP 附錄③ P.18 E-1

都市型住宿
專為成人打造的六本木非常方便
前往六本木非常方便

↑「古典雙床房」
融合機能性與居住性而成的空間

可以在2樓「Cascade Cafe」充滿開放感的空間，品嘗人氣菜色十足的自助餐，有窯烤披薩等

↓位在市中心，前往東京鐵塔等觀光名勝都十分便利

---

## 品川 [品川站步行1分]

# The Strings By InterContinental Tokyo
●ストリングスホテル東京インターコンチネンタル

直通作為東京南側入口的JR品川站，不必淋到雨便可通往各地，交通相當方便的飯店。徒步便可到Aqua Park品川，不妨帶著輕鬆的心情前往參觀。從設有巨大窗戶的客房，可欣賞到全景景觀。

☎ 03-5783-1204
址 港区港南2-16-1品川East One Tower 26～32樓 IN 15:00 OUT 12:00 ¥ S35000日圓～／T・W17500日圓～ JR品川站港南口步行即到

Mapple Cab 1301-5834
MAP 附錄③ P.22 C-5

↑26樓「The Dining Room」的自助早餐，供應有全麥麥片、蔬菜、水果等

與銀座、涉谷之間交通便捷！
直通品川站的高級飯店

↓鄰近新幹線出口，便利性極佳的高樓層飯店

↑大量使用高級木材，打造溫馨、寧靜的「古典雙人房」

---

## 芝公園 [芝公園步行1分]

# Celestine Hotel
●セレスティンホテル

聳立於歷史和觀光名勝皆有的市中心，成熟的隱密型飯店。飯店內氣氛能讓人靜下心來好好休息。芝公園、增上寺、東京鐵塔等名勝都在步行範圍之內，在四周散步是個不錯的選擇。

☎ 03-5441-4111
址 港区芝3-23-1 IN 14:00 OUT 11:00 ¥ S10500日圓～／T7750日圓～／W6250日圓～ 地下鐵芝公園站即到

Mapple Cab 1301-1237
MAP 附錄③ P.2 E-3

↑Lounge＆花園24小時都可自由使用。自助式飲料也十分齊全

旁邊就是東京鐵塔！
從14樓仰望都會的天空

↓氣氛舒適的客房。亦有可欣賞東京全景的房型

---

## 東京站 [東京站步行1分]

# Marunouchi Hotel
●丸ノ内ホテル

該豪華飯店的特徵為平緩曲線描繪出的外觀。地下可直通東京站，位置極佳，交通也很方便。館內空間採用和洋融合的摩登設計，部分客房可直接俯瞰東京站。

☎ 03-3217-1111
址 千代田区丸の内1-6-3 IN 15:00 OUT 12:00 ¥ S25800日圓～（1間）／T・W28200日圓～（1間） JR東京站丸之內北口即到

Mapple Cab 1300-0922
MAP 附錄③ P.7 D-2

↑大量使用當季食材的法式餐廳「pomme d' Adam」

皇居步行即到
宛如大都會中的綠洲

↓人氣的邊間雙床房，可將都心的景色盡收眼底

---

※S=單人房、T＝雙床房、W＝雙人房。 ※刊載資料為2016年3月～5月採訪時的資料。費用可能會因修改或時期而有所變動。此外，飯店可能另外加收住宿稅。除了部分飯店外，住宿費用皆為2人住宿時1人的費用。

# 人氣角色飯店

以人氣角色為主題的設計，不論大人小孩皆能樂在其中的飯店。可以享受到與一般住宿不同的特殊住宿體驗。

## 新宿 [都廳前站步行1分]
### 京王廣場大飯店
●京王プラザホテル

超人氣卡通明星「Hello Kitty凱蒂貓」的合作客房。牆壁上畫滿凱蒂貓們享受東京街道的模樣，肯定讓人不禁大喊「好可愛！」除此之外，還有受到成熟女性歡迎的「Princess Kitty客房」。

☎03-3344-0111 　址新宿區西新宿2-2-1 　IN 14:00 　OUT 11:00 　¥S20000日圓～／T‧W11000日圓～ 　地下鐵都廳前站B1出口即到

Mapple Code 1300-0799 　MAP 附錄③P.17 B-3

↑一般客房的內裝和日常用品，不論機能性、設計性都十分優秀

在眾多Hello Kitty的圍繞下享受住宿時光
© 1976, 2016 SANRIO CO., LTD. APPROVAL No. SP570046

↑印有Kitty圖樣的客房備品都只有在這裡才能看到

↑「Kitty Town客房」繪有許多Hello Kitty的圖案，不妨試著數數看吧

↑每樣早餐上都以Kitty為主題。讓人捨不得吃下去！

## 新宿 [新宿站步行5分]
### 格拉斯麗新宿酒店
●ホテルグレイスリー新宿

「哥吉拉」是一大亮點，成為歌舞伎町街道新象徵的飯店。哥吉拉的手伸進牆壁裡，形成魄力十足的房間。哥吉拉愛好者肯定忍不住想住在這裡。

☎03-6833-1111 　址新宿區歌舞伎町1-19-1 　IN 14:00 　OUT 11:00 　¥S20720日圓／T15220日圓／W12520日圓 　JR新宿站東口步行5分

Mapple Code 1302-4512 　MAP 附錄③P.16 E-1

↑牆壁上貼有歷代哥吉拉電影的海報

位在歌舞伎町中心 有哥吉拉在的飯店

↑冒出哥吉拉腦袋的建築會吸引所有人的目光
TM& ©TOHO CO.,LTD.

↑繪有哥吉拉的客房備品，讓人不禁想要炫耀一番

## 錦糸町 [錦糸町站步行3分]
### TOBU HOTEL LEVANT TOKYO
●東武ホテルレバント東京

東京晴空塔®官方公認飯店。以東京晴空塔官方吉祥物「晴空塔妹妹®」為主題的客房非常可愛，讓人不禁面露笑容。頂樓併設可欣賞東京晴空塔和東京夜景的餐廳＆酒吧。

☎03-5611-5511 　址墨田区錦糸1-2-2 　IN 14:00 　OUT 11:00 　¥S25148日圓／T‧W16138日圓 　JR錦糸町站北口步行3分

Mapple Code 1300-0767 　MAP 附錄③P.2 F-2

↑北側客房可近距離欣賞東京晴空塔壯觀的模樣

觀光完東京晴空塔後和晴空塔妹妹一起做個好夢吧

↑入住「晴空塔妹妹客房」時，1組房客住宿1日，可獲得1個晴空塔妹妹玩偶

↑「晴空塔妹妹客房」也可欣賞到東京晴空塔

## 上野 [上野站步行2分]
### 三井花園飯店上野
●三井ガーデンホテル上野

與『大丸松坂屋』官方吉祥物「櫻花熊貓」的合作客房。有著粉紅色熊貓的房間，充滿著春意盎然的氣息，十分可愛。除此之外，飯店還設有以上野動物園的力力和真真為主題的貓熊客房。

☎03-3839-1131 　IN 15:00 　OUT 11:00 　址台東区東上野3-19-7 　¥S14000日圓／T8700日圓～／W7550日圓～ 　JR上野站淺草口即到

Mapple Code 1302-2634 　MAP 附錄③P.20 C-4

↑幫忙拉開窗簾的櫻花熊貓非常可愛

↑JR上野站近在眼前，非常適合作為觀光據點

溫和的粉櫻色調迎接入住的旅客

## 錦糸町 [錦糸町站步行1分]
### 錦糸町樂天都市酒店
●ロッテシティホテル錦糸町

大家熟悉的『LOTTE』零食「樂天小熊餅」的合作客房。被樂天小熊圍繞著，充滿幻夢的客房。尋找看看零食當中沒有，只有在這裡才能找到的樂天小熊造型。同時也設有以粉紅色裝扮的ワルツちゃん合作客房。

☎03-5619-1066 　址墨田区錦糸4-6-1 　IN 15:00 　OUT 11:00 　¥S8208日圓／T7560日圓／W5670日圓 　JR錦糸町站北口即到

Mapple Code 1302-2489 　MAP 附錄③P.2 F-2

↑樂天小熊造型的鬆餅非常具有人氣

充滿『樂天小熊』的房間

Good night.
↑化身服務人員的樂天小熊會招待大家

# 價格親民飯店

想盡可能節約住宿費用，把錢全都花在玩樂上！不過卻想住在優質的飯店！下面將為如此貪心的旅客介紹能夠實現願望的飯店。

## 幕張 [JR海濱幕張站步行3分]
### 法蘭克斯飯店

宛如歐洲小飯店般的優雅設計頗受女性歡迎。客房皆採用時尚的室內裝潢，營造出安寧療癒的空間。客房類型也十分多樣。

☎ 043-296-2111　囲千葉縣千葉市美浜區ひび野2-10-2　IN 14:00　OUT 11:00　¥ S6000日圓～／T・W 5000日圓～　䡤JR海濱幕張站南口步行3分

Mapple Code 1200-0073
MAP 附錄③ P.2 H-6

➔接近東京迪士尼度假區，位置十分方便

不論前往舞濱或東京都十分便利的飯店

➔寬廣且機能性十足的「Family Fourth」
➔在幕張灣的風景下享用早餐。早餐為使用千葉產新鮮食材的和洋自助餐。

➔只要提前3日預約，Check in即可享受迎賓水果盤服務。照片僅供參考。

## 大井町 [大井町站步行1分]
### 艾我詩阪急酒店
●アワーズイン阪急

位於大井町站前的商務飯店。與品川站之間只有1站的距離，因此作為東京觀光的據點也十分便利。供應有可選擇和或洋式的早餐（500日圓），以及自助式早餐（1000日圓）可以依照個人喜好選擇。

☎ 03-3775-6121（單人間館）
☎ 03-3775-7121（雙人間館）
囲品川區大井1-50-5　IN 14:00　OUT 10:00　¥ S6500日圓～／T6000日圓～　䡤JR大井町站中央口即到

Mapple Code 1300-0664
MAP 附錄③ P.2 E-5

➔便利商店、餐廳等附帶設施齊全的站前飯店

➔環境清爽的雙床房

可以依照用途選擇住宿方案的飯店

➔人工溫泉、露天風呂皆備的溫浴設施。只要是住宿旅客，即可以1次400日圓的價格使用。

## 澀谷 [澀谷站步行5分]
### Sakura Fleur Aoyama
●サクラ・フルール青山

澀谷站步行5分鐘即到，深受女性喜愛的飯店。外觀和室內裝潢皆統一採用復古風格設計，營造出時尚感十足的空間。四處可見「成熟可愛風格」的室內裝潢，非常令人心動。

☎ 03-5467-3777　囲渋谷區渋谷2-14-15　IN 15:00　OUT 10:00　¥ S9500日圓／T7400日圓／W6900日圓　䡤JR澀谷站東口步行5分

Mapple Code 1301-8666
MAP 附錄③ P.14 F-4

➔併設的咖啡廳＆酒吧「ANTIQUE ROSE」會舉辦現場演唱
稍微脫離日常生活的非日常

➔紅色階梯搭配磚瓦外觀，相當引人注目

➔客房的壁紙有玫瑰色、黃色、藍色、象牙白，種類十分豐富、非常可愛

## 飯田橋 [飯田橋站步行2分]
### Hotel Metropolitan Edmont Tokyo
●ホテルメトロポリタンエドモント

位於都心的幽靜飯店。東京巨蛋、風情萬種的神樂坂都在附近。而且飯田橋站擁有JR以及複數的地下鐵路線，十分便於觀光。

☎ 03-3237-1111　囲千代田區飯田橋3-10-8　IN 15:00　OUT 12:00　¥ S21300日圓～／T16000日圓～／W 13700日圓～　䡤地下鐵飯田橋站A5出口即到

Mapple Code 1300-0798
MAP 附錄③ P.2 E-2

交通便利的飯店也要check!!

在東京的正中央，享受悠閒時光
➔統一使用明亮色調的家庭客房「東翼樓家庭房」

➔到餐飲咖啡廳「BELTEMPO」品嘗早餐，在併設的露臺上享受從樹葉間隙灑下的陽光
➔併設供應飯店招牌麵包和蛋糕的外帶商店

## 新宿 [新宿站步行5分]
### ibis Tokyo Shinjuku
●イビス東京新宿

位於新宿站西口的世界級連鎖飯店。由於地處新宿，不論前往哪個觀光地區都十分方便。清潔感十足的客房，可以為旅客消除整天旅遊造成的疲勞。

☎ 03-3361-1111　囲新宿區西新宿7-10-5　IN 14:00　OUT 11:00　¥ S9750日圓～／T6875日圓～／W7125日圓～　䡤JR新宿站西口步行5分

Mapple Code 1300-1192
MAP 附錄③ P.17 C-1

➔車站步行5分即到，紅色招牌相當顯眼

➔以白色為基礎色調，營造出溫馨感的房間
地點、費用、服務皆可滿足旅客的飯店

※S＝單人房、T＝雙床房、W＝雙人房。※刊載資料為2016年3月～5月採訪時的資料。費用可能會因修改或時期而有所變動。此外，飯店可能另外加收住宿稅。除了部分飯店外，住宿費用皆為2人住宿時1人的費用。

# INDEX

【 MM 哈日情報誌系列 4 】

# 東京觀光

作者／MAPPLE昭文社編輯部
翻譯／江思翰、張嘉芬、許懷文、潘涵語
校對／林德偉、陳宣穎、張弈伶、廉凱評
編輯／陳宣穎
發行人／周元白
排版製作／長城製版印刷股份有限公司
出版者／人人出版股份有限公司
地址／23145 新北市新店區寶橋路235巷6弄6號7樓
電話／（02）2918-3366（代表號）
傳真／（02）2914-0000
網址／www.jjp.com.tw
郵政劃撥帳號／16402311 人人出版股份有限公司
製版印刷／長城製版印刷股份有限公司
電話／（02）2918-3366（代表號）
經銷商／聯合發行股份有限公司
電話／（02）2917-8022
第一版第一刷／2016年12月
第一版第二刷／2018年4月
定價／新台幣420元

國家圖書館出版品預行編目（CIP）資料

東京觀光／MAPPLE昭文社編輯部作；
江思翰等翻譯. — 第一版. — 新北市：
人人，2016.12
面； 公分. —（MM哈日情報誌系列 ； 4）
ISBN 978-986-461-073-0（平裝）

1.旅遊 2.日本東京都

731.72609　　　　　　　　　105020295

Mapple magazine Tokyo kanko
Copyright© Shobunsha Publications, Inc. 2016
All rights reserved.
First original Japanese edition published by
Shobunsha Publications, Inc. Japan
Chinese ( in traditional characters only )
translation rights arranged with Jen Jen
Publishing Co., Ltd.
through CREEK & RIVER Co., Ltd.